LE TOMBEAU DE SAQQARAH

Du même auteur

LA DAME DU NIL, Balland, Paris, 1980.
LES SEIGNEURS DE LA LANDE, G.P., Rouge et Or, 1983.
LES ENFANTS DU SOLEIL, Balland, Paris, 1985.

A Bella, avec mon affection
et ma profonde estime.

Remerciements

Les vers qui commencent les chapitres sont traduits d'*Egyptian Religious Poetry,* de Margaret Murray (Connecticut, Greenwood Press, 1980), et *Life Under the Pharaohs*, de Leonard Cottrell (Londres, Pan Books, 1955).

1

Je vous salue, vous tous, dieux du Temple de l'Ame,
qui pesez le ciel et la terre dans les plateaux de la balance,
qui donnez des offrandes funéraires.

La fraîcheur de l'air frappa agréablement Kâemouaset. Il entra avec précaution dans le tombeau, conscient comme toujours qu'il était le premier à fouler le sol de sable gris depuis que, bien des siècles plus tôt, le cortège funèbre avait remonté les marches devant les balayeurs pour retrouver avec soulagement le flamboiement du soleil et le vent brûlant du désert. Ce caveau-ci avait en fait été muré plus de quinze *hentis* auparavant, se dit Kâemouaset qui avançait à présent dans l'étroit couloir. Un millier d'années. Je suis le premier être vivant à respirer cet air depuis mille ans. « Ib ! appela-t-il sèchement. Apporte les torches. A quoi rêves-tu donc là-haut ? » Son intendant murmura une excuse. Précédé d'une cascade de cailloux qui vint heurter les chevilles nues et poussiéreuses de son maître, il se glissa respectueusement à ses côtés tandis que, avec une répugnance évidente, des esclaves passaient devant eux, un flambeau fumant à la main.

« Tout va bien, père ? cria Hori, dont les murs répercutèrent la voix de ténor. Faudra-t-il étayer ? »

Kâemouaset jeta un coup d'œil autour de lui et répondit par la négative. Son enthousiasme initial cédait rapidement la place à l'habituel sentiment de déception : il n'était pas le premier à fouler le sol sacré de la demeure de ce prince d'autrefois. Lorsqu'il émergea du petit couloir et se redressa, il découvrit avec un serrement de cœur, à la lumière vacillante des torches, des signes manifestes du passage des voleurs. Éparpillés dans la salle, les coffres qui avaient contenu les biens terrestres du mort étaient vides. Les jarres remplies d'huiles précieuses et des meilleurs crus de l'époque avaient disparu ; il n'en restait que quelques morceaux de cire à cacheter et un bouchon cassé. Des meubles renversés gisaient aux pieds de Kâemouaset : un tabouret aux lignes simples, une chaise en bois sculpté dont les pieds représentaient des canards étranglés aux yeux morts – leur cou pendant soutenait un siège incurvé et un dossier sur lequel Hou, la Langue de Ptah, souriait, agenouillé –, deux tables basses dépouillées de leurs délicates incrustations et un lit brisé dont on avait poussé les deux moitiés contre un mur enduit de plâtre. Seuls les six *shaouabtis*, immobiles et lugubres, étaient intacts dans leur niche. Aussi grands que des hommes, faits de bois peint en noir, ils attendaient encore la formule magique qui leur donnerait la vie et leur permettrait de servir leur maître dans l'autre monde. Tous ces objets étaient d'une facture simple, d'une ligne nette et agréable, élégants et robustes à la fois. En pensant aux meubles grossiers, surchargés et clinquants qui encombraient sa demeure parce que sa femme y voyait le dernier cri de la mode, Kâemouaset poussa un soupir.

« Tu peux commencer à relever les inscriptions des murs, Penbuy, dit-il à son scribe qui attendait discrètement à ses côtés, palette et plumier à la main. Sois aussi précis que possible et, si des hiéroglyphes manquent, ne les remplace pas par des caractères de ton cru. Où est donc l'esclave chargé des miroirs ? » C'est chaque fois la même chose, songea-t-il tout en examinant le sarcophage de granit dont le couvercle était légèrement déplacé. Ils sont aussi difficiles à mener qu'un troupeau récalcitrant. Les esclaves ont peur des tombeaux et mes serviteurs eux-mêmes, quoiqu'ils n'osent pas protester, se couvrent d'amulettes et marmonnent des prières depuis l'instant où le tombeau est ouvert jusqu'à celui où est déposée l'offrande d'apaisement. Eh bien, ils n'ont pas à s'en faire aujourd'hui.

Éclairé par un esclave, Kâemouaset se pencha pour lire les inscriptions du cercueil. Cette journée aura été faste, pour eux du moins, car pour moi la chance consisterait à trouver un tombeau intact bourré de rouleaux, pensa-t-il avec un léger sourire. « Appelle les charpentiers, Ib, ordonna-t-il en se redressant. Qu'ils réparent les meubles et les placent correctement. Tu feras également apporter les jarres d'huile et de parfum. Il n'y a rien d'intéressant ici ; nous rentrerons au coucher du soleil. » L'intendant s'inclina, attendant que le prince le précède le long du couloir étouffant et dans la courte volée de marches. Kâemouaset sortit près des déblais rejetés par ses ouvriers pour dégager la porte du tombeau. Ébloui, il attendit que ses yeux se réhabituent à la blancheur aveuglante du soleil de midi. Sur sa gauche, le ciel d'un bleu éclatant rejoignait le jaune pur d'un désert miroitant et paisible qui s'étendait à l'infini.

A droite, sur le plateau de Saqqarah, se dressaient les colonnes nues, les murs croulants et la maçonnerie délabrée d'une cité des morts en ruine depuis des temps reculés, qui rayonnait à présent d'une beauté grave et solitaire. Ses pierres blondes finement taillées, leurs arêtes vives, leurs longues lignes continues évoquaient quelque étrange excroissance inorganique du désert, aussi nue et inconfortable que le sable lui-même. La pyramide à degrés tronquée du pharaon Ounas dominait ce paysage désolé. Kâemouaset l'avait examinée quelques années auparavant. Il aurait aimé la restaurer, égaliser ses côtés en gradins pour en faire un ensemble harmonieux, habiller sa façade symétrique de calcaire blanc, mais le projet aurait demandé trop de temps, d'esclaves, de paysans enrôlés, et beaucoup d'or pour fournir pain, bière et légumes aux ouvriers. En dépit de son délabrement, elle restait toutefois imposante. Lors de son investigation minutieuse du monument, Kâemouaset n'avait trouvé aucun nom gravé sur ses murs. Il avait donc donné une force et une vie nouvelles à Ounas en faisant appel à ses maîtres artisans et avait comme il se doit ajouté l'inscription : « Sa Majesté a ordonné que soit proclamé que le doyen des maîtres artisans, le prêtre *sem* Kâemouaset, a inscrit le nom du roi de la Haute et Basse-Égypte, Ounas, qui ne se trouvait pas sur la façade de la pyramide, parce que le prince Kâemouaset prêtre sem aimait beaucoup restaurer les monuments des rois de la Haute et Basse-Égypte. » Sa Majesté ne s'était pas opposée à l'étrange obsession de son quatrième fils, se dit Kâemouaset qui commençait à transpirer sous le soleil. A condition que sa gracieuse permission soit sollicitée et qu'elle en retire la gloire due à Ramsès II, Ousermaâtrê, Setepenrê, Celui-par-qui-tout-est. Le porte-parasol accourut, et Kâemouaset sentit avec plaisir l'ombre se répandre autour de lui. Accompagné de son serviteur, il se dirigea vers les tentes et les tapis rouges; ses gardes du corps se levèrent pour le saluer avec déférence tandis qu'on installait son fauteuil à l'abri du soleil. De la bière et une salade fraîche l'attendaient. Il se laissa tomber sous l'avant-toit, but une grande rasade du sombre breuvage désaltérant et regarda son fils Hori disparaître dans l'orifice obscur dont il venait de sortir. Hori réapparut bientôt et surveilla la file de serviteurs dont les bras et les épaules brunes étaient déjà chargés d'outils et de poteries.

Kâemouaset savait sans avoir besoin de s'en assurer que sa suite avait elle aussi les yeux fixés sur Hori. C'était à n'en pas douter le plus beau membre de la famille. De haute taille, très droit, il avait une démarche dégagée et gracieuse, un port noble, mais exempt de toute arrogance. Grands, ombrés de cils noirs, ses yeux semblaient translucides et scintillaient sous le coup de l'enthousiasme, de la gaieté ou de toute autre émotion vive. Il avait la peau brune et délicate, des pommettes hautes, et des cernes violets donnaient souvent une expression vulnérable à son regard. Lorsqu'il souriait, son visage, jeune et contemplatif au repos, se marquait de profondes rides de plaisir qui faisaient brusquement oublier ses dix-neuf ans pour rendre son âge indéfinissable. Il avait de grandes mains habiles dont la beauté ne devait rien à l'artifice. Passionné par la mécanique, il avait fait perdre la tête, enfant, à ses précepteurs et ses bonnes par ses questions et sa fâcheuse habitude de démonter tous les appareils qui lui tombaient sous la main. Kâemouaset savait qu'il avait eu de la chance que Hori s'intéressât également à l'étude des tombes, des monuments anciens et, dans une moindre mesure, au déchiffrement des inscriptions sur les pierres et les manuscrits qu'il collectionnait. C'était l'assistant idéal, avide d'apprendre, doué du sens de l'organisation et toujours prêt à soulager son père de nombreuses tâches lors de leurs explorations.

Ce n'était pourtant pas pour ces qualités que le jeune homme était le point de mire de tous les regards. Hori ne soupçonnait pas qu'il émanait de lui un fort magnétisme sexuel auquel personne ne demeurait insensible. Kâemouaset l'avait constaté à maintes reprises avec un amusement silencieux teinté de regret. Pauvre Sheritra, se dit-il pour la millième fois en finissant sa bière. Pauvre petite fille disgracieuse qui reste toujours dans l'ombre de son frère, à qui personne ne fait attention. Comment peux-tu l'aimer autant sans jalousie ni souffrance ? Il connaissait la réponse depuis longtemps : parce que les dieux t'ont donné un cœur pur et généreux, tout comme ils ont accordé à Hori cette simplicité qui lui évite le narcissisme d'hommes peut-être aussi beaux mais moins bien nés.

Les serviteurs sortirent de la tombe pour prendre un nouveau chargement. Hori disparut de nouveau dans les ténèbres. Deux faucons planaient dans l'air brûlant et inodore. Kâemouaset s'assoupit.

Il se réveilla quelques heures plus tard. Lorsque son valet Kasa l'eut aspergé d'eau et séché, il alla voir ce qu'avaient fait ses ouvriers. A côté du tombeau, le tas de terre, de sable et de déblais avait diminué, et les hommes armés de pelle continuaient leur travail. Accroupis à l'ombre d'un rocher, Hori et Antef, son serviteur et ami, devisaient d'une voix claire mais inintelligible. Ib et Kasa étudiaient le manuscrit qui indiquait les dons à placer autour du prince mort. Une liasse de papyrus sous le bras, Penbuy se précipita vers son maître dès qu'il le vit soulever le rabat de sa tente. On apporta aussitôt à Kâemouaset de la bière et une assiette de gâteaux au miel qu'il renvoya d'un geste.

« Dis à Ib que je serai prêt à faire l'offrande de nourriture pour le *ka* du prince dès que j'aurai jeté un dernier coup d'œil à l'intérieur », dit-il. Suivi respectueusement par Penbuy, il se dirigea ensuite vers l'entrée du tombeau, beaucoup plus petite à présent. Le ciel virait au bronze, et le soleil couchant teintait de rose le désert où les ombres s'allongeaient.

Les ouvriers s'écartèrent et s'inclinèrent à son approche. Il les ignora. « Viens avec moi, ordonna-t-il à son scribe par-dessus son épaule. Il se pourrait que j'aie encore quelques commentaires à faire. » Puis, il se glissa par la porte à demi fermée et s'engagea dans le couloir.

Les dernières lueurs du soleil le suivirent, jetant de longues langues de flammes qui paraissaient si denses qu'on avait l'impression de pouvoir les ramasser et les caresser. Elles ne pénétraient toutefois pas jusqu'au cercueil, enfoui profondément dans la petite salle et, pour que sa palette soit éclairée, Penbuy s'arrêta sur le seuil. Kâemouaset franchit la ligne presque palpable qui séparait le couchant des ténèbres éternelles du repos et regarda autour de lui. Les esclaves avaient bien travaillé. Tabouret, chaise, tables et lit avaient retrouvé leur aspect primitif et la place qui avait été la leur pendant des générations. De nouvelles jarres s'alignaient contre les murs. On avait lavé les shaouabtis, débarrassé le sol des détritus laissés par les voleurs inconnus et balayé.

Kâemouaset eut un hochement de tête approbateur, puis, s'approchant du cercueil, il glissa un doigt dans l'interstice laissé par le couvercle déplacé. Il lui sembla que l'air y était plus froid, et il retira si vivement sa main que ses bagues raclèrent le granit. Me regardes-tu ? songea-t-il. Tes yeux s'efforcent-ils de percer l'obscurité qui t'environne pour me voir ? Il effleura la fine pellicule de poussière qui, légère, invisible, s'était déposée là au fil des siècles et que personne n'avait encore touchée. Aucun de ses serviteurs n'aurait lavé un cercueil, et il avait oublié de le faire. Que ressentirai-je lorsque je ne serai plus qu'une peau séchée et ratatinée, des os enveloppés de bandelettes ? se demanda-t-il. Lorsque je reposerai immobile dans l'obscurité sous le regard aveugle de mes shaouabtis sans rien entendre ni voir ?

Il resta longtemps immobile, s'efforçant d'absorber l'atmosphère de pathétique et d'étrangeté, d'atteindre ce passé inaccessible qui ne cessait de le narguer en lui parlant d'époques plus simples et plus nobles. Il ne savait pas vraiment ce qu'il cherchait dans les débris muets du passé. Le sens de sa respiration, des battements de son cœur, peut-être ; quelque chose qui transcenderait les révélations des dieux, pour qui il éprouvait pourtant amour et respect. C'était en tout cas le besoin d'étancher cette soif sans nom qui le dévorait depuis l'enfance et lui avait tiré, plus jeune, des larmes venues d'une source mystérieuse parlant de solitude. Pourtant, je ne suis ni seul ni malheureux, se dit-il tandis que, derrière lui, Penbuy toussotait poliment mais avec insistance et que les ombres du tombeau se coulaient vers lui, le poussant à partir. J'aime ma famille, Pharaon, ma belle Égypte bénie des dieux. Je suis riche, la vie m'a apporté réussite et satisfactions. Ce n'est pas ça..., cela n'a jamais été ça... Il fit brusquement volte-face pour échapper à la vague de mélancolie qui menaçait de le submerger.

« Très bien, Penbuy. Que l'on mure le tombeau, fit-il d'un ton sec. Je n'aime pas l'odeur qu'on respire ici. Et toi ? » Penbuy secoua la tête et se hâta vers la sortie, suivi plus lentement par Kâemouaset. L'expédition lui laissait un goût amer, un sentiment de futilité. Les manuscrits, les peintures funéraires ne m'apportent que des connaissances mortes, se dit-il en émergeant à l'air libre. Les esclaves s'inclinèrent à son passage, puis il entendit leur pelle mordre de nouveau dans la terre. De vieilles prières, de vieilles formules magiques, des détails oubliés qui me permettent de parfaire mon histoire de la noblesse égyptienne, mais rien qui me donne le secret de la vie, le pouvoir sur toutes choses. Où est le Rouleau de Thot ? Dans quelle niche obscure et poussiéreuse se dissimule ce trésor ?

Le soleil avait disparu. Quelques étoiles piquaient le velours du ciel. On embrasa de nouvelles torches, et les rires et les conversations de sa suite se firent brusquement plus animés. Kâemouaset eut tout à coup envie de partir. Appelant Ib d'un geste, il entra dans sa tente. Près de sa couche, la flamme vacillante d'une lampe à huile jetait une lumière jaune accueillante ; de nouveaux parfums embaumaient l'air. Ib s'avança silencieusement et s'inclina. « Demande à Hori de revêtir sa robe, dit Kâemouaset. Et apporte-moi mon habit de prêtre sem. Que les servants remplissent les encensoirs et se tiennent prêts. A-t-on béni les offrandes de nourriture ?

– Oui, répondit Ib. Le prince Hori a prononcé les prières. Votre Altesse désire-t-elle se laver avant de s'habiller ?

– Non, dit Kâemouaset, soudain très las. Envoie-moi un servant, et je ferai les purifications rituelles. Cela suffira. »

Kasa entra bientôt, portant avec respect sur ses bras tendus le volumineux habit à rayures noires et jaunes du prêtre sem. Il attendit, les yeux baissés, tandis qu'un servant tendait au prince un broc en argent rempli d'eau parfumée et l'aidait à se dévêtir. Kâemouaset procéda avec solennité aux ablutions rituelles en murmurant les prières appropriées. Le garçon récita les répons, et la fumée âcre et douce de l'encens commença à s'élever en volutes.

Lorsque Kâemouaset fut enfin prêt, le servant s'inclina, ramassa le broc et se retira. Kasa fit alors glisser la longue robe sur les épaules de son maître et les deux hommes sortirent. Hori, qui remplissait les fonctions de prêtre de Ptah, les attendait, tenant à la main le long encensoir orné de plumes grises ; les offrandes de nourriture pour le ka du prince qu'ils avaient poliment dérangé dans son tombeau reposaient sur des assiettes d'or.

La petite procession se dirigea avec une grâce pleine de dignité vers l'entrée de la sépulture, désormais invisible. Les esclaves étaient agenouillés face contre terre. Kâemouaset s'avança, prit l'encensoir des mains de son fils et commença à prier pour la conservation du mort et pour enjoindre à son ka de ne pas punir ceux qui en ce jour avaient osé jeter les yeux sur un lieu de repos sacré. Il faisait maintenant nuit noire. Kâemouaset regarda ses longs doigts ornés de bagues scintiller à la lumière des torches tandis qu'il soulignait les mots vénérables de gestes de respect et d'apaisement. Il avait procédé à cette cérémonie une centaine de fois, et jamais les morts ne s'étaient offensés. Il pensait même que ses restaurations méticuleuses et ses offrandes de nourriture lui avaient valu, ainsi qu'à ses proches, la bénédiction des kas de ces princes morts et oubliés depuis longtemps.

La cérémonie fut vite terminée. Les derniers mots se perdirent dans la nuit tiède. Kâemouaset s'agenouilla près de Hori pour qu'on le dévêtit, puis Kasa enroula un pagne blanc autour de sa taille encore bien musclée et lui passa son pectoral favori, orné de lapis et de jaspe. La fatigue lui brûlait les yeux. « Tu rentres ? demanda-t-il à Hori lorsque Kasa alla chercher les porteurs de litière.

– Non, père, à moins que tu ne souhaites que j'aide Penbuy à classer nos trouvailles dès aujourd'hui. La nuit est si douce qu'Antef et moi allons pêcher.

– Prends un garde du corps », dit machinalement Kâemouaset. Hori sourit et s'éloigna.

La marche était longue du haut plateau de Saqqarah à la ville de Memphis. Il fallait traverser les majestueuses palmeraies et le canal d'écoulement, ruban lisse et plus noir que la nuit qui refléta un instant les lumières de l'escorte du prince. Balancé dans sa litière garnie de coussins et de rideaux, Kâemouaset se retourna pour contempler la nuit et, comme il le faisait souvent, médita sur le caractère particulier de Memphis, sa ville préférée. C'était un des lieux les plus anciennement habités d'Égypte et le plus sacré. On y adorait Ptah, le créateur de l'univers, depuis deux mille ans, et une longue succession de rois y avaient passé leur vie sacrosainte, si bien qu'une aura de grâce et de dignité baignait chacune de ses rues.

On voyait encore le centre antique de la cité, le Mur blanc de Ménès, qui avait autrefois abrité la population entière et n'était plus aujourd'hui qu'une petite oasis de paix que riches et pauvres venaient admirer de tout le pays.

Le tourisme était un passe-temps national, la chose à faire si l'on en avait les moyens, se dit Kâemouaset avec un petit sourire sardonique tandis que ses porteurs pénétraient dans les plantations de palmiers dont les feuilles rigides et bruissantes masquèrent le ciel. L'histoire était à la mode – pas celle qu'il étudiait avec tant d'acharnement, mais les récits de conquêtes, la vie des grands personnages, les miracles et les tragédies des anciens rois. Les guides pullulaient sur les marchés de Memphis, prêts à tondre tous ceux, nobles ou marchands, qui voulaient entendre des anecdotes piquantes sur un passé controuvé, des intrigues de palais croustillantes – et fort douteuses – vieilles de cent ou mille ans. Des gens détachaient des morceaux de pierre, gravaient leur nom et souvent leurs commentaires sur le Mur blanc, dans la cour extérieure du temple de Ptah et jusque sur les portes des temples des rois dans le vieux quartier d'Ankh-taoui.

Depuis peu, Kâemouaset chargeait de robustes Hourrites de patrouiller autour des monuments et d'infliger une petite correction aux déprédateurs qu'ils surprenaient. Son père, l'auguste Ramsès, ne s'y était pas opposé, par indifférence sans doute. Il était trop occupé à faire dresser ses propres monolithes pour la postérité et à s'attribuer le mérite des travaux de ses ancêtres chaque fois que cela l'arrangeait.

Cher père, se dit Kâemouaset, souriant en lui-même. Impitoyable, arrogant, fourbe, et pourtant capable d'une générosité de grand seigneur quand cela te sied. Tu as été plus que généreux envers moi. Je me demande combien de plaintes tu as reçues des nobles étrangers qui mutilent nos merveilles. Le peuple de Memphis est composé au trois quarts d'étrangers épris de notre solide économie et de notre hiérarchie souveraine. Si seulement tu les aimais un peu moins !

Les pieds nus de ses porteurs foulèrent un sol plus dur et, bientôt, la nuit perdit de son opacité, éclairée par le halo orangé de la ville. Ils se trouvaient derrière le paisible quartier d'Ankh-taoui ; les temples étaient plongés dans une profonde obscurité, percée de temps à autre par la lueur d'une torche qui accompagnait un prêtre vaquant à ses devoirs nocturnes. Au-delà des hauts pylônes et des colonnes élancées s'étendait le quartier de Ptah, dominé par la majestueuse maison du dieu ; plus loin encore, c'était le Beau Quartier de Pharaon avec ses deux canaux qui se jetaient dans le Nil et son palais, souvent laissé à l'abandon, souvent reconstruit par des pharaons successifs depuis des temps immémoriaux et que Ramsès avait fait agrandir et magnifiquement restaurer. Au bord du fleuve, de misérables masures se pressaient entre les docks et les entrepôts.

Kâemouaset entrevit sur sa droite la forteresse du Mur blanc, haute et grise dans la nuit, puis ses porteurs quittèrent son ombre pour pénétrer dans le quartier Nord-des-murs où lui et beaucoup d'autres nobles avaient leur domaine. C'était une vraie ville, à l'écart du vacarme et de la puanteur du quartier sud où les étrangers – Cananéens, Hourrites, Keftiou, Hatti et autres barbares – adoraient Baal et Astarté, et se livraient à leur bruyant et vulgaire commerce avec l'Égypte.

Kâemouaset rendait souvent visite aux nobles étrangers dont les domaines imitaient les gracieuses et paisibles enclaves du Nord-des-murs. Son père lui confiait nombre des affaires du gouvernement, notamment ici à Memphis où il avait choisi de vivre. Sa réputation de meilleur médecin du pays valait à Kâemouaset d'être souvent consulté par les Sémites, mais il ne les aimait pas.

Il les considérait comme des cours d'eau pollués qui venaient souiller le flot limpide et pur de la société de son pays, en y apportant des dieux étranges qui privaient les puissantes et fidèles divinités égyptiennes du respect qui leur était dû, le poison de cultures exotiques, de mœurs corrompues et de viles tractations commerciales. Baal et Astarté étaient à la mode à la Cour, et les noms sémites abondaient jusque que dans les familles purement égyptiennes, quelle que fût leur classe sociale. Les mariages interraciaux étaient fréquents. L'ami le plus cher et le plus écouté de Pharaon était un Sémite maigre et silencieux du nom d'Ashahebsed. En courtisan éprouvé, Kâemouaset avait l'habitude de dissimuler ses sentiments et le faisait avec aisance. Il avait souvent eu affaire à cet homme, qui préférait à présent être appelé Ramsès-Ashahebsed, et s'était borné à l'insulter légèrement en refusant de lui donner ce nom de « Ramsès » ailleurs que sur des documents.

Après avoir dépassé le temple de Neith, les porteurs ralentirent le pas, manifestement fatigués. La lueur des torches était plus vive maintenant, car les habitants du Nord-des-murs avaient les moyens d'employer des porte-flambeaux pour patrouiller dans les rues. Kâemouaset arrangea ses coussins en écoutant les qui-vive du guet et la réponse de ses fantassins. Ramose, son héraut, lançait de temps à autre un cri d'avertissement, et les passants s'agenouillaient alors front contre terre dans les rues poussiéreuses jusqu'à ce que la litière eût disparu. Ils étaient toutefois rares, car la vie nocturne de la ville n'avait pas encore commencé ; les gens étaient chez eux où ils mangeaient et se préparaient aux visites du soir.

Kâemouaset entendit bientôt la voix de son portier ; les gardes du corps postés devant le haut mur de briques crues le saluèrent, le portail s'ouvrit en craquant, puis se referma derrière lui. « Laissez-moi ici, dit-il. Je vais marcher. » La litière fut aussitôt déposée sur le sol. Il en descendit, appela d'un geste Ramose et ses soldats, et s'engagea dans l'allée qui longeait le jardin de derrière. Celle-ci coupait trois sentiers, conduisant l'un au bosquet et aux pièces d'eau, l'autre aux cuisines, greniers et cabanes des serviteurs, et le dernier à une maison petite mais bien agencée où vivaient ses concubines. Il en avait peu, et il était assez rare qu'il leur rendît visite ou fît venir l'une d'elles dans sa couche. Son épouse Noubnofret dirigeait leurs vies comme celles du reste de la maisonnée, avec une efficacité rigide, et Kâemouaset ne s'en mêlait pas.

Après en avoir côtoyé un des murs, l'allée débouchait ensuite sur le devant de la demeure ; elle faisait un détour sous les colonnes blanches de l'entrée, peintes d'oiseaux rouge et bleu vif tenant des palmes et des plantes aquatiques dans leur bec pointu, puis elle traversait des pelouses soigneusement entretenues et un bosquet de sycomores pour aboutir aux marches blanches qui descendaient vers le fleuve. Kâemouaset s'immobilisa, tourné vers le Nil, et huma l'air. On était à la fin d'Akhet. Torrent de fécondité aux eaux bleues et brunes, le fleuve était encore gonflé par les pluies, mais il avait regagné son lit après l'inondation annuelle, et les paysans avaient commencé à ensemencer la terre détrempée. Les palmiers qui bordaient les canaux d'écoulement, les acacias et les sycomores arboraient de jeunes feuilles d'un vert tendre et luisant tandis que, dans les jardins, les fleurs s'épanouissaient en bouquets de couleurs éclatantes qui enchantaient la vue et l'odorat. Kâemouaset, qui ne les voyait pas, respirait leur parfum tout autour de lui.

Les premiers rayons de la nouvelle lune dansaient sur le fleuve, y jetaient des éclats d'argent, puis disparaissaient lorsque la brise nocturne agitait la végétation touffue et les arbres de la berge. Les marches désertes étaient comme une invitation, et il envia Hori qui, allongé dans son esquif, devait contempler les étoiles et bavarder avec Antef en surveillant les lignes attachées à l'embarcation. Il écouta le chant musical de sa fontaine dans l'obscurité, les soupirs et les reniflements des singes installés sous le bassin de pierre, leur retraite préférée, car il conservait un peu de la chaleur du jour. « Je me serais volontiers laissé glisser au fil de l'eau ce soir, remarqua-t-il à l'adresse de sa suite qui attendait patiemment. Mais il faut que je m'informe de ce qui s'est passé en mon absence, je suppose. » En son for intérieur, il se dit que passer une heure sur le fleuve ne lui ferait aucun bien. Pris d'une fatigue inexplicable, il avait les poumons douloureux pour avoir respiré l'air poussiéreux du tombeau et mal aux hanches. Il se sentirait mieux après un massage et une bonne nuit de sommeil. « Va avertir ma femme que je suis rentré, Ramose, dit-il à son héraut. Elle me trouvera dans mes appartements. Si la litière de Penbuy est arrivée, je jetterai un coup d'œil aux lettres apportées du Delta en mon absence. Dis à Ib que je désire manger immédiatement. Quant à Kasa, qu'il soit prêt à me masser dès que j'en aurai fini avec Penbuy. Amek ? » Le capitaine des gardes du corps s'approcha et s'inclina. « Je ne sortirai pas ce soir. Tu peux libérer ces soldats. » Il se dirigea vers l'entrée de sa demeure sans attendre de réponse.

Le hall de réception où l'on accueillait et recevait les invités était une salle spacieuse et fraîche, au sol revêtu de carreaux blancs et noirs ; sur les murs enduits de plâtre étaient peintes des scènes de famille où l'on voyait Kâemouaset et les siens chasser le gibier d'eau dans les marais, pêcher ou se détendre dans les jardins à l'ombre de leur parasol. Au moment de la construction de la maison, Kâemouaset avait insisté pour que l'on utilisât les blancs, noirs, jaunes, bleus et rouges de l'ancien temps. Il avait également tenu à ce qu'on n'installât dans la pièce que quelques meubles simples en cèdre du Liban, incrustés d'or, d'ivoire et de lapis.

Là, au moins, il avait réussi à passer outre aux protestations de son épouse. Elle ne voulait pas donner à leurs invités l'impression que le puissant prince Kâemouaset, prêtre sem, fils de Pharaon et véritable souverain officieux de l'Égypte, manquait de goût. Mais, après une violente altercation, elle avait pour une fois eu le dessous.

Kâemouaset avait en effet fini par sortir de ses gonds, ce qui était fort inhabituel chez lui. « Je suis fils royal d'Égypte ! avait-il hurlé. Un pays qui s'est imposé au monde en matière de mode, de gouvernement et de diplomatie pendant d'innombrables hentis ! Mes domestiques sont égyptiens, et ce sont des soldats égyptiens, pas des mercenaires étrangers, qui gardent ma famille ! Ma demeure est un sanctuaire égyptien, pas un bordel sémite !

– Ce serait plutôt un mausolée, avait rétorqué Noubnofret sans se laisser émouvoir. Et il m'est désagréable d'être considérée comme la femme d'une momie. Les dignitaires étrangers nous trouvent bizarres et se sentent peut-être même insultés. » Haussant ses larges épaules, elle avait porté la main aux énormes fleurs émaillées, jaunes et dorées, qui ornaient son cou.

« Et ce qui me déplaît à moi, c'est que ma femme se vautre dans l'égout polyglotte qu'est devenue l'Égypte, avait riposté Kâemouaset. Regarde-toi, Noubnofret ! Le sang noble le plus pur coule dans tes veines, et pourtant tu t'affubles de fanfreluches qui te font ressembler à l'un de ces pavots que tout le monde s'est mis à cultiver dans son jardin, simplement parce qu'ils viennent de Syrie. Et cette couleur violette ! Une horreur !

– Tu n'es qu'un vieux ronchon, Kâemouaset. Je m'habillerai comme bon me semble. Il faut bien que quelqu'un sauve les apparences. Et avant que tu me dises que nous sommes de sang royal et au-dessus de ces considérations mesquines, je te rappellerai que c'est moi qui dois recevoir les épouses hittites, syriennes et libyennes pendant que tu traites avec leurs maris. L'Égypte est une puissance internationale, pas un trou de province. Ces femmes quittent ma maison convaincues que tu es une force avec laquelle il faut compter.

– Elles le savent déjà, avait répliqué Kâemouaset, plus calme. Rien ne se fait sans moi.

– Et tu ne ferais rien sans ma superbe organisation. » Comme à l'accoutumée, Noubnofret avait eu le dernier mot. Redressant son buste splendide, elle avait quitté la pièce dans un balancement majestueux de ses hanches pleines. Kâemouaset avait écouté le bruissement de sa robe plissée et le claquement de ses sandales d'or avec un amusement teinté d'agacement. C'est une femme énergique, aimante et incroyablement têtue, se dit-il en s'engageant dans le couloir qui conduisait à ses appartements. Car si elle avait cédé sur l'ameublement du hall de réception, elle avait si bien pris sa revanche dans le reste de la maison que Kâemouaset avait parfois l'impression de se trouver dans la boutique d'un commerçant. Une multitude de trésors, de bibelots et d'objets venus de tous les coins du monde encombrait les pièces. Noubnofret, qui avait reçu la meilleure des éducations, les avait certes disposés avec goût, mais ils n'en donnaient pas moins un sentiment d'étouffement à son mari qui aspirait aux espaces paisibles et dépouillés du passé.

Il n'y avait que son cabinet qui échappât à son épouse. Là, c'était son désordre qui régnait, quoique Penbuy rangeât méticuleusement les rouleaux dans la bibliothèque adjacente, et il s'y réfugiait pour trouver la paix.

Kâemouaset traversa ses appartements où un serviteur somnolait, accroupi sur un siège bas, et pénétra dans son bureau. Des lampes d'un bel albâtre doré y répandaient une douce lumière. Poussant un soupir de soulagement, il s'apprêtait à s'asseoir lorsque Ib frappa à la porte. L'intendant s'inclina, posa un plateau sur la table et ôta l'étoffe de lin qui le protégeait, découvrant une oie farcie fumante, du poisson grillé, des concombres frais et un flacon de vin cacheté qui venait des vignobles memphites de Kâemouaset. Après l'avoir renvoyé d'un geste, le prince se mit à manger de bon appétit. Il avait presque fini lorsque Penbuy fut introduit. Le visage sombre, Kâemouaset regarda le scribe déposer plusieurs rouleaux sur son bureau. « Ne me dis pas que les négociations de mariage ont encore échoué ! » grommela-t-il.

Penbuy réussit à acquiescer de la tête tout en se courbant. Puis il s'assit en tailleur et posa sa palette sur ses genoux. « J'en ai bien peur, Votre Altesse. Désirez-vous que je vous lise le courrier pendant que vous achevez votre repas ? » En guise de réponse, Kâemouaset lui jeta un rouleau.

« Commence, ordonna-t-il en s'attaquant à la pile de gâteaux *shat*.

– " Le Taureau puissant de Maât, fils de Seth, Ousermaâtrê, Setepenrê, salue son fils préféré Kâemouaset, lut Penbuy. Ta présence est requise aussitôt que possible au palais de Pi-Ramsès. Suite à une lettre de Houi, notre ambassadeur à la cour de Hattousil, il est nécessaire que tu t'occupes sans délai de l'affaire du tribut du Hatti, et notamment de l'envoi de l'épouse du Hatti au Taureau puissant. Vole vers le nord sur les ailes de Shou. " Le document porte le sceau royal, ajouta le scribe en lâchant le papyrus qui s'enroula avec un léger froissement. Souhaitez-vous lui répondre ? »

Kâemouaset se rinça les doigts, puis se cala dans son siège, les bras croisés. Il y avait vingt-huit ans que la guerre entre le Hatti et l'Égypte avait cessé, et douze que les deux pays avaient signé un traité officiel. La dernière bataille, livrée à Qadesh, avait bien failli marquer la fin de l'indépendance égyptienne. Bien qu'elle n'eût été qu'une série de petits désastres dus à des espions mal informés, des divisions mal placées et des commandants incapables, Ramsès s'entêtait à la faire représenter sur tous ses monuments comme une grande victoire et une défaite écrasante pour les Hittites. Grâce à une embuscade habilement préparée, ceux-ci avaient en fait presque réussi à mettre l'armée égyptienne en déroute. La bataille s'était achevée sans qu'aucun des deux camps eût remporté l'avantage.

Quatorze ans plus tard, une fois les rancœurs apaisées, le Grand Traité avait été signé, scellé et exposé à Karnak. Ramsès continuait néanmoins à regarder Qadesh comme un succès égyptien et le traité comme un acte de soumission du roi Mouwatalli.

A présent, Hattousil, son fils, offrait une de ses filles pour cimenter les relations amicales entre les deux puissances. Mais, se refusant à considérer que lui, souverain et dieu à la fois, pût montrer quoi que ce soit qui ressemblât à de la faiblesse, l'orgueilleux Ramsès voulait voir dans cette proposition un geste d'apaisement et de sujétion. Les Hittites avaient récemment eu à souffrir d'une terrible sécheresse qui les avait affaiblis. Ils craignaient que l'Égypte ne mette cette situation à profit pour piller leurs campagnes. Ils étaient donc plus que désireux de renforcer le traité par un mariage diplomatique.

Il y avait pire, se dit Kâemouaset en réfléchissant à la réponse qu'il allait faire à son père. Dans son empressement à sceller cette alliance, Hattousil avait promis à Ramsès une dot extraordinaire : de l'or, de l'argent, des minerais en abondance, d'innombrables chevaux, du bétail, des chèvres et des moutons par dizaines de milliers... au point qu'il avait semblé à Kâemouaset et à une cour égyptienne ricanante que le souverain hittite était prêt à transporter la totalité de son royaume en Égypte à la suite de sa ravissante fille. Ramsès avait approuvé ; c'était le tribut payé par Hattousil pour la défaite de son père à Qadesh.

« Mon prince ? murmura Penbuy.

– Excuse-moi, dit Kâemouaset en s'arrachant à ses réflexions. Je te laisse le soin de rédiger les formules de salutations habituelles ; je suis incapable d'énumérer correctement tous les titres de mon père. Tu écriras ensuite : " Je me rendrai à Pi-Ramsès en toute hâte pour répondre à la convocation de mon gracieux seigneur afin d'aider au prompt règlement de ses noces. Si Sa Majesté consentait à laisser son indigne fils s'occuper des échanges de bons procédés et des négociations concernant la dot, au lieu d'attiser le feu sous la marmite avec ses exigences sacrées mais indiscutablement provocatrices, une soupe passable pourrait être servie sous peu. J'envoie avec ce rouleau mon amour et mon respect au fils de Seth. " Voilà, conclut-il. Tu diras à Ramose de le donner à un messager. Qu'il le choisisse de préférence lent et incapable.

– Mon prince ! fit Penbuy avec un sourire pincé, tandis que son roseau grattait encore le papyrus. Est-il vraiment nécessaire d'être aussi... aussi...

– Aussi franc ? Tu es bien insolent. Je ne te paie pas pour critiquer le ton de mes lettres mais pour les écrire sans fautes d'orthographe. Donne-la-moi maintenant, que j'y appose mon sceau. »

Penbuy obéit en s'inclinant avec raideur.

Kâemouaset venait d'appuyer sa bague sur le cachet de cire quand Noubnofret entra dans la pièce. Penbuy se retira aussitôt. Sans lui accorder un regard, Noubnofret s'avança vers son époux qu'elle embrassa légèrement sur la joue. Wernouro, sa servante, resta près de la porte, dans une attitude humble. Dissimulant un sourire, Kâemouaset se dit pour la centième fois que sa femme savait maintenir les domestiques à leur place.

« Je vois que tu as mangé », remarqua-t-elle. Elle portait une de ces robes amples et simples qu'elle aimait mettre les soirs où ils ne recevaient pas, une pièce de lin écarlate retenue sur un côté par une ceinture ornée de glands dorés, qui drapait ses formes généreuses. Le symbole de vie, un *ankh* de jaspe et d'or, pendait à son oreille droite et frôlait son visage maquillé avec recherche. Débarrassés de la perruque, ses cheveux brun-roux encadraient son visage, mettant en valeur sa bouche passée au henné et ses paupières ombrées de vert.

A trente-cinq ans, elle était encore dans le plein épanouissement de sa beauté malgré de petites pattes-d'oie, invisibles sous le khôl, et les fines rides qui se dessinaient au coin de ses lèvres pleines. Mais sa sensualité était tout inconsciente. Active, efficace et pleine de bon sens, Noubnofret naviguait entre les récifs et les écueils de ses responsabilités domestiques – comptes, formation des domestiques, réceptions, éducation des enfants – avec l'aisance d'une femme aimant faire son devoir. Elle était d'une totale fidélité à Kâemouaset qui lui en était reconnaissant. Il savait qu'en dépit de sa langue acérée et de son entêtement à lui imposer la chorégraphie familiale qu'elle avait composée, elle l'aimait profondément. Mariés depuis vingt et un ans, ils formaient un couple uni et solide.

« La chance t'a-t-elle souri aujourd'hui ? » demanda-t-elle.

Il secoua la tête, sachant qu'elle posait cette question par pure politesse. Elle jugeait son passe-temps indigne d'un prince du sang. « La tombe est ancienne, mais l'eau et les voleurs l'ont endommagée, dit-il. Il est impossible de savoir à quand remontent les dégâts. Penbuy a examiné quelques rouleaux qu'il a sans doute déjà rangés dans la bibliothèque, mais je n'ai rien appris de neuf.

– J'en suis désolée, dit Noubnofret avec sincérité. Un message du Delta ? demanda-t-elle en regardant le parchemin posé sur le bureau. Annoncerait-il de nouveaux problèmes nuptiaux ? » Les deux époux échangèrent un sourire. « Nous devrions peut-être aller nous installer à Pi-Ramsès jusqu'à la réalisation des projets de Pharaon. Ces allers et retours incessants vont finir par user notre barque. »

Kâemouaset se sentit brusquement plein de tendresse envers elle. La nostalgie qui avait transparu dans sa voix ne lui avait pas échappé. « Cela te plairait, n'est-ce pas ? fit-il avec douceur. Pourquoi n'irais-tu pas y séjourner un mois ou deux avec Hori et Sheritra ? Mon père n'a pas besoin de ma présence en permanence. Les négociations du mariage mises à part, les affaires de l'Égypte sont pour l'instant de pure routine, et je suis libre de poursuivre les travaux que j'ai entrepris à Saqqarah. » Il indiqua sa chaise à Noubnofret qui se mit à picorer les reliefs du repas. Son visage avait une expression têtue qu'il connaissait bien. « Mes architectes et moi établissons de nouveaux plans pour la sépulture des taureaux Apis, reprit-il. Et j'ai deux chantiers de restauration en cours, l'un sur la pyramide de Sahourê, l'autre sur le temple du soleil de Neouserrê. Je... »

Noubnofret brandit un morceau d'oie froide qu'elle agita d'un air réprobateur avant de l'avaler. « Je ne m'offense plus depuis longtemps de te voir préférer tes vieilles pierres à ta famille, dit-elle d'un ton glacial. Si tu ne veux pas aller à Pi-Ramsès, nous resterons ici avec toi. Tu sais bien que tu te sentirais très seul si tu n'avais que les domestiques pour toute compagnie. »

C'est vrai, se dit Kâemouaset en s'asseyant sur le bord du bureau. « Dans ce cas, fais emballer quelques affaires et accompagne-moi. Je pars demain. Père a besoin d'un autre diplomate pour venir à bout des difficultés qu'il a certainement lui-même suscitées. Il voudra sans doute aussi que je l'examine, lui et tous ceux qui à son avis ont besoin de mes services. Et puis j'aimerais rendre visite à ma mère.

– Très bien, dit Noubnofret après avoir mâché sa viande d'un air pensif. Hori voudra probablement venir avec nous, mais Sheritra refusera de paraître à la Cour. Qu'allons-nous faire d'elle, Kâemouaset ?

– Elle est timide, voilà tout. Cela lui passera avec l'âge. Il nous faut simplement être patients et la traiter avec douceur.

– Avec douceur ! s'exclama sa femme. Comme si Hori et toi ne la gâtiez déjà pas assez ! Elle voulait t'attendre pour te dire bonsoir, mais je l'ai prévenue qu'il ne fallait pas compter sur ta venue. » Après les avoir léchés, elle claqua les doigts pour appeler Wernouro qui se glissa aussitôt à ses côtés. Trempant le linge qui avait couvert les aliments dans le rince-doigts, elle essuya avec soin la main de sa maîtresse.

« Et pourquoi donc ?

– Parce que tu as reçu un message du harem de Pharaon. Une des concubines est malade et a besoin de tes soins. Bonne nuit, mon époux.

– Bonne nuit, Noubnofret. »

Elle jeta un ordre, l'esclave ouvrit la porte, se prosterna, et elle s'éloigna, suivie à trois pas par Wernouro.

Quittant son bureau à contrecœur, Kâemouaset entra dans la bibliothèque, sortit une clé de sa ceinture et ouvrit un gros coffre. Une agréable odeur d'herbes séchées se répandit dans la pièce. Après avoir pris une petite boîte, il fit appeler Penbuy, Kasa et son héraut qui arrivèrent aussitôt. « Tu présenteras mes excuses à Amek s'il s'est déjà retiré dans ses quartiers, Ramose, dit-il. Mais il me faut deux gardes du corps. Je dois aller en ville. »

Une heure plus tard, accueilli avec déférence, il pénétrait dans le harem memphite de Pharaon. Vaste mais bien agencé, celui-ci abritait dans de grandes pièces aérées les nombreuses femmes que Ramsès avait acquises et qu'il oubliait souvent aussi vite qu'il s'en était entiché. Entourées de serviteurs, la plupart passaient leur temps en commérages, querelles, soins de beauté et comparaisons sur leur lointain maître. Quelques-unes géraient toutefois des affaires à Memphis et dans la campagne environnante. Convenablement escortées, elles pouvaient sortir du harem pour administrer un domaine ou de petites entreprises artisanales. Certaines s'occupaient du tissage du lin, d'autres possédaient des vignobles ou des fermes, et quelques-unes faisaient commerce de produits exotiques acheminés par caravane ou par mer.

Kâemouaset ne s'intéressait guère qu'à leurs maladies. S'il avait écrit un ouvrage sur les maux spécifiquement féminins qui était devenu un livre de référence pour les autres médecins, les femmes en tant que source de plaisir le laissaient assez indifférent. Sa passion pour le passé et les connaissances de l'esprit le captivait bien davantage.

Il salua le Gardien de la Porte du Harem avec plus de brusquerie qu'il n'en avait eu l'intention. L'homme se jeta aussitôt à terre, le front contre ses sandales, et s'excusa profusément de l'avoir dérangé. D'un geste impatient, Kâemouaset lui ordonna de se relever.

« Pharaon n'accepterait pas qu'un débutant examine l'une de ses femmes, dit-il en le suivant le long d'un couloir où se succédaient des portes de bois ouvragé. Qui est ma patiente ? » Le Gardien s'arrêta devant la dernière porte, imité par Kâemouaset,

Penbuy et Kasa. Les deux soldats s'étaient séparés pour surveiller chaque extrémité du couloir.

« C'est une jeune danseuse hourrite. Le Taureau puissant l'a vue danser il y a un an et l'a invitée à s'installer ici. Elle est réservée, très belle, et elle apprend un peu de son art aux autres femmes. » Il poussa la porte et s'effaça respectueusement. « Cela les distrait et leur fait prendre un peu d'exercice. La plupart sont très paresseuses. »

Kâemouaset le renvoya et, suivi de Penbuy et Kasa, entra dans une pièce confortable, meublée d'un lit, de quelques chaises, de coussins éparpillés et de plusieurs coffres, qui contenaient probablement des costumes de danseuse aux couleurs criardes. On y voyait aussi un reliquaire, fermé à présent, et une porte qui donnait manifestement sur les jardins. Assise sur un tabouret à côté du lit, une esclave racontait une histoire d'une voix aiguë et monotone, sans doute en langue hourrite. Couverte d'un drap de lin, la petite patiente l'écoutait, captivée, et ses yeux noirs reflétaient la lumière de la lampe à huile qui brûlait à son chevet.

En apercevant Kâemouaset, elle lança un ordre sec à l'esclave qui se retira dans un coin de la chambre, et s'efforça de se lever. Il l'arrêta d'un geste. « Les cérémonies sont inutiles dans une chambre de malade, fit-il avec douceur. A moins que l'on ait une requête à adresser aux dieux. De quoi souffres-tu ? »

La jeune fille le dévisagea un long moment comme si elle ne l'avait pas compris, et il se demanda si elle parlait égyptien. Mais, un instant plus tard, après avoir jeté un regard à ses compagnons, elle rabattait le drap, révélant une éruption de boutons d'un rouge agressif qui s'étendait de son cou à ses chevilles exquisement tournées. Kâemouaset l'observa avec attention, puis poussa un soupir, soulagé à l'idée d'être bientôt de retour chez lui, mais déçu par la banalité du cas. Il appela le Gardien de la Porte.

« Cette éruption s'est-elle manifestée chez d'autres femmes ? demanda-t-il.

– Non, Votre Altesse. »

Le mal n'était donc pas contagieux. « Et son alimentation ? Mange-t-elle la même chose que les autres ?

– Beaucoup de femmes se font préparer les plats de leur choix, répondit le Gardien. Celle-ci mange les repas servis par les cuisines du harem, et je vous assure qu'ils sont de la meilleure qualité. » Kâemouaset indiqua à Penbuy qu'il était inutile de prendre des notes. « Je l'espère bien, dit-il d'un ton sec, peu soucieux tout à coup de rassurer le Gardien. Le traitement est simple. Prépare un baume composé à parts égales de souchet, poudre d'oignon, encens et jus de dattes sauvages. Que l'esclave lui en enduise le corps deux fois par jour. Rougeur et démangeaisons auront disparu dans une semaine. Si ce n'est pas le cas, tu m'en avertiras. » Il s'apprêtait à quitter la chambre quand il sentit qu'on le tirait par la jupe. « N'ai-je pas également besoin d'un charme, grand prince ? demanda la danseuse avec un fort accent étranger. Vous n'allez pas avoir recours à la magie ? »

Kâemouaset regarda ses yeux vifs et sourit. « Non, ma chère, c'est inutile, dit-il en prenant sa main fine dans la sienne. Ce n'est pas un démon qui a provoqué ta maladie. Tu as dû rester trop longtemps au soleil, te baigner dans une eau sale ou frôler une plante qui ne plaît pas à ton corps. Ne t'inquiète pas. La préparation que j'ai indiquée au Gardien fait partie des remèdes éprouvés trouvés il y a très longtemps à Abydos dans le temple d'Osiris. Elle te guérira. »

Pour toute réponse, la jeune fille appuya soudain ses lèvres sur la paume de sa main. Il tressaillit à ce contact inattendu et s'écarta aussitôt. « Veille à ce qu'on lui fasse immédiatement une friction de ce baume pour qu'elle puisse dormir », ordonna-t-il encore avant de se retirer. Puis il gagna rapidement sa litière, ne songeant plus qu'à se faire enfin masser et à dormir.

Lorsque, après avoir renvoyé Penbuy et les soldats, il se retrouva derrière les portes closes et gardées de sa chambre, Kasa le débarrassa de sa perruque, de ses boucles d'oreilles en turquoise, des bagues et des bracelets qui ornaient ses mains et ses bras. Vint ensuite le tour de sa jupe et, avec un soupir de lassitude et de plaisir, Kâemouaset s'étendit à plat ventre sur son lit. Il ferma les yeux lorsqu'il sentit son serviteur étendre l'huile d'olive parfumée sur son dos, s'abandonnant avec bonheur à ses mains puissantes qui dénouaient ses muscles contractés par les fatigues de la journée. « Pardonnez-moi, prince, dit Kasa. Mais vous n'avez pas l'air en bonne santé. Votre peau a la consistance d'un fromage de chèvre, ce soir. Vos muscles deviennent flasques et peu plaisants à regarder. Puis-je vous prescrire un remède ? »

La bouche contre les coussins, Kâemouaset eut un petit rire étouffé. « Le médecin devrait suivre quelques-uns des conseils qu'il donne, c'est cela ? Eh bien, prescris, mon ami. Je te dirai ensuite si j'ai le temps et l'envie de t'obéir. J'ai trente-sept ans, tu sais. Noubnofret me tarabuste aussi là-dessus, mais, tant que mon corps me permet de m'acquitter de mes tâches et ne gêne pas mes plaisirs, je préfère le laisser tranquille. » Les doigts du masseur s'enfoncèrent brutalement dans ses muscles et il sentit sa désapprobation.

« Se glisser dans les tombeaux et escalader les pyramides exige une santé physique que Votre Altesse perd rapidement, dit-il d'un ton sentencieux. Moi qui vous aime, je vous supplie de pratiquer régulièrement la lutte, le tir à l'arc et la natation avec Amek. Votre Altesse sait qu'elle néglige une solide constitution. »

Kâemouaset s'apprêtait à répliquer vertement quand il songea brusquement à la petite danseuse. Bien qu'il n'eût pas conscience de s'être intéressé à son apparence, il se rappelait à présent son ventre plat, ses fines jambes musclées, le léger renflement de ses hanches dépourvues de toute graisse superflue. Il se sentit alors vieux, mélancolique et vaguement vide. Je suis fatigué, pensa-t-il. « Merci, Kasa, dit-il. Ôte la peinture de mon visage et de mes mains et apporte la lampe de nuit. Tu diras à Ib que je ne veux pas être dérangé par les préparatifs de départ demain matin. » Il se soumit aux mains habiles de son serviteur qui se retira ensuite, le laissant seul avec la flamme vacillante de la lampe, emprisonnée dans son vase d'albâtre, et les ombres mouvantes de la pièce.

Repoussant les coussins, il prit un appui-tête en ébène – Shou y soutenait le ciel. Les yeux clos, il se laissa glisser vers le sommeil, toujours en proie à cette étrange tristesse qu'avait suscitée en lui le souvenir de la petite concubine et de son corps parfait. Pourquoi ? se demanda-t-il. Je ne l'ai vue qu'un instant.

Puis, brusquement, il sut. Bien sûr ! Elle lui avait rappelé la femme avec qui il avait fait l'amour pour la première fois. Une adolescente, en fait, âgée de treize ans tout au plus, avec de longues jambes et une poitrine naissante dont les pointes brunes s'étaient curieusement raidies sous sa langue fureteuse. Son odeur était aussi vive dans son souvenir que s'il venait de la posséder. C'était une des petites esclaves employées à diverses tâches par les augustes serviteurs de Pharaon. Kâemouaset, qui avait alors à peine quinze ans, était entré dans le hall de réception du palais pour y dîner avec les quelque trois cents invités de son père. Il se souvenait de l'odeur forte des cônes parfumés qu'ils portaient sur la tête, de la senteur des énormes bouquets de fleurs de lotus disposés un peu partout, des éclats de rire qui couvraient les notes des musiciens.

La fille s'était approchée de lui et, quand elle s'était dressée sur la pointe des pieds pour lui passer une guirlande de bleuets autour du cou, il avait senti ses seins nus contre son torse, son souffle tiède sur son visage. Plus tard, légèrement ivre, excité par la chaleur, la bonne chère et la faveur particulière que lui témoignait son père, il l'avait vue circuler parmi les invités, portant un plateau chargé de cocardes. Il était allé vers elle et, après l'avoir débarrassée de son fardeau, l'avait entraînée avec impatience dans le jardin.

La nuit était noire, comme ses yeux, comme le triangle de poils qu'il avait exploré d'une main maladroite sous son léger pagne de lin. Ils s'étaient accouplés derrière un buisson, à deux pas d'un soldat shardane qui montait la garde, puis elle avait ri, rattaché ses vêtements et était partie en courant.

Ils n'avaient pas échangé une parole. Elle savait certainement qui il était, mais lui n'avait jamais connu son nom et ne s'en était pas soucié. C'étaient des sensations qu'il avait recherchées ce soir-là, et il se rappelait encore le mouvement de ses muscles sous ses mains, sa bouche, le goût un peu âpre de sa langue, ses yeux obscurcis par le désir plongés dans les siens juste avant qu'il ne s'abandonne à son propre plaisir.

Il l'avait oubliée. Il y avait eu d'autres filles – près du fleuve, le soir ; derrière les entrepôts de grain par les après-midi d'été torrides ou dans ses appartements –, puis, à seize ans, il avait épousé Noubnofret. Quatre ans plus tard, il devenait prêtre sem à Memphis. Sa vie d'adulte commençait, et les exigences de ses sens s'étaient atténuées, supplantées par d'autres passions. Que j'éprouve de la nostalgie pour le passé, ça oui, je le comprends, se dit-il en s'apprêtant de nouveau à dormir. Mais ce sentiment de vide, de perte ? Pourquoi ? Le seul vide que je désire vraiment combler est celui qui attend le Rouleau de Thot, ce texte qui me donnera le pouvoir, si les dieux en décident ainsi. Pauvre petite danseuse ! Combien de fois mon père a-t-il éveillé tes sens ? Brûles-tu de désir pour lui jour après jour ou apaises-tu ce feu en dansant ? Il sombra dans le sommeil, et ses souvenirs ne l'y suivirent pas.

2

Comme il est aimé, notre victorieux souverain!
Comme il est grand, notre roi parmi les dieux!
Comme il est heureux, notre auguste seigneur!

Il s'éveilla tard le lendemain matin. Conformément à ses ordres, Ib avait veillé à ce qu'il ne fût pas dérangé par les préparatifs de départ. Il put donc déjeuner tranquillement de fruits, de pain et de bière comme à son habitude avant de se rendre au bain. Tandis qu'il descendait de la dalle de pierre et se faisait sécher par Kasa, il pensa avec contrariété qu'il n'avait aucune envie d'aller dans le Nord, de progresser à pas prudents dans le labyrinthe des négociations, ni même de voir son père. Il se consola en se disant que sa mère serait heureuse de sa venue et qu'il prendrait le temps de visiter les magnifiques bibliothèques de Ramsès.

Il retourna dans ses appartements où, sous l'œil attentif de Kasa, son maquilleur lui teignit la plante des pieds et la paume des mains de henné. Pendant que celui-ci séchait, Penbuy lui lut les messages du jour. Ils étaient peu nombreux. Une lettre de son intendant du Delta lui apprenait la naissance et l'enregistrement de vingt veaux, mais ce fut le gros rouleau que le scribe déposa ensuite avec révérence près de lui qui lui mit l'eau à la bouche. « Les plans de la sépulture des taureaux Apis sont terminés et attendent votre approbation, prince », déclara Penbuy qui sourit en voyant le visage de son maître s'illuminer. Kâemouaset effleura le papyrus d'une main caressante en regrettant de ne pouvoir le lire sur-le-champ. Il lui faudrait remettre ce plaisir à son retour.

Le henné avait séché, et le maquilleur lui entourait maintenant les yeux de khôl tandis que son bijoutier ouvrait un coffret plein de colliers. Prenant un miroir en cuivre, Kâemouaset étudia son visage. Ce qu'il vit le rassura. Ma peau est peut-être un peu flasque, se dit-il, et je suivrai les conseils de Kasa, mais je suis encore bel homme. Il suivit pensivement du doigt la ligne de sa mâchoire, ce qui arracha une exclamation contrariée au maquilleur. J'ai le nez fin et droit de mon père. Noubnofret m'en fait encore compliment. Mes lèvres ont un pli un peu sévère mais elles sont pleines, grâce à ma mère. J'ai les yeux clairs... Oh oui! Je pourrais encore séduire n'importe quelle femme de la Cour.

Amusé et perplexe, il reposa brusquement le miroir. Quelles étranges pensées, se dit-il en souriant. Kâemouaset, puissant prince d'Egypte, c'est le gamin qui parle en toi ce matin! Tu n'avais pas entendu sa voix depuis longtemps. Son bijoutier s'avança alors, le tirant de sa songerie. Il choisit des bracelets en électrum, un pectoral de faïence bleue et d'argent ainsi que plusieurs bagues. L'homme lui glissait la dernière au doigt lorsque Ramose, son héraut, annonça d'une voix sonore : « La princesse Sheritra! » Kâemouaset se retourna en souriant.

Sa fille l'étreignit gauchement, puis, rougissante, mit les mains derrière le dos. « Tu m'as manqué hier soir, père. Mère m'a dit que tu ne pourrais pas venir me voir, mais je t'ai quand même attendu. Comment va la concubine ? »

Dissimulant la consternation qu'il éprouvait souvent lorsqu'il ne l'avait pas vue depuis un certain temps, Kâemouaset lui rendit son étreinte. Qu'il était donc dégingandé et sans grâce, son trésor de quinze ans! Elle avait des jambes trop longues pour sa taille et il n'était pas rare de la voir trébucher. Les serviteurs s'étaient souvent moqués gentiment de sa maladresse lorsqu'elle était enfant mais, à présent, par affection pour elle, ils ne riaient plus. Ses hanches maigres saillaient disgracieusement sous les fourreaux de lin qu'elle s'obstinait à porter, bien que Noubnofret eût maintes fois cherché à la persuader d'opter pour des robes plissées à volants, plus à la mode et surtout plus seyantes. On aurait dit que, consciente de son physique ingrat, elle refusait par pure fierté d'user des artifices féminins pour ne pas se déprécier.

Noubnofret ne cessait d'insister pour qu'elle se tînt droite, car ses épaules se voûtaient au-dessus d'une poitrine presque aussi plate que l'était son ventre. Sheritra s'efforçait bien de marcher avec plus de grâce pour éviter les remarques souvent acerbes de sa mère, mais cela ne servait pas à grand-chose. Son visage était d'un ovale agréable, sa bouche généreuse et expressive, ses yeux lumineux, mais le nez des Ramsès, imposant, détruisait l'harmonie de ses traits.

Une fille plus sociable, plus effrontée, aurait pu tourner ses handicaps à son avantage, mais Sheritra était timide, sensible et réservée. Ceux qui la connaissaient bien – son père, Hori, Bakmout, sa servante et compagne, les domestiques et quelques vieux amis de la famille – l'aimaient pour son intelligence, sa générosité et sa gentillesse. Mais, par Amon ! se dit Kâemouaset en posant un baiser sur son front, un rien le fait rougir, mon vilain petit canard. Où est le prince qui voudra d'elle ?

« Je ne sais pas comment elle va aujourd'hui, répondit-il. Mieux, je suppose, car sinon le Gardien de la Porte m'aurait averti. Alors, viendras-tu avec moi rendre visite à ton grand-père et flâner dans les marchés de Pi-Ramsès ?

– Non, père, dit-elle très vite en évitant son regard. Ce sera un plaisir pour Bakmout et moi d'avoir la maison pour nous toutes seules. Je pourrai me lever tard, me faire lire mes histoires favorites, nager et m'occuper des fleurs avec les jardiniers. »

Kâemouaset lui prit doucement le menton. « Passer quelques heures à la Cour ne te ferait pas de mal, ma chérie. Si tu affrontais ceux qui t'effraient, ta timidité s'effacerait peu à peu. Ta mère ne se contentera bientôt plus de parler de tes fiançailles, et tu devrais au moins savoir à quoi ressemblent les jeunes gens qu'on te proposera.

– C'est inutile, dit-elle d'un ton ferme en détournant la tête. Tu sais qu'il te faudra offrir plus que la dot habituelle pour te débarrasser de moi, prince. Quant à moi, il m'est complètement indifférent de me marier ou non. Personne ne s'éprendra de moi, alors peu m'importe de qui je partagerai la couche. »

Émi par son amère franchise, Kâemouaset insista encore, répugnant à la laisser ruminer de sombres pensées, seule à Memphis. « Hori vient avec nous, dit-il.

– Naturellement ! s'exclama-t-elle en souriant. Les femmes le dévoreront des yeux sans qu'il s'en aperçoive ; les jeunes gens murmureront derrière son dos sans qu'il y fasse attention. Il parcourra les marchés en compagnie d'Antef pour y découvrir de nouvelles inventions étrangères à démonter puis, après avoir bavardé avec son grand-père qui l'adore, il disparaîtra dans la Maison de vie, comme toi dans celle des livres, et n'en sortira que pour m'acheter un présent coûteux. » Le pétillement malicieux de son regard ne parvenait pas à masquer le fond de tristesse que Kâemouaset y voyait souvent.

« Excuse-moi, Petit Soleil, dit-il en l'embrassant. Je ne veux pas te forcer à faire quoi que ce soit qui te mette mal à l'aise.

– Mère s'en charge pour deux, répondit-elle avec une grimace.

Amuse-toi bien dans la cité magique de Pharaon, père. Tu ferais bien de te presser, car je crois que Hori est déjà à bord. » Kâemouaset la regarda partir, le cœur serré, puis il ouvrit le naos de Thot, remplit lui-même l'encensoir et commença ses prières du matin.

La flottille largua les amarres une heure après midi. Kâemouaset, Noubnofret et Hori avaient pris place dans l'*Amon-est-le-Seigneur* ; deux autres embarcations transportaient gardes du corps et domestiques. Quoiqu'il y eût toujours des appartements et un effectif complet d'esclaves à leur disposition dans le palais de Ramsès Grand-par-les-victoires, Kâemouaset préférait être servi par son propre personnel.

Debout sur le pont, il regarda avec regret s'éloigner les palmeraies et les silhouettes pointues des pyramides de Saqqarah. La journée était chaude, et Noubnofret s'était déjà installée sous la tente attachée à la petite cabine qui occupait le centre de la barque. Étendue sur une pile de coussins, elle s'éventait, une coupe d'eau à la main. Hori se tenait à côté de son père, appuyé contre la lisse. « C'est une belle ville que Memphis, n'est-ce pas ? dit-il. Je regrette parfois que grand-père ait établi sa capitale dans le Nord. Je comprends l'intérêt stratégique et commercial qu'il y a à se trouver près de notre frontière orientale, au bord d'un fleuve qui se jette dans la Grande-Verte, mais Memphis a la dignité et la beauté des anciens souverains. »

Kâemouaset contemplait le Nil. Derrière la végétation luxuriante des berges peuplées d'oiseaux, d'insectes et de quelques crocodiles somnolents, s'étendait une terre noire et fertile dans laquelle les fellahs s'enfonçaient jusqu'aux genoux pour semer de nouvelles graines. L'eau immobile des canaux reflétait le bleu intense du ciel et les grands palmiers qui l'ombrageaient. Sous la chaleur de l'après-midi, les villages de boue blanchis à la chaux miroitaient comme des mirages. On n'y voyait en général que deux ou trois ânes qui chassaient paresseusement les mouches de leur queue et, parfois, un enfant poursuivant un troupeau d'oies ou assis nu dans la poussière.

« Je n'aimerais guère voir le Nil encombré d'embarcations de marchands et de diplomates depuis le Delta jusqu'à Memphis, répondit Kâemouaset. Sans compter que la ville deviendrait sale, bruyante et tentaculaire comme la Thèbes impériale à l'époque des derniers Thoutmosides. Non, Hori, je préfère que Memphis reste une ville paisible. » Les deux hommes se sourirent.

Ils poursuivirent leur route, portés par le fort courant de la fin du printemps, dépassèrent la ville d'On, demeure de Râ, où Kâemouaset allait parfois exercer ses fonctions de prêtre, puis s'engagèrent dans le bras oriental du Nil.

Passé On, le puissant fleuve se divisait en trois bras principaux qui, après de nombreux méandres, se jetaient dans la Grande-Verte. Le plus occidental longeait le désert. Tout au nord, il irriguait les plus célèbres vignobles d'Égypte. Kâemouaset possédait de nombreuses jarres de ce vin et, si ses compatriotes le dédaignaient pour des produits exotiques importés à grands frais du Keftiou ou d'Alasya, lui restait fidèle au nectar rouge sombre du Delta.

Le bras central traversait Djebenouter et Bouto, cette très ancienne capitale qui n'était plus à présent qu'une petite ville et un temple. Les embarcations de Kâemouaset suivirent les Eaux-de-Râ, au nord-est, pour gagner leur destination.

A la nuit, ils firent halte près du Canal d'eau douce, creusé en direction de l'est pour rejoindre les Lacs amers. L'air sec du désert ne se faisait déjà presque plus sentir, et des odeurs plus riches, plus lourdes, montaient des champs du Delta. Râ disparut à l'horizon, et les bouquets de papyrus verts et beiges qui murmuraient sous la brise perdirent leurs couleurs. Bien qu'encore invisibles, les vergers en fleurs embaumaient l'air de leur parfum. Une végétation verdoyante poussait partout à profusion.

Le lendemain, ils glissèrent paresseusement au fil de l'eau au milieu de l'extraordinaire variété de plantes et d'oiseaux du Delta. Ils s'arrêtèrent à midi pour manger les poissons pêchés par Hori, puis repartirent et, lorsque la nuit tomba de nouveau, ils avaient quitté les Eaux-de-Râ pour celles d'Avaris en laissant derrière eux Boubastis et le temple de Bastet, la déesse-chat. Les embarcations se faisaient nombreuses sur le fleuve.

Ils dormirent moins bien cette nuit-là. Le va-et-vient des barques était incessant et des cris d'avertissement déchiraient le silence. Après quelques heures d'un sommeil agité, peuplé de rêves désagréables, Kâemouaset se réveilla avec un léger mal de tête. Il appela Kasa à voix basse pour ne pas troubler le repos de sa femme, puis, une fois lavé et habillé, donna l'ordre d'appareiller une heure après le lever du soleil.

Un peu avant midi, ils aperçurent les premières maisons de Pi-Ramsès sur leur droite ; ce furent d'abord les masures des pauvres qui occupaient le site de l'ancienne Avaris et semblaient se presser autour des pylônes et des hauts murs bruns du temple de Seth, puis un amas de ruines dont Kâemouaset savait qu'il avait été une ville de la XIIe dynastie. Hori et Noubnofret regardaient une caravane d'ânes qui progressait péniblement sur la berge. Bêtes, marchands et âniers étaient couverts de poussière; du sable s'accrochait aux couvertures éclatantes qui protégeaient les chargements. Des marchandises du Sinaï, se dit Kâemouaset, ou de l'or extrait des mines de mon père et destiné à embellir encore la ville.

Ils arrivèrent bientôt au grand canal que Ramsès avait fait creuser autour de la cité. Une foule d'embarcations de toutes les formes et de toutes les tailles l'encombrait déjà, et leurs patrons tâchaient de se frayer un passage en poussant force jurons. Un peu à regret, Kâemouaset fit un signe à sa femme et son fils, et tous trois se retirèrent derrière les rideaux de la cabine. Le capitaine hissa alors les couleurs bleues et blanches de l'empire. Peu après, le vacarme diminua, et la barque reprit sa route. Le commun s'écartait respectueusement devant l'illustre fils de Pharaon.

« Je les trouve plus grossiers et violents à chaque voyage, remarqua Noubnofret. Ramsès devrait ordonner aux Medjaiou de surveiller cette jonction et d'organiser la circulation. Relève un peu le rideau, Hori. Je veux voir ce qui se passe. »

Kâemouaset dissimula un sourire. Noubnofret voulait toujours savoir ce qui se passait.

Le capitaine lança un ordre sec aux rameurs, et l'*Amon-est-le-Seigneur* commença à virer lentement vers la droite. Bientôt apparurent de gros arbres clairsemés à l'ombre desquels bavardaient des citadins. Sur la rive gauche, il n'y avait pas de végétation, mais un fouillis d'ateliers, d'entrepôts et de greniers où grouillait une foule affairée et, au-delà, les faïenceries qui faisaient la renommée de Pi-Ramsès. Vinrent ensuite les modestes demeures blanches des marchands et les propriétés de la petite noblesse avec leurs jardins et leurs vergers. Les pommiers en fleur, dont les blancs pétales parsemaient l'eau miroitante, enveloppèrent les voyageurs de leur parfum entêtant.

Le canal s'élargit pour former un vaste bassin encombré d'embarcations qui chargeaient ou déchargeaient leur cargaison. Sur les quais, des marins jouaient à des jeux de hasard tandis que des enfants s'interpellaient ou plongeaient dans l'eau trouble pour y repêcher les colifichets jetés par des passants désœuvrés.

L'*Amon-est-le-Seigneur* laissa cette cohue derrière elle et ralentit en approchant du lac de la Résidence qui faisait partie du domaine privé de Pharaon. Après avoir répondu à la sommation des soldats qui en gardaient l'entrée, l'équipage de Kâemouaset manœuvra dans l'étroit espace laissé par leurs bateaux armés. Ils longèrent alors le mur méridional qui protégeait le palais de Ramsès, dépassèrent les vergers et parvinrent au débarcadère de marbre où se balançait la barque de Pharaon, étincelante d'or et d'électrum. Trois autres embarcations étaient attachées aux piquets bleu et blanc. Le capitaine de Kâemouaset donna ses ordres, et l'*Amon-est-le-Seigneur* gagna sans à-coups son poste d'amarrage.

Noubnofret poussa un soupir de soulagement. Le vacarme de la cité n'était plus qu'un bourdonnement lointain et seul le chant mélodieux des oiseaux troublait le calme sacré du lieu. « J'espère que des litières nous attendent », dit-elle en se glissant hors de la cabine avec la grâce fluide qui était la sienne. Kâemouaset et Hori la suivirent. Les deux autres barques avaient déjà accosté, et les soldats étaient alignés au garde-à-vous sur les marches. La famille princière fut accueillie par une petite délégation qui se prosterna à son approche. Séti, le vizir du Sud, un homme élégant et plein de dignité, s'inclina, balayant la pierre chaude de sa jupe blanche plissée. « Sois le bienvenu dans la demeure de Ramsès Grand-par-les-victoires, prince », déclara-t-il en souriant. Il portait le bâton d'or couronné de papyrus de sa charge, des bracelets tintaient à ses poignets, des bagues d'or et de cornaline ornaient ses mains puissantes et soignées. Kâemouaset rencontra son regard assuré et lui rendit son sourire. « je suis heureux de te revoir, Séti, dit-il tandis que Hori et Noubnofret recevaient les hommages des scribes, hérauts et messagers du vizir. Le roi des rois va bien, j'espère ?

– Ton père va bien, et il est impatient de te voir, répondit Séti. Vos appartements vous attendent. Ce long voyage a dû vous fatiguer. » Il fit un geste et trois litières apparurent aussitôt. « Pharaon compte discuter du contrat de mariage avec toi demain matin. Il ne requiert pas ta présence ce soir, bien que tu sois naturellement libre de dîner avec lui si tu le souhaites. Dans le cas contraire, et si tu n'es pas trop las, il te prie d'examiner le projet d'imposition pour l'année à venir et d'évaluer le pourcentage qui doit revenir à Amon et Seth. »

Kâemouaset acquiesça de la tête, secrètement irrité. Son père lui avait confié l'esentiel des tâches du gouvernement. Pourquoi ne le laissait-il pas s'en occuper au lieu de chercher à l'orienter plus ou moins subtilement vers certaines priorités comme s'il était un enfant à qui il fallait rappeler ses devoirs ? « Fort bien, dit-il en montant dans sa litière. Tu m'enverras Souti, Paser, le grand prêtre d'Amon et Piay après le dîner. Je n'aurai pas besoin de scribe ; Penbuy me suffira. Salue mon père et dis-lui que je dînerai seul ce soir. » Il se tourna ensuite vers Ib qui attendait patiemment avec le reste de ses serviteurs. « Mon déjeuner le plus tôt possible, ordonna-t-il d'un ton brusque. Tu le prépareras toi-même. Ensuite, je me reposerai. » Séti et sa suite s'écartèrent. Les gardes entourèrent la litière et se mirent en marche, précédés par Ramose qui criait : « Le grand prince Kâemouaset de Memphis arrive. Prosternez-vous ! »

Appuyé contre les coussins, Kâemouaset s'efforça d'oublier la contrariété que lui inspiraient les manigances de son père, son désir égoïste d'être de retour à Memphis, l'exaspération que suscitait en lui tout ce qui l'arrachait à ses recherches. Je deviens un vieil homme irascible, se dit-il. Un commandant aboya brusquement un ordre de l'autre côté du mur septentrional où baraquements militaires et champ de manœuvres s'étendaient jusqu'au lac de la Résidence. Il fut un temps où les exigences du palais et du temple avaient de l'importance pour moi, où je faisais passer mes devoirs envers mon père avant toute chose. A présent, tout cela m'ennuie, et je voudrais qu'il me fût permis de ne plus me consacrer qu'à mon legs à l'Égypte, le tombeau des taureaux Apis et mes travaux de restauration. Pourquoi ? Kâemouaset regarda sans les voir les courtisans désœuvrés en robe blanche transparente s'incliner sur son passage comme des rameaux fleuris courbés par le vent. Il ne trouva pas de réponse à sa question, et son humeur s'assombrit un peu plus. Le mot « vieillir » retentissait dans son esprit comme un sarcasme.

Le cortège s'arrêta et Noubnofret s'approcha de sa litière. « Tu dors déjà, Kâemouaset ? » demanda-t-elle en penchant vers lui son beau visage. Il cligna les yeux, brusquement troublé par ses seins lourds dont il apercevait la naissance sous l'étoffe jaune. Avec un grognement, il descendit de la litière, puis, accompagné de son épouse et de son fils, il monta le large escalier et se retrouva bientôt dans l'ombre fraîche des gigantesques colonnes à chapiteau palmiforme.

Le palais, aussi vaste et imposant qu'une ville, avait été construit par Séti Ier, le père de Ramsès. Celui-ci l'avait agrandi et orné de manière somptueuse. Sur la façade, tuiles de turquoise et lapis-lazuli mêlaient harmonieusement leurs bleus. Le sol et les murs étaient revêtus de carreaux émaillés représentant les innombrables plantes et animaux du Delta, ou enduits de plâtre blanc qu'égayaient des taches de couleurs vives. Les portes, incrustées d'électrum et d'argent ou plaquées d'or, si lourdes qu'il fallait deux hommes pour les ouvrir, répandaient une odeur de bois de cèdre. Partout, semées sur le pavement, en bouquets sur les murs, en guirlandes autour des colonnes, des fleurs s'épanouissaient en un éternel printemps. On aurait pu errer des jours dans le dédale interminable des pièces, et des esclaves avaient pour seule tâche de guider visiteurs et invités. Les bibliothèques – la Maison de vie, consacrée aux travaux scientifiques, où l'on trouvait cartes de la terre et du ciel, poids et mesures officiels et clés des songes ; et la Maison des livres qui contenait les archives – étaient célèbres dans le monde entier ; des érudits de toutes nationalités y venaient en foule. Les fêtes qu'on donnait au palais étaient tout aussi réputées en raison de l'abondance des mets, du talent des musiciens, de la beauté et de la grâce des danseuses.

En son cœur résidait le roi des rois, fils d'Amon et de Seth, dont la richesse dépassait l'imagination de la plupart de ses sujets, dieu vivant et omnipuissant du seul pays au monde qui comptât vraiment. Marchant derrière Ramose qui lançait toujours son cri d'avertissement, Kâemouaset ne pouvait s'empêcher d'admirer le palais. Il en connaissait chaque recoin pour y avoir été élevé et ne lui trouvait plus ce côté magique qui l'avait émerveillé enfant, car il savait grâce à quelle organisation colossale et minutieuse les fleurs étaient éternellement fraîches, la nourriture abondante et les serviteurs toujours à disposition. Mais la démesure de sa conception ne manquait jamais de l'impressionner.

Ramose s'arrêta devant une immense porte d'argent flanquée de dieux assis qui arrivaient presque à la hauteur du linteau. A droite, Amon surveillait le couloir d'un œil serein ; de l'autre côté, un Seth de granit au long nez de loup foudroyait le petit groupe du regard. Sur un geste de Kâemouaset, les portes s'ouvrirent, révélant une forêt de colonnes. Le sol pavé de turquoise baignait la pièce d'une douce lumière bleutée.

« Je vais aller me rafraîchir un peu, déclara aussitôt Noubnofret. Puis, j'irai présenter mes respects à l'impératrice et à la grande épouse royale. Tu sauras où me trouver si tu as besoin de moi. J'espère que les domestiques n'ont pas parfumé mon bain avec cette abominable essence. Je leur ai dit la dernière fois que je n'en supportais pas l'odeur, mais elles ont certainement oublié... » Elle posa un rapide baiser sur le cou de son mari et disparut dans ses appartements, suivie de ses serviteurs.

« Que comptes-tu faire ? » demanda Kâemouaset à Hori. Le jeune homme eut un de ces sourires qui faisaient battre plus vite le cœur des femmes de la Cour.

« Je vais me rendre dans les écuries pour jeter un coup d'œil aux chevaux, répondit-il. Ensuite, Antef et moi tâcherons de trouver des compagnons pour partager quelques coupes de vin. Puis-je dîner avec grand-père ce soir ?

– Bien entendu. Mais, si tu dois t'enivrer, assure-toi qu'il y ait au moins deux de mes soldats pour te reconduire chez toi. A plus tard, Hori. »

Il suivit un instant son fils du regard, puis se tourna vers Ib. « Mon repas est-il prêt ? » L'homme acquiesça. « Eh bien, allons. » Les portes s'ouvrirent devant lui et il pénétra dans les appartements qui lui servaient de seconde demeure depuis de si nombreuses années.

Il y avait d'abord le petit bureau fonctionnel où il travaillait et recevait les dignitaires. Autrefois, quand il était plus jeune et nettement plus frivole, la pièce avait servi de lieu de divertissement mais, à présent, elle était austère et impeccablement rangée. Audelà, se trouvait sa chambre, meublée d'un immense lit aux pieds sculptés en forme de lion, d'encensoirs d'or dressés devant le naos d'Amon, d'une table en ivoire et de quatre chaises incrustées d'ébène. Le fumet des plats s'y mêlait agréablement à une odeur de cire d'abeille.

Kâemouaset aimait cette pièce à laquelle il reprochait toutefois d'être un peu trop sonore, ce qui lui donnait l'impression de dormir dans un temple. Mais le palais tout entier est un temple, se dit-il en s'asseyant devant la petite table basse apportée par Ib. Un temple consacré à mon divin père, un monument à la gloire de ses exploits militaires et de son infaillibilité. Il prit un morceau de pain encore chaud qui sortait des cuisines de Pharaon. « Tout a été goûté », déclara Ib quand il attaqua son repas. Son appétit satisfait, Kâemouaset s'étendit sur son lit et sombra aussitôt dans le sommeil.

Quatre heures plus tard, lavé et vêtu de la longue robe des vizirs, il recevait le chef du Trésor, le grand prêtre d'Amon, et le premier scribe des temples. Il les écouta patiemment lire la liste monotone des parts d'impôts revenant aux dieux indigènes et étrangers. Leur désaccord éclata vite lorsqu'il fallut déterminer les temples qui méritaient les subventions les plus élevées. Soupirant intérieurement, Kâemouaset jeta un coup d'œil discret vers la clepsydre et s'efforça d'arbitrer leur différend avec le tact voulu. La tâche était importante, car tout manque de considération envers un dieu étranger pouvait créer un incident diplomatique. Il tâcha donc d'y consacrer toute son attention, mais fut soulagé lorsque les dignitaires acceptèrent enfin ses décisions et qu'il put les renvoyer.

Regagnant sa chambre, il fit brûler le charbon dans le grand encensoir, puis y versa un peu de myrrhe. Une fumée âcre et grise s'éleva aussitôt. Kâemouaset ouvrit alors les portes du naos, se prosterna devant le sourire bienveillant d'Amon et se mit à prier.

Il commença par la litanie consacrée, celle récitée chaque soir dans la lointaine Thèbes où Amon trônait au cœur du temple de Karnak et régnait sur la cité. Des paroles rituelles, il passa très vite à quelques suppliques personnelles, puis se tut. Les yeux fermés, il sentait le contact dur du sol contre ses genoux, ses cuisses, ses coudes, et respirait une odeur de poussière et de cire.

Quelque chose me tourmente, Amon. Je ne sais pas vraiment quoi. De l'insatisfaction et quelque chose d'autre, quelque chose d'étrange et d'inquiétant qui s'agite dans les replis les plus profonds de mon ka. Est-ce le début d'une maladie ? Ai-je besoin d'une purge, d'une semaine de jeûne, d'un élixir ? Est-ce dû au manque d'exercice ? Comme il continuait à s'interroger sur lui-même, il éprouva à l'égard de son père, du palais, du luxe prétentieux de Pi-Ramsès, des dignitaires paperassiers et suffisants un sentiment d'hostilité qui se mit à brûler en lui comme l'éruption sur le corps de la petite danseuse. Je suis le plus grand magicien et médecin d'Égypte, songea-t-il avec amertume. Et, pourtant, on ne me respecte que parce que les rênes du gouvernement sont entre mes mains, entre ces mains qui creusent, cherchent et abandonneraient volontiers les tâches vaines et stériles de l'administration pour se refermer sur le Rouleau de Thot, la clé de tout pouvoir et de toute vie. Je me dis parfois que je renoncerais même à mon ka pour posséder les deux formules magiques que ce rouleau est censé contenir. L'une octroie la résurrection du corps à celui qui la prononce à juste titre et l'autre, la capacité de comprendre le langage de tout ce qui vit sous le soleil. Je commande à tous les sujets du royaume, mon père excepté, mais pas aux oiseaux, aux animaux... aux morts. Je vieillis, le temps m'est compté et pourtant, quelque part, sous terre, dans le roc ou sur la poitrine d'un magicien, il y a ces mots qui feraient de moi l'homme le plus puissant que l'Égypte ait jamais connu.

Il se redressa en poussant un grognement et fixa les sandales d'or d'Amon. Autrefois, cette quête était un jeu, un idéal de jeune homme, une perspective excitante. Je m'y suis livré avec bonheur tandis que j'étudiais la médecine, fondais une famille, travaillais avec mon père, certain que personne ne jouissait plus que moi de la faveur des dieux et que je recevrais ce Rouleau en présent. Puis, j'ai commencé mes travaux de restauration et d'exploration, et ce jeu est devenu le but sous-jacent de toutes mes entreprises, une sinistre obsession qui s'intensifiait à mesure que croissaient ma déception et ma frustration. Voilà dix-sept ans que je cherche. J'ai acquis d'immenses connaissances mais je n'ai rien trouvé.

Le dos douloureux, il se leva et alla fermer le naos. Thot, dieu de cette sagesse que je vénère, pourquoi me le refuses-tu ? songea-t-il avec colère. Je suis le seul homme digne de le posséder, et tu me le caches pourtant comme si j'étais un paysan inculte.

Il eut brusquement froid. En regardant l'eau s'écouler dans la clepsydre, il se rendit compte qu'il était tard. Sachant qu'il ne parviendrait pas à s'endormir, il saisit un manteau de laine et sortit. Après avoir ordonné à ses gardes de le suivre, il traversa le palais silencieux pour se rendre à la Maison des livres.

Pendant deux heures, il erra entre les rangées de rouleaux soigneusement classés, en parcourut quelques-uns, discuta brièvement avec les quelques érudits qui préféraient l'étude au sommeil. Mais, ce soir-là, le contact des vieux papyrus ne le réconforta pas et leur contenu lui sembla aussi dépourvu de vie que l'atmosphère de la bibliothèque.

Il partit, avec l'intention de prendre du repos en prévision de la journée chargée du lendemain mais, parvenu devant ses appartements, il s'immobilisa. Un peu plus loin dans le couloir, de la lumière filtrait sous la porte d'Hori et il l'entendit discuter avec Antef. Cédant à une impulsion, Kâemouaset tourna à gauche et se dirigea vers la suite de sa femme. Le garde le salua et frappa à la porte qui fut aussitôt ouverte par Wernouro, les yeux gonflés de sommeil. « Ta maîtresse veille-t-elle encore ? demanda-t-il d'un ton abrupt.

– Non, Votre Altesse, répondit la servante en étouffant un bâillement. La princesse s'est retirée dans sa chambre il y a plus d'une heure. »

Kâemouaset hésita, puis pénétra dans la salle de réception de Noubnofret. Une seule lampe brûlait sur la table ; elle lui permit toutefois de distinguer un désordre de coussins, produits de beauté, fleurs fanées et coupes vides qui lui apprit que son épouse avait passé une agréable soirée en compagnie d'amis et que, contrairement à son habitude, elle avait autorisé les serviteurs épuisés à ne débarrasser que le lendemain. « Merci, Wernouro, dit-il. Va dormir. Je te réveillerai en partant. »

Il se dirigea vers la porte de la chambre qu'elle avait laissée entrouverte. Noubnofret était couchée et son souffle régulier soulevait légèrement le drap qui la couvrait. Des fleurs de pommier disposées dans un vase embaumaient la pièce. Leur parfum troubla étrangement Kâemouaset, rappelant à son souvenir tous les voyages printaniers qui l'avaient conduit dans la cité de Pharaon et réveillant d'anciennes émotions, surgies de son enfance et de sa jeunesse. « Noubnofret ? murmura-t-il en s'asseyant au bord de son lit. Tu dors ? »

Un marmonnement lui répondit. Noubnofret se retourna dans un mouvement qui fit glisser le drap jusqu'à sa taille. Elle ne portait qu'un vêtement de nuit vaporeux, et le regard de Kâemouaset se riva sur ses seins opulents dont il devinait les sombres aréoles et les pointes toujours dressées. Il sentait l'odeur chaude de son corps, celle de ses cheveux légèrement grisonnants répandus sur l'oreiller.

Il songea alors aux premiers temps de leur mariage, à l'époque où ils faisaient souvent l'amour, parfois plus pour apprendre à se connaître que par véritable passion. Cela avait été bon, pourtant. La spontanéité ne nous caractérise ni l'un ni l'autre, se dit-il, mais il nous arrivait d'être pris d'une gaieté qui nous poussait l'un vers l'autre comme des enfants impatients de jouer. S'en souvient-elle ? Regrette-t-elle notre intimité de jadis ou prend-elle plaisir à ses multiples tâches et ces moments appartiennent-ils pour elle à une jeunesse heureusement révolue ? Elle sait que j'importune rarement mes concubines. Lui arrive-t-il jamais de me désirer lorsqu'elle s'étend seule dans son lit ? Nous nous aimons encore, mais sans élan, pour apaiser une démangeaison occasionnelle. Oh ! Noubnofret, ma mûre et sévère épouse, où s'en est allé le temps ? Son impulsion avait disparu. Lorsqu'il se leva, elle bougea et marmotta quelque chose. Il se retourna, mais elle dormait toujours. Il appela Wernouro qui reprit son poste dans un coin de la chambre et regagna ses appartements.

Le lendemain matin, habillé, paré de bijoux et maquillé avec soin, il alla rendre visite à sa mère, accompagné d'Amek, Ramose et Ib. Astnofert portait toujours le titre d'impératrice qui lui avait été conféré à la mort de Néfertari, sœur de Ramsès et son épouse favorite pendant vingt ans. Astnofert n'était que la demi-sœur de Pharaon. Agée de cinquante-neuf ans, clouée au lit par une grave maladie, elle ne régnait plus aux côtés de son époux. Ramsès avait également épousé la fille qu'il avait eue d'elle, Bent-anta, grande épouse royale depuis dix ans, sœur de Kâemouaset et qui, à trente-six ans, ressemblait de façon troublante à la défunte Néfertari. Une autre reine, Meryt-Amon, fille de Néfertari, partageait la couche de son père, mais toute l'affection de Pharaon allait à Bent-anta. Kâemouaset détestait son nom sémite mais avait beaucoup d'amitié pour elle car, outre son extraordinaire beauté, elle était vive et intelligente. S'ils ne se voyaient pas souvent et s'écrivaient encore moins, ils se rencontraient toujours avec plaisir.

Kâemouaset chercha à l'apercevoir lorsqu'il traversa le palais avec son escorte pour gagner l'appartement des femmes où Astnofert reposait dans une somptueuse solitude. Mais il ne croisa que Meryt-Amon dont il devina à peine le hautain profil derrière les gardes et les courtisanes gazouillantes qui l'entouraient. Laissant Amek et Ramose à l'entrée, il pénétra dans le harem avec Ib.

La suite de sa mère n'était pas loin. Après le long couloir semé des habituelles portes de protection, on arrivait dans quatre vastes pièces luxueusement meublées. La quatrième, plus intime, donnait sur un déambulatoire et sur les jardins du harem. Astnofert aimait s'y faire porter pour suivre la course du vent dans les arbres et observer les femmes qui s'y livraient à leur passe-temps, bavardaient pour échapper à l'ennui de journées parfois monotones ou banquetaient – souvent jusqu'à l'ivresse – par les chaudes nuits d'été.

Ce fut là que Kâemouaset la trouva, adossée contre des coussins. C'était une femme émaciée et grisonnante au visage jaunâtre. Dans un coin de la pièce, un harpiste égrenait une mélodie plaintive et, en apercevant le prince, une servante se mit à ranger les cônes et les cylindres du jeu de *zénet* auquel sa maîtresse et elle étaient en train de jouer. Astnofert le salua d'une inclinaison de tête qui, en dépit de sa faiblesse, gardait toute la grâce et la majesté qui avaient fait d'elle une beauté célèbre dans sa jeunesse. Kâemouaset baisa sa main parcheminée, puis ses lèvres.

« Eh bien, mon fils, dit-elle en détachant chaque syllabe comme si les articuler correctement lui demandait un effort. Il paraît que Ramsès t'a fait appeler pour lui tirer une nouvelle épine maritale du pied. C'est un passe-temps qui a l'air de lui plaire. »

Assis sur le siège qu'on lui avait apporté, Kâemouaset scruta avec attention les traits de sa mère. Le tremblement de ses mains et le voile qui obscurcissait son regard ne lui échappèrent pas.

« Je crois qu'il accumule les difficultés pour le plaisir des joutes diplomatiques qui suivent, mère, répondit-il avec un petit rire. Comment vas-tu ? Éprouves-tu de nouvelles douleurs ?

– Non, mais tu devrais t'entretenir avec mon médecin. Cette pâte de pavot que tu m'as prescrite ne m'apaise plus aussi efficacement qu'avant, et je me demande s'il n'a pas égaré ta recette. »

Kâemouaset envisagea un instant de lui mentir, puis y renonça. Elle s'éteignait lentement et le savait. « Ni la recette ni ton médecin n'y sont pour rien, dit-il. Pris jour après jour, le pavot perd de son pouvoir, ou plutôt le corps s'y habitue et il en faut une plus grande quantité pour obtenir le même résultat. » Il croisa son regard, toujours aussi pénétrant malgré le mal qui brunissait la cornée de ses yeux et la faisait larmoyer. « Je déteste généralement ce qui vient de Syrie, tu le sais, mère, mais ce pavot est une vraie bénédiction. Si ton mal était passager ou si tu étais sous l'emprise d'une malédiction que je m'apprêterais à conjurer, je t'interdirais d'en prendre davantage... » Il hésita, puis comme elle restait stoïque : « ... Tu te meurs, mère. J'ordonnerai au médecin de te donner autant de pavot que tu le désires.

– Merci, fit-elle avec un demi-sourire. Toi et moi nous sommes toujours parlé avec franchise, mon chéri. Maintenant que nous en avons terminé avec ce chapitre, dis-moi donc pourquoi tu as cet air égaré. »

Il la regarda un instant sans répondre. Des rires aigus de femmes retentirent soudain dans les jardins. Un groupe de jeunes concubines passa, tenant en laisse trois singes-araignées fraîchement lavés qui essayaient vainement de s'asseoir pour lisser leur fourrure. Puis, alors que Kâemouaset s'apprêtait à parler, deux traquets bleus au plumage chatoyant firent irruption dans la pièce, jetèrent quelques trilles et disparurent dans les arbres. Il éprouva tout à coup un violent désir d'être un des leurs, de voler librement dans le ciel immense, de s'échapper de cette chambre où la mort, invisible, rôdait autour de la femme qui lui avait donné le jour. « Je l'ignore, dit-il enfin. Ma famille va bien...

– Je sais. J'ai eu une petite visite de Noubnofret hier soir.

– Mes domaines prospèrent. Père n'attend pas plus de moi que d'habitude...

– Ce qui veut dire qu'il attend tout! fit-elle en éclatant d'un petit rire sec, douloureux, mais plein d'humour.

– En effet! dit Kâemouaset qui grimaça un sourire. Mais... » Il fut incapable de poursuivre, et sa mère finit par hausser faiblement les épaules.

« Efforce-toi donc de trouver un mari à la petite Sheritra, déclara-t-elle. Ce qu'il te faut, ce sont de nouveaux projets, et tu en as un sous ton nez. »

Il ne mordit pas à l'hameçon. Il n'y avait qu'un seul sujet sur lequel sa mère et lui ne s'entendaient pas, celui de Sheritra. Là, elle prenait vigoureusement le parti de Noubnofret.

« De nouveaux projets, j'en ai. Ils m'attendent sur le plateau de Saqqarah. Il faudrait simplement que j'aie le temps de m'en occuper. As-tu vu père récemment ?

– Il me rend visite une fois par semaine, répondit-elle sans insister. Nous parlons de choses sans importance. Il m'a appris que la stèle érigée dans les carrières de Silsileh, celle qui le représente en compagnie de Bent-anta, de Ramsès, son héritier, et de nous deux, est achevée. J'aimerais pouvoir assister à la consécration. »

Kâemouaset faillit remarquer avec aigreur que son cher frère Ramsès ne manquerait pas de s'y rendre, mais il n'en fit rien. Parmi les rares plaisirs qui restaient à sa mère, celui de savoir que c'était un de ses fils, et non ceux de Néfertari, qui monterait sur le trône d'Égypte était le plus grand. « Mon frère Merenptah est-il à la Cour ? demanda-t-il.

– Je ne pense pas. Il est en voyage dans le Sud pour y surveiller un de ses chantiers de construction. Il te rendra sans doute visite à Memphis sur le chemin du retour.

– Sans doute. »

Ils n'avaient plus grand-chose à se dire. Ils devisèrent encore un instant de choses et d'autres, puis Kâemouaset prit congé. En serrant dans les siennes la main froide et tannée de sa mère, il brûla tout à coup de sentir la chaleur du soleil sur sa peau, de tourner son visage vers le ciel et de fermer les yeux sous la splendeur aveuglante de Râ.

Quittant le harem, il gagna le jardin privé de la famille par un raccourci. Il était vide. Midi approchait et les sycomores ne jetaient qu'une ombre maigre et courte. Dans le bassin carrelé de bleu, l'eau était unie comme un miroir, et les fontaines faisaient entendre leur murmure monotone.

Kâemouaset sentait avec bonheur le soleil traverser sa coiffe de lin rayé. Il avait l'étrange sentiment d'avoir été gracié. Comme un condamné à qui l'on épargne l'exécution ou un très jeune enfant à qui l'on permet d'aller jouer, tous ses sens étaient en éveil. Il avait pourtant l'impression d'être sale, souillé par le souffle sec, légèrement nauséabond de sa mère, et il sentait encore sur sa peau le contact glacial de ses doigts. Il plongea les mains sous le jet de la fontaine, puis se pencha en avant jusqu'à ce que l'eau lui frôle les épaules. Je l'aime, se dit-il. La question n'est pas là. Je ne veux pas mourir en sachant que les rêves ne sont jamais qu'illusions. Il resta longtemps immobile, contemplant ses mains sous la surface mouvante de l'eau, mais son sentiment de malaise ne se dissipa pas.

Il prit un déjeuner léger en compagnie d'Hori et de Noubnofret. Son fils, qui s'était réveillé tard, s'apprêtait à se rendre à la Maison de vie avec Antef. Il comptait ensuite parcourir les marchés de la ville en litière.

Noubnofret devait accompagner l'épouse royale Meryt-Amon dans une promenade en barque sur de petits affluents du Nil. Kâemouaset écouta leurs projets d'une oreille distraite; il pensait déjà à l'entrevue qu'il allait avoir avec son père. Le repas achevé, il changea de vêtement et partit avec son escorte pour le cabinet privé de Pharaon.

A mesure qu'ils approchaient du cœur du pouvoir, la foule se faisait plus dense dans les couloirs et les antichambres. Le prince dut souvent ralentir le pas et Ramose élever la voix pour que nobles et fonctionnaires mineurs, esclaves, serviteurs et étrangers s'écartent et se prosternent. Ils finirent cependant par arriver devant la porte de l'oasis de paix qu'était le cabinet de Pharaon. Il était situé derrière l'immense salle du trône où il recevait l'hommage des ambassadeurs comme des simples citoyens.

Kâemouaset attendit que le chef des hérauts l'eût annoncé. Immédiatement introduit, il se dirigea vers l'imposant bureau de son père en jetant un coup d'œil à l'assistance. Il aperçut Tehouti-emheb, le scribe royal, un homme taciturne mais puissant qui connaissait mieux que quiconque les pensées de son maître et l'état de santé de l'Égypte. Déjà agenouillé front contre terre, il avait posé sa palette près de lui, sur les carreaux de lapis-lazuli striés d'or. Coiffe rouge conique, barbe noire bouclée, visage imposant, l'ambassadeur du Hatti, Ouri-Teshoub, s'inclinait dans le rayon de soleil qui tombait d'une fenêtre, très haut au-dessus de lui. Ashahebsed se prosterna lui aussi, un sourire figé aux lèvres.

D'un geste, Kâemouaset les invita à se relever. Puis, après avoir baisé les pieds et les mains ornés de bijoux de Ramsès, il lui donna l'accolade. Immobiles jusque-là, les serviteurs s'affairèrent alors en silence. On ouvrit une jarre de vin qui fut goûté par Ashahebsed, puis servi. Des serviettes de lin et des rince-doigts pleins d'une eau rose et parfumée furent discrètement posés sur le bureau, à bonne distance des rouleaux empilés devant Pharaon. Puis vinrent divers mets délicats fleurant bon la cannelle et la cardamome. Les serviteurs se retirèrent à reculons, courbés en deux.

« Tu as mauvaise mine, Kâemouaset, remarqua Ramsès de son ton bref et étudié. Le médecin répugne toujours à se soigner, n'est-ce pas ? Bois et aiguise ton esprit, prince. Je suis heureux de te voir. »

Un reproche se dissimulait-il sous ces paroles bienveillantes ? Kâemouaset contempla son père avec affection. Le khôl allongeait ses yeux clairs, de longues boucles d'oreilles de jaspe et d'or oscillaient contre son cou fin et frôlaient ses épaules, parées d'or elles aussi. Fixés sur le bandeau qui maintenait en place sa coiffe de lin rouge, le cobra et le vautour, symboles de la souveraineté suprême, se dressaient au-dessus de son front. Son nez délicatement recourbé et ses lèvres minces rappelèrent à Kâemouaset, une fois de plus, Horus, le puissant dieu-faucon. Tout dans l'apparence de Ramsès était exquisement soigné, depuis ses mains passées au henné jusqu'à ses orteils aux ongles parfaitement coupés et, mi-amusé, mi-admiratif, son fils nota avec quels gestes étudiés il s'asseyait, arrangeait sa tenue et posait les mains sur son bureau.

Vaniteux et manœuvrier, Ramsès n'en avait pas moins une présence magnétique que ses soixante-quatre ans n'avaient pas entamée. « Bien que tu n'aies pas dîné avec moi hier, je sais que tu as pu mener à bien la petite tâche dont je t'avais chargé, poursuivit-il. Soutekh recevra de nouveau son dû cette année. J'ordonnerai qu'une offrande lui soit faite en ton nom afin qu'il ne tienne compte que de ton acte, et non des pensées séditieuses que tu nourrissais sans aucun doute en scellant le décret fixant les subventions. »

Kâemouaset rit, imité poliment et brièvement par les dignitaires. « Je dînerai avec toi ce soir, Taureau puissant, promit-il en s'asseyant sur le siège que lui indiquait Ramsès. Quant au puissant Seth, pourquoi m'accablerait-il de sa colère ? Ne suis-je pas en communication avec lui pour l'établissement de mes formules magiques ? »

Pharaon inclina la tête et les yeux de cristal du cobra étincelèrent. « En effet, répondit-il. Et maintenant travaillons. »

Derrière Kâemouaset, Ouri-Teshoub se racla la gorge tandis que Tehouti-emheb préparait ses roseaux.

« Qu'est-ce qui ne va pas dans les dernières négociations, père ? »

Ramsès leva les yeux au ciel, foudroya du regard le malheureux ambassadeur du Hatti, puis fit un signe à son scribe.

« Hattousil, roi du Hatti, souhaite désormais fournir la dot de la princesse à l'arrivée de celle-ci et non plus avant, commença Tehouti-emheb. Ses pieds le font cruellement souffrir, ce qui l'empêche de réunir la dot aussi vite qu'il le souhaiterait, et la sécheresse qui frappe son pays contrecarre aussi ses bonnes intentions.

– Bonnes intentions ! coupa Ramsès d'un ton sarcastique. Il était si impatient de s'allier à la plus puissante dynastie du monde qu'il m'a promis une dot extraordinaire, mais les mois ont passé sans que je voie rien venir. Puis arrive une lettre de la reine Poudouhepa – Hattousil n'a même pas daigné m'écrire lui-même ! Elle m'apprend sans l'ombre d'une excuse que le palais ayant en partie brûlé, le premier paiement est remis à plus tard.

– J'étais là quand l'incendie s'est déclaré, Majesté ! protesta Ouri-Teshoub de son accent guttural. Les dégâts ont été considérables. La reine a été fort éprouvée, car son époux qui assistait à des cérémonies religieuses était absent. Pourtant, elle n'a pas manqué de t'écrire. L'Égypte n'a pas été oubliée ! conclut-il d'un air peiné.

– C'est possible, répliqua Ramsès, mais cet incendie est un prétexte bien commode pour modifier les termes de notre accord. A présent, mon cher frère du Hatti se plaint d'avoir mal aux pieds comme s'il devait lui-même capturer chèvres et chevaux. N'aurait-il donc ni vizirs ni intendants ? Sa femme décide-t-elle de tout ? »

Manifestement habitué à ces diatribes, l'ambassadeur attendit patiemment que Ramsès en eût terminé, puis déclara : « Sa Majesté douterait-elle de la sincérité de son frère ? Calomnieraitelle un roi qui a respecté le traité de Qadesh, signé par son illustre père, en dépit de l'alliance que lui proposait Kadashman-Enlil, roi de Babylone ?

– Je me méfie de Kadashman comme de la peste, bien que nous ayons renoué nos relations diplomatiques, grommela Ramsès. Il me semble d'ailleurs que ton souverain est plutôt en mauvais termes avec les Babyloniens, Ouri-Teshoub. » Il prit un gâteau au miel et aux amandes qu'il dégusta d'un air pensif avant de se rincer délicatement les doigts. « Pourquoi me fierais-je à Hattousil ? reprit-il d'un ton aigre. Lorsque je lui ai demandé de réviser le traité et de me donner davantage de terres en Syrie, il a refusé pour revendiquer ensuite celles-là mêmes que je voulais.

– Selon le traité passé entre le Hatti et ton père, l'Osiris Séti, ces terres revenaient à mon pays », répondit l'ambassadeur avec fermeté.

Kâemouaset poussa un soupir. Ouri-Teshoub venait de commettre une erreur tactique, car, en mentionnant Séti, il touchait au point sensible de Ramsès. Son père avait en effet été un grand souverain et un homme de goût. Les monuments qu'il avait fait bâtir, le temple d'Osiris à Abydos en particulier, étaient d'une perfection et d'une beauté qui coupaient le souffle. Pis encore, il avait mené des guerres victorieuses alors que Ramsès avait subi des revers assez humiliants, même s'il prétendait le contraire. En dégustant pensivement son vin, Kâemouaset écoutait les deux hommes se quereller puis il intervint lorsqu'il put le faire sans interrompre son père.

« Il me semble que nous nous égarons, dit-il. Nous sommes ici pour négocier un accord concernant le mariage et, sans vouloir t'offenser, Ouri-Teshoub, le moment me paraît mal choisi pour discuter de la validité des vieux traités. » L'ambassadeur s'inclina en souriant, manifestement soulagé. Kâemouaset se tourna alors vers Ramsès qui jouait avec sa coupe de vin d'un air maussade. « Houi, notre ambassadeur, se trouve à Hattousas, lui rappela-t-il. Tu pourrais envoyer un message indiquant que nous sommes prêts à recevoir la dot en même temps que la princesse, à la condition que Houi s'assure que tous les présents sont bien là au moment du départ. Nous ne pouvons reprocher à Hattousil que sa lenteur, pas les incendies ni les maladies.

– Il s'est vanté trop fort et trop longtemps, remarqua Ramsès. Je propose que nous exigions cinq pour cent d'augmentation sur les sommes versées pour nous dédommager de ces multiples retards. Le roi du Hatti nous doit un tribut, après tout. Je me demande d'ailleurs si cette princesse mérite vraiment les soucis que donnent ces négociations à ma royale personne, ajouta-t-il en coulant un regard vers son fils. Il se pourrait bien que je les rompe et choisisse une autre épouse babylonienne.

– Hattousil risque de faire de même si nous nous montrons trop exigeants, répliqua Kâemouaset. Il s'agit d'une dot et non d'un tribut, père, tu le sais bien. Accorde le bénéfice du doute au Hatti, mais en insistant pour qu'il s'acquitte entièrement de ses promesses. Tu ne veux pas passer pour cupide, n'est-ce pas ?

– Je veux ce qui m'est dû », dit Ramsès avec emphase. Il se cala dans son siège, les épaules courbées sous le poids de l'or et de l'argent qui ornaient sa poitrine, les mains posées sur les accoudoirs sculptés en forme de lion. « Eh bien, d'accord. Écris cette satanée lettre, Tehouti-emheb. Dis à Hattousil que je suis mécontent du retard, que je le soupçonne d'être tout bonnement trop pauvre pour mettre ses vantardises à exécution, mais que j'aurai néanmoins la bonté d'attendre la fin de ces éprouvantes négociations.

– Sa Majesté a parlé un peu hâtivement, dit aussitôt Kâemouaset. Ne fais pas mention de ses soupçons. » Le scribe acquiesça de la tête et se pencha sur sa palette. « La réunion est terminée, déclara Ramsès. Sortez tous. Kâemouaset, tu restes. » L'ambassadeur s'inclina et se dirigea à reculons vers la porte, imité par Tehouti-emheb. « Demande à ton intendant d'aller chercher ta trousse de médecin, ordonna alors Ramsès. Charge-t'en pour lui, Ashahebsed. Je veux que tu m'examines, prince. Je ressens une douleur à la poitrine quand je respire et il m'arrive de perdre le souffle. Il me faut aussi un remède contre la fatigue. » Il s'éloigna sans attendre la réponse de son fils qui le suivit. Le mal dont souffrait Ramsès était irréversible, mais il n'avait jamais osé le lui dire. Pharaon ne l'aurait d'ailleurs pas cru ; il se pensait véritablement immortel.

3

Loué soit Thot...
Astre de la nuit beau en son lever...
Qui passe les témoignages au crible,
Fait se dresser le méfait contre le malfaiteur,
Et juge tous les hommes.

Lorsque, après avoir examiné son père et constaté que son état était sans changement, Kâemouaset lui eut prescrit un élixir inoffensif pour sa fatigue, l'après-midi était déjà fort avancé. Lui aussi se sentait las après la tension des négociations. D'après l'horoscope, qu'en sa qualité de magicien il établissait pour sa famille et lui-même au début de chaque mois, le dernier tiers de la journée lui serait extrêmement faste ou néfaste, selon la manière dont il agirait. L'ambiguïté de la prédiction le préoccupait, et il y réfléchit en regagnant ses appartements pour y dormir jusqu'au dîner. Il assistait généralement avec plaisir aux grandes fêtes données par Pharaon car, parmi les invités venus du monde entier, il se trouvait toujours des érudits, magiciens ou physiciens avec qui discuter. Mais, ce soir-là, son étrange horoscope lui gâcherait les rencontres intéressantes qu'il pourrait faire.

Les appartements privés de la famille étaient vides. Sans prendre la peine d'appeler Kasa, Kâemouaset se dévêtit, se désaltéra dans la grande jarre toujours pleine placée dans le couloir, puis s'étendit avec soulagement sur son lit.

Une heure après le coucher du soleil, Noubnofret, Hori et lui pénétraient avec leur suite dans la salle de réception de Ramsès. Lorsque le grand héraut frappa le sol de son bâton pour les annoncer, toute l'assemblée se tut, mais, dès qu'il eut fini d'énoncer les titres de Kâemouaset, le vacarme reprit de plus belle.

Des centaines de personnes habillées de couleurs vives discutaient et riaient, une coupe de vin à la main, et leurs voix, répercutées par les colonnes papyriformes et le plafond clouté d'étoiles, faisaient un bruit assourdissant.

Une esclave, qui ne portait pour tout vêtement qu'un ruban bleu et blanc noué à la taille, leur passa une guirlande de lotus et de bleuets autour du cou ; une autre fixa un cône de cire parfumée sur leur perruque. Tout en se laissant faire avec bonhomie, Kâemouaset parcourut la foule du regard.

Vêtue d'une ample et longue robe plissée écarlate, d'un manteau blanc à volants qui laissait deviner ses minces épaules, sa perruque noire luisant déjà de cire fondue, Bent-anta s'avança vers eux avec grâce, suivie de deux solides gardes shardanes et d'une élégante escorte. On aurait dit la déesse Hathor personnifiée. Les invités s'écartèrent avec respect devant la grande épouse d'Égypte tandis que Kâemouaset s'inclinait. « Salut à toi, mon frère, dit-elle gaiement. Je resterais volontiers en ta compagnie, mais c'est avec Noubnofret que je souhaite bavarder. Je ne l'ai pas vue depuis bien longtemps. Tu me pardonneras, j'espère ?

– Tu es plus belle chaque fois que je te vois, Bent-anta, répondit Kâemouaset avec gravité. Je te pardonne, naturellement, à condition que tu m'écrives. »

Elle lui adressa un sourire éblouissant et se tourna vers Noubnofret. Les femmes de sa suite avaient interrompu leurs bavardages pour regarder à la dérobée le visage parfait et le corps musclé d'Hori. En voyant son fils leur sourire d'un air engageant, Kâemouaset échangea un clin d'œil complice avec Antef.

Plus hardie que les autres, une jeune fille s'avança. « Il se pourrait que, ne te trouvant à Pi-Ramsès que depuis deux jours, tu n'aies pas de compagne de table, prince, dit-elle. Je suis Nefert-Khay, la fille de May, architecte de Pharaon. Je serais heureuse de te divertir pendant le repas et peut-être de chanter pour toi ensuite. »

Amusé, Kâemouaset remarqua la lueur d'intérêt qui s'allumait dans le regard de son fils devant la taille souple de la jeune fille, ses seins hauts moulés par un fourreau jaune, ses lèvres humides.

« En ta qualité de fille de May, tu dois également avoir le privilège de dîner dans la première rangée, près de l'estrade d'honneur, dit Hori. Conduis-moi, Nefert-Khay. Nous pourrons ainsi commencer à manger dès qu'on annoncera Pharaon. Je meurs de faim. »

Kâemouaset les suivit un instant des yeux. Bien qu'Antef se fût discrètement esquivé, il savait qu'après avoir dîné gaiement avec la jeune fille, s'être enivré en sa compagnie, l'avoir embrassée et peut-être même risqué des caresses plus poussées dans les jardins, Hori finirait la soirée avec lui, au bord du fleuve ou dans sa suite.

Il n'était pas attiré par les hommes, quoique l'inverse se produisît quelquefois. Il aimait et appréciait les jeunes femmes qui se pressaient autour de lui, mais aucune n'avait éveillé son amour, et par conséquent son désir. Pour Hori, l'un n'allait pas sans l'autre.

Après avoir plaint un instant la fille effrontée de May, Kâemouaset alla rejoindre les proches parents de Ramsès sur l'estrade. Prenant place sur les coussins, il échangea quelques paroles de politesse avec Ramsès, le prince héritier, qui était déjà gris, ainsi qu'avec la seconde épouse royale Meryt-Amon. Puis le grand héraut frappa trois fois le sol de son bâton et le silence se fit. « Celui qui grandit Thèbes, fils de Seth, fils d'Amon, fils de Témou, fils de Ptah-Tanen, vivifieur des Deux Terres, puissant à la double force, guerrier vaillant, pourfendeur des vils Asiatiques... »

Kâemouaset écoutait la voix monotome du héraut, un sourire légèrement sarcastique aux lèvres. « Seigneur des jubilés, roi des rois, taureau des princes... » Il cessa d'écouter. Dans la salle, tous les invités s'étaient prosternés, et son propre front était enfoui dans les coussins sur lesquels il était assis un instant auparavant.

Le héraut se tut enfin. Kâemouaset entendit le claquement sec des sandales de son père près de son oreille, puis le pas plus léger de sa sœur Bent-anta qui s'installa à ses côtés en poussant un soupir. Ramsès invita l'assistance à se relever et Kâemouaset tira vers lui la petite table basse.

Coiffé d'un casque bleu et blanc resplendissant que surmontaient le cobra et le vautour, les yeux allongés par le khôl et les paupières ombrées de vert, Ramsès se pencha vers son fils. Ankhs et Œil d'Horus tintèrent sur sa poitrine creuse. « J'ai bu un peu de l'élixir que tu m'as prescrit, dit-il. Le goût en était exécrable et, hormis me donner une faim de loup, je ne pense pas qu'il m'ait fait le moindre bien ». Au pied de l'estrade, les gardiens du sceptre, du fouet et du glaive plaçaient sur leur support ces symboles de la royauté divine. Sur un signe discret d'Ashahebsed, debout derrière Ramsès, les serviteurs apportèrent les plats dont le fumet appétissant se mêla à l'odeur des cônes, des fleurs et du parfum.

« Tu attends des miracles de tous ceux qui t'entourent, moi y compris, répondit Kâemouaset avec vivacité. Laisse au remède le temps d'agir, père. Tu pourrais aussi essayer de te coucher plus tôt. »

Ramsès observait d'un œil impatient Ashahebsed qui goûtait sa nourriture. « Je ne trouve pas plus le repos au lit qu'ailleurs, dit-il avec un sourire malicieux. Mes femmes me tuent, Kâemouaset. Elles sont nombreuses et exigent toutes d'être satisfaites ! Que puis-je faire ?

– Cesser d'en acquérir autant, intervint Bent-anta en riant. Écoute Souti avec plus d'attention lorsqu'il tente de t'apprendre ce que tes harems coûtent au trésor royal. Cela te dissuadera peut-être d'acheter ou d'épouser de nouvelles femmes.

– Hum ! » grogna Ramsès pour toute réponse, et il se mit à manger avec appétit, toujours avec la même élégance de gestes.

Servi lui aussi, Kâemouaset savoura l'excellente cuisine de son père. Il jeta un regard vers Noubnofret qui, installée près de l'estrade, bavardait avec quelques-unes de ses amies de la noblesse. Hori était un peu plus loin en compagnie de Nefert-Khay. Les mains sur son épaule nue, la jeune fille lui frôlait l'oreille de ses lèvres. Le cœur serré, Kâemouaset pensa soudain à Sheritra. Que faisait-elle en ce moment ? Était-elle en train de réciter ses prières ou de se promener dans le jardin à la lumière des torches, accompagnée de Bakmout ? Peut-être songeait-elle à lui, assise dans sa chambre, le menton posé sur les genoux, et se reprochait-elle la timidité qui l'empêchait de prendre la vie à bras le corps. Il aurait aimé la voir dans cette salle, le visage animé par le vin et l'excitation, les lèvres pressées contre l'oreille de quelque jeune noble épris d'elle. Pharaon lui adressa de nouveau la parole. Son frère Ramsès, ivre, était affalé sur la table et chantonnait à voix basse.

Quelques heures plus tard, repu d'oie farcie, de salade de concombres et de pâtisseries, vaguement gris, Kâemouaset discutait avec son ami Ounennefer, grand prêtre d'Osiris à Abydos, près des portes nord de la salle de réception. Le vacarme n'avait pas diminué, bien au contraire. Le vin et les premières attractions rendaient les invités encore plus bruyants. Ils saluaient par des cris et des bribes de chansons les mangeurs de feu, les jongleurs, les acrobates, et les danseuses nues au corps souple luisant de sueur qui frôlaient le sol de leur chevelure en faisant claquer leurs crotales.

Kâemouaset et Ounennefer s'étaient réfugiés dans un endroit relativement calme afin d'y converser tranquillement en profitant de la brise nocturne qui entrait par la porte à deux battants. Pharaon s'était retiré quelque temps auparavant. Hori avait disparu, et Noubnofret était venue prévenir son époux qu'elle passerait le reste de la soirée dans la suite de Bent-anta. Il l'avait embrassée distraitement, absorbé par sa discussion avec Ounennefer qui portait sur les origines de la fête *heb-sed.*

Penché vers son ami, Kâemouaset défendait un argument de poids en tendant sa coupe pour qu'elle soit remplie par l'esclave le plus proche, lorsqu'il sentit une main sur son bras. Pensant que quelqu'un l'avait frôlé au passage, il n'y fit pas attention. Mais le contact se prolongea, et il se retourna, irrité.

Un vieillard se tenait devant lui et réprimait poliment sa toux à la manière des gens atteints d'une maladie chronique des poumons. Un peu voûté, le crâne chauve et les pieds nus, il serrait entre ses doigts l'amulette de Thot qui pendait sur sa poitrine ridée. Il ne portait pas d'autre ornement. Son visage raviné à l'apparence malsaine n'était sauvé de la laideur que par l'intensité de son regard. Son ventre saillait au-dessus d'une jupe démodée qui lui couvrait les cuisses, et un rouleau dépassait de sa ceinture.

L'agacement de Kâemouaset se mua en perplexité lorsqu'il dévisagea le vieil homme. Ses yeux lui étaient familiers. Un prêtre d'On ou de Memphis ? se dit-il. Mais pourquoi serait-il vêtu aussi misérablement ? On pourrait le prendre pour un paysan. Un de mes serviteurs peut-être, de ceux sur qui je me repose sans les voir souvent ? Mais que ferait-il à Pi-Ramsès et qui lui aurait permis d'entrer ici ? S'il s'agit effectivement d'un domestique, il faudra que je dise à Noubnofret de le mettre à la retraite. Le pauvre homme a l'air d'avoir déjà un pied dans la salle du Jugement. Il eut brusquement envie de le serrer dans ses bras, puis frissonna aussitôt de répulsion. Ounennefer s'était tu et regardait la foule en dégustant son vin, ignorant totalement le solliciteur – car il venait quémander une faveur, Kâemouaset en était sûr. Sans doute voulait-il un remède.

Sous le regard insistant de l'inconnu, son ébriété se dissipa ; il ne pouvait détacher les yeux de son visage et, peu à peu, il lui sembla y lire une terreur sourde. « Prince Kâemouaset ? » dit le vieillard, brisant enfin le silence.

La question était de pure forme ; il savait manifestement à qui il s'adressait. « Il m'est impossible de t'examiner ou de te soigner maintenant, déclara Kâemouaset, surpris de s'entendre murmurer. Prends rendez-vous avec mon héraut.

– Je n'ai pas besoin de soins, prince. Je suis mourant et n'ai que peu de temps devant moi. Je suis venu te demander un service. »

Un service ? Kâemouaset vit que ses lèvres tremblaient. « Eh bien, parle, dit-il.

– C'est une affaire d'une extrême gravité, prince, et je te supplie de ne pas la prendre à la légère. Le sort de mon ka en dépend. »

Il s'agissait donc de magie. Kâemouaset se détendit. Le vieillard voulait lui faire psalmodier ou écrire une quelconque incantation. Mais l'homme secoua la tête, comme s'il lisait dans ses pensées.

« Non, prince, c'est de ceci qu'il s'agit », fit-il d'une voix enrouée en tirant le rouleau de sa ceinture. Il le tendit avec précaution à Kâemouaset qui l'étudia d'un œil expert.

Il était manifestement très ancien et, en sentant la fragilité du papyrus sous ses doigts, Kâemouaset le manipula soudain avec beaucoup de douceur. Il était fin, trois enroulements tout au plus, mais étrangement lourd.

Dans la salle, la fête battait son plein. Harpes, luths et tambours résonnaient et faisaient vibrer le sol carrelé ; les invités criaient et dansaient. Mais un silence intemporel semblait flotter autour des deux hommes.

« Qu'est-ce ? demanda Kâemouaset.

– Quelque chose de dangereux, prince, répondit le vieillard en toussant de nouveau. Dangereux pour mon ka, dangereux pour toi. Tu es un amoureux de la sagesse, un homme puissant et respecté, dévoué à Thot, dieu de toute sagesse et de toute connaissance. Je t'implore de te charger d'une tâche que mon arrogance et ma stupidité m'interdisent d'accomplir. » Ses yeux s'étaient assombris, et Kâemouaset y lisait une supplication presque douloureuse. « Le temps me manque, poursuivit-il d'un ton pressant. Détruis ce rouleau à ma place et, dans l'autre monde, je me prosternerai pour toi devant Thot mille et mille fois pendant mille et mille années. Je t'en conjure, Kâemouaset ! Brûle-le ! Brûle-le pour mon salut et le tien ! Je ne peux t'en dire davantage. »

Kâemouaset fixa un instant le rouleau et, quand il releva les yeux, l'homme avait disparu. Contrarié et saisi d'une étrange fébrilité, il le chercha dans la foule mais n'aperçut nulle part son crâne chauve et ses épaules voûtées. « Qu'as-tu donc, Kâemouaset ? demanda Ounennefer avec humeur. Serais-tu trop ivre pour poursuivre cette discussion ? » Le prince marmonna une excuse et, salué avec surprise par les gardes, se glissa au-dehors.

Le bruit de la fête s'estompa peu à peu tandis qu'il longeait le mur nord du palais pour gagner rapidement ses appartements. Il tenait le rouleau avec précaution, craignant de le voir tomber en poussière s'il le serrait un peu trop fort.

Tout cela est absurde, se dit-il. Ce vieil homme voulait sans doute avoir son petit moment de gloire avant de mourir. Il m'a joué ce tour en sachant que, malgré le sang sacré qui coule dans mes veines, je suis le plus accessible de la famille. Son rouleau ne contient probablement que le nom et le salaire de ses serviteurs. A moins que ce ne soit une plaisanterie ? Hori ? Non. Ounennefer, alors ? Non, bien sûr que non ! Mon père aurait-il décidé de me soumettre à une sorte d'épreuve ? Le regard fixé sur le sentier à peine visible dans l'obscurité, il envisagea un instant cette possibilité. Ramsès avait effectivement l'habitude d'éprouver la loyauté de ses subordonnés aux moments et par les moyens les plus inattendus. Il le faisait périodiquement depuis la déroute de Qadesh où les plus hauts officiers de l'armée avaient été cassés. Mais il n'avait encore jamais usé de ce procédé avec Kâemouaset ou les autres membres de sa famille.

Le saurions-nous forcément ? se demanda-t-il, soudain ébloui par les torches qui éclairaient la porte orientale. Il se pourrait que j'aie été mis à l'épreuve à plusieurs reprises sans m'en rendre compte. Mais, si c'est le cas ce soir, qu'attend-on de moi ? Faut-il que je brûle le rouleau sans le lire pour prouver que ma loyauté envers Pharaon l'emporte sur ma soif de connaissances ? Et si je ne le faisais qu'après l'avoir lu, qui le saurait ? Il jeta un rapide coup d'œil derrière lui, mais ne distingua que la masse irrégulière des bosquets, les branches noires des arbres... L'obscurité était impénétrable. Non, se dit-il. C'est ridicule. Père ne me ferait pas surveiller. Mais alors... quoi ?

Il s'arrêta sous une torche. Il n'aurait eu qu'à tendre la main pour toucher les flammes orangées qui dansaient dans l'air nocturne. Pensant vaguement pouvoir en lire le contenu sans le dérouler, il éleva le papyrus à la lumière, mais celui-ci demeura naturellement opaque. Il l'approcha encore un peu plus des flammes dont il sentit la chaleur sur son visage et sa main tremblante. Le papyrus noircit légèrement et se recroquevilla. Il est très ancien, pensa Kâemouaset. Il y a une mince possibilité pour qu'il ait véritablement de la valeur. Il l'éloigna alors vivement des flammes et l'examina. Un petit morceau roussi se détacha et tomba sur le sol. Son horoscope lui revint en mémoire : extrêmement faste ou néfaste selon la façon dont il agirait. Mais qu'est-ce qui lui porterait chance ? Brûler le rouleau ou le conserver ? Car la prédiction concernait cet instant, il en était brusquement certain, et son acte, quel qu'il fût, aurait de graves conséquences.

Il hésita longtemps, se rappela le vieillard, son regard implorant, son ton pressant. Il souhaitait se débarrasser de ce fardeau dont on l'avait chargé mais se disait aussi que le vin et l'heure tardive embrouillaient ses idées, lui faisaient accorder un caractère fatidique à une rencontre sans importance. Enfin, avec un grognement sourd, il glissa le rouleau dans sa jupe aux plis volumineux et quitta lentement la lumière des torches pour s'enfoncer dans l'ombre. Arrivé à l'entrée du palais, il souhaita bonne nuit aux deux gardes qui le saluaient et pénétra dans les appartements de la famille. Ib et Kasa se précipitèrent vers lui.

« Où étiez-vous, prince ? demanda Ib dont le visage exprimait à la fois la réprobation et le soulagement. Vous parliez avec le grand prêtre et vous avez brusquement disparu. Amek est aussitôt parti à votre recherche et doit encore fouiller le palais. Vous ne nous facilitez pas la tâche.

– Je ne suis pas le prisonnier de mes serviteurs, Ib, répondit Kâemouaset avec humeur. J'ai traversé le jardin et suis passé par la porte est. J'attends de mes gardes du corps qu'ils aient connaissance de mes moindres mouvements. » Je suis un peu injuste, se reprocha-t-il en voyant Ib s'empourprer, mais il se sentait brusquement accablé de fatigue. « Apporte de l'eau chaude et ôte le henné de mes mains et de mes pieds, Kasa, ordonna-t-il. Fais vite, je te prie, je désire me coucher. Suis-je seul ici ? ajouta-t-il en se tournant vers Ib.

– Ni Son Altesse ni le prince Hori ne sont de retour. Leur escorte non plus. »

On me réprimande avec tact et douceur, se dit Kâemouaset, amusé. « Merci, fit-il en posant une main conciliante sur l'épaule de son intendant. Tu peux te retirer. »

Dans sa chambre, les vases qui occupaient les quatre coins de la pièce avaient été garnis de fleurs fraîches. Deux lampes brûlaient, l'une dans un grand support d'or, l'autre près de son lit. L'atmosphère paisible invitait au repos. Kâemouaset se laissa tomber dans un fauteuil avec un soupir et chercha le rouleau. Il ne le trouva pas. Il palpa sa ceinture, sa jupe, regarda autour de lui... Il n'était nulle part. Kasa frappa et entra, suivi d'un garçon portant une bassine d'eau fumante.

« L'un d'entre vous a-t-il vu un rouleau près de la porte ou dans le vestibule ? » demanda Kâemouaset. Les yeux baissés, l'enfant fit signe que non, déposa la bassine et sortit aussitôt à reculons.

« Non, Votre Altesse, répondit à son tour Kasa.

– Eh bien, va le chercher », ordonna Kâemouaset d'un ton sec. Son serviteur revint un instant plus tard en déclarant n'avoir rien trouvé.

« Suis-moi. » Remettant les sandales qu'il venait d'ôter, Kâemouaset se précipita dans le vestibule et scruta le sol du regard. Rien. Quittant alors la suite, il parcourut lentement les couloirs déserts que les torches, presque consumées, n'éclairaient plus que faiblement. Il n'y avait rien là non plus.

A la porte d'entrée, les deux gardes somnolaient, appuyés sur leur lance. Ils se mirent au garde-à-vous en voyant Kâemouaset. « Vous souvenez-vous d'avoir vu un rouleau à ma ceinture lorsque je suis passé devant vous ? » demanda-t-il d'un ton impérieux. Puis, comme les deux hommes répondaient par la négative : « Êtes-vous sûrs que vous l'auriez remarqué ?

– On nous entraîne à être observateurs, prince, déclara l'un d'eux. Personne ne pénètre dans le palais si nous le soupçonnons de dissimuler une arme. Il ne nous viendrait naturellement pas à l'idée de vous suspecter, mais nous examinons tout le monde par automatisme. Je peux vous assurer que vous n'aviez pas de rouleau en entrant ici. » On pouvait en effet se fier aux Shardanes, pensa Kâemouaset, contrarié. Ils avaient l'œil exercé.

Il les remercia d'un signe de tête, puis, s'emparant d'une torche, refit chaque centimètre de son parcours dans le jardin en scrutant le sol. En vain. S'agenouillant sous la torche à côté de laquelle il s'était arrêté, il chercha le bout de papyrus calciné qui s'était détaché du rouleau. Il n'en trouva pas trace et, jurant à voix basse, fouilla alors l'herbe de chaque côté du sentier sous le regard déconcerté de Kasa.

Bredouille, il finit par regagner ses appartements. « Va réveiller Ramose, ordonna-t-il à Kasa. Qu'il vienne immédiatement. » Son serviteur faillit protester mais y renonça.

C'est impossible, se dit Kâemouaset en arpentant fiévreusement la pièce. Je n'ai rencontré personne. Je n'étais qu'à cinq pas de la porte et, après l'avoir glissé dans ma ceinture, je suis venu directement jusqu'ici. Impossible ! Il lutta contre la peur qui l'envahissait peu à peu. Quelque chose de dangereux, avait dit le vieillard. Pour moi. Pour toi. S'il s'agissait de quelque épreuve mystérieuse, avait-il réussi ou échoué ? Il ruisselait de sueur, et son cœur battait à grands coups désordonnés.

Lorsque Ramose s'inclina devant lui, les yeux ensommeillés et le cheveu ébouriffé, il se précipita vers lui. « J'ai perdu un rouleau précieux, dit-il. Il est quelque part dans le palais ou les jardins. J'offre trois pièces d'or à qui me le rapportera. Avertis-en quiconque déambule encore dans le palais. Va ! » Toute trace de somnolence avait quitté le regard de Ramose. Il salua et sortit aussitôt en arrangeant sa tenue. Il avait à peine quitté la pièce que Noubnofret entrait, précédée par une odeur de vin et de fleurs de lotus écrasées.

« Que se passe-t-il, Kâemouaset ? demanda-t-elle. Ramose a failli me renverser tant il était pressé. Serais-tu malade ? Tu en as l'air, en tout cas, fit-elle en l'examinant avec attention. Tu es livide ! Assieds-toi. » Il se laissa faire et sentit sa main fraîche sur son front. « Tu as de la fièvre, déclara-t-elle. Tu détestes vraiment Pi-Ramsès, n'est-ce pas ? Et la ville te le rend bien, car ses démons t'y infligent toujours quelques maux. Je vais faire appeler un prêtre. Il te faut une formule magique pour les chasser. »

Kâemouaset la retint par le bras. Les fièvres relevaient effectivement de la magie puisqu'elles étaient l'œuvre des démons, mais il savait qu'il était seul responsable de son malaise et qu'aucune puissance maligne n'habitait son corps. Est-ce si sûr ? se demanda-t-il brusquement. Et si j'avais mal choisi en décidant de garder le rouleau ? Si je lui avais donné le pouvoir de se transformer et de s'insinuer en moi ? Je suis peut-être la proie d'un esprit malfaisant et destructeur. Noubnofret attendait en le regardant d'un air interrogateur. Un brusque frisson le parcourut et il fut pris de tremblements convulsifs.

« Tu me fais peur, Kâemouaset, dit son épouse d'une voix qui lui parut lointaine. Lâche-moi, s'il te plaît. » Se ressaisissant, il marmonna une excuse et desserra son étreinte. Noubnofret massa son bras endolori. « Kasa ! cria-t-elle. Mets-le au lit. Regarde-le ! » Le serviteur accourut et aida Kâemouaset à s'étendre.

« Pas de prêtre, murmura-t-il, tremblant toujours. Je suis navré, Noubnofret. Va dormir et ne t'inquiète pas. Une bonne nuit de sommeil et je serai remis. J'ai perdu un écrit précieux, vois-tu.

– Ah ! Voilà qui explique tout ! fit Noubnofret, manifestement soulagée. Il y en a qui se mettraient dans cet état parce qu'ils ont perdu un enfant, ajouta-t-elle d'un ton méprisant. Mais, toi, mon frère, ce sont des bouts de papyrus qui te jettent dans les transes.

– Je sais, répondit-il en serrant les dents pour maîtriser ses tremblements. C'est stupide. Bonne nuit, Noubnofret.

– Bonne nuit, prince. » Elle quitta la pièce sans ajouter un mot.

« Avez-vous besoin d'autre chose, Votre Altesse ? » demanda Kasa d'une voix mal assurée.

Soulevant la tête avec effort, Kâemouaset regarda le visage anxieux de son serviteur. Une immense fatigue l'accablait et ses paupières se fermaient d'elles-mêmes. « Non, parvint-il à murmurer. Ne me réveille pas trop tôt demain. » Kasa se retira silencieusement. Du moins Kâemouaset le supposa-t-il, car, quand bien même Ptah aurait décidé la fin du monde en cet instant, il aurait été incapable d'ouvrir les yeux. Il entendit son pas léger, le bruit de la porte, mais ces sons semblaient lui parvenir de très loin, de l'autre bout de la ville, d'un autre monde. Il sombra dans le sommeil comme on tombe dans un gouffre obscur et se mit aussitôt à rêver.

Il marchait sous le soleil de midi par une chaleur intense, implacable, qui l'oppressait et le rendait presque aveugle. Tête baissée, il suivait un sentier d'une blancheur éblouissante. Une femme le précédait. Il ne voyait d'elle que ses chevilles nues poudrées par le sable que soulevait sa marche et, par éclairs, ses mollets bruns, révélés par les virevoltes d'une robe écarlate.

Pendant quelque temps, en dépit de son épuisement et de la sueur qui lui brouillait la vue, il regarda avec fascination ses muscles se contracter et se relâcher, ses orteils mordre le sable puis se détendre avec une impitoyable régularité. Bientôt pourtant, il voulut la voir tout entière. Il s'efforça de lever la tête mais n'y parvint pas ; ses yeux restaient rivés sur les jambes gracieuses qui se mouvaient devant lui.

Il souhaita alors qu'elle s'arrête. Il suffoquait sous la chaleur ; la fatigue le faisait trébucher. Il cria, mais les mots séchèrent sur ses lèvres. Arrête-toi ! pensa-t-il avec désespoir. Arrête-toi, je t'en supplie ! Mais elle poursuivit son chemin sans changer d'allure. Il savait confusément qu'il y avait de l'herbe de chaque côté du sentier, que des arbres y jetaient l'ombre à laquelle il aspirait de tout son être mais, hypnotisé, il continuait à marcher, marcher...

Kâemouaset se réveilla aux premières lueurs de l'aube que les oiseaux saluaient de leur chant. La chambre était encore plongée dans la pénombre. Sa lampe s'était éteinte depuis longtemps, et l'odeur de la mèche se mêlait à celle de la sueur qui poissait son corps et ses draps. Un délire dû à la fièvre, se dit-il, tremblant encore sous l'effet de son cauchemar. Rien de plus. Il effleura de la main la table de nuit, le lit, les contours de son visage, poussé par le besoin inconscient de s'assurer qu'il était réveillé, qu'un univers bien réel l'entourait. Il s'aperçut alors qu'il était en érection et dans un état d'excitation sexuelle qu'il n'avait pas éprouvé depuis des années.

Immobile, il s'efforça de calmer sa respiration et son esprit, puis appela Kasa pour qu'il prépare son bain et son déjeuner. Le palais s'éveillait déjà autour de lui, mais seule une légère rumeur parvenait jusqu'à ses appartements.

Kasa lui attachait ses sandales lorsque Ramose entra, et son cœur battit soudain plus vite. Mais son héraut n'avait rien de nouveau à lui apprendre. « Aucune des personnes interrogées par mes assistants n'a vu le rouleau, déclara-t-il. Mais nous allons continuer nos recherches. Je suis navré, Votre Altesse.

– Tu n'y es pour rien, Ramose », dit Kâemouaset en le congédiant d'un geste. Après avoir fait appeler Amek, il ne put s'empêcher de fouiller une nouvelle fois sa chambre, la salle de réception et le vestibule, mais sans plus de succès que la veille. « Fais préparer ma litière, dit-il lorsque Amek arriva. Je désire me rendre à la Maison de Râ et prier avec les autres prêtres. » Il ignorait ce que seraient ses prières ou pourquoi il éprouvait un aussi vif besoin de se plonger dans l'atmosphère imposante et paisible du temple, de respirer l'odeur de l'encens, mais il savait que s'il changeait d'avis, il le regretterait.

Il passa le reste de son court séjour à Pi-Ramsès à discuter avec les vizirs du Nord et du Sud, les ambassadeurs étrangers, les administrateurs des temples et son père. Il rendit une seconde visite à sa mère, consacra un après-midi à parcourir les marchés pittoresques de la ville, sous bonne escorte, à la recherche du présent idéal pour Sheritra, et alla chasser dans les marais avec l'ambassadeur du Hatti dont l'amour-propre se révéla moins blessé que les malheureux canards qu'il abattit.

Noubnofret oublia son moment d'irritation, comme à son habitude. Il ne vit d'ailleurs que rarement son épouse et son fils avant leur départ pour Memphis. Lui-même semblait complètement remis de l'étrange malaise qui l'avait frappé le jour où il avait perdu le rouleau. Celui-ci n'avait pas été retrouvé. Kâemouaset ne s'en était pas étonné outre mesure, car au fond de lui-même il était convaincu que ce soir-là, pour une raison connue d'eux seuls, des esprits avaient un instant franchi la barrière qui les séparait des vivants. Le vieillard était peut-être un grand magicien en communication avec des puissances invisibles, mais il en doutait. Si, en revanche, il avait eu affaire à un esprit, le rouleau n'avait été que fumée et s'était volatilisé à l'approche de l'aube.

Kâemouaset avait rejeté dans un coin de sa mémoire les avertissements de son horoscope, le parchemin se recroquevillant à la chaleur des flammes, la requête pressante du vieil homme. Il allait rentrer chez lui, s'occuper de la sépulture des taureaux Apis, reprendre ses fouilles à Saqqarah et retrouver sa force d'âme. Seul son rêve continuait à le hanter. Il n'en avait oublié aucun détail, et la vue des pieds nus d'une femme dans la poussière suffisait parfois à faire monter en lui un brusque sentiment de fatigue et une bouffée de désir.

Lui et les siens repartirent vers leur demeure chargés d'emplettes et de présents pour Sheritra et leurs amis de Memphis. Le fleuve avait encore baissé et coulait avec lenteur. En dépit d'un vent du nord régulier, le voyage fut plus long qu'à l'aller, car ils remontaient le courant et devaient utiliser les rames.

Impatient comme toujours de voir la forêt de palmiers de sa ville se détacher enfin sur les pyramides et le désert, Kâemouaset s'installait sur le pont de l'*Amon-est-le-Seigneur* à l'ombre d'une tente et pensait aux travaux qui l'attendaient. Noubnofret somnolait dans la cabine, le visage enduit de crèmes nourrissantes pour se protéger de l'air sec du désert, ou jouait à des jeux de société avec Wernouro. Hori et Antef jonchaient le plancher des objets qu'ils avaient acquis sur les marchés pour les démonter. Bercé par le bruit régulier des rames et le claquement de la toile au-dessus de sa tête, Kâemouaset se disait que sa famille était certainement la plus heureuse, la plus unie et la plus fortunée d'Égypte.

4

La Mort appelle tout le monde à elle;
Ils vont à sa rencontre le cœur tremblant,
Terrifiés par la crainte qu'elle leur inspire.

La barque arriva au domaine de Kâemouaset peu après le petit déjeuner et les serviteurs vaquèrent aussitôt à leurs tâches. Attirée par le bruit, Sheritra courut accueillir les siens. Après les effusions des retrouvailles, ils se retirèrent dans le jardin. Immédiatement déchargées, les embarcations furent ensuite halées sur la berge où elles seraient réparées si nécessaire. Kâemouaset s'assit dans l'herbe à l'ombre des sycomores, Sheritra à ses côtés, et éprouva un moment de plaisir pur. La fontaine éclaboussait toujours le bassin de pierre de son eau cristalline. Les singes, qui avaient regardé les arrivants avec un air d'ennui hautain, flânaient près du sentier. La vieille demeure était toujours aussi accueillante avec ses murs cuits de soleil et ses plates-bandes bien entretenues. A l'intérieur, on entendait les domestiques s'affairer, et Ib viendrait bientôt lui demander s'il souhaitait déjeuner à l'extérieur ou dans la fraîcheur de la salle à manger. Près de lui, Sheritra poussait des cris de joie en découvrant ses présents et, pour une fois, Noubnofret ne l'accabla pas de remontrances et de conseils en la voyant se pencher, épaules arrondies, sur les bijoux, les étoffes et les bibelots qu'elle avait répandus entre ses genoux.

Ib arriva en effet de son pas lent et digne, mais accompagné de Penbuy qui semblait maîtriser à grand-peine une violente émotion. Bien qu'habituellement indifférente à ce genre de détails, Noubnofret regarda le scribe, tandis qu'Hori se levait aussitôt.

« Mangerez-vous ici ou à l'intérieur, Votre Altesse ? » demanda Ib. Kâemouaset l'entendit à peine. Il avait les yeux fixés sur Penbuy qui tremblait d'excitation contenue.

« Parle ! dit Kâemouaset.

– On a trouvé une nouvelle tombe sur le plateau de Saqqarah, prince! En nettoyant le site du temple solaire de l'Osiris Neouserrê dont vous avez ordonné la restauration, les ouvriers ont trouvé un gros roc. Il a fallu trois jours au contremaître pour le déplacer, et il dissimulait un escalier! »

L'exaltation si peu habituelle de son scribe fit sourire Kâemouaset, mais son pouls s'accéléra.

« L'a-t-on dégagé? demanda-t-il.

– Oui, et en bas... » Penbuy s'interrompit, ménageant ses effets.

« Continue donc! s'exclama Hori. Tu ne vois donc pas que nous sommes déjà suspendus à tes lèvres!

– Eh bien, la porte est scellée! conclut le scribe d'un ton triomphant.

– Il serait bien extraordinaire que les sceaux soient d'origine, remarqua Hori dont le ton était cependant plein d'espoir.

– Qu'en penses-tu, Penbuy? » demanda Kâemouaset. Le scribe avait déjà retrouvé sa gravité accoutumée. Il haussa les épaules.

« Ils semblent authentiques, prince, mais nous avons déjà eu affaire à des faux habiles. Je me suis laissé emporter par la fièvre de la découverte. Excusez-moi. Le contremaître des travaux pense toutefois que la tombe est intacte. »

Noubnofret poussa un soupir sonore. « Je crois que tu peux empaqueter le déjeuner du prince et le donner aux serviteurs qui l'accompagneront, Ib, dit-elle.

– Pardonne-moi, ma chère sœur, fit Kâemouaset en lui adressant un regard reconnaissant. Mais il faut au moins que j'aille voir cette trouvaille. Occupe-toi des litières, Ib. Viens-tu avec moi, Hori?

– Oui, père, mais pas d'effraction aujourd'hui, je t'en supplie! Je n'ai même pas eu le temps de me laver.

– Cela dépendra de ce que nous trouverons », répondit Kâemouaset d'un air absent. Il ne pensait déjà plus qu'à la tombe, aux nouvelles connaissances qu'elle lui apporterait, aux inscriptions, aux rouleaux... Ne te fais pas d'illusions, se dit-il. Il y a peu de chances que nous découvrions quelque chose de neuf. Mon horoscope pour le dernier tiers de la journée est très mauvais, tout comme celui de ma famille; je doute donc que cette tombe contienne quoi que ce soit d'intéressant. Et, brusquement, il eut envie d'ordonner à Penbuy de faire combler le puits et de ne plus s'occuper que de la restauration du temple de l'Osiris Neouserrê.

Mais sa curiosité l'emporta. Neouserrê attendrait. Il le faisait depuis des centaines d'hentis et patienterait certainement un ou deux jours de plus. Amek arrivait déjà, suivi des porteurs de litière.

« Des missives urgentes m'attendent-elles dans mon bureau ? demanda-t-il à Penbuy qui répondit par la négative. Tant mieux. Excuse-moi pour ces retrouvailles manquées, Sheritra, ajouta-t-il en se tournant vers sa fille. Je me rattraperai.

– J'ai l'habitude, dit-elle en riant. Amuse-toi bien, père. J'espère que tu découvriras des merveilles. »

Des merveilles ! Une impatience enfantine s'empara soudain de Kâemouaset. Après avoir embrassé Noubnofret et invité Hori à le suivre, il monta dans sa litière qui l'emporta vers le temple de Neith et le quartier d'Ankh-taoui. La faim grondait dans son ventre et ses vêtements du matin trempés de sueur lui irritaient la peau, mais il n'en avait cure. La quête avait repris.

Lorsqu'il arriva sur le plateau de Saqqarah, martelé par le soleil de l'après-midi, il était assoiffé. Ses serviteurs s'empressèrent de dresser la petite tente habituelle et d'allumer le feu, tandis que le patient Ib surveillait les préparatifs du déjeuner.

« Pouah ! s'exclama Hori en rejoignant Kâemouaset. Cet endroit est un véritable four, quelle que soit l'heure de la journée ! Aie pitié de moi, père, maîtrise ton impatience encore une heure ! Il faut absolument que je mange, mais je veux être là lorsque tu examineras les sceaux. Je suppose que c'est l'entrée, là-bas », ajouta-t-il en désignant le temple en ruines de l'Osiris Neouserrê. Juste à côté du mur extérieur, on voyait un gigantesque bloc de pierre et un amas de déblais. A contrecœur, Kâemouaset en détourna son regard pour se diriger vers la tente où Ib, les bras croisés, attendait près de la table enfin dressée.

Hori et lui mangèrent avec plaisir en discutant de choses et d'autres mais, très vite, la conversation languit. Tandis que son fils, les yeux baissés, suivait distraitement les plis de la nappe de la pointe de son couteau, l'exaltation de Kâemouaset cédait peu à peu la place à un sentiment de malaise. Il ne pouvait détacher son regard de l'ouverture de la tombe, et il lui semblait qu'elle l'appelait et le mettait en garde tout à la fois. S'arrachant avec effort à cette contemplation, il vida sa coupe de bière et se rinça les doigts mais, un instant plus tard, il fixait de nouveau cette balafre menaçante sur la face ensoleillée du désert, y voyant malgré lui la porte des Enfers.

Il lui était arrivé d'éprouver un moment d'angoisse avant de pénétrer dans une sépulture. Les morts n'aiment pas être dérangés. Mais il avait toujours veillé à apaiser le ka des défunts par les offrandes appropriées, avait fait réparer leurs biens endommagés, renouvelé les dons et, quand la terre se refermait de nouveau sur le tombeau, il se sentait satisfait, sûr de la gratitude des Osiris.

Mais là, c'était différent. La peur se coulait vers lui, rampant sur le sable comme le serpent démoniaque Epap, et il fut une nouvelle fois tenté de combler l'ouverture. Au lieu de quoi, il tapota l'épaule de son fils et quitta l'ombre de l'auvent.

Suivis d'Ib et de Penbuy, ils parvinrent rapidement à l'escalier. Les marches étaient chaudes sous leurs pieds, mais encore couvertes par endroits de la moisissure des siècles. Kâemouaset s'arrêta devant la petite porte de pierre carrée, jadis plâtrée de blanc. Elle était fermée à gauche par une corde pourrissante, passée dans des crochets métalliques enfoncés profondément dans le roc.

Le nœud était couvert d'une boule de boue et de cire sèches. Kâemouaset se pencha pour l'examiner tandis qu'Hori poussait un petit sifflement. « Par le chacal et les neuf captives ! s'exclama-t-il. Si l'on avait profané la tombe pour la refermer ensuite, il n'y aurait qu'une empreinte imitant grossièrement le signe de la Maison des morts ou même un simple morceau de boue. Et regarde cette corde ! Elle est si vieille qu'elle tomberait en poussière si on la touchait. »

Kâemouaset hocha la tête. Il n'y avait pas trace d'effraction sur la porte, bien que le plâtre se fût écaillé en maints endroits. Qu'elle fût intacte ne signifiait naturellement pas qu'il n'y avait pas eu vol. Les voleurs avaient toujours montré beaucoup d'ingéniosité pour dérober les trésors enfouis dans les tombes de la noblesse. Kâemouaset se prit soudain à espérer que celle-ci ne fût *pas* intacte, que des hommes plus malhonnêtes et téméraires que lui eussent attiré sur eux la colère des morts, émoussé la force des vieilles formules magiques protégeant ceux qui gisaient derrière cette porte mystérieuse.

« J'ai peur, prince, dit Ib. Je n'aime pas cet endroit. C'est la première fois que nous trouvons un sceau intact. Nous ne devrions pas nous rendre coupables du premier péché.

– Nous ne sommes ni des voleurs ni des profanateurs, répondit Kâemouaset. Je n'ai encore jamais commis de sacrilèges envers les morts que j'étudie. Tu sais que je ferai resceller la porte, laisserai des offrandes au ka des défunts et demanderai à des prêtres de prier pour le propriétaire. C'est la première fois que je te vois aussi troublé, Ib, ajouta-t-il en fixant le visage défait de son intendant. Que se passe-t-il ? » Il n'y avait pas qu'Ib ; Penbuy se mordait les lèvres en serrant nerveusement sa palette contre sa poitrine nue.

« Cette tombe n'est pas comme les autres, Votre Altesse, répondit Ib. La nuit dernière, sur la barque, j'ai rêvé que je buvais de la bière chaude. C'est un terrible présage. Nous allons connaître de grandes souffrances. » Kâemouaset aurait voulu lui dire que ses craintes étaient ridicules, mais on ne pouvait prendre à la légère un rêve de ce genre. De nouveau, la peur l'étreignit et il s'efforça de n'en rien laisser paraître.

« Pardonnez-moi, Votre Altesse, mais j'ai moi aussi des doutes sur cette tombe, intervint Penbuy. Ce matin, lorsque j'ai voulu faire mes prières à Thot, mon patron, l'encens a refusé de brûler. J'ai remplacé les grains, pensant qu'ils étaient gâtés, mais rien n'y a fait. Puis j'ai été pris de frissons et n'ai pas pu bouger pendant quelques instants. Renoncez à pénétrer dans cette tombe, je vous en supplie! ajouta-t-il, le visage tendu. Il y en aura d'autres.

– Et toi, Hori ? demanda Kâemouaset dont le malaise s'intensifiait.

– J'ai dormi et prié en paix, répondit-il en souriant. Je ne mésestime pas ces présages, mes amis, mais, comme la journée est encore loin d'être finie, il se pourrait fort qu'ils ne concernent absolument pas cette tombe. Vas-tu laisser passer une découverte pareille, père ? Ne me dis pas que tu as reçu un avertissement, toi aussi! »

Kâemouaset revit le vieillard, le rouleau qu'il tenait dans ses mains tremblantes, la torche qui noircissait le papyrus... le léchait... Pas un avertissement, se dit-il, mais une prémonition, un frisson d'appréhension de mon ka. « Non, répondit-il, et je ne vais pas refuser ce don des dieux. Je suis un homme honnête qui s'emploie à faire le bien en Égypte. J'offrirai de nombreux objets précieux au ka de celui qui demeure ici en échange de nos découvertes. » Il effleura la corde qui avait la friabilité du sable sous ses doigts, puis tira d'un coup sec. Elle se rompit et le sceau tomba à ses pieds, brisé en deux. Surpris, il eut un mouvement de recul. « Va chercher mon maître maçon, Ib, ordonna-t-il. Qu'il ouvre cette porte au ciseau. » En attendant l'homme et ses apprentis, Penbuy et lui s'assirent sur une marche tandis qu'Hori examinait la fente séparant la porte du roc.

« Il est inhabituel de trouver une porte au lieu d'un simple trou comblé par des déblais », remarqua le scribe. Kâemouaset ne répondit pas ; il luttait contre sa peur.

Lorsque les ouvriers arrivèrent, le petit groupe regagna l'abri de la tente. L'esprit engourdi par la chaleur de l'après-midi, Kâemouaset regarda le sillon sombre creusé par les ciseaux autour de la dalle de pierre. Une heure plus tard, couvert de poussière de la tête au pied, le maçon s'agenouillait devant lui.

« La porte peut maintenant être forcée, Votre Altesse. Souhaitez-vous que je le fasse ? » Kâemouaset acquiesça de la tête et, un instant plus tard, il entendait le grincement des leviers sur le roc.

Hori vint s'accroupir près de lui et ils regardèrent en silence l'énorme dalle pivoter lentement en révélant un puits de ténèbres.

« Ça y est, il sort », murmura Hori. Et Kâemouaset se raidit.

Un mince panache d'air, légèrement grisâtre, monta en effet de l'ouverture et tournoya dans le ciel limpide. Kâemouaset eut l'impression de sentir son odeur, une affreuse odeur de renfermé et de moisi où perçait, presque indiscernable, la puanteur des charniers. C'était une odeur qui lui était familière, il l'avait respirée en de nombreuses occasions semblables. Il lui sembla pourtant que celle-ci avait une virulence particulière.

« Regarde! dit Hori en tendant le bras. Il s'élève en spirale. » Le flot d'air prenait en effet des formes étranges. Kâemouaset pensa qu'il aurait pu les dessiner si elles ne s'étaient pas dissipées aussi vite. Mais le vent chassa la colonne d'air fétide. Il se leva.

« Il faudra prendre garde aux pièges, père », dit Hori. Dans certaines tombes, des puits habilement dissimulés ou de fausses portes ouvrant sur un gouffre attendaient en effet les imprudents.

Au sommet des marches, Kâemouaset hésita, prit une profonde inspiration et se faufila par l'étroite ouverture ménagée par les maçons. Des serviteurs munis de torches le suivaient, et il s'arrêta dans le petit passage pour leur laisser le temps d'éclairer l'intérieur de la sépulture. Ils entrèrent avec une visible répugnance. Comme toujours, se dit Kâemouaset. Et, cette fois, je partage leur appréhension. La flamme orangée des torches vacillait et jetait de longues ombres mouvantes. Il entendait la respiration légèrement haletante de son fils et, sans en avoir conscience, il lui prit le bras. Ils s'avancèrent ensemble dans le tombeau.

Bien que l'air qui y avait été emprisonné se fût échappé, une forte odeur de moisissure et de décomposition les prit à la gorge. Penbuy se mit à tousser et Hori fronça le nez. Ils pénétrèrent dans un petit vestibule exquisement décoré et d'une parfaite propreté. Avec un frisson de surexcitation, Kâemouaset constata aussitôt qu'il était intact. Coffres et meubles étaient à leur place et ne portaient pas la moindre égratignure ; les solides jarres d'argile remplies d'huiles, de vins et de parfums précieux étaient encore scellées. Immobiles dans leur niche, six shaouabtis au visage sévère attendaient que leur maître les réveille pour travailler dans les champs ou tisser le lin. Des scènes pleines de vie décoraient les murs enduits de plâtre blanc.

Émerveillé, Kâemouaset admira la finesse du travail des artistes, la chaleur des couleurs. Là, le sourire aux lèvres, penchés l'un vers l'autre, le mort et sa femme déjeunaient, des fleurs de lotus dans une main et une coupe de vin dans l'autre. Ailleurs, un jeune homme vêtu d'une courte jupe blanche et paré de nombreux colliers – leur fils sans doute –, donnait un morceau de fruit au babouin assis à ses pieds. Ces animaux étaient représentés partout. Ils cabriolaient dans le jardin où la famille se délassait près d'un bassin ; couraient derrière le père qui, lance à la main, pourchassait un lion dans le désert ; étaient accroupis, queue enroulée autour de leurs flancs poilus, sur la barque où les trois personnes guettaient les canards dans un marais à la végétation touffue. Il y en avait même un assoupi au pied du lit où le couple dormait, caressé par les premiers rayons du soleil. Entre les frises et les scènes dépeignant l'existence terrestre de la famille, des hiéroglyphes noirs exhortaient les dieux à admettre leurs adorateurs au paradis, à leur accorder bienfaits et récompenses dans leur vie future et à surveiller leur tombeau. Après avoir échangé quelques mots avec Penbuy qui commençait à recopier les inscriptions, Hori s'approcha de son père. « N'as-tu pas remarqué un détail étrange dans ces peintures ? dit-il.

– Les babouins ?

– Non, quoique leur nombre soit effectivement extraordinaire. L'homme qui repose à côté devait rendre un culte particulier à Thot. Mais je parlais de l'eau... Regarde. »

Intrigué, Kâemouaset s'aperçut qu'effectivement les trois personnages avaient toujours les pieds dans cet élément, qu'il fût représenté par de petites vaguelettes blanches, un flot où nageaient diverses espèces de poissons ou même des bols placés autour de leurs chevilles. « Ils devaient aimer le Nil avec passion pour avoir décoré leur tombe de tant de ses bienfaits, murmura-t-il. Il y a autre chose, Hori. Cet homme était sans doute médecin comme moi. Là, tu vois. » Il désigna des instruments chirurgicaux peints à côté d'une longue suite de hiéroglyphes. « L'inscription est une prescription contre l'incurable fléau AAA, reprit-il. Et il y a aussi une liste de formules magiques contre les démons de la maladie. »

Hori et lui poursuivirent l'inspection du vestibule, suivis plus lentement par Penbuy qui grattait activement le papyrus de son roseau. Puis Kâemouaset poussa un cri de satisfaction. Dans un renfoncement, juste avant la porte entrouverte qui donnait sur la chambre funéraire, deux statues se dressaient. Grande et gracieuse, la tête coiffée d'une courte perruque de granit à l'ancienne mode et d'un bandeau bleu, la femme regardait Kâemouaset en souriant. Elle enlaçait la taille de son époux, un homme mince à l'expression douce qui ne portait qu'une jupe courte et des sandales. Il avait la jambe tendue en avant comme s'il marchait et tenait un rouleau de pierre à la main. Là encore, le travail artistique était d'une rare finesse. Les yeux des statues brillaient d'un éclat sombre. Des joyaux piqués de bleu et de rouge ceignaient le cou de la femme et des glands dorés scintillaient sur son fourreau.

Kâemouaset se pencha pour examiner les socles. « Eh bien, il semble que nous ayons affaire à une princesse, annonça-t-il. Et sans doute à un prince, bien que je ne parvienne pas à lire son nom. La pierre est profondément rayée là où il devrait se trouver.

– Ce n'est pas l'œuvre de profanateurs, déclara Hori après avoir tâté l'entaille. On dirait plutôt que le socle a été endommagé lors de son installation et que les ouvriers n'ont pas eu le temps de le réparer. Mais le cercueil devrait nous indiquer son identité, ajouta-t-il en se redressant.

– En effet, dit Kâemouaset. La princesse Ahoura... Un nom inhabituel à la sonorité obsédante. Eh bien, Hori, sommes-nous en mesure de dater cette sépulture ? »

Hori partit d'un éclat de rire qui roula comme un coup de tonnerre et parut faire trembler les ombres. Un serviteur poussa un cri de frayeur et Kâemouaset eut envie de plaquer sa main sur la bouche de son fils. « Pourquoi me poses-tu cette question, ô sage ? dit Hori. Je ne suis que ton assistant. A mon avis, c'est presque impossible. Les meubles sont sévères et simples ; ils pourraient dater de l'époque des Grandes Pyramides. Mais les décorations ressemblent beaucoup à ce qui se faisait du temps de Séti, mon arrière-grand-père. Les cercueils nous donneront peut-être davantage d'indices. »

Kâemouaset répugnait à pénétrer dans la chambre funéraire, et il suffisait de regarder les serviteurs silencieux, serrés les uns contre les autres, pour savoir qu'ils partageaient ce sentiment. Penbuy, lui, était absorbé dans son travail. « Le prince tient à la main un rouleau qui ressemble fort au symbole de l'autorité pharaonique et du pouvoir temporel, dit Kâemouaset. C'est très étrange et même blasphématoire puisqu'il est réservé aux seuls rois. »

Hori répondit par un simple hochement de tête et ordonna aux serviteurs d'entrer dans le caveau. Pâles, les yeux exorbités, ils hésitèrent. Kâemouaset se demanda si son visage trahissait la même appréhension. « Tout va bien, dit-il avec douceur. Ne suis-je pas le plus grand magicien d'Égypte ? N'ai-je pas plus de pouvoirs que les morts ? Donnez-moi une torche. » On lui en tendit une d'un bras tremblant et, prenant sur lui, il pénétra dans l'autre salle.

Il faillit hurler de terreur. Immense, Thot en personne penchait vers lui son long bec d'ibis et le fixait de son regard plein de sagesse. Il tenait une palette de scribe dans la main gauche et un roseau dans la droite. La statue palpitait de vie et, en recouvrant son sang-froid, Kâemouaset se rendit compte qu'elle était plaquée d'or. « Thot », murmura-t-il en se prosternant devant le dieu dont il embrassa les pieds. Hori l'imita tandis que, sur le seuil, les serviteurs poussaient des exclamations de surprise, oubliant momentanément leur peur.

Kâemouaset se releva, les jambes tremblantes, et remarqua alors les couvercles des cercueils, deux dalles de quartzite poli appuyées contre le mur blanchi à la chaux de chaque côté du dieu. « Mais c'est impossible ! dit-il en les fixant stupidement. Aucun voleur n'est entré ici. Pourquoi le prince a-t-il voulu être enterré dans un cercueil ouvert ?

– Il ne repose peut-être pas ici », dit Hori d'une voix blanche. Père et fils se retournèrent d'un seul mouvement, et Kâemouaset éprouva de nouveau cette peur qui n'avait cessé de grandir en lui depuis l'instant où il avait vu la bouche noire de la sépulture. Ses paumes étaient moites de sueur. « Non, murmura-t-il en étreignant plus étroitement sa torche. Il est là. Ils sont là tous les deux. »

Posés côte à côte sur un socle de pierre, les cercueils offraient à leur regard deux puits d'ombre dont la lumière des torches ne faisait qu'effleurer la surface. L'humeur enjouée d'Hori s'était envolée ; il se rapprocha de son père. Une fois de plus, Kâemouaset dut se forcer à avancer. Que m'arrive-t-il ? se dit-il avec colère. J'ai vu plus d'une centaine de morts. Je suis prêtre sem et médecin, après tout. Mais il ne s'agit pas des corps ; c'est la magie malfaisante, que je sens à l'œuvre ici, qui me glace le sang. Au nom d'Amon, pourquoi ces cercueils sont-ils ouverts ?

La première momie avait un bras le long du corps et l'autre replié sur la poitrine. Une femme. La princesse Ahoura. Kâemouaset la contempla longuement. Sous les bandelettes poussiéreuses, brunies par les sels d'embaumement qui avaient bu l'humidité de son corps, il distingua plusieurs amulettes qu'il dénombra mentalement. Certaines étaient placées à même la peau, mais il reconnut la boucle de ceinture d'Isis qui protégeait les morts des abominations ainsi que l'amulette de Tet, l'épine dorsale d'Osiris, qui permettait au défunt de retrouver son corps et son âme dans l'autre monde. Un peu au-dessous de ces renflements familiers, il y avait une énorme amulette du Collier, une plaque d'or et de turquoise étincelante qui couvrait la poitrine desséchée de la défunte. Kâemouaset frissonna. Cette amulette donnait à celui qui la portait le pouvoir de se libérer des bandelettes funéraires qui l'emprisonnaient. « Elle est belle », murmura Hori. Le visage sombre, Kâemouaset acquiesça.

Il s'approcha du second sarcophage, oubliant un peu sa peur devant les mystères qu'ils découvraient. Le prince était allongé les bras le long du corps comme le voulait son sexe. Aussi simplement bandé que son épouse, il portait une amulette du Collier identique à la sienne. Kâemouaset se pencha pour l'examiner plus attentivement et poussa une exclamation de surprise.

« Hori ! s'écria-t-il. Le prince a un rouleau dans la main droite. » Il saisit délicatement le papyrus qui résista. Il tira un peu plus fort et la main du mort frémit.

« Il ne le tient pas vraiment, remarqua Hori.

– Non, répondit Kâemouaset. En fait, le rouleau doit être cousu aux bandelettes. Regarde comme sa main bouge lorsque je tire dessus. » Les deux hommes se redressèrent et échangèrent un regard.

« Un dilemme, dit Hori à voix basse. Prendre des rouleaux dans une tombe pour les copier et les replacer ensuite est une chose, mais es-tu prêt à sectionner les fils qui attachent celui-ci à sa main ? Ce serait la première fois que nous ôterions quoi que ce soit d'un sarcophage.

– Je sais », répliqua sèchement Kâemouaset. Repris par sa dévorante passion, il couvait des yeux le papyrus. « Si les décorations et les formules habituelles figuraient sur les cercueils, elles nous auraient peut-être éclairés. Mais il n'y a rien, pas même les Yeux qui permettent aux cadavres de voir. Il faut que cet écrit contienne quelque chose d'important pour que le prince ait ordonné qu'on le couse à sa momie.

– C'est un acte grave, Votre Altesse, intervint Penbuy qui les avait rejoints et scrutait l'intérieur des sarcophages, sa palette à la main. Les inscriptions ne donnent pas la moindre explication, que ce soit sur les babouins ou sur l'eau qu'on voit partout. Et où se trouve le jeune prince ? Est-il mort loin d'ici ? A-t-il été enterré ailleurs ? » Ne recevant pas de réponse, il poursuivit : « Je vous supplie de refermer ce tombeau et de laisser les morts en paix, prince. Ne prenez pas le rouleau. Je n'aime pas l'air qu'on respire ici. »

Kâemouaset savait que son scribe ne parlait pas de l'odeur de moisi. Il éprouvait le même sentiment, mais sa curiosité l'emportait sur sa répugnance, sur son malaise. Un rouleau précieux, si précieux que le prince avait voulu qu'il fût enterré avec lui. Un mystère de taille parmi d'autres de moindre importance. Il avait trouvé de nombreux rouleaux au cours de ses fouilles. Les voleurs les laissaient, car ils n'avaient de valeur que pour les érudits. Ils contenaient généralement les récits et les poèmes favoris des défunts, ceux qu'ils avaient aimés de leur vivant et voulaient continuer à entendre aux pieds d'Osiris. Il pouvait aussi s'agir d'enseignements rares acquis dans la jeunesse et soigneusement préservés, ou de vantardises – liste des biens amassés par un noble, présents offerts au Pharaon lors de la fête de la Nouvelle Année, nombre d'esclaves ramenés d'une expédition guerrière...

Mais celui-ci... Kâemouaset effleura le rouleau, absorbé dans ses pensées. Celui-ci avait une importance vitale, sacrée, pour le prince qui le retenait si possessivement dans sa main fragile et desséchée. Je mérite au moins d'y jeter un regard, se dit-il en se rebellant un instant contre sa nature vertueuse. J'honore les morts en restaurant leur sépulture. Que pour une fois celui-ci me remercie en m'apportant de nouvelles connaissances.

« Le temple de l'Osiris Neouserrê vous attend, dit Penbuy d'un ton plein d'espoir. Vous ne souhaitez certainement pas l'irriter, Votre Altesse. »

Kâemouaset ne prêta aucune attention à son intervention maladroite. « Un couteau, Hori », ordonna-t-il.

Des murmures apeurés s'élevèrent parmi les serviteurs groupés sur le seuil. Hori tira de sa ceinture une courte lame de cuivre qu'il tendit à son père. Penché sur la momie du prince, Kâemouaset hésita un instant et pensa à ses propres amulettes – l'œil d'Horus qui donnait bonheur et vigueur pendait à son cou; le nœud d'Isis reposait entre ses omoplates pour le protéger des démons qui voudraient l'attaquer par-derrière. Puis, retenant son souffle, il tira sur le rouleau de manière à voir les coutures qui l'attachaient aux bandelettes. La lame était parfaitement aiguisée. Kâemouaset coupa les fils l'un après l'autre en s'étonnant de leur résistance. Hori le regardait faire, fasciné.

Avec un soupir de satisfaction, il libéra enfin le rouleau qu'il tendit à Penbuy. « Enveloppe-le dans du lin et emporte-le chez moi, dit-il. Ne le confie surtout pas à l'un de tes assistants. Tu le poseras sur mon bureau en prévenant le garde de service de ne laisser entrer personne. Lorsque je l'aurai lu, tu le copieras et je le replacerai dans le cercueil. » A moins qu'il ne soit très précieux, pensa-t-il. Car alors il restera dans ma bibliothèque; je pourrais même l'offrir à la Maison des livres de Pi-Ramsès. Ce prince n'en a que faire désormais.

« Je désapprouve cet acte, dit Penbuy en prenant le rouleau avec répugnance.

– Ton avis m'est parfaitement indifférent, répliqua Kâemouaset d'un ton glacial. Tu es mon serviteur, rien de plus. Ne l'oublie pas, Penbuy, ou tu pourrais bien perdre ton emploi. » Le scribe pâlit, s'inclina et se retira sans ajouter une parole.

« Ne t'es-tu pas montré un peu dur envers lui, père ? fit Hori, le visage grave.

– Cela ne te regarde absolument pas », répondit sèchement Kâemouaset.

Lorsqu'ils sortirent de la sépulture, le soleil embrasait le couchant. Au sommet des marches, Kâemouaset et Hori s'immobilisèrent pour respirer l'air pur du désert. La brise du soir qui s'était levée, tiède et rassurante, chassait la poussière de leur jupe et séchait la sueur qui leur poissait le corps. « Qu'il est bon de vivre ! s'exclama Hori, exprimant leurs pensées à tous deux. Je ne me sens pas encore prêt pour le froid et la nuit du tombeau, père. L'Égypte est bien trop belle !

– Personne n'est jamais prêt », répondit Kâemouaset avec lenteur. Il se sentait las, la tête vide, comme si des siècles, et non quelques heures à peine, s'étaient écoulés depuis son entrée dans la tombe.

« Allons finir les provisions et la bière qui restent pendant que l'on démonte les tentes, Hori. Ensuite, nous rentrerons et tâcherons de nous faire pardonner par ta mère et Sheritra. Ib! appela-t-il. Donne tes instructions au sous-intendant et pars immédiatement pour la maison. Tu diras à Amek de m'envoyer deux soldats. Je resterai ici jusqu'à leur arrivée.

– Deux soldats, père ? fit Hori, intrigué. Tu te contentes d'habitude d'un ou deux ouvriers.

– Cette tombe est intacte, répondit Kâemouaset. Et nous n'avons pas encore examiné les coffres. Qui sait les richesses qu'ils contiennent ? Nous n'y toucherons pas, mais, si la nouvelle de notre découverte se répand, cela risque d'attirer la racaille. Avec leurs lances et leurs couteaux, les hommes d'Amek sauront les dissuader d'entrer. »

Ce n'était pourtant pas les voleurs qu'il redoutait, oh non! Tout en buvant la bière qu'on lui avait servie, il regarda le crépuscule étendre son ombre sur le désert et regretta que les soldats ne fussent pas déjà là.

La nuit était tombée lorsqu'ils descendirent de leur litière, et Kâemouaset retrouva avec un vif soulagement l'atmosphère familière de sa demeure. Le bavardage de ses serviteurs, le fumet du repas du soir, la lumière tremblotante des lampes qu'on allumait le replongeaient dans la réalité, dissipaient son malaise. Tandis qu'Hori se dirigeait vers ses appartements, il entra dans la salle à manger où Noubnofret était déjà attablée. Sheritra les y rejoignit un instant plus tard, suivie de Bakmout qui se retira dans un coin de la pièce, prête à servir sa maîtresse. « Tu es de retour à temps pour me raconter une histoire, ce soir, dit la jeune fille en l'étreignant. Tu viendras, j'espère ? Mon Dieu, que tu es sale! »

Kâemouaset lui rendit son étreinte avec bonne humeur et, après s'être assis devant sa table basse, demanda de l'eau pour se laver les mains. « Je n'ai pas eu le temps de me changer, dit-il à sa femme d'un ton d'excuse. Je ne voulais pas vous faire attendre. »

Noubnofret ne paraissait pas contrariée. « Les activités ne m'ont pas manqué en ton absence, remarqua-t-elle simplement. As-tu trouvé quelque chose d'intéressant ? »

L'arrivée d'Hori fit diversion; Kâemouaset ordonna que le repas fût servi et la conversation devint générale. Les musiciens de la famille, un harpiste, un luthiste et un tambour, se mirent à jouer. La question de Noubnofret avait été de pure forme et Kâemouaset fut soulagé qu'elle n'insistât pas. Il craignait un peu qu'Hori ne raconte l'épisode du rouleau, mais son fils était en grande conversation avec Sheritra.

Malgré sa faim, Kâemouaset ne put manger. Tandis que la nuit s'approfondissait et que les nattes de lin des fenêtres, encore relevées, laissaient entrer une brise rafraîchissante, il pensait au manuscrit qui devait déjà l'attendre sur son bureau. Il dut faire un effort sur lui-même pour écouter ce que Noubnofret lui disait.

« Ton frère Si-Montou est passé à la maison pendant ton absence et a été déçu de ne pas te trouver. Je lui ai offert de la bière et des gâteaux au miel, puis il est reparti. »

Kâemouaset réprima un soupir. Il savait que sa femme n'aimait guère Si-Montou. Elle le jugeait grossier, trop bruyant, en fait, elle lui reprochait essentiellement sa mésalliance. « Que voulait-il ? demanda-t-il. J'espère que tu l'as bien accueilli. »

Il y eut un court silence. Noubnofret ôta ses bagues, les contempla, puis les remit avec une lenteur délibérée. « Je ne suis pas mal élevée, Kâemouaset, dit-elle enfin avec froideur. Ton frère voulait passer l'après-midi dans le jardin avec toi, c'est tout. »

Pris d'un sentiment de révolte assez rare chez lui, Kâemouaset riposta : « Il a beau avoir épousé la fille d'un capitaine de marine syrien et renoncé de ce fait à ses prétentions au trône, c'est un homme bon et honnête pour qui j'ai une grande affection. J'aurais pris plaisir à sa compagnie.

– Moi aussi, j'aime bien oncle Si-Montou », intervint Sheritra. Contre son habitude, elle défiait sa mère du regard, le visage empourpré, en tripotant nerveusement sa robe. « Il m'apporte toujours des objets qui sortent de l'ordinaire quand il vient et me parle comme si j'étais douée d'intelligence. Ben-Anath est belle et timide comme moi. Je trouve merveilleux qu'ils se soient aimés et mariés contre la volonté de grand-père.

– Eh bien, si tu espères rencontrer quelqu'un qui tombera amoureux de toi, il va falloir te prendre en main, ma fille ! répliqua Noubnofret qui, si sa remarque était cruelle, devinait bien le désir secret de sa fille. Les hommes n'aiment pas les femmes sans beauté, si intelligentes soient-elles. »

Rougissant encore davantage, Sheritra chercha la main d'Hori et baissa les yeux. D'un geste, Kâemouaset ordonna aux domestiques de débarrasser la table.

« Envoie Bakmout me chercher lorsque tu iras te coucher, dit-il à sa fille. Je viendrai bavarder avec toi un moment. En attendant, tu devrais aller faire un tour dans le jardin avec Hori.

– Merci, père », répondit-elle en se levant. Puis, sans lâcher la main de son frère, elle se tourna vers Noubnofret. « Pardonne-moi de t'avoir déplu une fois de plus, mère. Si tu le souhaites, je dînerai seule dans mes appartements demain pour ne pas gêner ta digestion. »

Elle s'éclipsa sans lui laisser le temps de répondre, et Kâemouaset dissimula un sourire. Sheritra, qui avait ses côtés têtus, s'était arrangée pour avoir le dernier mot. Ce fut toutefois d'un ton sévère qu'il s'adressa à son épouse : « Si tu ne peux accepter notre fille comme elle est, je me résoudrai à l'envoyer dans notre domaine de Ninsou pendant quelque temps. Tu la blesses plus qu'elle ne le laisse paraître, Noubnofret. Dans le Fayoum, elle sera près du harem de Pharaon où il ne lui sera certainement pas difficile de trouver des femmes plus affectueuses que sa propre mère. Sounero est un homme de confiance et sa famille accueillerait Sheritra avec plaisir.

– Pardonne-moi, mon frère, répondit sa femme, accablée. J'ai beau m'efforcer de me dominer, il y a quelque chose en elle qui suscite mon exaspération. Je la voudrais belle, courtisée... » Frappant la table du plat de la main, elle se leva et serra son vêtement flottant autour d'elle. « Même si les manières frustes de Si-Montou me déplaisent, j'étais d'accord avec elle. Son histoire d'amour avec Ben-Anath m'a émue moi aussi. Pourquoi suis-je incapable de le reconnaître ? » Elle hésita et Kâemouaset eut l'impression qu'elle avait envie de l'enlacer. Mais elle se contenta de lui adresser un faible sourire, rappela à l'ordre d'un claquement de doigts une servante qui avait laissé tomber quelques déchets, et quitta la pièce.

Perdu dans ses pensées, Kâemouaset ne remarqua pas immédiatement que les musiciens avaient cessé de jouer et attendaient d'être congédiés. Je n'examinerai pas le rouleau avant d'avoir rendu visite à Sheritra, se dit-il. Cela va certainement me demander du temps, et je détesterais devoir m'interrompre. Je pourrais peut-être faire un tour du côté de la fontaine, puis jeter un coup d'œil aux messages du Delta. Il est inutile que je prenne un bain maintenant. Lorsqu'il se leva, le harpiste toussota discrètement. Surpris, Kâemouaset renvoya les trois hommes, puis traversa la salle de réception pour gagner le jardin. Mais, presque malgré lui, il bifurqua et se dirigea vers ses appartements.

Le rouleau l'attendait sur le bureau de bois poli. Penbuy, toujours méticuleux, l'avait posé à bonne distance de la lampe d'albâtre qui éclairait ses travaux nocturnes. Sur l'ordre de Kâemouaset, le garde ferma la porte, et il demeura seul avec sa trouvaille.

Il s'approcha du bureau, hésita, puis se mit à arpenter la pièce, le regard rivé sur le morceau de lin blanc qui protégeait le papyrus. Se déroulerait-il facilement ou s'émietterait-il sous ses doigts ? Il brûlait de l'ouvrir et y répugnait tout à la fois, en proie à une étrange appréhension. Autour de lui, le silence régnait. Des éclats de rire assourdis lui parvenaient de temps à autre du jardin de ses voisins qui devaient recevoir des invités. Une impureté fit soudain grésiller et crépiter la grande lampe à huile, placée dans un coin de la pièce. Si j'attends plus longtemps, je serai encore ici à l'aube, pensa Kâemouaset avec irritation. Assieds-toi donc, imbécile ! Mais il balança encore quelques secondes, pris entre la peur d'être déçu par le contenu du rouleau et la crainte de quelque chose d'autre, d'un danger innommable. Puis, se décidant enfin, il le sortit de l'étoffe de lin dans laquelle Penbuy l'avait enroulé.

Frappé une nouvelle fois par son état de conservation, il constata que ni le temps ni la poussière ne l'avaient altéré. Le prince et ses embaumeurs avaient dû en prendre un soin exemplaire. Le manipulant avec le même respect, Kâemouaset l'ouvrit très lentement. Le papyrus, qui semblait avoir conservé sa souplesse, se déroula facilement au point que, parvenant inopinément à la fin, Kâemouaset le laissa échapper. Il retint son souffle, redoutant que son erreur ne fût fatale au document, mais celui-ci se réenroula sans dommage.

Il est vraiment très court, se dit Kâemouaset en approchant la lampe, et les caractères n'ont absolument pas pâli. Penbuy et sa palette m'auraient été utiles pour noter mon interprétation du texte. Cela attendra demain. Ce soir, je vais me contenter de le lire.

Il déroula de nouveau le papyrus et, les deux mains posées à plat, contempla avec perplexité les hiéroglyphes d'un noir de jais. Il n'en avait jamais vu de semblables. Il s'agissait apparemment d'une forme primitive de l'écriture égyptienne, mais si ancienne que le côté vaguement familier des signes était trompeur. Après avoir parcouru la première moitié du texte, Kâemouaset alla chercher une palette, un roseau et de l'encre dans sa bibliothèque. Reprenant au début, il copia avec soin chaque caractère qu'il fit suivre de sa signification possible. Cette tâche l'absorba bientôt au point de lui faire perdre toute conscience du monde extérieur et même de son corps. Il y avait longtemps qu'il n'avait eu à résoudre pareille énigme et la difficulté le grisait comme un vin capiteux.

On frappa à la porte. Il n'entendit pas. On frappa encore. « Allez vous-en ! » cria-t-il sans même lever la tête. Bakmout entra et se prosterna.

« Toutes mes excuses, prince, dit-elle. Mais la princesse Sheritra est couchée et vous prie de venir lui souhaiter une bonne nuit. »

Étonné, Kâemouaset regarda la clepsydre : deux heures s'étaient écoulées depuis qu'il s'était mis au travail.

« Je ne pourrai la rejoindre que dans une demi-heure, Bakmout. Dis-lui de m'attendre. »

La servante s'inclina et se retira en fermant la porte. Kâemouaset ne le remarqua pas ; il s'était déjà replongé dans son étude.

Il eut bientôt dégrossi plusieurs phrases, mais leur signification lui échappait toujours. Un hiéroglyphe pouvait représenter la syllabe d'un mot, un mot entier ou un concept complexe. Or, bien que reconnaissables en apparence, les caractères étaient ambigus. Kâemouaset essaya différentes combinaisons, couvrant le papyrus de sa belle écriture cursive mais, même après avoir épuisé toutes les possibilités, il n'avait toujours aucune idée de ce qu'il contemplait.

Il prononça les mots à mi-voix en se disant que l'ensemble avait si peu de sens qu'il aurait tout aussi bien pu avoir affaire à de l'assyrien ancien. Les phrases avaient pourtant une cadence familière qui l'intriguait. Il recommença, en les psalmodiant cette fois, et fut convaincu qu'il ne se trompait pas.

Brusquement, il sut que ce rythme familier était celui d'une formule magique, un rythme bien spécifique, différent de celui de la poésie, qu'aucun magicien n'ignorait. J'ai récité à haute voix une incantation que je ne comprends même pas, pensa-t-il avec un frisson d'appréhension. Je lui ai donné le pouvoir d'agir. Je me suis conduit comme un idiot ! Dire que je n'ai pas la moindre idée de ce que je viens de prononcer !

Il reprit lentement conscience de ce qui l'entourait. Presque vide, la petite lampe de son bureau fumait. L'autre jetait toujours des flammes régulières mais ne le ferait plus longtemps si l'on n'en mouchait pas la mèche. Dans la demeure, le silence apaisant de la nuit s'était encore approfondi et, en regardant de nouveau la clepsydre, Kâemouaset s'aperçut avec stupéfaction que trois heures seulement le séparaient de l'aube.

Après avoir enveloppé le rouleau dans l'étoffe de lin, il courut jusqu'à la suite de Sheritra. La porte était entrouverte, et une lampe éclairait encore le couloir. Enjambant Bakmout qui s'était endormie en travers du seuil, il entra dans la chambre de sa fille. Elle dormait, couchée en chien de fusil ; le rouleau qu'elle avait lu en l'attendant était tombé sur le sol. Kâemouaset la contempla, honteux. C'est la deuxième fois en peu de temps que je manque à mes promesses, Petit Soleil, se dit-il avec tristesse. Malgré tous mes beaux discours, je ne vaux guère mieux que ta mère. Je suis vraiment navré.

Il regagna son bureau. Le rouleau était toujours là, cylindre beige inoffensif perdu au milieu de ses essais de traduction. Kâemouaset constata avec soulagement que rien n'avait changé dans la pièce. Quelle que fût la formule magique qu'il avait psalmodiée par mégarde, elle n'avait eu d'effet ni sur lui ni sur ce qui l'entourait. Ce n'est probablement rien de plus qu'un remède contre la constipation, se dit-il. Et le bonhomme se le sera fait coudre sur sa momie parce qu'il en avait souffert toute sa vie et craignait que cela ne continue dans l'autre monde.

Kâemouaset sourit de sa plaisanterie qui ne réussit toutefois pas à dissiper le sentiment d'abattement et de culpabilité qui l'accablait. Je suis le plus grand historien d'Égypte, pensa-t-il. Si je suis incapable de traduire ce texte, personne d'autre n'y parviendra. Il est inutile que je le montre à mes collègues ; leurs connaissances sont inférieures aux miennes. Sans compter qu'ils voudraient savoir où je l'ai trouvé... Penbuy avait raison. Je suis un voleur, même si mes intentions sont bonnes. Je restituerai le rouleau au prince dès que Penbuy l'aura copié, et j'attendrai aussi qu'il ait fini pour m'attaquer à la suite. Je suis trop fatigué et contrarié pour m'en occuper maintenant. Ou trop effrayé peut-être ? se dit-il en refermant le coffre où il avait déposé le rouleau. Pour quelqu'un qui a récité une formule magique qu'il ne comprenait pas, tu as eu de la chance. Si tu te montres encore aussi stupide, la deuxième partie du texte pourrait bien réveiller un démon ou provoquer une mort dans la famille.

Bien qu'il tombât de sommeil, il avait encore une tâche à accomplir avant d'aller se coucher. Le processus inconnu qu'il avait peut-être mis en branle l'obsédait, et il savait qu'il devait se protéger. S'enfermant à clé dans la bibliothèque, il ouvrit la caisse où il rangeait ses remèdes. Elle était pleine de bocaux soigneusement étiquetés. L'un d'eux contenait des scarabées séchés : des noirs, très utiles contre certaines maladies courantes, et des dorés aux reflets irisés; ceux qu'il lui fallait ce soir.

S'armant d'un couteau, il en prit un qu'il déposa dans une petite urne de cuivre après en avoir détaché délicatement la tête et les ailes. Avec une certaine maladresse – car un assistant se chargeait habituellement de ces tâches –, il enflamma un morceau de charbon dans le brasero, versa un peu d'eau sur l'insecte desséché et, en attendant qu'elle bouille, alla chercher dans une autre caisse un petit récipient scellé dont il brisa le cachet de cire rouge à contrecœur ; l'huile du serpent *apnent* coûtait un prix exorbitant, et l'on ne s'en procurait que difficilement.

Plaçant alors la tête et les ailes du scarabée dans une coupe d'albâtre, il les couvrit de cette huile en murmurant les incantations appropriées. Puis, après avoir regardé un instant le corps de l'insecte danser sur l'eau en ébullition, il s'en saisit avec des pincettes sans cesser de prononcer les formules magiques et le déposa dans un bain d'huile d'olive. Il vida ensuite l'eau sur le charbon ardent qui grésilla et fuma. Au matin, il achèverait la cérémonie en mélangeant les deux huiles et leur contenu. Il lui suffirait alors de boire la mixture pour conjurer toute incantation maléfique. Il l'aurait fait immédiatement, tant son anxiété était vive, mais, pour que la boisson opère, il fallait que le scarabée macère pendant le nombre d'heures requis.

Titubant de fatigue, Kâemouaset referma ses caisses, la porte de la bibliothèque et se dirigea vers ses appartements. Ils étaient plongés dans l'obscurité. Il savait que l'esclave de nuit dormait sur une paillasse juste devant l'entrée mais, sans prendre la peine de le réveiller, il gagna son lit à tâtons, ôta sa jupe et ses sandales et s'abattit sur les draps qui sentaient vaguement l'eau de lotus dans laquelle on les rinçait. Il s'endormit instantanément.

Le lendemain matin, après ses ablutions, ses prières et un petit déjeuner qu'il prit seul dans ses appartements, Kâemouaset retourna dans la bibliothèque. Il ralluma le brasero et, reprenant de mémoire la formule magique là où il s'était interrompu la veille, il vida l'huile et le corps du scarabée dans la coupe contenant la tête et les ailes et porta le tout à ébullition. Son anxiété s'était dissipée. Il savait que, pour assurer une efficacité maximale à l'incantation, il lui faudrait s'abstenir de tout rapport sexuel pendant sept jours. La pratique de la magie imposait souvent ce genre de contraintes, et certains de ses collègues les trouvaient pénibles, mais passer une semaine sans faire l'amour ne gênait pas Kâemouaset.

En bouillant, les huiles dégagèrent l'odeur un peu piquante du serpent apnent. Il retira la coupe qu'il laissa refroidir en la surveillant toutefois de près, car le breuvage devait être bu chaud. Le moment venu, il psalmodia la fin de la formule magique et avala la mixture d'un trait. J'ai réparé ma bêtise d'hier, pensa-t-il, soulagé, en regagnant son bureau. Penbuy pourra ranger mes essais de traduction avec la copie qu'il fera du manuscrit, mais je ne désespère pas d'en venir à bout. Aucun écrit ancien ne m'a résisté jusqu'à ce jour, et celui-ci ne fera pas exception. « Penbuy ! appela-t-il, sachant que son scribe devait attendre devant la porte, prêt à s'atteler aux besognes du jour. Tu peux entrer. Quelles lettres avons-nous reçues du Delta ? »

Après avoir dicté son courrier, Kâemouaset se souvint qu'il lui fallait se faire pardonner par sa fille. Il la trouva dans la petite antichambre qui ouvrait sur l'arrière de la maison. Elle regardait le serpent domestique boire le lait que l'on plaçait toujours là pour lui.

« Je crois qu'il nous est reconnaissant, remarqua-t-elle en lui souriant. S'il y a quelqu'un à proximité, il s'immobilise un instant pour regarder autour de lui lorsqu'il a fini de manger. Sinon, il s'en va tout de suite. Je le sais parce qu'il m'arrive de me cacher pour l'observer. »

Kâemouaset posa un baiser sur son front. « Excuse-moi pour hier soir, Sheritra, dit-il d'un air contrit. J'étais si absorbé dans mon travail que je t'ai complètement oubliée. Je fais vraiment un piètre père, tu ne trouves pas ?

– Je te pardonne, fit-elle avec une feinte gravité. Mais, pour te rattraper, il faudra que tu me fasses la lecture deux fois plus longtemps ce soir. Oh ! père, je ne suis plus une enfant qui se roule par terre ou s'endort en pleurant parce qu'on la délaisse, tu sais. Je comprends parfaitement. »

Mais il t'arrive quand même de t'endormir en pleurant, se dit Kâemouaset tandis qu'elle reportait son attention sur le serpent. Je le sais par Bakmout. Tu pleures sur tes imperfections, par colère contre toi-même... Oh ! je te comprends bien, moi aussi. « J'ai l'intention de faire une petite escapade aujourd'hui et de ne revenir qu'à l'heure du dîner, dit-il. Veux-tu m'accompagner ?

– Mère s'attend à ce que je répète ma leçon de luth devant elle, répondit Sheritra en prenant un air de conspirateur. Si elle ne me trouve pas, j'aurai droit à une bonne semonce. J'y suis habituée, remarque, ajouta-t-elle en faisant la moue. Je viendrai avec plaisir, père.

– Parfait. Retrouve-moi au fond du jardin après la sieste. »

Elle acquiesça, puis s'accroupit, car le serpent relevait la tête et la fixait de ses yeux noirs. Kâemouaset s'éloigna.

Ils se retrouvèrent comme convenu à la porte du jardin et, accompagnés d'Amek et de quatre soldats, partirent en litière pour le plateau de Saqqarah. En chemin, ils bavardèrent gaiement en échangeant des sourires complices, heureux d'être ensemble. Kâemouaset, qui contemplait le visage animé de sa fille encadré par les nattes noires de sa perruque, son cou gracieux et ses bras bruns ornés de bracelets de cornaline, la trouvait presque jolie.

Après avoir traversé les quartiers nord de la ville, ils pénétrèrent dans l'ombre verte des palmeraies où les dattes commençaient à peine à se former, puis les ruines imposantes de Saqqarah apparurent.

Lorsqu'ils arrivèrent à proximité de la tombe, Hori les aperçut et les salua. Kâemouaset envoya les porteurs s'abriter sous les tentes et, suivi de ses enfants, descendit dans la première chambre funéraire. Penbuy, qui s'y trouvait déjà, copiait les inscriptions murales. Les artistes de Kâemouaset avaient dressé leur chevalet et reproduisaient les superbes peintures qui recouvraient la quasi-totalité des murs. Assis sur le sol sablonneux, d'autres inventoriaient le contenu des coffres. Trois hommes éclairaient la pièce à partir du seuil à l'aide de miroirs de cuivre orientés de façon à capter la lumière du soleil.

« Mais c'est magnifique ! s'exclama Sheritra. Quel luxe de détails ! Grand-père devrait venir voir ces peintures.

– Cela ne ferait que lui rappeler le manque de talent de ses propres artistes, remarqua Hori avec justesse. Tu lui en enverras les copies, n'est-ce pas, père ?

– Je le fais toujours. Aimerais-tu voir les morts, ma chérie ? » demanda-t-il à sa fille.

Sheritra n'était pas peureuse. Elle acquiesça avec empressement et, encadrée de son père et d'Hori, pénétra dans la seconde chambre. La lumière y était plus douce, plus diffuse. Sans dire un mot, Sheritra s'approcha des deux sarcophages et regarda les momies.

« La princesse s'appelle Ahoura, dit Kâemouaset. Nous ne connaissons pas le nom du prince, et leur fils ne repose manifestement pas ici. Nous en saurons peut-être davantage lorsque nous aurons achevé notre travail.

– Les pauvres, murmura Sheritra. Il est sans doute merveilleux d'être assis sous le sycomore sacré au royaume d'Osiris, mais l'idée que nous retrouverons bientôt nos litières et les fabuleux repas de mère me ravit encore bien davantage.

– Tu n'es qu'un ventre, Sheritra ! » s'exclama Hori. Sa sœur répliqua sur le même ton, et Kâemouaset écouta leurs plaisanteries d'une oreille distraite tandis qu'il examinait les corps avec attention. Tout était exactement comme il l'avait laissé la veille, même les fils qui avaient retenu le rouleau. Sans savoir pourquoi, il en éprouva un immense soulagement et se sentit brusquement heureux, plein d'une gaieté enfantine.

« Combien de temps faudra-t-il avant que nous puissions refermer le tombeau ? demanda-t-il à Hori.

– C'est difficile à dire, répondit le jeune homme. Tout dépend des artistes, bien entendu, mais nous n'avons aucune réparation à faire et devrions pouvoir procéder aux offrandes très bientôt.

– Je crois que nous ferions mieux de fermer les cercueils, déclara Kâemouaset. Il n'est pas bon qu'ils restent ainsi exposés à la poussière. De plus, si des voleurs s'introduisaient un jour ici, les couvercles les dissuaderaient de s'attaquer aux momies pour s'emparer de leurs amulettes. »

Hori le regarda avec curiosité, et il se demanda si son expression ou sa voix avait quelque chose d'étrange.

« Très bien, déclara son fils. Nous prenons un risque, naturellement, car nous ignorons pourquoi les cercueils ont été laissés ouverts. Mais nos intentions sont pures et nous épargneront certainement la colère des morts.

– Nous allons te laisser à ta tâche, Hori, dit Kâemouaset dont la belle humeur commençait à se dissiper. Rappelle aux hommes d'Amek que le tombeau doit être gardé jusqu'à sa fermeture définitive, veux-tu, et veille à fournir bière et légumes en abondance aux fellahs. Ce sont eux qui travaillent le plus dur. » Regagnant l'antichambre éclairée par la lumière vivante et bienfaisante du soleil, il se tourna vers sa fille. « Il est encore trop tôt pour rentrer, Sheritra. Que dirais-tu d'un tour en ville ? Nous pourrions aller voir si les marchés ont de nouveaux colifichets à offrir.

– Autant transgresser les règles jusqu'au bout, je suppose. Je te suis, père. »

Sur les ordres de Kâemouaset, les porteurs, au lieu de se diriger vers le nord pour longer les temples des rois du quartier d'Ankhtaoui, prirent vers le sud et, après être passés à la lisière des banlieues méridionales où habitaient la plupart des étrangers du commun, traversèrent le canal qui, alimenté par le Nil, reliait le temple de Hathor au sud à celui de Ptah au nord. Kâemouaset n'avait pas pris la peine de se faire accompagner de Ramose, et c'était le robuste Amek qui enjoignait à la foule, de plus en plus dense, de faire place au fils de Pharaon et de lui rendre hommage.

Ils atteignirent bientôt le quartier de Perou-nefer, animé et bruyant. Aux abords du fleuve, ils s'engagèrent dans un lacis de ruelles étroites bordées de maisons de boue d'un ou deux étages, et encombrées d'étals dont les marchands vantaient les produits à grands cris. En dépit de la cohue, des ânes brayants, des enfants nus qui jouaient dans la poussière et les immondices, Amek réussissait à frayer un passage à ses maîtres.

Un objet attira l'attention de Sheritra, et Kâemouaset ordonna aux porteurs de s'arrêter. Sans prendre la peine d'arranger sa tenue ou de remettre ses sandales, elle s'élança vers un éventaire chargé de vases et de boîtes curieusement sculptées qui, à en juger par les étranges créatures marines qui les décoraient, venaient probablement d'Alasya.

Mais, une fois devant le marchand, sa timidité reprit le dessus et elle s'arrêta, hésitante, les yeux fixés sur les bibelots. Kâemouaset fit un signe à Amek qui alla lui demander discrètement ce qui l'intéressait. Pendant qu'elle désignait l'objet en murmurant et que le capitaine des gardes se mettait à marchander, Kâemouaset regarda vers le fleuve que les mouvements de la foule laissaient apercevoir par intermittence.

Il était ravi de cette escapade. Noubnofret aurait en revanche été horrifiée si elle avait vu sa fille acheter des babioles scandaleusement bon marché dans une ruelle poussièreuse et malpropre tandis que, près d'elle, trois ivrognes sortaient en titubant d'une brasserie.

Un sourire épanoui aux lèvres, Sheritra revint bientôt, serrant dans ses bras un gros pot hideux d'un vert bilieux. « Il est ignoble, annonça-t-elle. Mais je l'aime bien et je demanderai à Bakmout de le garnir de fleurs. Où allons-nous maintenant ? »

A regret, Kâemouaset ordonna aux porteurs de prendre le chemin du retour. L'après-midi avait largement valu les reproches dont Noubnofret allait les accabler. Ils revinrent par la route qui longeait le fleuve; beaucoup plus large que les rues de la ville, elle permit à leurs deux litières d'avancer côte à côte.

Ils traversaient le pont qui franchissait le canal reliant le Nil au débarcadère du temple de Ptah quand Kâemouaset, qui regardait distraitement les passants, se redressa soudain, le cœur battant. Une femme marchait devant eux; ses pieds nus soulevaient de petits nuages de poussière. Grande, svelte, elle avait une démarche à la fois assurée et ondulante qui conduisait les gens à s'écarter sur son passage. Kâemouaset ne voyait pas son visage. Elle avançait la tête haute en regardant droit devant elle. Ses bras, ornés de bracelets d'argent de forme serpentine, effleuraient ses cuisses à chaque balancement.

« Regarde cette femme! s'exclama Sheritra en la désignant du doigt. Celle-là! Elle a beaucoup d'allure, tu ne trouves pas? Sa démarche est pleine d'arrogance bien qu'elle ne porte qu'un vieux fourreau démodé et aille nu-pieds.

– Oui, je la vois », répondit Kâemouaset qui, les poings serrés, tendait le cou pour ne pas la perdre de vue. Sa robe était effectivement démodée. Elle moulait les courbes de son corps souple de l'arrondi des épaules au galbe du mollet, et Kâemouaset, fasciné, regarda les muscles de ses fesses fermes jouer sous l'étoffe blanche. Elle avait fendu son fourreau sur le côté pour marcher plus commodément et, à chaque pas, une longue jambe brune apparaissait, se tendait, disparaissait...

« Crois-tu qu'elle porte une perruque ou que ce sont ses vrais cheveux? disait Sheritra. Personne ne se coiffe plus comme ça, en tout cas. Elle ne plairait pas à mère, elle non plus! »

Non, en effet, pensa Kâemouaset, la bouche sèche. Il y a dans sa démarche une sorte de férocité qui lui vaudrait l'antipathie immédiate de Noubnofret. « Plus vite! cria-t-il à ses porteurs. Je veux rattraper cette femme. Cours, Amek! Arrête-la. » Comment se fait-il que tous les yeux ne soient pas rivés sur elle? se demanda-t-il en regardant son capitaine se frayer un chemin à travers la cohue. Il comprit vite qu'il ne parviendrait pas à la rejoindre et, à l'instant précis où il se rendait compte que ses ongles s'enfonçaient dans ses paumes, elle disparut, engloutie par la foule. « Je suis navré, prince, dit Amek à son retour. Mais elle marchait remarquablement vite en dépit de son allure gracieuse. »

Il l'avait donc remarquée lui aussi. « Aucune importance, répondit Kâemouaset en haussant les épaules. C'était un simple caprice. Rentrons à présent. » Sheritra le dévisageait d'un air intrigué. Il jeta un coup d'œil aux marques blanches imprimées dans ses paumes, puis affronta son regard. « Je me suis laissé emporter par la curiosité, dit-il.

– Il n'y a rien de mal à admirer la beauté, répondit-elle en souriant. Moi aussi, j'ai vu qu'elle était jolie. »

Pour une fois, l'entendre se déprécier implicitement de la sorte ne fit qu'agacer Kâemouaset. Répondant par un simple grognement, il aboya un ordre et tira les rideaux de sa litière. Il garda les yeux fermés pendant tout le trajet, envahi par un sentiment de perte qui se faisait de plus en plus insupportable.

5

Ô homme, toi qui laisses libre cours à tes passions, dans
[quel état es-tu ?
Il crie, sa voix monte jusqu'aux cieux.
Ô Lune, accuse-le de ses crimes.

Sheritra et Kâemouaset se glissèrent furtivement dans la maison en évitant les serviteurs qui allumaient les lampes dans le jardin. « Nous sommes crasseux et imprégnés de la puanteur du marché, murmura Sheritra. Allons-nous dîner comme ça pour être à l'heure ou vaut-il mieux prendre un bain ?

– Nous prenons un bain, répondit Kâemouaset d'un ton ferme. Ta mère considère le retard comme un crime moins grave que la saleté. Mais fais vite ! »

Ils se séparèrent. Kasa attendait déjà son maître, les bras chargés de serviettes. Il avait préparé des vêtements propres et les bijoux appropriés. « La princesse est furieuse, dit-il lorsque Kâemouaset l'interrogea d'un ton brusque. Elle a demandé où vous étiez. La princesse Sheritra n'a pas pris sa leçon de luth aujourd'hui.

– Je sais, répondit Kâemouaset en se dirigeant vers les bains. Mes petites escapades me coûtent toujours très cher, Kasa. Les colères de Noubnofret sont redoutables. Lave-moi vite, veux-tu ? »

Quelques instants plus tard, il quittait l'obscurité de la maison pour le jardin encore baigné des dernières lueurs du crépuscule. Sheritra s'y trouvait déjà. Vêtue d'une robe bleue très simple, parée de bracelets de lapis-lazuli et d'un bandeau orné de la même pierre, elle était assise dans l'herbe, le menton sur les genoux, et bavardait avec Hori allongé près d'elle. Kâemouaset avait à peine salué son fils que Noubnofret arrivait, suivi d'un domestique portant un plateau chargé de mets délicats. Kâemouaset prit une gousse d'ail trempée dans le miel tandis qu'elle s'asseyait à ses côtés, le visage fermé.

« Et nous avons vu une femme extraordinaire! disait Sheritra qui racontait sa journée à Hori avec beaucoup de verve. N'est-ce pas, père ? Plutôt arrogante et très désinvolte d'allure, si vous voyez ce que je veux dire. » Noubnofret jeta un regard interrogateur et un peu trop pénétrant vers son mari qui se sentit brusquement peu enclin à parler de l'inconnue svelte, au charme magnétique, qui avait laissé dans son esprit une petite écorchure, semblable au coup de griffe d'un chat. « Elle sortait de l'ordinaire, en effet, reconnut-il. Quand dînons-nous, Noubnofret ?

– Dans quelques minutes, répondit-elle d'un ton sec. Je m'étonne d'ailleurs qu'après être rentré si tard à la maison, tu sois pressé de manger. »

Pendant quelque temps encore, ils échangèrent les nouvelles du jour. La nuit envahissait peu à peu le jardin et la lumière des torches faisait briller les fleurs d'un éclat velouté. Dans le bassin ornemental, les poissons montaient à la surface pour happer les moustiques qui voltigeaient au-dessus d'eux tandis que, accroupis non loin de la famille, les singes guettaient le plateau d'un œil gourmand.

Se radoucissant enfin, Noubnofret adressa un signe de tête à Ib et se leva, aussitôt imitée par les siens.

Je me demande ce que cette femme fait en ce moment, se dit brusquement Kâemouaset alors qu'il pénétrait dans la salle à manger où les musiciens jouaient déjà. A-t-elle un mari et se promènent-ils ensemble dans leur jardin pour profiter de la fraîcheur du soir ? Habite-t-elle chez ses parents ? Une fille hautaine, peut-être, qui méprise les hommes et s'isole dans ses appartements pendant que sa famille reçoit un soupirant impatient qui n'aura jamais le privilège de l'approcher. Mais non, ce n'est plus une jeune fille. De nombreux prétendants sont venus qu'elle a tous refusés. C'est une femme du peuple qui sait valoir mieux qu'eux, et elle attend un prince.

Noubnofret prit place sur les coussins, à ses côtés, et il dut subir ses reproches. « Je suis habituée à ce que tu m'abandonnes chaque fois que tu redoutes de t'ennuyer à une réunion ou que celle-ci te paraît inutile, dit-elle, le regard flamboyant de colère. Mais je n'accepterai pas que tu sapes mon autorité sur Sheritra, que tu l'encourages à manquer à ses devoirs ou à n'en faire qu'à sa tête! »

Kâemouaset aurait voulu lui expliquer qu'il avait cherché à se faire pardonner sa négligence de la veille, mais c'était un effort qu'il n'avait pas envie de faire. Pas maintenant. « Je suis vraiment désolé, Noubnofret, répondit-il avec calme. Tu as raison, je ne le conteste pas. » Elle s'était manifestement attendue à ce qu'il réplique vertement. Son expression s'adoucit et, alors qu'il posait un baiser sur sa joue, elle l'enlaça soudain et pressa ses lèvres pleines sur les siennes. Elle avait le goût du vin doux. Leurs langues se frôlèrent.

« Tu me rends folle, murmura-t-elle. Mais je t'aime quand même. »

Bien qu'il ait eu l'intention de consacrer le reste de la soirée à sa famille, Kâemouaset ne cessa de penser à l'inconnue. Tout en parlant de choses et d'autres, il revoyait sa démarche, les muscles de ses mollets jouant sous la peau, le mouvement de son fourreau blanc sur ses cuisses... C'est ridicule, se dit-il. L'Égypte regorge de femmes superbes de toutes les nationalités. J'en rencontre chaque fois que je sors de chez moi, entre dans un temple ou déambule dans le palais de Pi-Ramsès. Pourquoi celle-là ? Il ne trouva pas de réponse et, appelant à la rescousse des années d'autodiscipline, parvint finalement à la chasser de son esprit. Il fit remplir sa coupe pour la quatrième fois et remarqua que, contre son habitude, Noubnofret lui tenait compagnie. Après avoir tâché de son mieux de se joindre à la conversation animée de ses enfants, il trouva un dérivatif plus efficace dans le vin et, se taisant, s'abandonna à l'ivresse.

Plus tard, alors qu'il se glissait dans ses draps, à demi assoupi, il se dit avec un peu de contrariété qu'il avait bu plus que de raison. L'ivresse était un passe-temps agréable auquel tout le monde se livrait, mais il savait qu'à trente-sept ans il commençait à être trop vieux pour supporter sans dommage les excès de boisson. Noubnofret aura mal à la tête demain, pensa-t-il encore avant de basculer dans le sommeil. J'ai bu par culpabilité et elle par irritation, je suppose. Il ne faudrait le faire que dans la joie.

Il rêva. Il était assis dans l'herbe en plein midi dans un verger du Delta mais, au lieu d'être incommodé par la chaleur, il éprouvait au contraire un immense sentiment de bien-être. Bien, se dit-il en rêve, en offrant son visage au soleil. C'est le présage de grands plaisirs à venir. Les arbres qui l'entouraient croulaient sous les fruits mûrs et, de temps à autre, une pomme se détachait et heurtait le sol avec un bruit mat. Il resta un instant ainsi, baignant dans la félicité, respirant sans s'en étonner le parfum entêtant des fleurs de pommier.

Puis une autre sensation l'envahit. Sous son simple pagne de lin, son pénis se dressait, devenait de plus en plus rigide. Encore un présage de bon augure, songea-t-il. Mes biens se multiplieront. Clignant les yeux sous l'éclat éblouissant du soleil, il crut discerner un mouvement à l'ombre des arbres, un bout d'étoffe blanche, une jambe brune galbée, une main fine qui se glissait autour d'un tronc, en caressait l'écorce. Je suis aussi dur que ce bois, murmura-t-il, et plein de sève. Plein de sève... Étourdi de plaisir, il regarda les longs doigts déliés explorer, presser, frôler... Il se réveilla brutalement, trempé de sueur, les deux mains autour du sexe. Ses draps froissés gisaient en tas sur le sol.

Maudissant le vin, il se leva en titubant, la tête lourde, enroula un pagne autour de sa taille et sortit à tâtons de sa chambre. Il n'avait aucune idée de l'heure, mais la nuit devait être bien avancée, car un profond silence régnait dans la demeure. D'un pas un peu chancelant, il se dirigea vers la suite de Noubnofret et enjamba le garde qui ronflait, allongé en travers de l'entrée. Wernouro dormait également sur sa natte, devant la porte de sa maîtresse. Kâemouaset la contourna et entra dans la chambre de sa femme.

Elle avait rejeté le drap qui la couvrait et ronflait doucement elle aussi, sa chemise de nuit ouverte jusqu'à la taille. Ce n'est pas Noubnofret, pensa-t-il vaguement en se penchant au-dessus d'elle. Ce n'est pas mon épouse exigeante, mais mon épouse ivre. Cette pensée excita encore le désir qui l'avait conduit jusqu'à son lit. S'allongeant maladroitement à ses côtés, il écarta son fin vêtement et referma ses lèvres sur la pointe d'un sein qui se raidit aussitôt. Avec un gémissement, Noubnofret se pressa contre lui en lui ouvrant ses cuisses.

« Kâemouaset ? murmura-t-elle.

– Oui, chuchota-t-il à son tour. Tu es réveillée ? Suis-je le bienvenu, Noubnofret ? »

Pour toute réponse, elle guida sa main vers son sexe et se souleva pour recevoir son baiser. Il sentit l'odeur lourde de son parfum, son corps chaud et accueillant. Encore sous l'emprise de son rêve et du désir qu'il avait éveillé en lui, il lui fit l'amour et l'entendit crier son plaisir juste avant que le sien n'explose. Il s'effondra sur elle, tremblant et moite, mais les cris continuèrent.

« Noubnofret ? grogna-t-il, désorienté.

– C'est la voix de Sheritra », dit-elle en le repoussant avec brusquerie. Elle se leva aussitôt et, encore hébété, Kâemouaset l'imita.

Dans le couloir, ils trouvèrent le garde et Wernouro, réveillés eux aussi. Noubnofret s'éloigna sans attendre la lampe qu'allumait sa servante. Kâemouaset la suivit, les yeux fixés sur ses cheveux roux dénoués, sur le mouvement rapide de ses pieds nus. Pieds nus, pensa-t-il confusément. Soleil, verger... Mon rêve! Et il comprit brutalement que la femme de son rêve était la même que celle que Sheritra et lui avaient poursuivie dans l'après-midi, et qu'il venait de rendre inopérante son incantation du matin en faisant l'amour avec Noubnofret. Comment est-ce possible? se demanda-t-il, consterné. Perdre la maîtrise de soi-même de cette façon est inexcusable, surtout de ma part. Je ne suis plus protégé. Nous sommes tous sans défense.

Bakmout sortit des appartements de Sheritra au moment où ils arrivaient. Elle s'inclina. « Que se passe-t-il? demanda Noubnofret d'un ton bref.

– Un cauchemar, je crois. J'allais chercher un peu de vin pour calmer la princesse. Elle est tout à fait réveillée à présent. »

Sans plus attendre, Kâemouaset entra dans la chambre de sa fille. Le visage pâle, elle était assise dans sa position habituelle, les genoux repliés sous le menton. En le voyant, elle lui tendit les bras et se blottit contre son épaule.

« Qu'y a-t-il, Petit Soleil? fit-il d'un ton apaisant. Je suis là maintenant. Tout va bien.

– Je ne sais pas vraiment, répondit-elle en s'efforçant de réprimer le tremblement de sa voix. Je ne fais jamais de mauvais rêves, père, mais ce soir, là, à l'instant... C'était terrible, effrayant, continua-t-elle en frissonnant. Il ne s'agissait ni d'une personne ni d'un animal, mais d'une sensation... comme s'il y avait eu quelque chose derrière moi, quelque chose de malveillant qui me considérait comme une proie et s'apprêtait à me dévorer. »

Noubnofret s'était assise à côté d'elle et lui tenait la main. « Bakmout va t'apporter un peu de vin, dit-elle. Cela t'aidera à te rendormir. Ce n'est qu'un rêve, ma chérie. Regarde, nous sommes là près de toi et tous tes objets familiers t'entourent. Tu entends ce hibou qui chasse? Tu es chez toi, dans ton lit, et tout va bien. » Elle caressait la main blanche de sa fille en parlant et leur souriait à tous deux. Pris d'un brusque élan de tendresse, Kâemouaset passa un bras autour de ses épaules.

« Je suis désolée de vous avoir dérangés, dit Sheritra. J'ai mal agi aujourd'hui, mère, et il se pourrait bien que ma conscience ait voulu m'en punir.

– Je ne le pense pas, fit Noubnofret qui, pour une fois, ne poussa pas son avantage. Voici Bakmout. Bois un peu de vin. Nous resterons jusqu'à ce que tu te sois rendormie. »

Sheritra se détendit. Après avoir vidé sa coupe, elle s'allongea et, d'une voix ensommeillée, demanda à son père de lui raconter une histoire. Jetant un regard amusé à sa femme, Kâemouaset s'exécuta mais, au bout de quelques phrases, les yeux de sa fille se fermèrent et sa respiration se fit régulière. Noubnofret et lui s'éclipsèrent sur la pointe des pieds, et Bakmout ferma la porte derrière eux.

« Cela me rappelle le temps où les enfants étaient petits, dit Noubnofret avec un sourire mélancolique. J'ai presque l'impression de retrouver ma jeunesse.

– Tu te sens vieille ? demanda Kâemouaset, surpris. C'est pourtant la première fois...

– Que tu m'entends me plaindre du poids des ans ? finit Noubnofret. Cela ne signifie pas pour autant que je ne le sens pas. Je ne suis pas uniquement la maîtresse de maison froide et efficace d'une demeure royale, tu sais. » Kâemouaset crut à un reproche, mais elle posait sur lui un regard timide, amoureux, comme une jeune fille brûlant d'être embrassée mais n'osant faire le premier pas. Il la prit dans ses bras. « Veux-tu rester avec moi cette nuit ? demanda-t-elle. Cela fait si longtemps que je n'ai senti la chaleur de ton corps près du mien. » De nouveau, Kâemouaset chercha sur son visage un reproche dont il ne trouva pas trace.

« Avec plaisir », répondit-il. Mon incantation est d'ores et déjà sans effet, pensa-t-il. Cela n'a plus d'importance. Pourtant, allongé dans le lit de Noubnofret qui s'était blottie contre lui, il revit l'inconnue et sentit aussitôt peser sur lui le sinistre présage du cauchemar de Sheritra. Il s'endormit, une prière aux lèvres.

Au matin, il se leva accablé de fatigue, le crâne taraudé par la migraine. Préoccupée et silencieuse, la famille se réunit dans la salle de réception pour déjeuner avant de vaquer à ses occupations de la journée.

« Je vais étudier les plans de la sépulture des taureaux Apis que je néglige depuis bien trop longtemps, annonça Kâemouaset. Ensuite, je me rendrai au temple de Ptah. » Haussant les sourcils pour tout commentaire, Noubnofret l'embrassa et quitta la pièce. Kâemouaset remarqua avec amusement que Sheritra lui emboîtait aussitôt le pas d'un air soumis.

« Je pars pour le tombeau, déclara Hori. Mais, ce soir, je suis invité à une réception dans le quartier des étrangers. Je te reverrai à l'heure du dîner, père. »

Kâemouaset le suivit un instant des yeux, admirant sa démarche souple et ses jambes parfaitement musclées, puis se détourna en poussant un soupir. Comme ce devait être agréable d'être jeune, beau, riche et courtisé ! Il avait la certitude que l'horoscope de son fils était bon d'un bout de la journée à l'autre, et non ambigu comme le sien tendait de plus en plus à le devenir.

Lorsqu'il entra dans son bureau, Penbuy posa une pile de documents officiels devant lui et s'assit sur le sol, prêt à écrire sous la dictée. Jetant un regard de regret aux rayons de soleil qui tombaient des fenêtres hautes, Kâemouaset ouvrit le premier avec brusquerie. Lorsque j'aurai fait mon offrande à Ptah pour l'implorer de protéger cette demeure, j'irai me promener sur le fleuve, se promit-il. Et je ne penserai plus à rien qu'au vent sur ma peau et au chant des oiseaux dans les buissons.

Après avoir mis sa correspondance à jour, il convoqua l'architecte et, pendant deux heures, étudia avec lui les plans de la sépulture. Jugeant son travail très satisfaisant, Kâemouaset lui ordonna de commencer les travaux, puis regagna ses appartements pour y prendre un déjeuner léger. Après s'être lavé avec soin et avoir changé de vêtements, il appela Amek et Ib, et se fit conduire en barque jusqu'à la bouche du canal qui menait au temple de Ptah et que l'embarcation divine descendait les jours de fête.

Continuant à pied avec ses serviteurs, il s'engagea sous les sycomores sacrés, puis, parvenu au débarcadère du dieu, s'avança sur les dalles de granit et franchit les deux pylônes massifs qui donnaient accès à l'avant-cour du temple.

Celle-ci était encombrée de fidèles. Un nuage d'encens s'élevait au-dessus des piliers de la cour intérieure d'où leur parvenaient les psalmodies des chanteurs et la musique des sistres. Kâemouaset ôta ses sandales qu'il tendit à Ib. Il avait apporté en présent au dieu, qu'il servait à plein temps pendant trois mois de l'année, son bijou préféré, un collier de turquoises avec l'Œil d'Horus en pendentif. Le serrant contre sa poitrine nue, il se dirigea vers la cour intérieure en veillant à ne pas bousculer les gens du peuple qui priaient, yeux fermés et bras tendus. Amek et Ib l'attendirent à l'ombre d'un mur.

Cette seconde cour était réservée aux prêtres et aux musiciens. On y vénérait Ptah tout le jour, depuis l'aube où l'on ouvrait son obscure demeure pour le nourrir et le vêtir, jusqu'au coucher du soleil, où l'on refermait le naos. Kâemouaset s'immobilisa un instant, pris par le chant et les figures rituelles des danseurs, puis commença ses prosternations.

Aucune des deux cours n'avait de toit, et Kâemouaset sentait le soleil lui brûler les épaules. Front contre terre, il commença par la prière traditionnelle qui louait le dieu souriant, créateur de toutes choses. Puis, se relevant, il implora Ptah de se rappeler que lui, Kâemouaset, était un de ses serviteurs fidèles, et lui demanda de protéger sa famille que sa stupidité avait mise en danger. Il pria longuement et avec ferveur, mais sans trouver l'apaisement. Peu à peu, il se dit qu'il avait commis une erreur et que, même si le dieu acceptait son présent, c'était à un autre qu'il aurait dû être en train d'adresser ses prières. C'est Thot que tu sers par les recherches qui te tiennent le plus à cœur, pensa-t-il. C'est lui que tu as offensé par ta soif insatiable de connaissances, par ton désir de t'approprier un pouvoir que seuls les dieux détiennent. Craindrais-tu donc de mettre ton âme à nu devant lui comme tu le fais devant Ptah ? Thot est plus compréhensif, mais il pardonne moins facilement. Ses serviteurs sont les seuls à connaître l'extase et la terreur de sa sagesse.

Kâemouaset finit par renoncer. S'avançant vers le naos fermé, il tendit cérémonieusement son présent au prêtre et se dirigea vers les portes massives qui ouvraient sur l'avant-cour. Il allait quitter leur ombre lorsqu'il la vit.

Debout derrière un groupe de fidèles, près des pylônes, elle s'apprêtait à quitter le temple. Kâemouaset eut le temps d'apercevoir son visage – un nez droit, de grands yeux soulignés de khôl, une frange de cheveux d'un noir de jais, une expression assurée et distante –, puis elle lui tourna le dos et s'éloigna de ce pas à la fois nonchalant et décidé qui était le sien. Sur son fourreau jaune, aussi moulant et démodé que celui de la veille, elle portait cette fois un long manteau transparent liséré d'or.

Kâemouaset le regarda ondoyer au-dessus de ses sandales, puis s'élança à sa poursuite. La foule s'était faite plus dense, et il lui sembla qu'elle prenait un malin plaisir à lui barrer la route. « Place ! Place ! » hurla-t-il en jouant des coudes, bousculant sans discernement les fidèles en prière et les visiteurs venus admirer le somptueux temple de Ptah. Un murmure indigné s'éleva, et les gardes postés le long des murs s'avancèrent. « Vous ne la voyez donc pas ? cria-t-il à Amek et Ib qui se précipitaient vers lui. C'est la femme d'hier, Amek. Vite ! Rattrape-la ! »

En le reconnaissant, les gardes s'étaient immobilisés, indécis. Kâemouaset franchit les pylônes et parcourut du regard la vaste place du débarcadère. Elle n'était nulle part. Il courut jusqu'au coin du mur sud. Rien. Rien non plus de l'autre côté. Bleu et paisible, le canal miroitait sous le soleil torride de l'après-midi. Il était bordé de sycomores. Pris d'une fureur comme il en éprouvait rarement, Kâemouaset sut que, sans se douter du remue-ménage qu'elle avait provoqué, sa proie s'était simplement enfoncée sous les arbres. Mais pour aller où ? Où ? Ib et Amek revinrent, hors d'haleine, et il s'efforça de ne pas perdre son sang-froid.

« L'as-tu vue ? demanda-t-il à Amek qui le regarda comme s'il avait perdu l'esprit.

– Oui, Votre Altesse, mais il nous était impossible de la rattraper. Vous étiez plus près d'elle que nous.

– C'est bon, dit Kâemouaset en fermant les yeux. Vous allez rentrer immédiatement à la maison et rassembler tous les soldats dont nous pouvons nous passer. Qu'ils s'habillent en civil. Vous leur décrirez cette femme et leur ordonnerez de fouiller Memphis. Qu'ils soient discrets, surtout. Ma famille ne doit se douter de rien, compris ? » Ils acquiescèrent, éberlués, mais Kâemouaset n'en avait cure. Peu importaient les moyens qu'il lui faudrait employer. Il était décidé à retrouver l'inconnue qui avait envahi ses rêves. C'est à croire que quelqu'un a versé un philtre dans mon vin ou m'a envoûté à mon insu, se dit-il. Elle me fait l'effet d'une drogue, du jus de pavot sur un malade souffrant ; chaque nouvelle rencontre attise mon désir. Un magicien serait-il en train d'essayer ses pouvoirs sur moi par plaisanterie ?

Quittant ses serviteurs qui le dévisageaient toujours d'un air indécis, il longea le canal en fouillant du regard la forêt qui s'étendait sur sa droite, bien qu'il sût qu'il ne la verrait pas. Sa barque se balançait toujours paisiblement sur le Nil. Accroupis à côté de la passerelle, le capitaine et le pilote bavardaient. Ils se levèrent à son approche.

Répondant à peine à leur salut, Kâemouaset monta à bord. « A la maison ! Vite ! » ordonna-t-il.

Tendu, il resta assis dans la petite cabine étouffante, tâchant de maîtriser l'impatience dévorante qui s'était emparée de lui. Il avait oublié son projet de passer le reste de l'après-midi sur le fleuve. Tout ce qu'il voulait à présent, c'était attendre de la manière la plus supportable possible que ses serviteurs lui apportent des nouvelles de l'inconnue.

Dès que la barque accosta, il se rendit dans son bureau. Y trouvant Penbuy et ses assistants qui recopiaient au net le brouillon des inscriptions figurant dans le tombeau, il leur demanda avec brusquerie de quitter les lieux. Son scribe le regarda avec curiosité mais obéit sans mot dire, refermant discrètement la porte derrière lui. Kâemouaset se mit à marcher de long en large. Il aurait pu s'atteler à une dizaine de tâches différentes pour rendre son attente moins pénible mais, cette fois, il se sentait incapable d'agir raisonnablement. Je la trouverai, pensa-t-il, dussé-je faire appel à la police de Memphis. Et quand ce sera fait, elle me décevra, j'en suis certain. C'est toujours le cas lorsque les rêves deviennent réalité. Ce sera une femme du peuple illettrée et dépourvue d'intelligence ou une pécore de la petite noblesse vulgaire et braillarde.

Las d'arpenter la pièce, il alla s'étendre dans le jardin sur une natte de lin et tâcha de s'assoupir. Quelque part près du débarcadère, le jardinier et son apprenti bavardaient en taillant les arbustes qui bordaient le sentier. Non loin de Kâemouaset, les singes reniflaient et jacassaient sans conviction dans l'atmosphère lourde et immobile, attendant un crépuscule qui semblait ne jamais devoir venir. Des oiseaux se baignaient dans la fontaine puis, rafraîchis, s'égosillaient en ébouriffant leurs plumes.

Kâemouaset entendit un pas se rapprocher et se redressa aussitôt, les nerfs tendus. Mais ce n'était que Sheritra. La peau perlée de gouttes d'eau, sa longue chevelure encore ruisselante, elle s'assit à ses côtés tandis que Bakmout restait debout à distance respectueuse. « Mère m'a imposé toutes les corvées possibles et imaginables, ce matin, dit-elle en tordant ses cheveux. Mais, à la fin, il a bien fallu qu'elle me libère, et je suis allée me baigner. Nous pouvons dire adieu au printemps, je crois. Les journées commencent à être désagréablement chaudes, et les cultures sont déjà bien avancées. Que fais-tu ici ? »

Appuyé sur un coude, Kâemouaset regardait l'eau lui couler dans le cou et glisser vers la naissance de ses petits seins. « Je l'ai revue, dit-il malgré lui. Dans le temple de Ptah. »

Sheritra n'eut pas besoin d'autres précisions. « Tu lui as parlé ? demanda-t-elle en continuant à lisser ses lourdes tresses de ses doigts habiles.

– Non. Elle quittait l'avant-cour lorsque je l'ai aperçue. J'étais avec Amek et Ib, mais aucun de nous n'a pu la rattraper. Je les ai envoyés à sa recherche et attends qu'ils reviennent. »

Sheritra appela Bakmout qui lui tendit un peigne, puis s'éloigna discrètement. La jeune fille commença à se coiffer, écartant les petites boucles, déjà sèches, qui lui tombaient sur le visage. « Pourquoi tiens-tu tant à la retrouver ? » demanda-t-elle, le regard fixé sur les oiseaux qui se baignaient dans la fontaine.

Kâemouaset crut sentir quelque chose lui frôler la main et baissa les yeux. Il n'y avait rien, mais le souvenir de la petite danseuse du harem, du choc qu'il avait éprouvé lorsqu'elle avait appuyé ses lèvres sur sa paume lui revint brusquement à l'esprit. « Je l'ignore, avoua-t-il. Je sais seulement que je ne serai pas en paix tant que nous n'aurons pas été face à face, tant que je n'aurai pas entendu sa voix. »

Sheritra hocha la tête et se mit à essuyer les gouttelettes d'eau qui s'accrochaient encore à ses jambes. « J'espère que tu seras déçu, déclara-t-elle soudain en s'empourprant.

– Pourquoi ? demanda Kâemouaset, bien qu'il le sût et s'étonnât de la perspicacité de sa fille.

– Parce que, si tu ne l'es pas, si elle correspond à l'image que tu t'en fais, tu t'intéresseras encore davantage à elle, répondit Sheritra d'une voix tendue qui intrigua Kâemouaset.

– Et quel mal y aurait-il à cela ? Beaucoup d'hommes ont des concubines sans que cela nuise au bonheur de leur famille. Pourquoi celle-ci te paraît-elle si menaçante, Petit Soleil ? »

Bien qu'il se fût efforcé de prendre un ton plaisant, elle se tourna soudain vers lui et, plus écarlate que jamais, le regarda droit dans les yeux. « Tu n'es pas un homme émotif, père. Tu te montres toujours calme, juste et bon. J'ai du mal à t'imaginer amoureux d'une autre femme que mère. Que tu prennes une nouvelle concubine de temps à autre, ça oui, ajouta-t-elle en baissant les yeux. Mais pour changer un peu, tu comprends, pas pour être vraiment infidèle à mère. Cette femme... » Elle déglutit et se força à poursuivre. « Elle occupe déjà toutes tes pensées, je le sens. Et cela ne me plaît pas. »

Il fut tenté de rire du portrait qu'elle traçait de lui et de ses appréhensions. Toutes les filles considéraient leur père comme un dieu bienveillant qui faisait régner la justice de Maât dans sa maisonnée, comme un être d'une pureté et d'une sagesse irréprochables. Mais il y avait dans la peur de Sheritra quelque chose d'autre, une intuition de femme, la crainte de le voir secoué par une tempête qui balaierait sa bonté et son sens de l'équité pour libérer des forces plus obscures. A-t-elle raison ? se demanda-t-il en lui souriant avec douceur. Ai-je des faiblesses cachées que j'ignore moi-même ? Il n'en savait rien et n'avait même aucune idée de ce qu'« être amoureux » voulait dire.

« Elle représente un mystère pour moi, voilà tout, finit-il par répondre. Un peu comme les rouleaux des tombeaux ou une inscription difficile à interpréter. Lorsque je l'aurai déchiffrée et que, comme tant de ces vieux hiéroglyphes, elle m'aura déçu, je m'en désintéresserai. Tu vois qu'il y a vraiment pas de quoi s'inquiéter, Sheritra.

– Je n'avais pas vu les choses sous cet angle, fit-elle en retrouvant sa gaieté. Dans ce cas, c'est parfait. Profite de cette petite aventure, père, et tiens-moi au courant. Je dois avouer que cette inconnue m'intrigue un peu, moi aussi. » Ramassant son peigne, elle noua une serviette autour de sa taille et se leva. « Un nouveau serpent a pris l'habitude de se glisser par la porte de derrière, reprit-elle. J'essaie de l'apprivoiser. Notre pensionnaire habituel est lové dans un coin frais de la salle de réception, mais il faut que je convainque l'autre de quitter les pierres sous lesquelles il se cache. Avoir beaucoup de serpents dans la maison porte bonheur, n'est-ce pas ? »

Kâemouaset acquiesça et elle s'éloigna, suivie de Bakmout. Il regarda un instant ses épaules voûtées, ses jambes maigres de sauterelle, puis se leva. Après s'être plongé la tête dans l'eau fraîche de la fontaine, il erra dans le jardin sans pouvoir se résoudre à faire sa promenade sur le fleuve ni à regagner ses appartements, et finit par revenir s'asseoir au même endroit, hébété de fatigue et pestant contre lui-même.

Le soleil déclinait et la lumière devenait plus douce lorsque Ib arriva enfin, le corps poissé de sueur et de poussière. Kâemouaset l'invita à s'asseoir et, épuisé, il se laissa tomber sur l'herbe avec reconnaissance. « Mieux vaut que Noubnofret ne te voie pas dans cet état. Quelles nouvelles m'apportes-tu ?

– Nous n'avons pas trouvé grand-chose, prince, répondit l'intendant. Nous sommes trente à avoir passé les rues et les places de la ville au peigne fin tout l'après-midi. Beaucoup de gens ont vu cette femme, mais aucun ne lui a jamais parlé. » Il s'essuya le visage sur un coin de sa jupe froissée. « Et personne n'a la moindre idée de l'endroit où elle habite.

– Merci, Ib, dit Kâemouaset après avoir réfléchi un instant. Tu vas aller te laver en prenant ton temps. Ensuite, tu diviseras ces trente hommes en groupes de cinq qui parcourront la ville quatre heures chacun jusqu'à ce que l'un d'eux finisse par entendre ou voir quelque chose. » Sentant la désapprobation de son intendant, il le congédia et resta seul. J'ai perdu presque toute la journée à tourner en rond comme un aliéné, songea-t-il sombrement. A quoi m'attendais-je ? A ce qu'Ib me dise : « Oui, prince, nous l'avons trouvée. Elle vous attend dans la salle de réception » ? Lorsqu'il se décida enfin à regagner la maison, il appela Kasa et passa une agréable demi-heure à se faire laver et rincer à l'eau de lotus par son serviteur. Puis, après avoir mis des vêtements propres, il partit à la recherche de sa femme.

Noubnofret était dans ses appartements où on la maquillait après la sieste de l'après-midi. Elle pivota sur son tabouret pour l'accueillir, manifestement heureuse et fort surprise de le voir. Ses lèvres étaient passées au henné, et le khôl avivait l'éclat de ses yeux magnifiques. Un manteau flottant ouvert sur le devant révélait ses formes voluptueuses qui troublèrent Kâemouaset comme il ne l'avait pas été depuis des années. « Il est bien rare que tu passes me voir à cette heure-ci ! s'exclama-t-elle en souriant. Rien de grave, j'espère ?

– Absolument rien, répondit-il en s'asseyant sur le bord du lit. Je venais te proposer une promenade en barque avant le dîner. Nous ne dépasserions pas Perou-nefer. Qu'en dis-tu ? Nous pourrions regarder le soleil se coucher et jouer au zénet.

– Ce ne serait pas très sage, dit-elle d'un ton hésitant. Des souris se sont introduites dans l'un des greniers de la cour de derrière. Elles ont fait des ravages et nous allons manquer de pain. J'attends l'intendant de notre ferme pour lui commander un nouveau stock de grain, et il faut que je surveille le travail des domestiques qui vont répandre des excréments de gazelle pour éloigner ces rongeurs. » Kâemouaset sentit qu'elle ne faisait ces objections qu'à regret.

« A quoi sert l'intendant des cuisines ? dit-il. Qu'il s'en occupe. Tu as parfaitement formé ton personnel, Noubnofret. Laisse-le se débrouiller seul pour une fois.

– Tu as raison, répondit-elle après un instant de réflexion. Donne-moi le temps de m'habiller, mon chéri. Je te rejoins au débarcadère. »

Kâemouaset n'avait pas vraiment envie de se promener sur le Nil en sa compagnie. Il aurait voulu se réfugier dans un endroit isolé et y rester jusqu'à ce qu'Ib vienne lui apprendre que l'on avait débusqué l'inconnue. Mais il se rendait compte de la dangereuse irrationnalité de ce désir et le combattait résolument. Le Nil était superbe à l'heure où Râ s'enfonçait dans la bouche de Nout, et la promenade ferait plaisir à Noubnofret. Cette dernière pensée l'emplit d'un profond sentiment de culpabilité et, adressant un sourire à sa femme, il quitta rapidement ses appartements.

Au cours des semaines qui suivirent, Kâemouaset s'acquitta de ses tâches avec une sombre et farouche détermination pendant que ses serviteurs fouillaient la ville. Il se força à aller inspecter les travaux qui venaient juste de commencer dans la sépulture des taureaux Apis, et à superviser le dragage de plusieurs canaux dans ses propriétés. Il ne reçut aucune nouvelle des négociations labyrinthiques de Pharaon avec le Hatti et en fut soulagé. Avoir à se rendre à Pi-Ramsès sur une convocation de son père alors qu'il attendait chaque soir avec impatience le rapport de ses soldats était bien la dernière chose qu'il désirait.

Il dormait mal. Il rêva de vents violents soulevant des tourbillons de sable dans le désert, d'une inondation du Nil qui submergeait toute l'Égypte, des fourneaux de ses cuisines qui s'enflammaient pour devenir un brasier rugissant et illuminer la ville entière d'une menaçante lueur orangée.

Lorsque arriva le moment où il devait établir l'horoscope de sa famille et de lui-même pour le mois suivant, il s'attela à sa tâche avec appréhension et plus de minutie encore qu'à son habitude. Le sien était particulièrement mauvais. Si mauvais que je devrais me coucher et ne plus bouger de mon lit jusqu'à la fin du mois d'Hathor, se dit-il en notant les résultats. Il ne prédit pourtant ni ma mort ni un accident physique, seulement de la malchance. Seulement! répéta-t-il avec un rire sans joie. Celui de Noubnofret ne différait guère de l'accoutumée : d'infimes frémissements dans un flot régulier qui variait rarement. Mais l'horoscope d'Hori, habituellement si favorisé par la chance, indiquait une légère détérioration, et celui de Sheritra était presque aussi mauvais que le sien.

Lorsqu'il eut achevé ce travail qui lui avait pris une journée entière, Kâemouaset, accablé, serra hâtivement les résultats dans un tiroir. Je peux envoyer Sheritra à Ninsou chez Sounero si elle accepte de partir, pensa-t-il. Noubnofret et moi en avons déjà parlé. Mais y sera-t-elle plus à l'abri qu'ici des désastres que prédit son horoscope ? La question est sans réponse. Les maladies, les décès dans la famille royale, les intrigues de palais..., tout cela figurait dans nos horoscopes comme des jours de malchance. La surprise ne résidait que dans l'événement lui-même. Allons! nous sortirons sains et saufs de ce mois, comme cela a toujours été le cas, se dit-il en quittant son bureau. Mais il savait que son assurance était feinte. Il sentait dans l'air quelque chose d'étrange qui lui inspirait de grandes inquiétudes.

Il éprouvait une curieuse répugnance à visiter le tombeau de Saqqarah. Alors que Penbuy, ses autres scribes et ses artistes y travaillaient encore, qu'Hori y passait plusieurs heures par jour, Kâemouaset restait à l'écart. Il voulait voir la sépulture fermée et scellée. Il voulait faire recopier par Penbuy le rouleau qu'il avait arraché si avidement aux doigts bandés du cadavre pour pouvoir replacer l'original dans le cercueil, mais il lui inspirait une si vive répulsion qu'il le laissait là où le scribe l'avait rangé. Bien qu'il sût qu'il lui faudrait tôt ou tard reprendre ses tentatives de déchiffrage, il remettait cette tâche de jour en jour. Hori déposait quotidiennement sur son bureau les reproductions fidèles des scènes animées et des hiéroglyphes qui décoraient les murs du tombeau. Il était avide d'en discuter avec son père qui trouvait mille prétextes pour se dérober. « Elles sont belles, mais ne nous apportent guère d'informations, dit-il un soir à son fils. Nous les étudierons lorsque la tombe sera fermée. Pour le moment, les taureaux Apis accaparent toute mon attention. » C'était un mensonge, Hori le savait. Il était assis sur un coin du bureau, les pieds ballants, et Kâemouaset dut se maîtriser pour ne pas le renvoyer d'une parole brusque, car, une heure plus tôt, Ib lui avait encore fait un rapport négatif. « Demande à Penbuy de les ranger. Je tâcherai de trouver un moment pour les examiner demain. » Hori lui jeta un regard pénétrant et quitta la pièce sans mot dire.

Kâemouaset demeura immobile, les yeux perdus dans le vide. Quand tout cela a-t-il commencé ? se demanda-t-il sans savoir d'ailleurs en quoi « cela » consistait exactement. Puis il se prépara mentalement à affronter un autre dîner en famille, à passer une nouvelle soirée dans le jardin en écoutant les propos de Noubnofret, agréables au demeurant. Viendrait ensuite l'inconscience bénie du sommeil, suivie d'une nouvelle série d'heures interminables qu'il lui faudrait remplir sous peine de devenir fou. Une obsession. Oui, c'était presque ça. Alors, que cette rencontre se produise, qu'elle m'inflige une cruelle déception, et ensuite, ô Thot, ô Ptah, ô Hathor, déesse de la beauté, rendez-moi ma vie paisible d'autrefois, je vous en supplie !

A la fin de la première semaine du mois d'Hathor, Kâemouaset abandonna tout espoir de retrouver l'inconnue et, à contrecœur, ordonna aux soldats de cesser leurs recherches. Admettre son échec lui permit toutefois de recouvrer un peu de calme. Il recommença à s'occuper avec plus d'intérêt de ses études, de ses quelques patients et de ses obligations. Son horoscope l'inquiétait toujours, mais il se dit que, dans son état d'égarement d'alors, il n'avait pas dû le tirer convenablement.

Le troisième jour de la deuxième semaine d'Hathor, il alla rendre visite à Si-Montou qui s'occupait des vignobles royaux aux abords de Memphis. Outre que Pharaon désirait une estimation chiffrée de la récolte à venir, son frère lui avait écrit en se disant préoccupé par la maladie qui frappait certains pieds de vigne. Il était en fait fort heureux d'avoir ce prétexte pour passer un après-midi à boire de la bière et à bavarder avec Kâemouaset.

Celui-ci reçut l'invitation avec plaisir et, accompagné de Kasa, d'Amek et de deux soldats, se fit conduire à la rame au nord de la ville où les vignes de son père, aussi soignées qu'un enfant gâté, prospéraient à l'abri de hauts murs.

Assis sous la petite tente du pont, Kâemouaset savoura la brise matinale que Râ transformerait bientôt en un souffle brûlant. Aux marchés et aux ateliers de Memphis, succédèrent bientôt des champs cultivés et les propriétés des nobles avec les marches blanches de leur débarcadère, leurs barques et leurs esquifs, leur pelouse plantée d'arbres et leur mur d'enceinte. La route du fleuve passait derrière ces domaines privés, contournait le quartier Nord-des-murs, puis revenait sinuer le long du Nil un peu avant le canal le plus septentrional de la ville et franchissait ensuite les rigoles d'irrigation qui arrosaient les vignobles de Ramsès.

Kâemouaset regarda le dernier domaine disparaître et laisser place à la végétation luxuriante des berges, puis à la route, encombrée comme de coutume d'ânes lourdement chargés, de paysans et de litières portées par des esclaves couverts de poussière. Leur vacarme n'importuna pas Kâemouaset qui, ce jour-là, se sentait d'humeur paisible et optimiste. L'air frais séchait la sueur sous sa coiffe de lin à rayures blanches et noires. Le Nil, d'un bleu étincelant, clapotait doucement contre les flancs de la barque. La voix du capitaine, qui rythmait les efforts des rameurs, se mêlait au brouhaha de la rive et aux cris des oiseaux qui, au-dessus de sa tête, plongeaient pour saisir la nourriture qu'on leur jetait. Kasa lui apporta de l'eau fraîche parfumée de menthe et des dates sèches. Debout à l'avant comme à son habitude, Amek surveillait les berges, les autres embarcations, les fellahs manœuvrant les chadoufs pour apporter une eau vivifiante aux cultures.

Kâemouaset remerciait Kasa et portait la coupe à ses lèvres lorsqu'il aperçut l'éclair d'une robe écarlate dans la foule d'hommes et d'animaux qui se pressait sur la route. Il s'immobilisa, la bouche sèche, puis sentit monter en lui une fureur comme il n'en avait jamais connu. Elle se frayait un passage à travers la cohue avec cette grâce nonchalante qu'il connaissait à présent si bien, qui hantait son imagination et le mettait à la torture. Un ruban blanc ceignait son front, et le soleil faisait étinceler le collier et les bracelets d'argent, très simples, qui ornaient son cou et ses bras. Tandis qu'il la regardait, ivre de rage, il la vit écarter d'un geste alangui une mèche de cheveux noirs. Sa paume, passée au henné, était orange vif. Garce! se dit-il, tremblant de la tête aux pieds, en pensant au supplice de ces semaines d'attente, au visage d'Ib revenant bredouille soir après soir, aux silences de Sheritra, à la déception d'Hori et même à l'épuisement de ses serviteurs. La garce! Oh! la garce! « Capitaine! cria-t-il. Accostez immédiatement. Amek! » Celui-ci s'approcha tandis que Kasa ramassait la coupe que son maître avait laissée tomber. « Dès que la barque touchera la rive, je veux que tu arrêtes cette femme », dit-il en la lui désignant du doigt. Un peu en amont de leur embarcation, elle se dirigeait vers la ville, et ils avaient amplement le temps de lui couper la route. Cette fois, tu ne m'échapperas pas, se dit Kâemouaset, les dents serrées.

« Lorsque tu l'auras rejointe, demande-lui quel est son prix.

– Son prix, prince? fit Amek en haussant les sourcils.

– Oui. Je désire passer une nuit avec elle et je veux connaître ses tarifs. »

Le capitaine de sa garde s'inclina et, ôtant ses sandales, se prépara à sauter sur la rive boueuse. Kâemouaset se retira à l'ombre de la tente, à peine conscient de ce qu'il avait dit. Il avait cessé de trembler, mais sa colère brûlait toujours avec violence.

La barque heurta la berge et, avant même qu'elle se fût immobilisée, Amek avait bondi par-dessus bord et s'enfonçait dans la boue jusqu'aux genoux. La femme était presque à sa hauteur. Dépêche-toi! pensa Kâemouaset. Les nerfs tendus, il regarda Amek s'accrocher aux plantes de la rive, s'arracher à la boue, puis s'élancer sur la route. Écartant sans ménagement la foule, il rejoignit l'inconnue juste avant qu'elle ne le dépasse et, tirant sa courte épée, l'arrêta.

Elle s'immobilisa, le genou fléchi, et Kâemouaset dont la colère cédait place à l'anxiété ne put s'empêcher d'admirer son aplomb, apparemment inébranlable. Amek parla, l'épée appuyée contre sa jambe maculée de boue, et Kâemouaset s'attendit à ce que la femme jette un coup d'œil vers la barque. Mais elle ne daigna pas tourner la tête. Ses lèvres remuèrent et elle fit mine de vouloir poursuivre son chemin. Amek lui barra de nouveau le passage et prononça quelques paroles rapides. Cette fois, elle releva le menton et parut lui répondre sèchement. Penchés l'un vers l'autre, ils s'affrontèrent un instant du regard, puis, brusquement, Amek rengaina son épée, et la femme se coula dans le flot des voyageurs, dépassa la barque, puis, toujours avec la même nonchalance exaspérante, disparut. Kâemouaset s'aperçut qu'il lui était difficile d'avaler, difficile même de respirer.

Les poings serrés, il regarda Amek revenir vers l'embarcation et monter la passerelle posée par le capitaine.

« Alors ? » demanda-t-il d'une voix rauque.

Amek fit la grimace et essuya une éclaboussure de boue sur son visage. « Je lui ai fait part de votre désir, dit-il. J'y ai mis beaucoup de tact, Votre Altesse.

– Naturellement ! fit Kâemouaset avec impatience. Je te connais. Qu'a-t-elle répondu ? »

Mal à l'aise, Amek fuyait son regard. « Elle a déclaré : " Dis à cet homme présomptueux que mon sang est noble et que je ne suis pas la première venue. Je ne suis pas à vendre. "

– Mais tu as insisté. Je t'ai vu !

– Oui, prince, mais elle a simplement répété : " Mon sang est noble, et je ne suis pas la première venue. Va dire cela à ton maître grossier et arrogant. "

Grossier et arrogant. Kâemouaset jura intérieurement. « As-tu au moins essayé de découvrir où elle habite ?

– Oui, Votre Altesse. Je lui ai dit que mon maître était un homme riche et puissant qui la cherchait depuis longtemps. Je pensais qu'elle se sentirait flattée et s'adoucirait, mais ça n'a fait aucune différence. Elle m'a répondu avec un sourire glacial : " L'or ne peut m'acheter, et les puissants ne me font pas peur. " Je ne voulais pas outrepasser mes instructions en l'arrêtant, prince. Alors, je l'ai laissée partir. »

Le coup de poing de Kâemouaset l'atteignit au menton. Il s'écroula et resta immobile un instant, hébété. Puis il frotta sa mâchoire endolorie. L'arrêter ! pensait Kâemouaset, hors de lui.

Tu aurais dû la traîner à bord et la jeter à mes pieds ! Puis, se rendant brutalement compte de ce qu'il venait de faire, il s'agenouilla, consterné. « Pardonne-moi, Amek, fit-il en l'aidant à se relever. Je n'avais pas l'intention de te frapper. Par Amon, je ne sais pas...

– J'ai vu son visage, répondit Amek avec un faible sourire. Je vous comprends, prince. Elle est très belle. C'est à moi de vous faire des excuses. Je n'ai pas rempli ma mission. »

Oui, tu as contemplé son visage, se dit Kâemouaset, au bord de la nausée. Tu as senti son souffle, vu ses cils battre, sa poitrine se soulever lorsqu'elle t'a jeté sa réponse méprisante. J'ai envie de te frapper encore. « Non, tu n'as rien à te reprocher », dit-il d'un ton bref. Puis, le quittant abruptement, il alla s'enfermer dans la cabine dont il tira sauvagement les rideaux derrière lui.

Là, assis dans la pénombre bleutée, les genoux sous le menton, les yeux clos, il se balança d'avant en arrière, humilié et furieux. Mais c'était à lui qu'il s'en prenait à présent. Je n'avais encore jamais frappé un de mes serviteurs, songea-t-il avec désespoir. Je les ai réprimandés, j'ai élevé la voix, j'ai parfois failli perdre mon sang-froid, mais jamais je ne suis allé jusqu'à les battre. Et Amek ! Un homme capable, d'une fidélité à toute épreuve, qui assure ma protection depuis tant d'années ! Il se mordit les lèvres. Au-dehors, le capitaine cria un ordre et, avec une petite secousse, la barque quitta son lit de boue. Kâemouaset reprit le fil de ses pensées. Inutile de lui faire d'autres excuses. Je n'effacerai jamais ce moment de fureur aveugle. Et tout cela pour quoi ? Pour une femme qui m'a échappé. Amek n'a fait que son devoir en refusant d'enfreindre la loi de Maât pour la traîner de force jusqu'à moi.

Il entendit Kasa frapper timidement sur la paroi de la cabine et composa son visage. « Entre !

– En l'absence d'ordres contraires, le capitaine poursuit sa route vers le débarcadère du seigneur Si-Montou, annonça son serviteur en s'inclinant. Votre Altesse désire-t-elle quoi que ce soit ? »

Kâemouaset faillit éclater d'un rire hystérique. Je désire ce mirage de femme ; je désire que l'heure qui vient de s'écouler n'ait jamais existé ; je désire ce baume de l'âme que je considérais autrefois comme allant de soi. « Apporte-moi de l'eau et des dattes », dit-il. Il avait un instant envisagé de rentrer chez lui, mais éprouvait à présent un besoin irrésistible de se confier à son frère préféré.

Ben-Anath l'accueillit avec sa cordialité habituelle et l'installa dans le jardin à l'ombre d'un sycomore géant. Après avoir mis un serviteur à sa disposition et s'être excusée d'avoir à le laisser seul un instant, elle s'inclina et regagna sa demeure. Kâemouaset en fut soulagé. Il appréciait la compagnie de sa belle-sœur, mais, dans son état d'esprit présent, il se sentait incapable d'entretenir une conversation polie. Il demanda de la bière et, lorsqu'on la lui apporta, se força à la boire lentement. Il se serait volontiers enivré pour oublier cet après-midi frustrante, mais voulait d'abord parler à Si-Montou.

Celui-ci arriva bientôt. Il revenait manifestement des vignobles et, s'il avait pris le temps de se laver, ne portait pour tout vêtement qu'un pagne de lin blanc. Trapu et musclé, il ne devait pas son impressionnante forme physique aux exercices de lutte et de tir à l'arc ou à la conduite de chars, mais à son labeur quotidien aux côtés de ses ouvriers. Déjà réconforté par sa présence, Kâemouaset l'étreignit avec chaleur. Si-Montou lui fit signe de se rasseoir sur la natte de roseau et les coussins, et s'installa près de lui. « Quoi ! s'exclama-t-il. Tu bois de la bière dans le meilleur vignoble d'Égypte ? Les raisins vont se dessécher de chagrin ! Comment vas-tu, mon frère ? Apporte un cru de cinq ans ! » cria-t-il au serviteur. Puis il se tourna vers Kâemouaset qu'il observa d'un regard pénétrant. Si-Montou a beau avoir l'air d'un paysan et jurer comme un marin, il n'est ni l'un ni l'autre, se dit Kâemouaset. C'est un prince du sang qui a reçu une éducation royale, et trop de gens l'oublient.

« Si je me mets à boire aujourd'hui, je ne pourrai pas m'arrêter, Si-Montou, avoua-t-il. Quant à savoir comment je vais, je veux justement t'en parler. Mais réglons d'abord les affaires de Pharaon. »

Son frère acquiesça de la tête avec la compréhension et la discrétion que Kâemouaset avait toujours appréciées chez lui. « Nous n'en aurons pas pour longtemps, dit-il en souriant. Si je parviens à maîtriser ce début de maladie, la récolte sera magnifique cette année. Les grains sont petits, mais les grappes énormes. Il y a toutefois ces feuilles et ces ceps qui noircissent. Nous irons les voir ensemble, médecin. Tu pourras peut-être me conseiller un remède... Ah ! Enfin ! » Le serviteur revenait avec une jarre scellée couverte de poussière et deux coupes d'albâtre. Il attendit que Si-Montou eût inspecté le sceau pour le briser et les servir. Le vin, d'un rouge chaud et sombre, prit une couleur rubis à la lumière.

« Une seule coupe, prévint Si-Montou avec une feinte sévérité. Puis nous irons inspecter les vignes et tu pourras facturer tes services à père. Ensuite, tu videras la jarre si ça te chante. Je peux la faire remporter pour t'éviter la tentation, si tu veux, ajouta-t-il en lui tendant sa coupe. Eh bien, à l'Égypte ! Qu'elle règne longtemps sur les seules régions du monde qui comptent ! »

Kâemouaset savoura le vin frais, âpre et doux ; un grand cru sans aucun doute. Très vite, il sentit sa chaleur aristocratique se répandre dans ses veines et, pour la première fois de la journée, il se détendit. Son frère et lui parlèrent de leurs familles respectives, de leurs ennemis, de politique étrangère – à laquelle Si-Montou ne connaissait pas grand-chose et s'intéressait peu – et de leurs différentes propriétés agricoles.

Puis ils se rendirent dans les vignobles. Mi-amusé, mi-contrarié, Kâemouaset nota que son frère n'avait pas jugé nécessaire de les protéger du soleil. Ce fut donc en pleine chaleur qu'ils examinèrent les feuilles et discutèrent du mal qui les frappait. Bien que personne n'en sût davantage que Si-Montou sur les soins à donner aux raisins et leur culture, Kâemouaset put toutefois lui faire quelques suggestions utiles.

De retour dans le jardin, ils se servirent une seconde coupe de vin. « Eh bien, je t'écoute, dit Si-Montou dès qu'ils furent installés. A ta mine, on croirait que tu viens de sortir des Enfers et qu'il t'a fallu poignarder le Grand Serpent pour y parvenir. Qu'est-ce qui ne va pas ? »

Kâemouaset lui confia ses tourments. Il s'épancha longuement et, lorsqu'il se tut enfin, le soleil commençait à décliner à l'horizon. Si-Montou, qui l'avait écouté sans faire de commentaires, poussant simplement un grognement de temps à autre, remplit leurs deux coupes et se mit à tirer distraitement sur sa barbe.

Ben-Anath apparut et haussa les épaules d'un air interrogateur. Si-Montou lui répondit en levant deux doigts et, avec un sourire, elle s'en retourna vers la maison. Kâemouaset envia la compréhension parfaite qui régnait entre eux.

« Lorsque je suis tombé amoureux de Ben-Anath, toute la cour a cherché à me persuader que j'étais devenu fou, dit Si-Montou. Père me tenait de grands discours, mère jetait à mes pieds toutes les belles femmes qu'elle pouvait influencer par la flatterie ou les menaces et, pour finir, on m'a déchu de mes droits à la couronne. Mais je m'en souciais comme d'une guigne, poursuivit-il en riant. Toute mon énergie, je la consacrais à courtiser ma femme. »

Kâemouaset ne put s'empêcher de sourire ; son frère avait une énergie considérable qui, concentrée sur un seul objet, devenait quasiment irrésistible. « Ce n'était que la fille d'un capitaine de marine syrien, mais, Dieu, qu'elle était hautaine ! Sans compter qu'elle craignait que je ne lui reproche ensuite d'avoir abandonné presque tous mes privilèges royaux pour l'épouser. Mais je n'ai jamais regretté ma décision. Est-ce ainsi que tu aimes Noubnofret ? demanda-t-il à son frère.

– Tu sais bien que non, répondit Kâemouaset avec sincérité. Je l'aime autant que j'en suis capable...

– Ou plutôt selon la conception raisonnable que tu te fais de l'amour, coupa Si-Montou. Et qui peut dire lequel de nous deux est le plus heureux ou le plus sage ? Regarde les choses avec un peu de recul, Kâemouaset. Tu as une femme et des enfants qui t'aiment et, sans doute pour la première fois de ta vie, tu brûles de coucher avec une femme que tu ne cesses de rencontrer dans les rues. Où est le drame ? » Kâemouaset lui tendit sa coupe vide. Il hésita mais, devant l'insistance de son frère, il poussa un soupir et le resservit. « C'est un mal qui frappe de nombreux hommes, reprit-il. Tu la désires, mon studieux frère, et voilà tout. Tu te mets au supplice en t'imaginant que cela va tout détruire, toi y compris, mais il n'en est rien, bien entendu. Tu as deux possibilités, poursuivit-il en lissant pensivement sa moustache de ses doigts calleux. Tu peux continuer à la chercher – car tu sais que tu finiras par la trouver, n'est-ce pas ? –, lui offrir des présents jusqu'à découvrir celui qui triomphera de sa vertu et jouir alors de sa personne jusqu'à plus soif ; ou la chasser de ton esprit chaque fois que ton imagination s'embrase et, dans six mois, tu ne comprendras plus ce qui pouvait bien t'agiter autant. Il se pourrait aussi que tu te demandes ce que tu as raté, naturellement, quoique cela ne soit guère dans ta nature, mon frère. »

Ça ne l'était pas, se dit Kâemouaset, mais je suis en train de changer. Et, bien que cela ne me plaise pas et que je ne parvienne peut-être pas à te le faire comprendre, je crois qu'il n'est plus en mon pouvoir de lutter. « Que ferais-tu à ma place ? demanda-t-il à haute voix.

– J'en parlerais à Ben-Anath qui me dirait : “ Misérable fils d'un pharaon desséché ! Va traîner avec les filles des rues si je ne te suffis pas, et, quand tu reviendras reconnaître en rampant qu'aucune autre femme ne me vaut, tu pourras aller dormir dans les cuisines avec les petites esclaves que tu auras d'ici là pris l'habitude de considérer comme tes égales. " Cela dit, je désire toujours ma femme plus qu'aucune autre, conclut Si-Montou avec simplicité. Tu veux un conseil ? » Kâemouaset acquiesça de la tête. « Cesse de poursuivre ce fantôme, rends à la beauté et aux qualités de Noubnofret l'hommage qu'elles méritent et ferme ce tombeau. »

Malgré l'agréable griserie qui lui embrumait le cerveau, Kâemouaset sursauta. « Le tombeau ? Je t'ai parlé du malaise qu'il provoquait en moi, mais il n'a aucun rapport avec mon dilemme actuel.

– Crois-tu ? fit Si-Montou. Je n'en suis pas si sûr. Tu traites les morts avec beaucoup d'arrogance dans ta quête acharnée de connaissances. Tu te crois sans reproche parce que tu restaures les sépultures et fais des offrandes, mais ne t'est-il jamais venu à l'esprit que les morts ont peut-être tout simplement envie qu'on les laisse en paix, ou que ce que tu leur prends n'est pas véritablement équivalent à ce que tu t'imagines leur donner ? Ta dernière entreprise ne me dit rien qui vaille. Ferme ce tombeau. »

Kâemouaset sentit la peur lui étreindre le cœur. Comme à son habitude, Si-Montou avait frappé juste et exprimé ses craintes avec plus de lucidité que lui-même n'en avait été capable. « Je crois quand même qu'il n'y a aucun rapport, dit-il en détachant chaque mot parce que l'ivresse le gagnait et qu'il mentait.

– Tu as probablement raison, fit son frère en haussant les épaules. Il est temps d'aller dîner. Tu restes avec nous, bien entendu ? Je n'ai pas d'invités ennuyeux, ce soir. Tu n'auras pas à étouffer stoïquement tes bâillements pendant tout le repas comme je le fais si souvent chez toi. »

Ils se dirigèrent vers la demeure. Kâemouaset se sentait beaucoup mieux, mais en voulait un peu à son frère. Si-Montou n'avait pas le droit de l'accuser d'une sorte de viol, il ne savait rien de l'histoire, de la valeur des objets rares et n'avait même jamais occupé les fonctions de prêtre. Lui, Kâemouaset, ne violait pas les sépultures. Quant à la femme... Il entra dans la salle à manger où Ben-Anath l'accueillit d'un sourire et s'installa devant la petite table préparée à son intention. Quant à la femme, il la trouverait, comme l'avait dit son frère. Désir physique ou pas, elle éveillait en lui des émotions qu'il n'avait encore jamais éprouvées et qu'il était résolu à explorer. Il n'avait aucune intention d'en parler à Noubnofret. Elle ne comprendrait pas. Et les dieux ? Succombant enfin aux effets euphoriques du vin, il se dit que, si les dieux avaient voulu le punir ou l'avertir que ses études les offensaient, ils l'auraient fait depuis bien longtemps. N'était-il pas leur ami ? Tendant sa coupe pour qu'on le resserve, il s'attaqua à l'excellent repas préparé par les cuisiniers de Ben-Anath. Un harpiste se mit à jouer et Kâemouaset s'abandonna au plaisir de la soirée, pleinement détendu pour la première fois depuis des mois.

Lorsqu'il se réveilla le lendemain, tard dans la matinée, il ne gardait qu'un souvenir vague de la veille. Le serviteur envoyé par son frère pour le laver, l'habiller et lui apporter son déjeuner lui apprit que l'on avait averti Noubnofret et logé ses hommes.

Si-Montou était déjà au travail dans les vignobles et, après avoir remercié Ben-Anath de son hospitalité, Kâemouaset prit le chemin du retour. Cela faisait bien longtemps que je n'avais bu aussi librement, pensa-t-il, appuyé contre la cabine de sa barque. Mais le vin de Si-Montou était bon ; je n'ai pas la moindre migraine, à peine un léger sentiment de vertige.

Puis, brusquement, il se rappela une autre occasion où il avait abusé de la boisson, quoiqu'à un moindre degré que la veille. C'était pendant la fête donnée par son père à Pi-Ramsès, le soir où le vieillard l'avait accosté avec son rouleau. Une étrange affaire, se dit-il en regardant les rames plonger régulièrement dans le Nil. Dommage que j'aie perdu ce papyrus. C'était bien négligent de ma part. Enfin, ce qui est fait est fait. Il ne faut plus que je m'enivre.

Ses yeux ne quittaient pas la rive et il ne relâcha son attention que lorsque la route bifurqua brutalement vers l'ouest pour laisser place aux domaines de la noblesse. Mais, ce jour-là, aucune étoffe écarlate n'attira son regard. Il était d'ailleurs partagé entre le désir de la voir et la crainte que son apparition ne lui fît de nouveau perdre toute maîtrise de lui-même.

Aussitôt arrivé, il alla trouver son épouse. Elle dictait une lettre adressée à une de ses amies de la Cour et l'accueillit en souriant.

« Ta petite beuverie était-elle agréable, mon frère ? demanda-t-elle. Tu as l'air bien reposé.

– J'y ai pris plaisir, en effet, répondit Kâemouaset en saluant d'une inclinaison de tête le scribe de sa femme. Je n'avais pas l'intention de découcher, Noubnofret. J'espère que cela ne t'a pas causé de désagrément.

– Non, pas du tout. » S'approchant de lui, elle lui effleura la joue d'une caresse et posa un baiser sur son torse. Kâemouaset ne lut aucun reproche dans son regard, mais il pensait à ses serviteurs qui devaient déjà savoir qu'il avait perdu son sang-froid et frappé Amek. S'ils adoraient les commérages, l'autorité de Noubnofret les empêchaient toutefois de parler des affaires de la famille au personnel des autres maisons. Kâemouaset se demanda brusquement si sa femme autorisait parfois Wernouro à lui rapporter ce genre de ragots. Je peux difficilement m'attendre à ce que mes exploits ne parviennent pas aux oreilles de ma famille, se dit-il avec désespoir tout en souriant à Noubnofret. Ah! Que la dissimulation est donc usante et démoralisante!

« Aucun message important n'est arrivé du Delta, s'il faut en croire Penbuy, disait sa femme. Et nous n'avons pas reçu de visites inattendues. N'oublie tout de même pas que May doit passer dans le courant de la semaine, à son retour des carrières d'Assouan. Maintenant, si tu veux bien m'excuser, Kâemouaset, il faut que je finisse de dicter cette lettre. J'ai beaucoup à faire aujourd'hui. » Son regard brillant disait qu'elle s'acquitterait de ses tâches le plus rapidement possible pour être en sa compagnie. Kâemouaset qui avait oublié la venue du grand architecte de son père en fut contrarié. Autrefois, il aurait accueilli avec plaisir un hôte aussi distingué et cultivé mais, à présent, il aurait voulu que tous, père, frères et dignitaires, disparaissent afin qu'il reste seul et puisse se concentrer sur... « Fais-moi prévenir dès que tu seras libre, dit-il brusquement. Nous pourrions aller nous baigner dans le Nil. »

Gagnant précipitamment son cabinet, il trouva les copies de la veille soigneusement rangées sur son bureau par Hori. Assez de folie, se dit-il. Plus vite j'étudierai tout cela, plus vite le tombeau sera refermé. J'ai perdu trop de temps et d'énergie que j'aurais dû consacrer au travail de mes architectes. Mais, avant de se mettre à la tâche, il appela Ib. « Que les soldats reprennent leurs recherches, ordonna-t-il. Peu m'importe le temps qu'il faudra. Je veux cette femme! »

6

Viens, chants et musique t'attendent.
Oublie tous tes soucis;
Ne pense qu'à la joie jusqu'à ce qu'arrive le jour
Où il te faudra descendre
Au pays qui aime le silence.

Le mois d'Hathor passa et Khoiak commença. May fut un hôte agréable, comme à son habitude, et offrit des présents à tous avant de repartir sur sa barque dorée parée de fleurs. Kâemouaset tira les horoscopes de la famille qui se révélèrent aussi désastreux que ceux du mois précédent. Mais, cette fois, il accomplit sa tâche avec un étrange détachement et ne s'émut guère des résultats. Ce qui était écrit arriverait. Les Égyptiens étaient dans l'ensemble un peuple gai et optimiste, mais ils ne sous-estimaient pas le pouvoir du destin qui pesait parfois sur le cours de leur vie et, avec le temps, Kâemouaset se sentait de plus en plus soumis à une fatalité implacable, sentiment qui lui apportait d'ailleurs une sorte de réconfort pervers. Il soignait ses patients, s'acquittait de ses tâches et recevait les rapports négatifs d'Ib avec équanimité. Demain, dans un mois, dans un an, cela n'avait pas d'importance. Il savait qu'elle viendrait, et il l'attendait.

Les journées devenaient de plus en plus chaudes; dans les champs, les cultures étaient hautes mais encore vertes. Hori passait désormais le plus clair de son temps dans la sépulture dont les mystères le passionnaient. Sheritra se baignait et lisait, repliée dans son univers. La famille continuait à vénérer les dieux et se rendait parfois dans les temples pour se prosterner devant Ptah, Râ ou Neith. Kâemouaset savait qu'il serait convoqué sous peu au palais, car l'ambassadeur Houi devait certainement s'apprêter à regagner l'Égypte, mais il chassait son père et ses ennuyeuses négociations de son esprit. L'été approchait et, avec lui, ces interminables heures de chaleur accablante où la réalité semblait prendre une autre dimension, où l'air éternellement brûlant, la lumière éclatante paraissaient fondre l'Égypte des mortels avec le paradis d'Osiris.

Un jour, alors que Kâemouaset finissait de dicter à Penbuy des notes sur l'Osiris Thoutmôsis Ier, Ib entra. L'heure du déjeuner était passée et celle de la sieste approchait. Contrarié, Kâemouaset devina à l'expression de son intendant qu'une nouvelle corvée l'attendait. Or il n'avait qu'une envie, s'étendre, se faire éventer par ses domestiques et dormir. « Oui ? » dit-il d'un ton brusque. Épuisé lui aussi par la chaleur, Penbuy rangeait ses roseaux, son encre et ses rouleaux. Il s'éclipsa dès que Kâemouaset lui en fit signe.

« Pardonnez-moi, prince, mais un jeune homme désire vous voir un instant, dit Ib. Sa mère a besoin de soins.

– Quel jeune homme ? fit Kâemouaset avec humeur. La ville regorge de bons médecins. Lui as-tu dit que je ne soignais que la noblesse ou des cas présentant un intérêt particulier ?

– Oui. Il m'a répondu que le sang de sa mère était noble et qu'elle n'était pas la première venue. Il vous serait reconnaissant de vous rendre personnellement à son chevet et son oncle vous dédommagerait généreusement de votre dérangement. »

Kâemouaset avait sursauté. « L'or ne m'intéresse pas, grogna-t-il en se ressaisissant. J'en ai déjà plus qu'il ne m'en faut. De quoi souffre sa mère ?

– Il semble qu'elle se soit enfoncé une grosse écharde dans le pied. Celle-ci a été ôtée, mais la plaie suppure.

– En ce cas, je n'ai pas besoin de me déplacer, dit Kâemouaset, soulagé. Une simple prescription suffira. Fais entrer ce garçon. »

Ib se retira. Un instant plus tard, un jeune homme de l'âge d'Hori s'inclinait profondément devant Kâemouaset, les bras tendus. Ce dernier remarqua aussitôt ses mains parfaitement soignées, le henné sur ses paumes, la qualité de ses sandales de cuir à lanières dorées et de sa jupe de lin transparente. Il se redressa et attendit, sans rien de servile ni d'arrogant dans l'attitude. Il ne portait pas de perruque et ses cheveux noirs, très raides, lui tombaient aux épaules. Un grand symbole de vie, suspendu à un large collier d'or, reposait sur son torse svelte et musclé. Ses yeux, qui semblaient gris comparés à ses cheveux, suivaient avec détachement l'examen que Kâemouaset faisait de sa personne. Celui-ci lui trouvait quelque chose de familier, son maintien peut-être ou le dessin de ses lèvres. Hori mis à part, c'était en tout cas le plus beau jeune homme qu'il eût jamais vu.

« Comment t'appelles-tu ? demanda-t-il.

– Harmin, répondit l'inconnu d'un ton aussi assuré que son regard.

– Mon intendant m'a parlé de la blessure de ta mère, reprit Kâemouaset. Il m'a également appris que vous étiez de sang noble. Je croyais connaître, au moins de vue, toutes les familles nobles d'Égypte. Comment se fait-il que ton nom ne me dise rien ? »

Le jeune homme sourit, un sourire gai et engageant auquel il était difficile de résister. « Nos modestes domaines se trouvent à Koptos, juste au nord de la sainte Thèbes, répondit-il. Notre lignée est ancienne puisqu'elle remonte au règne du prince Sekenenrâ et, bien que nous appartenions à la petite noblesse et n'ayons jamais occupé de hautes fonctions, nous sommes fiers de notre sang. Il est pur de tout élément étranger. A l'époque où la grande reine Hatchepsout a redécouvert le Pount et recommencé à commercer avec cette terre, un de mes ancêtres dirigeait ses caravanes de Koptos à la mer Orientale. »

Kâemouaset l'écoutait avec étonnement, intéressé tout à coup. Sans parler du citoyen égyptien moyen, les historiens eux-mêmes savaient peu de chose sur cette reine légendaire qui passait pour avoir régné comme un roi et avait fait bâtir un temple mortuaire d'une extraordinaire beauté à Thèbes, sur la rive occidentale du Nil. Ceux qui en avaient examiné les ruines inclinaient à en attribuer la construction à Thoutmôsis III, le pharaon guerrier, mais Kâemouaset n'était pas de cet avis. « Si vous habitez Memphis depuis quelque temps, j'aurais dû entendre parler de vous », dit-il.

Le sourire d'Harmin s'élargit encore. « Ma mère, mon oncle et moi ne sommes ici que depuis deux mois environ. Il n'y a plus grand-chose à faire à Koptos de nos jours, et notre intendant s'occupe de la petite ferme que nous avons là-bas. »

Kâemouaset n'était toujours pas satisfait, mais questionner davantage le jeune homme aurait été contraire à la bienséance. Qu'il fût de bonne naissance ne faisait en tout cas aucun doute. « Il est inutile que j'aille voir ta mère, dit-il. Je vais lui prescrire un traitement.

– Pardonne-moi, prince, fit Harmin en s'avançant. Mais nous avons déjà appliqué un emplâtre d'oiseau *per-baibait* et de miel pour faire sortir l'écharde, puis posé sur la blessure un cataplasme d'excréments humains, de levure de bière, d'huile *sefet* et de miel. Malgré cela, l'infection s'accroît.

– Vous avez donc consulté un autre médecin ? »

Harmin eut l'air surpris. « Non, répondit-il. Ma mère connaît bon nombre de remèdes mais, cette fois, elle ne parvient pas à se soigner. Elle serait très honorée si tu consentais à l'examiner. »

Ce serait peut-être utile, en effet, se dit Kâemouaset à contrecœur. Bien que le cataplasme décrit par le jeune homme fût couramment utilisé pour les blessures ouvertes, lui-même s'en méfiait, car il ne faisait souvent qu'aggraver le mal. « C'est entendu, j'irai, dit-il en soupirant intérieurement. Va m'attendre dans le vestibule. »

Harmin ne le remercia pas. Il n'avait même pas l'air satisfait. Il s'inclina et, sans hâte, quitta la pièce d'un pas élastique.

Kâemouaset alla prendre dans sa bibliothèque la sacoche en cuir dont il se servait pour rendre visite à ses patients et s'apprêta à rejoindre Harmin.

Assis dans le couloir sur un tabouret, Ib se leva à son approche. « Dois-je vous accompagner, prince ? demanda-t-il.

– Non, c'est inutile, mais va prévenir Amek. »

Harmin n'était pas dans le vestibule. Kâemouaset le trouva sous les colonnes colorées du portique. Immobile, il écoutait une femme qui chantait, invisible derrière la rangée d'arbustes séparant l'allée pavée des jardins.

Stupéfait, Kâemouaset reconnut la voix haute et pure de Sheritra. Elle chantait rarement et le plus souvent des poésies enfantines, mais aujourd'hui elle avait choisi un vieux chant d'amour dont Kâemouaset écouta les paroles avec émotion : « J'ai faim de ton amour comme du beurre et du miel. Tu m'appartiens comme le meilleur onguent au corps des nobles, comme le lin le plus fin au corps des dieux, comme l'encens au Seigneur de tous... »

« Une très belle voix, commenta Harmin en se tournant vers Kâemouaset.

– Oui », répondit-il d'un ton bref. Sheritra aurait été horriblement gênée si elle avait su qu'on l'écoutait. Faisant signe au jeune homme de le suivre, il se dirigea vers le fleuve. « Où habitez-vous ? demanda-t-il.

– Au-delà des banlieues nord, prince. J'ai traversé le Nil sur un esquif et continué à pied. La matinée était belle. »

Kâemouaset l'invita à monter dans sa barque et, dès qu'Amek et un soldat les eurent rejoints, le capitaine donna le signal du départ. Il y avait peu d'embarcations sur le Nil à cette heure de la journée. Ceux qui le pouvaient faisaient la sieste, et les débarcadères des nobles étaient déserts. Quoiqu'il connût la plupart des occupants de ces propriétés, Kâemouaset supposait que la famille d'Harmin habitait l'une d'elles, mais le jeune homme n'en désigna aucune.

La barque continua sa lente progression sur les eaux du Nil, lisses comme un miroir et, bientôt, la route du fleuve apparut. Les rares passants qui y circulaient marchaient en silence, accablés par la chaleur.

Ils dépassèrent le canal près duquel Kâemouaset avait aperçu l'éclat d'une robe écarlate... Quelques maisons respectables, modestes mais bien entretenues, entourées de champs de blé bordaient encore la route, puis ce n'étaient plus que des cultures où les fellahs alimentaient les rigoles d'irrigation en plongeant rythmiquement la longue perche et le panier du chadouf dans le Nil, puis en tirant sur la corde pour élever le seau au niveau du réseau de canaux qui sillonnait les champs.

Kâemouaset pensait à sa fille, à ses désespoirs secrets. Si quelqu'un mérite d'être aimé, c'est pourtant bien elle, se dit-il avec tristesse. Elle devait être seule dans le jardin, car même Bakmout n'a pas le droit de l'entendre chanter.

« Pourrais-tu demander à ton capitaine de se diriger vers ce débarcadère, là-bas ? » dit soudain Harmin. Il désignait la rive orientale qui n'était guère habitée et où la végétation ne poussait que sur une mince bande de terre, rognée par le désert. Kâemouaset, qui n'avait jamais observé ce côté du fleuve avec beaucoup d'attention, aperçut en effet une petite volée de marches qui conduisait du Nil à une palmeraie et, plus loin, la tache blanche d'un mur d'enceinte. Il lança un ordre et l'embarcation changea lourdement de direction.

La demeure était on ne peut plus isolée. Cinq cents mètres au moins la séparaient des maisons de boue où les contremaîtres vivaient et travaillaient pour leurs maîtres. Quant à la palmeraie, il n'était pas facile de la distinguer des palmiers épars qui bordaient la rive.

Il n'y avait qu'un pieu d'amarrage dont la peinture blanche s'écaillait. La barque le frôla, et un marin sauta pour y attacher les cordes. Accompagné d'Amek, Kâemouaset débarqua et suivit Harmin le long d'un sentier de terre battue qui sinuait entre les troncs lisses et élancés des arbres dont les palmes bruissaient doucement, agitées par le vent.

La maison était blottie dans une petite clairière. Faite en briques de boue, elle était en parfaite harmonie avec le paysage.

Cinq ou six ouvriers s'affairaient à réenduire les murs dont le plâtre blanc avait disparu par endroits. « Elle était à l'abandon lorsque nous nous y sommes installés, expliqua Harmin d'un ton d'excuse. La boue est un bon matériau de construction mais demande un entretien constant. »

Je ne connais aucun noble qui oserait vivre dans une maison de boue comme les paysans, se dit Kâemouaset, intrigué. Si un de mes amis ou de mes parents l'avait achetée, il l'aurait fait démolir, puis commandé du cèdre du Liban, du grès d'Assouan et de l'or de Nubie pour faire bâtir une résidence digne de lui. Il y a un mystère là-dessous.

Mais la simplicité de la demeure lui plaisait. Il savait que rien ne valait les briques crues pour lutter contre la chaleur et ne fut pas surpris par le courant d'air rafraîchissant qui l'accueillit lorsqu'il pénétra dans la petite salle de réception.

« Sois le bienvenu chez nous, grand prince », dit Harmin en s'inclinant. Il frappa dans ses mains, et un esclave apparut. Il était pieds nus et ne portait qu'un simple pagne. « Veux-tu du vin ou de la bière et un gâteau shat peut-être ? »

Kâemouaset examinait la pièce, son carrelage simple, l'ouverture carrée et dépourvue de porte qui donnait sur un couloir. Le silence qui régnait dans la maison lui faisait l'effet d'un baume apaisant. Le brouhaha permanent de la rive occidentale ne parvenait pas jusqu'ici. Aucun voisin ne troublait le calme de sa musique ou de ses éclats de rire, et même le murmure des palmes ne se faisait plus entendre. Kâemouaset se détendit, gagné par un profond sentiment de bien-être.

« Comme vous le voyez, prince, nous respectons les vieilles traditions, déclara Harmin en désignant la salle. Et nous en sommes fiers. »

On aurait dit qu'il avait lu dans les pensées de Kâemouaset. Sur les murs blancs, séparées les unes des autres par une palme allant du sol au plafond bleuté, des scènes peintes avec soin représentaient le Nil, les animaux du désert et les dieux. L'ameublement était simple : un amoncellement de coussins, trois chaises en cèdre nervurées d'or, une longue table basse du même style, une jarre d'onguent en albâtre pour parfumer les invités et un vase d'argile garni des dernières fleurs printanières. Deux encensoirs montés sur trépied, d'une simplicité austère, encadraient l'entrée et à côté, dans des niches, les statues d'or d'Amon et de Thot luisaient faiblement dans la pénombre agréable de la pièce.

Pas de décoration surchargée ni d'objets étrangers ici, pensa Kâemouaset. Même l'air avec son léger parfum de fleur de lotus et de myrrhe semblait purement égyptien. « Je te remercie de ton offre, Harmin, dit-il en souriant. Mais je préfère voir ta mère d'abord. Accompagne-moi jusqu'à sa chambre, Amek, et poste ton homme devant cette porte. »

Il vit le jeune homme jauger son capitaine du regard avant de s'engager dans le couloir où il le suivit, sa trousse à la main. Je vivrais volontiers ici jusqu'à la fin de mes jours, se dit-il, de plus en plus conquis. Quel travail j'abattrais! Quels rêves j'y ferais! Mais cela pourrait être dangereux. Oh oui! J'y oublierais peu à peu les devoirs que j'ai envers mon père et l'Égypte pour me noyer dans le passé comme une fleur jetée dans le sein du Nil. A quelle sorte de gens ai-je donc affaire?

Le couloir était étroit, sombre et dépouillé mais, à l'autre extrémité, le soleil éclatant de l'après-midi perçait l'obscurité de traits de lumière minces comme des lames de couteaux. Kâemouaset aperçut un petit rectangle d'herbe, quelques plates-bandes et un bassin couvert de lotus blancs et roses. Harmin tourna brusquement à gauche, s'écarta pour le laisser passer et annonça en s'inclinant : « Le prince Kâemouaset, mère. Prince, voici Tbouboui, ma mère. »

Kâemouaset entra en s'apprêtant à lui prodiguer les paroles de réconfort habituelles. Elle s'était fait mal au pied et ne pourrait pas se lever pour l'accueillir comme la petite danseuse avait tenté de le faire. Bizarre que je pense à elle maintenant, songea-t-il. Il allait parler, dire à sa patiente de ne pas chercher à bouger quand il entendit Amek hoqueter de surprise derrière lui. C'était un bruit presque inaudible mais, au même moment, il s'immobilisa, pétrifié. Le sang quitta brutalement son visage et les murs de la chambre vacillèrent. Il lutta pour retrouver son sang-froid, les doigts crispés sur sa sacoche comme si sa vie en dépendait, conscient de la présence rassurante d'Amek à ses côtés et du regard éberlué d'Harmin. Se ressaisissant enfin, il s'avança vers elle.

« Je te salue, Tbouboui », dit-il, étonné que sa voix ne le trahisse pas davantage.

Elle était assise dans un grand fauteuil, la jambe appuyée sur un tabouret garni de coussins, ses bras nus nonchalamment posés sur les accoudoirs, et elle lui souriait. Il contempla ses lèvres écarlates, ses yeux noirs soulignés de khôl qui le regardaient avec calme. Noirs, noirs, se répéta-t-il dans un état second. Et ses cheveux, noirs comme la nuit, noirs comme la suie, noirs comme la colère qu'elle a éveillée en moi la dernière fois que je l'ai vue sur la route du fleuve, fendant la foule dans sa robe rouge. Je l'ai trouvée. Pas étonnant que mes soldats n'y soient pas parvenus! Elle habitait sur la rive orientale.

Il s'approcha lentement d'elle, comme si un mouvement brusque risquait de la faire disparaître. Mais non, se dit-il, ce n'est pas moi qui l'ai trouvée. C'est le destin qui m'a conduit vers elle, qui m'a jeté sur sa rive comme un marin au bord de la noyade. Me reconnaît-elle ? Amek ! Elle a certainement reconnu Amek. Il vit son regard se tourner vers le capitaine de sa garde, puis revenir se poser sur lui. Son sourire s'accentua, et Kâemouaset redouta soudain ce qu'elle allait dire.

« Sois le bienvenu dans ma maison, prince. Je suis très honorée que tu aies accepté de venir m'examiner en personne. Pardonne-moi de t'avoir dérangé. » Elle avait une voix cultivée et bien modulée, une voix habituée à donner des ordres, à accueillir et recevoir des invités. Kâemouaset se demanda quelles inflexions elle prenait dans l'amour. Posant sa sacoche, il se pencha sur son pied en tâchant de dissimuler son trouble. Elle avait un léger accent, son fils aussi d'ailleurs, mais qui ne ressemblait pas à ceux des étrangers qu'il connaissait.

« Harmin m'a dit que tu avais vainement tenté de te soigner, déclara-t-il. Il était de mon devoir de venir à ton aide. » Il commença à dérouler les bandages qui entouraient son pied en s'efforçant de ne pas trembler. Dans un instant, je vais toucher sa peau, se disait-il. Reprends-toi, médecin ! C'est une patiente ! Il sentait son parfum léger mais musqué, un mélange de myrrhe et d'une essence qu'il ne parvint pas à identifier. Gardant les yeux obstinément baissés, il se concentra sur sa tâche.

Le bandage tomba bientôt sur le sol et, d'une main qu'il voulait assurée, Kâemouaset pressa la chair violette et tuméfiée autour de la plaie. Celle-ci ne paraissait pas infectée mais, bien que sèche, elle ne s'était pas refermée. Sa peau était fraîche, presque froide. « Il n'y a pas d'infection, annonça-t-il en la regardant. Ressens-tu des brûlures à l'aine ?

– Non. Harmin s'est peut-être employé avec trop de zèle à te faire venir, prince. J'en suis désolée. Ce qui m'inquiète en fait, c'est que la plaie ne cicatrise pas. »

Elle repoussa ses cheveux en arrière, révélant deux oreilles parfaites et des boucles d'argent et de turquoise en forme d'ankhs ornées de minuscules scarabées. Ceux-ci rappelèrent à Kâemouaset les efforts qu'il avait déployés afin de se protéger de la formule magique du manuscrit, pour les réduire stupidement à néant en passant la nuit avec Noubnofret.

« Depuis combien de temps est-elle dans cet état ? » demanda-t-il.

Tbouboui haussa les épaules et sa robe glissa légèrement, révélant la naissance de ses seins. « Depuis deux semaines environ, répondit-elle. Je baigne la plaie deux fois par jour et me fais appliquer des cataplasmes de lait, de miel et d'encens pilé pour la sécher, mais comme tu vois... » Elle désigna son pied et il sentit le frôlement de ses doigts sur sa coiffe. « Mes remèdes ne semblent guère efficaces », conclut-elle.

La couleur de la chair autour de la blessure intriguait Kâemouaset ; les tissus paraissaient morts. « Je crois qu'il vaut mieux coudre la plaie, déclara-t-il en se redressant. Ce sera éprouvant, mais je vais te donner une infusion de pavot pour atténuer la douleur.

– Entendu, fit-elle d'un ton presque indifférent. Je n'ai que ce que je mérite, en fait. Je marche trop souvent pieds nus. »

Pieds nus. Comme Noubnofret le soir où Sheritra a fait ce cauchemar, se dit Kâemouaset. Comme toi, Tbouboui, le jour où je t'ai vue pour la première fois, si désirable dans ce fourreau blanc démodé... Tu as forcément reconnu Amek !

Il avait apporté ce qu'il lui fallait. Après avoir demandé un petit réchaud, il fit infuser le pavot tandis que Tbouboui l'observait sans mot dire, et il fut de nouveau sensible au silence étrange, extraordinaire qui enveloppait la demeure.

Lorsqu'il eut fini, il lui tendit le breuvage qu'elle but docilement, puis prépara une aiguille et du fil en attendant qu'il opère. Harmin s'était éclipsé depuis longtemps et Amek montait la garde sur le seuil. Bien qu'il n'en laissât rien paraître, Kâemouaset devinait son ressentiment. C'était à cause de cette femme que son maître l'avait frappé.

Se concentrant sur sa tâche, Kâemouaset cousit avec soin les bords de la plaie sans que Tbouboui laissât échapper la moindre plainte. Levant un instant les yeux, il croisa son regard. Le pavot ne lui avait rien ôté de sa vivacité et il lui sembla même légèrement ironique. Mais c'était impossible, naturellement. Il acheva son travail, puis lui banda le pied et lui recommanda de continuer à appliquer les cataplasmes. « Je reviendrai examiner l'état de la plaie dans quelques jours, dit-il.

– J'ai une grande résistance à la douleur, remarqua-t-elle avec calme. Au pavot aussi, malheureusement. Et maintenant, prince, accepteras-tu de boire un peu de vin avec moi ? »

Il acquiesça et elle frappa dans ses mains pour appeler un serviteur qui apparut aussitôt. Tandis qu'elle lui ordonnait d'apporter un siège et une jarre de vin, Kâemouaset regarda pour la première fois autour de lui.

La pièce était petite et fraîche. Aucun ornement ne décorait les murs ; une table et une lampe étaient posées à côté d'un lit garni de coussins et de draps défaits, luxueux comparé au reste de l'ameublement. Kâemouaset en détourna les yeux tandis que mille questions se pressaient dans son esprit. Son mari demeurait-il ici ? Que faisait-elle à Memphis ? Savait-elle que c'était lui qui avait envoyé Amek à sa poursuite et, si c'était le cas, pourquoi l'avait-elle fait appeler ? Le serviteur revint et il s'assit enfin, sa coupe à la main, se demandant comment l'interroger. Tbouboui lui épargna cette peine.

« J'ai un aveu à te faire, prince. J'ai reconnu ton garde du corps dès qu'il est entré ici, ce qui m'a bien entendu appris qui l'avait chargé de me faire une proposition aussi insolente. »

Kâemouaset rougit et se força à soutenir son regard moqueur. Il se sentait aussi honteux qu'un enfant.

« J'ai refusé, bien entendu, reprit-elle. Et, bien que flattée sur le moment, je n'y ai plus pensé. Puis je me suis blessée. Tu es le meilleur médecin d'Égypte... » Elle haussa les épaules d'un air embarrassé. « Je ne me suis rappelé l'incident qu'en voyant ton serviteur. Je te prie d'excuser mon impolitesse.

– Ton impolitesse ! protesta aussitôt Kâemouaset. C'est moi qui dois te présenter des excuses. C'est la première fois que j'agis de façon aussi impulsive, mais je t'avais aperçue sur le marché et dans le temple de Ptah, vois-tu, et les hommes à qui j'avais demandé de te chercher ne te trouvaient pas. Mes intentions... »

Elle l'interrompit d'un geste. « Les intentions d'un fils de Pharaon et du prince le plus puissant d'Égypte sont au-dessus de tout reproche, dit-elle. Je sais que, non content d'étudier l'histoire, tu admires aussi les principes moraux de nos ancêtres, prince. Si ton garde m'avait révélé ton nom, je t'aurais salué. Je suis une nostalgique du passé de l'Égypte, moi aussi, et j'aurais été ravie de m'entretenir de certaines questions avec toi. Ce qui est fait est fait, malheureusement, et je ne puis à présent que te remercier de ton indulgence. »

Ému par son charmant embarras, par la grâce qu'elle mettait à s'expliquer, à s'excuser, Kâemouaset avait envie de lui prendre la main pour la rassurer.

« J'aimerais me faire pardonner mon impolitesse, dit-il. Je t'invite à dîner chez moi dans quinze jours. Ne refuse pas, je t'en prie. Tu viendras avec Harmin, naturellement, et avec ton époux. » Il crut voir passer l'ombre d'un sourire dans son regard.

« Je suis veuve, répondit-elle. Mon mari est mort il y a quelques années. Harmin et moi vivons avec mon frère Sisenet. Il était en ville, mais doit être de retour maintenant. Aimerais-tu le voir ? » Kâemouaset acquiesça. « Va chercher ton oncle, Harmin », dit-elle alors en se tournant vers la porte. Surpris, Kâemouaset s'aperçut que le jeune homme, qui avait dû revenir silencieusement, était posté sur le seuil, bras croisés et jambes écartées. Il se demanda avec un peu de gêne depuis combien de temps il était là et ce qu'il avait entendu de leur conversation. Harmin s'éclipsa aussitôt et Kâemouaset dégusta son vin qui était excellent. Il en fit la remarque à Tbouboui. « Je vois que tu as le palais fin, prince, dit-elle en souriant. C'est du Bon Vin du fleuve occidental, un cru de l'an cinq.

– Tu parles du règne de mon père ?

– Bien entendu », répondit-elle après une légère hésitation.

Ce vin avait donc vingt-huit ans d'âge. Il avait dû coûter une petite fortune à Tbouboui ou à son frère, à moins qu'il n'eût été conservé quelque part depuis cette époque. C'était l'explication la plus vraisemblable. Le Bon Vin avait toujours été fort prisé des nobles, même dans la lointaine Koptos, supposa Kâemouaset.

Harmin revint bientôt, accompagné d'un homme de petite taille au visage mince qui se mouvait avec la même grâce que sa sœur. A la différence de son neveu, il avait le crâne rasé et portait une perruque ornée d'un ruban blanc.

En le dévisageant, Kâemouaset eut l'impression très nette de l'avoir déjà rencontré. Cela ne vient pas seulement de sa ressemblance avec Tbouboui, quoiqu'ils aient les mêmes yeux et les mêmes lèvres, se dit-il tandis que Sisenet s'inclinait devant lui, bras tendus, en geste de soumission et de respect. Non, je l'ai vu quelque part. L'engagea d'un geste à se relever, il parla le premier, comme le voulait son rang.

« Je suis heureux de faire ta connaissance, Sisenet. J'admire beaucoup ta maison et envie le calme qui y règne. Prends place, je t'en prie. »

Son hôte s'assit en tailleur sur le sol. Bien qu'affable, son attitude était empreinte de réserve et de circonspection. « Je te remercie, prince, dit-il avec un léger sourire. Nous préférons notre intimité à l'agitation de la ville, ce qui ne nous empêche pas de traverser le fleuve de temps à autre. Puis-je te demander ce que tu penses de la blessure de ma sœur ? »

Ils devisèrent encore quelque temps, puis Kâemouaset s'apprêta à prendre congé. Sisenet se leva aussitôt. « Je vous attends à dîner dans quinze jours, répéta Kâemouaset. Mais je reviendrai t'examiner d'ici là, Tbouboui. Je vous remercie de votre hospitalité. » Harmin le reconduisit jusqu'au débarcadère et lui souhaita aimablement bonsoir.

Stupéfait de la vitesse avec laquelle le temps s'était écoulé, Kâemouaset regarda les derniers rayons du soleil embraser les pyramides sur le plateau de Saqqarah. Le Nil avait perdu sa transparence et reflétait un ciel d'un bleu profond qui s'assombrissait rapidement. Les siens devaient déjà être en train de dîner. « Demande aux marins d'allumer les torches », ordonna-t-il. Brusquement épuisé, l'esprit vide, il s'appuya au bastingage tandis que la barque s'éloignait du débarcadère et se dirigeait lentement vers la rive occidentale. Il avait l'impression d'avoir couru des kilomètres dans le désert sous un soleil ardent ou d'avoir passé l'après-midi à étudier un manuscrit particulièrement ardu.

Je l'ai trouvée, se disait-il. Mais il était trop las pour savourer son triomphe. Elle ne m'a pas déçu. C'est une aristocrate, intelligente et polie, et non la femme du peuple vulgaire, arrogante et froide que je redoutais. Elle me rappelle Sheritra par certains côtés. La voix plaintive et suppliante de sa fille lui revint à l'esprit, mais elle prenait à présent à ses oreilles une intonation frénétique comme si, tout en chantant, Sheritra avait exécuté la danse sensuelle d'une courtisane. Il s'appuya plus lourdement sur la rambarde, pris d'une irrésistible envie de dormir.

Lorsque Kâemouaset pénétra dans la salle à manger, sa famille attaquait le troisième plat. Il voulut s'excuser, mais Noubnofret l'arrêta d'un geste impérieux et lui fit signe de s'asseoir.

« Ne sois pas ridicule, mon chéri, dit-elle en se rinçant les doigts. Ib m'a prévenue que tu étais allé voir une patiente. Tu as l'air épuisé. Mange donc. » Brusquement affamé, Kâemouaset tira vers lui la table basse, repoussa la guirlande de fleurs qui lui était destinée et ordonna qu'on le serve.

« Eh bien ? fit Noubnofret. Était-ce un cas intéressant ?

– Ils ne le sont plus que rarement pour toi, n'est-ce pas, père ? intervint Hori. Tu dois connaître toutes les maladies et les sortes d'accidents possibles sous le ciel d'Égypte.

– C'est vrai, reconnut Kâemouaset. Il s'agissait d'une simple blessure au pied, Noubnofret. En revanche, les gens qui m'ont reçu étaient fort intéressants, poursuivit-il en évitant son regard. L'homme, sa sœur et le fils de celle-ci viennent de Koptos. Ils sont manifestement de bonne naissance. D'après eux d'ailleurs, leurs ancêtres remontent à une époque plus reculée que celle de l'Osiris Hatchepsout. La sœur est passionnée d'histoire, et je les ai invités à dîner ici dans quinze jours. » Il songea brusquement que Tbouboui avait bavardé avec son frère et lui sans rien laisser paraître de sa souffrance qui devait pourtant être vive. Elle avait souri et même ri tandis que son pied reposait immobile sur le tabouret. Était-elle insensible à la douleur comme elle le lui avait dit ou l'avait-elle dissimulée pour satisfaire aux bonnes manières et distraire comme il se devait un hôte de son rang ? Imbécile, se dit-il, confus. Tu aurais dû prendre congé immédiatement au lieu de rester à boire du vin, si bon fût-il. C'était à toi de partir. Ils ne pouvaient pas te congédier.

« A dîner ? répéta Noubnofret. Cela ne te ressemble guère, Kâemouaset. Ils ont dû te faire une forte impression pour que tu leur accordes cet honneur.

– En effet, répondit-il.

– En ce cas, n'oublie pas de me confirmer l'invitation trois jours à l'avance. Tiens-toi droite, Sheritra ! Tu es voûtée comme un singe. »

La jeune fille obéit machinalement, jetant un regard pénétrant à son père avant de baisser les yeux.

Hori se mit à parler des plans de sa tombe que, comme tout Égyptien, il préparait de bonne heure. Puis Noubnofret aborda la question des cuisines qui avaient besoin d'une remise à neuf. Kâemouaset participa avec entrain à la conversation, et le repas s'acheva dans la bonne humeur. Noubnofret et Hori se retirèrent mais Sheritra, qui s'était montrée peu loquace pendant le dîner, ne fit pas mine de s'en aller. Les serviteurs les débarrassèrent de leur table et, voyant l'humeur sombre de sa fille, Kâemouaset ordonna au harpiste de continuer à jouer.

« As-tu passé une bonne journée ? demanda-t-il.

– Oui, père. Mais j'ai été très paresseuse. J'ai envoyé Bakmout faire des courses en ville et me suis endormie dans le jardin. Puis, je suis allée nager un peu. Qui était ta patiente ? »

Kâemouaset jura intérieurement. Il songea un instant à lui mentir mais y renonça aussitôt. « Tu peux le deviner, je pense », répondit-il avec calme.

Sheritra décroisa les jambes, arrangea sa tenue, puis se mit à jouer distraitement avec sa boucle d'oreille. « Vraiment ? dit-elle enfin. Quel hasard extraordinaire ! La femme que tu cherchais, déposée à tes pieds comme un cadeau inattendu !

– Une étrange coïncidence, en effet, fit Kâemouaset, mal à l'aise.

– Et t'a-t-elle déçu ? demanda sa fille, une note d'espoir dans la voix.

– Pas du tout. Elle est belle, gracieuse et bien élevée.

– Et elle vient dîner à la maison. Penses-tu que ce soit bien sage ? Oh ! père ! s'exclama-t-elle en voyant qu'il ne répondait pas. Renonce, je t'en prie ! »

Feindre l'incompréhension serait inutile et insultant pour elle, pensa Kâemouaset en la contemplant. L'émotion empourprait son visage ingrat, et ses yeux brillaient d'inquiétude. « Je pense que tu n'as rien à craindre, répondit-il avec douceur. Elle exerce sur moi un attrait presque irrésistible, Sheritra, je le reconnais, mais entre un désir et sa réalisation, il y a bien des choix, bien des décisions. J'ai toujours agi convenablement aux yeux des dieux et respecté les lois de Maât. Je ferai certainement de même cette fois-ci, continua-t-il sans se rendre compte qu'il mentait.

– Est-elle mariée ? » demanda Sheritra avec un peu plus calme.

Kâemouaset avait du mal à soutenir son regard. « Elle est veuve. Tu sais que je pourrais l'épouser si je le désirais, ma chérie, et l'installer dans des appartements séparés avec son fils. Mais je pense qu'elle n'est pas femme à se résigner au rôle de seconde épouse. Quoi qu'il advienne, je me préoccuperai avant tout du bien-être de ta mère.

– Tu tiens donc à elle tant que cela ?

– Je l'ai vue quatre fois et c'est la première fois que je lui parle ! répondit-il avec irritation. Comment veux-tu que je le sache ? »

Elle se détourna, les mains tremblantes. « Je t'ai contrarié, père, dit-elle. Je suis désolée. »

Puis, comme il gardait le silence, elle se leva gauchement et quitta la pièce aussi dignement qu'elle en était capable. La harpe continua à égrener ses notes liquides.

Quinze jours plus tard, accompagné d'Ib et d'Amek, Kâemouaset attendait l'arrivée de ses invités près du débarcadère. Lorsqu'il vit apparaître leur petite embarcation qui, après avoir répondu au « qui-vive ? » de son garde, fut attachée au piquet d'amarrage, il se demanda s'ils se montreraient intimidés. Mais ils mirent pied à terre et se dirigèrent vers lui avec la plus parfaite aisance. Sisenet portait une jupe blanche et des sandales très simples ; il était cependant maquillé avec soin et paré de nombreux bijoux en or : colliers ornés d'ankhs et de petits babouins accroupis, bracelets et bagues surmontées d'un scarabée d'or et de malachite aux deux index. La tenue d'Harmin était à peu près identique. Un bandeau d'or retenait ses cheveux d'un noir de jais, et le symbole de vie qui reposait sur son front donnait un éclat surprenant à ses yeux gris ourlés de khôl.

Mais c'était Tbouboui que Kâemouaset regardait avec fascination. Elle était vêtue de blanc elle aussi. Il avait craint qu'elle n'adoptât pour l'occasion une tenue plus à la mode – volants, plis innombrables, galons compliqués et bijoux recherchés –, et éprouva un soulagement irrationnel en voyant l'étroit fourreau de lin qui moulait son corps souple des chevilles aux seins. Un bandeau et un ankh pareils à ceux d'Harmin paraient son front, mais elle les avait choisis d'argent, tout comme le collier à pendentif de jaspe rouge et la ceinture à gland qui représentaient ses seules concessions à la solennité de l'occasion. Kâemouaset constata avec plaisir qu'elle portait des sandales. Elle suivit son regard et rit, découvrant des dents parfaites, un peu félines, dont ses lèvres teintes de henné rehaussaient la blancheur.

« Oui, prince, j'ai appris ma leçon, dit-elle. Je risque en revanche de l'oublier dès que je serai complètement guérie. Les toilettes trop contraignantes me sont insupportables. » Kâemouaset l'imagina faisant glisser son fourreau à ses pieds, puis se tourner vers lui, nue, la jambe un peu fléchie comme ce jour où elle avait parlé à Amek sur la route poussiéreuse du fleuve.

« Je vois que tu ne portes plus de pansement, remarqua-t-il en les conduisant vers le jardin. Souffres-tu encore ?

– Non, répondit-elle. J'ai juste la plante du pied un peu sensible. Tu as fait de l'excellent travail, prince. Oh ! A propos... »

Elle appela d'un geste le serviteur qui les avait accompagnés. Celui-ci s'approcha et tendit une jarre à Kâemouaset. « Du Bon Vin du fleuve occidental, an un, dit Tbouboui. En dédommagement du temps que je t'ai fait perdre. »

Kâemouaset veilla à la remercier sans trop d'effusion et confia la jarre à Ib. Quittant l'allée, le petit groupe se dirigea vers Noubnofret qui les attendait dans le jardin en compagnie d'Hori et de Sheritra. Les invités s'inclinèrent et, lorsque sa femme les eut invités à se relever, Kâemouaset fit les présentations, puis les pria de s'asseoir. Installés face à face sur la natte de roseau et les coussins, Hori et Harmin commencèrent aussitôt à discuter tandis que, comme à son habitude, Sheritra se réfugiait derrière la chaise de Kâemouaset. Celui-ci s'attendait à ce que Noubnofret se mette à bavarder avec Tbouboui pendant qu'Ib et ses aides offraient vin et mets délicats, et il la vit effectivement se pencher vers elle. Mais Sisenet engagea la conversation avant qu'elle n'ait eu le temps d'ouvrir la bouche.

« Le prince t'a peut-être dit que ma sœur et moi n'étions à Memphis que depuis deux mois, Altesse, commença-t-il. Or nous avons laissé beaucoup de nos serviteurs à Koptos pour y entretenir notre domaine et avons bien du mal à trouver un personnel convenable. Les gens de Memphis paraissent négligents et fourbes. Pourrais-tu nous conseiller ? »

Kâemouaset vit le visage de sa femme s'éclairer. « Tu as raison », répondit-elle en renvoyant d'un geste Ib qui s'apprêtait à la servir – Noubnofret ne buvait jamais lorsqu'elle recevait des invités. « Quand ils ne sont pas formés, les gens du commun ont tendance à se montrer paresseux et menteurs, reprit-elle. Je peux te donner l'adresse d'un couple qui recrute des serviteurs, les forme partiellement et reste comptable de leur conduite jusqu'à ce qu'ils soient parfaitement intégrés à votre domesticité. C'est assez cher naturellement, mais... »

Kâemouaset sentit une main fraîche lui effleurer le bras. « Certains de nos serviteurs nous ont tout bonnement quittés, remarqua Tbouboui quand il se tourna vers elle. Je pense que malgré le bon salaire que nous leur offrions, le silence les a impressionnés. Nous ferions peut-être mieux de prendre des esclaves. »

Il la regarda déguster lentement son vin, la tête légèrement renversée en arrière, conscient que Sheritra ne le quittait pas des yeux.

« Je n'aime pas que les esclaves servent directement la famille, dit-il, bien que j'en aie acheté quelques-uns pour les cuisines et les écuries. Loyauté et dignité semblent aller de pair.

– Une philosophie démodée mais plaisante, fit Tbouboui en souriant. Pharaon n'est toutefois pas de ton avis. Les esclaves se multiplient ; leur nombre, ainsi que celui des serviteurs et des nobles étrangers, atteint des proportions alarmantes.

– Pourquoi alarmantes ? » demanda Kâemouaset, intrigué. Il remarqua que Sheritra s'était rapprochée pour suivre la conversation.

« Parce qu'un jour les esclaves pourraient se rendre compte qu'ils sont bien plus nombreux que les hommes libres et décider de nous arracher cette liberté. » Le visage grave, le regard franc, elle lui parlait avec sérieux, en égale.

« Ce serait folie de leur part », objecta-t-il tout en se disant qu'on n'avait pas ce genre de conversation avec une femme. Les femmes dirigeaient la maison, s'occupaient de détails pratiques ; elles ne théorisaient pas. Il ne s'imaginait pas discutant ainsi avec Noubnofret. Avec Sheritra, cependant... Il vit une main se glisser vers un plat, y prendre une pâtisserie épicée et se retirer. Sa fille était donc suffisamment détendue pour manger un peu. C'était bon signe. « Notre armée est puissante, rapide et bien armée, reprit-il. Aucun soulèvement d'esclaves, si important fût-il, ne résisterait aux soldats de Ramsès.

– L'armée contient des milliers de mercenaires étrangers, père. » Stupéfait, Kâemouaset se retourna. « Imagine qu'ils décident d'être fidèles à leur sang et non plus à l'or de grand-père !

– Tu as raison, Sheritra, approuva Tbouboui. Et je suis sûre que ton père est d'accord avec nous. L'Égypte a besoin d'être purifiée. »

Il était effectivement d'accord et n'avait discuté que pour le plaisir, mais à présent la conversation continuait sans lui. Pour une raison connue d'elle seule, Sheritra oublia sa timidité et parla sans la moindre gêne à leur invitée qui, l'air attentif, l'écouta et répondit. Peu de gens prenaient la peine de tirer Sheritra de sa réserve. Après les obligatoires échanges de politesse, ils se tournaient généralement vers le beau Hori et les autres membres de la famille. Sheritra restait à l'écart, ne mangeait rien, buvait peu et quittait la table dès qu'elle le pouvait.

Mais Tbouboui avait réussi à la mettre à l'aise sans s'y employer de manière trop ostensible, un stratagème auquel des invités bien intentionnés avaient eu recours bien des fois sans succès. « Pense aux dépenses qu'une telle politique entraînerait, princesse, disait-elle lorsque Kâemouaset s'arracha à ses réflexions. Quel pharaon pourrait se le permettre ? Même Ramsès Seigneur-de-toutes-choses en est incapable ! »

Kâemouaset cligna les yeux. Assise aux pieds de Tbouboui, Sheritra avait les joues roses de plaisir et non de confusion, même si son interlocutrice la contredisait, ce qu'elle prenait trop souvent comme une attaque personnelle. « Pourquoi pas ? protesta-t-elle avec chaleur. Qu'il commence par imposer tout le monde ! Les dieux savent qu'il ne manque pas de fellahs égyptiens miséreux qui seraient ravis... » Kâemouaset regarda autour de lui. Une main sur ses hanches étroites, l'autre agitant une coupe de vin, Harmin discutait maintenant avec Noubnofret qui l'écoutait d'un air captivé et peut-être même admiratif. Un peu à l'écart, Sisenet fixait la fontaine, silencieux et impassible.

En sa qualité d'hôte, Kâemouaset se devait d'aller lui tenir compagnie. Il quitta donc Tbouboui à contrecœur, se retournant juste à temps pour la voir croiser les jambes. Sa robe fendue s'écarta, révélant une longue cuisse brune. Troublé, Kâemouaset sut que ce mouvement lui avait été destiné et que Tbouboui était parfaitement consciente de son regard, même si elle n'avait pas quitté Sheritra des yeux.

Le repas fut gai et bruyant. A la demande de Kâemouaset, Noubnofret avait fait venir tous les musiciens de la maison ainsi que les danseuses et les chanteuses. En temps normal, il préférait dîner dans le calme, surtout lorsqu'il recevait des dignitaires qui souhaitaient parler des affaires de l'État après le sixième plat. Mais ce soir-là, il voulait divertir ses hôtes. Dans la salle à manger où flottaient le parfum des fleurs printanières et la brume bleutée de l'encens, les danseuses ondoyèrent entre les tables en faisant claquer leurs crotales tandis que les chanteuses charmaient les convives de leur voix.

Kâemouaset avait veillé à placer Sheritra près de lui et de la porte pour qu'elle se sente protégée et puisse s'éclipser discrètement si elle le souhaitait. Mais il trouva son siège occupé par Tbouboui, une Tbouboui gaie, animée, ensorcelante, qui plaisanta, feignit de s'alarmer de l'état de son pied et ne cessa de tenir des propos captivants en s'adressant aussi bien à Noubnofret qu'à lui. Hori et Sisenet, penchés l'un vers l'autre, discutèrent entre eux sur un ton confidentiel.

Harmin était assis à côté de Sheritra qui ne parut pas s'en

émouvoir. De temps à autre, il lui effleurait l'épaule, le bras, et Kâemouaset le vit même poser un lotus blanc derrière son oreille et répondre par un sourire à son petit rire étouffé. Que nous arrive-t-il ce soir ? se demanda-t-il, ravi. On dirait qu'un esprit d'insouciance bon enfant a envahi la maison, et que des choses surprenantes mais agréables peuvent se produire à tout instant.

La réception ne prit fin qu'à l'aube et, même lorsque la bienséance exigea qu'on laissât partir les invités, Kâemouaset et sa famille les accompagnèrent jusqu'au débarcadère, comme pour profiter jusqu'au dernier moment de leur compagnie. En regardant le visage des siens, pâle dans la lumière grise du petit jour, Kâemouaset fut étonné de constater que Sheritra était encore parmi eux et frappé par son expression un peu avide. Personne n'était ivre et pourtant, malgré la fatigue, une étrange exaltation les animait tous. On éteignit les torches qui avaient brûlé toute la nuit sur la barque des visiteurs. Après avoir salué leurs hôtes, Tbouboui, Sisenet et Harmin montèrent à bord, et la famille regarda l'embarcation s'éloigner sur la surface polie du Nil.

« La journée va être chaude, dit Noubnofret en poussant un soupir. J'ai trouvé nos invités fort agréables, Kâemouaset, et je les recevrais volontiers de nouveau malgré leur accent provincial et leurs goûts pour le moins surannés. »

Que son épouse manifeste le désir de les inviter simplement pour le plaisir de les revoir était un compliment de taille, et Kâemouaset se sentit absurdement flatté. Il n'était toutefois pas de son avis en ce qui concernait leur accent. Ses fonctions officielles l'avaient conduit à voyager plus souvent qu'elle à travers le pays, et il n'avait entendu nulle part l'intonation particulière de ses hôtes.

« Ce sont des gens intéressants, intervint Sheritra. Je crois que je leur ai plu et qu'ils ne m'ont pas parlé seulement par politesse », ajouta-t-elle presque à contrecœur. Personne n'osa faire de commentaires de peur qu'elle ne les interprétât mal et que sa soirée n'en fût gâchée.

« Sisenet est un homme très cultivé, déclara Hori. C'est dommage que tu n'aies pas eu davantage de temps à lui consacrer, père. Je lui ai parlé du tombeau et des questions que nous nous posions à propos des scènes qui le décorent. Il m'a proposé son aide. Y vois-tu un inconvénient ? »

Kâemouaset réfléchit un instant. Il se reprochait d'avoir si peu conversé avec son hôte, mais il avait senti que celui-ci était un homme réservé et naturellement peu loquace. « Cela me déplairait s'il s'agissait d'un amateur en quête de sensations fortes, répondit-il. Mais tu t'en serais certainement rendu compte. Il aura peut-être des hypothèses intéressantes à nous suggérer. »

Noubnofret poussa un formidable bâillement. « Quel charmant jeune homme, ce Harmin ! » dit-elle en clignant les yeux comme une chouette sous les premiers rayons du soleil. Malgré sa fatigue, Kâemouaset devina les machinations qu'elle commençait à ourdir. Ne dis rien maintenant, je t'en supplie ! pensa-t-il. Moi aussi, j'ai vu qu'il ne laissait pas Sheritra indifférente, mais elle se braquerait à la moindre remarque et tout serait fini. Par bonheur, Noubnofret n'insista pas. Après un nouveau bâillement, elle les embrassa et s'éloigna. Sheritra se tourna vers son père.

« Ils étaient tous charmants, dit-elle avec intention. Ils m'ont beaucoup plu, en fait. »

Submergé par un brusque élan de tendresse, par un désir farouche de la protéger, Kâemouaset passa un bras autour de ses frêles épaules. « Allons dormir », dit-il simplement. Et, toujours enlacés, ils se dirigèrent vers la maison.

7

Je suis pour toi comme un jardin
Que j'ai planté de fleurs
Et de toutes sortes de plantes odorantes.

Au cours des jours qui suivirent, Kâemouaset chercha un prétexte pour revoir Tbouboui. Son pied était parfaitement cicatrisé, et il savait qu'il ne la rencontrerait pas dans les cérémonies sociales et religieuses auxquelles il assistait en qualité de représentant de Pharaon. Si elle et les siens appartenaient à la noblesse, leur sang n'était pas assez bleu pour leur permettre d'accéder à de hautes fonctions, et ils semblaient de plus avoir peu de goût pour la vie de cour et les dédales de l'administration. Il y avait en Égypte beaucoup de familles qui, comme eux, vivaient paisiblement dans leurs propriétés où ils partageaient l'existence modeste des villageois et les préoccupations quotidiennes de leurs gens en se contentant de payer leurs impôts à l'Horus vivant et de lui envoyer leur présent obligatoire le jour de la Nouvelle Année.

Mais il est rare qu'ils soient aussi cultivés, pensa plus d'une fois Kâemouaset en reprenant à contrecœur ses occupations habituelles. La terre de leurs champs leur colle généralement aux pieds. Pourquoi ces trois-là sont-ils si différents ? Et pourquoi avoir quitté ce trou perdu de Koptos pour Memphis ? S'ils étaient las de leur vie provinciale, Pi-Ramsès était plus indiquée, surtout si Tbouboui nourrit des ambitions pour son fils, car elle est audacieuse, cultivée et n'aurait aucun mal à s'y faire remarquer. Je lui proposerai de signaler Harmin à l'attention de mon père, de lui obtenir un petit poste qui lui permettrait de montrer ses talents et de s'élever par lui-même. Il a simplement besoin qu'on lui mette le pied à l'étrier. Mais il se rendit compte qu'il était encore trop tôt ; il ne voulait pas que son offre passe pour de la condescendance ou que Tbouboui pense qu'il cherchait à gagner ses bonnes grâces..., ce qui était effectivement le cas.

Ce fut Hori qui le sortit de son dilemme. A la fin de la première semaine du mois de Tibi, il vint trouver son père dans son cabinet et s'assit sur un coin du bureau comme à son habitude.

« J'ai reçu une lettre de ta grand-mère aujourd'hui, dit Kâemouaset. Ses propos sont enjoués, mais son scribe s'est permis d'ajouter un mot m'informant que sa santé déclinait rapidement.

– Quelle triste nouvelle, fit Hori en s'assombrissant. Vas-tu partir pour le Nord ?

– Non, pas tout de suite. On s'occupe bien d'elle et je ne pense pas que son état soit critique. » Kâemouaset, dont l'unique désir était de cultiver assidûment Sisenet et sa sœur, frémissait à l'idée de devoir se rendre dans le Delta et calmait ses remords en se disant que le scribe lui aurait demandé plus explicitement de venir si sa mère avait été véritablement en danger.

« Tant de gens parlent d'elle avec révérence, remarqua Hori avec un soupir. Elle devait incarner la beauté et la bonté autrefois. Il est bien triste de vieillir, n'est-ce pas, père ? »

Kâemouaset contempla les cuisses musclées de son fils, son ventre plat, ses yeux presque transparents ombrés de longs cils noirs, le pli sensuel de ses lèvres... « Ce n'est triste que lorsqu'on n'a rien fait des années qui ont précédé, répondit-il assez sèchement. Or je doute fort qu'Astnofert ait l'impression d'avoir gâché sa vie. A ce propos, Hori, tu vas bientôt avoir vingt ans et tu es un prince royal. Ne crois-tu pas que tu devrais commencer à te chercher une épouse ? »

Hori se rembrunit. « Mais j'ai cherché, père ! protesta-t-il. Les femmes jeunes m'ennuient et les autres ont perdu leur beauté. Que veux-tu que je fasse ?

– Laisse-nous te trouver une épouse digne de ton rang, et tu constitueras ensuite ton propre harem. Je suis sérieux, Hori. Un prince a le devoir de se marier.

– Je sais, fit Hori avec un reniflement de mépris. Mais, quand je vois combien mère et toi êtes unis et les rares visites que tu rends à tes quelques concubines, je ne peux m'empêcher d'espérer que je trouverai moi aussi un jour une femme qui partagera ma vie et ne sera pas uniquement là pour diriger ma maison. Sur ce point, tu nous a donné un mauvais exemple, père. »

Chassant le sentiment de culpabilité qui menaçait de s'emparer de lui, Kâemouaset se força à sourire. « Noubnofret et moi ne sommes peut-être pas aussi proches que tu sembles le penser, répondit-il.

– Vous l'avez été. Et puis, il y a oncle Si-Montou et Ben-Anath ! C'est cela que je désire, père, et j'attendrai encore dix ans s'il le faut !

– Bon, je vois que je peux m'apprêter à t'entretenir jusqu'à la fin de tes jours », fit Kâemouaset qui ne se sentait pas d'humeur à discuter. Son fils lui sourit et s'apprêta à partir. « Tu avais quelque chose de particulier à me dire ?

– Ah oui ! s'exclama Hori en se laissant tomber sur une chaise dans un mouvement plein de grâce. J'ai reçu un message de Sisenet qui m'assure ne pas m'avoir proposé son aide par simple politesse et se dit prêt à visiter le tombeau dès que nous le jugerons opportun. Je voulais te prévenir pour être certain de ton accord.

– Prie-le de venir demain dans la matinée, répondit aussitôt Kâemouaset. Je vous rejoindrai là-bas. Même s'il ne nous apprend pas grand-chose, nous pourrons déjeuner ensemble.

– Entendu. Je le reverrai avec plaisir. Je pense d'ailleurs les inviter tous les trois. Tbouboui paraît très cultivée elle aussi. As-tu préparé nos horoscopes pour Tibi ? » ajouta-t-il en évitant le regard de son père.

Kâemouaset le dévisagea avec curiosité. « Non, répondit-il. Et je n'ai guère envie de le faire. Ceux des deux mois précédents étaient catastrophiques pour moi et pour vous aussi, quoique dans une moindre mesure. Or il ne s'est rien passé d'extraordinaire et je commence à me demander s'il n'y a pas quelque chose qui cloche dans ma méthode.

– Je ne trouve pas que ces deux mois aient été aussi ordinaires que ça », fit Hori d'un air pensif. Puis, alors qu'il se dirigeait déjà vers la porte, il s'immobilisa brusquement. « Père...

– Oui ? »

Mais Hori secoua la tête. « Oh ! Rien. Je vais demander à mère s'ils peuvent venir déjeuner ici demain. A moins que ce ne soit eux qui nous invitent.

– C'est possible », répondit Kâemouaset. Mais Hori avait déjà quitté la pièce.

Il y avait plusieurs semaines que Kâemouaset ne s'était pas rendu sur le site du tombeau, mais il n'y trouva guère de changement. Debout à l'ombre de son parasol en compagnie de Penbuy, il se tenait au sommet des escaliers lorsqu'il aperçut leurs invités sur le plateau de Saqqarah. En regardant le sable soulevé par les sandales de Tbouboui, il se demanda un instant si marcher sur ce sol accidenté et brûlant ne la faisait pas souffrir. Pourquoi Sisenet n'avait-il pas commandé de litières, d'ailleurs ? Mais il oublia vite ces pensées, fasciné par le balancement rythmé des hanches de Tbouboui et l'éclat de ses yeux noirs.

Arrivés près de lui, tous trois s'inclinèrent et des porte-parasols se précipitèrent pour les abriter. Dans l'ombre, les pupilles de Tbouboui se dilatèrent et le blanc pur de ses yeux prit une teinte presque bleutée.

Hori sortit en toute hâte du tombeau pour leur souhaiter la bienvenue. Il était souriant mais paraissait nerveux.

Ils bavardèrent un instant, puis Kâemouaset les précéda dans l'escalier et la courte galerie. Parvenu dans l'antichambre, il autorisa d'un signe de tête Hori à s'occuper de Sisenet, pensant rester avec Tbouboui. Mais celle-ci s'était déjà éloignée.

Il la suivit des yeux et oublia instantanément ce qui l'entourait, captivé par les courbes sensuelles de son corps, la grâce de ses mouvements, la ligne parfaite de son cou lorsqu'elle levait la tête pour examiner les peintures.

Elle s'immobilisa devant les deux statues qu'elle contempla longuement. « Nous aimons si passionnément la vie, nous autres Égyptiens, dit-elle enfin en les effleurant de la main. Nous voulons retenir le souffle brûlant du désert, toutes les odeurs des fleurs de nos jardins, toutes les caresses de ceux que nous aimons. Pour construire nos tombes et embaumer nos corps afin que les dieux nous ressuscitent, nous dépensons l'or à poignées. Nous écrivons des formules magiques, célébrons des cérémonies... et pourtant, qui sait ce qu'est la mort ? Qui est jamais revenu de ces ténèbres ? Crois-tu que quelqu'un y parvienne un jour ou l'ait déjà fait à notre insu, prince ? On dit que le légendaire Rouleau de Thot a le pouvoir de ressusciter les morts, ajouta-t-elle en le fixant avec intensité. Penses-tu qu'on le trouvera un jour ?

– Je l'ignore, répondit Kâemouaset, mal à l'aise. S'il existe, il sera protégé par la puissante magie de Thot.

– Tous les magiciens rêvent de le découvrir, murmura-t-elle, s'approchant de lui à le toucher. Pourtant, peu seraient capables de s'approprier ses pouvoirs s'ils s'en emparaient. Le désires-tu comme les autres, prince ? Espères-tu le trouver chaque fois que tu ouvres une sépulture ? »

Y avait-il de l'ironie dans son ton ? Beaucoup de nobles jugeaient naïve et ridicule la quête des magiciens, et il aurait été déçu que cela fût aussi son cas. A son expression, on l'aurait dite secrètement amusée par quelque chose. « Oui, je le désire, répondit-il avec franchise. Aimerais-tu voir la chambre funéraire à présent ? » Elle acquiesça, un sourire aux lèvres.

Hori et Sisenet s'y trouvaient déjà. Leurs voix leur parvenaient, assourdies et comme désincarnées. Posant la main sur son bras, il l'accompagna dans la pièce, puis la suivit de nouveau des yeux lorsqu'elle s'écarta pour aller examiner les cercueils. « Il y a des fils coupés sur la main de cet homme, remarqua-t-elle en fixant Kâemouaset. On lui a dérobé quelque chose.

– Tu as raison, répondit-il. C'était un rouleau, et je l'ai pris. Je l'ai traité avec le plus grand soin et, lorsqu'il aura été recopié, il sera replacé dans le cercueil. J'espère qu'il nous apportera de nouvelles connaissances sur les anciens. »

Tbouboui faillit parler, mais se ravisa. Hori et Sisenet sondaient les murs. « Ici, dit le jeune homme. C'est ici.

– Frappe encore une fois, demanda son compagnon en appuyant l'oreille contre le plâtre. On dirait bien qu'il y a une chambre de l'autre côté. As-tu envisagé la possibilité que ce mur soit faux ? »

Kâemouaset se raidit. « Oui, répondit Hori d'un ton hésitant. Mais, pour le vérifier, il faudrait détruire les décorations qui l'ornent et cela, ce serait un véritable acte de vandalisme. De toute façon, ajouta-t-il en jetant un regard vers Kâemouaset, la décision ne m'appartient pas. C'est à mon père de prendre ce risque. »

Il n'est pas question de démolir ce mur, pensa Kâemouaset. Cette tombe m'effraie, même si j'ignore pourquoi. Il y a quelque chose ici qui fait trembler mon ka. « Nous en discuterons plus tard, dit-il. Mon fils m'a appris que tu étais un éminent historien, Sisenet. Je serais heureux que tu me donnes ton avis sur l'eau qui est représentée partout dans cette sépulture. Il y a peu d'inscriptions, et nous sommes à court d'explications. »

Un léger sourire aux lèvres, Sisenet regarda sa sœur, puis Kâemouaset. « Je peux tout au plus émettre des hypothèses, répondit-il en haussant les épaules avec une grâce tout aristocratique. Il est possible que cette famille ait adoré la pêche, la chasse au gibier d'eau, les promenades sur le Nil, et voulu jouir éternellement de ces plaisirs. Ou alors... » Il se racla la gorge. « Ou alors, l'eau représentait pour elle quelque terrible cataclysme, la réalisation d'une malédiction peut-être, et elle s'est sentie obligée de la faire figurer dans les scènes de sa vie quotidienne. Je ne vous suis pas d'un grand secours, j'en ai peur, poursuivit-il en secouant la tête. Et je ne vois pas non plus pourquoi les couvercles des cercueils sont restés appuyés contre le mur.

– Il est impossible de le savoir. » La remarque d'Hori arracha Kâemouaset à ses réflexions. Tandis qu'il regardait Sisenet parler, il lui avait de nouveau semblé le connaître, une impression qui était encore plus forte ici, dans le tombeau, comme si ce cadre antique était fait pour lui ; sa réserve semblait s'harmoniser avec le silence pesant que ne parvenaient à dissiper ni les voix ni les activités humaines, et son air d'autorité légèrement arrogante avec la dignité froide des morts. Puis Kâemouaset songea brusquement à la statue de Thot qui projetait son ombre immense dans la chambre funéraire. Mais bien sûr, se dit-il, heureux d'avoir trouvé une explication. Le visage impassible de Sisenet, son calme inébranlable lui rappelaient en fait l'expression sage et implacable du dieu.

« Il se fait tard, déclara-t-il en souriant. Noubnofret nous attend pour le déjeuner. Soyez nos hôtes, je vous en prie, et quittons cette tombe humide. »

Ils acceptèrent son invitation. A l'extérieur, accablés par la chaleur, les porteurs somnolaient, adossés contre l'énorme roc qui avait fermé l'entrée de la sépulture. Hori proposa immédiatement à Sisenet de partager sa litière. Kâemouaset qui avait espéré regagner Memphis avec Tbouboui et sentir la chaleur troublante de son corps près du sien fut donc contraint d'offrir la sienne à Tbouboui et à Harmin, qui n'avait pas encore prononcé une parole. « Pourquoi n'êtes-vous pas venus en litière ? demanda-t-il alors qu'elle s'installait sur les coussins à côté de son fils.

– Nous préférons marcher, répondit-elle en lui souriant. C'est un plaisir de tous les instants pour nous. La chaleur n'a rien de comparable à celle qui règne à Koptos, et le paysage non plus. Ici, nous nous régalons du spectacle de la végétation, des odeurs du fleuve, des jeux de lumière... Nous avons laissé notre embarcation à Perou-nefer.

– Vous avez fait tout ce chemin à pied ? s'exclama Kâemouaset, incrédule. Je vais envoyer un serviteur demander qu'elle vienne vous attendre à notre débarcadère. »

Puis il donna le signal du départ et monta dans la litière d'Ib. Pendant le trajet, il revécut les moments qu'il avait passés auprès de Tbouboui et réfléchit aux hypothèses avancées par Sisenet. Elles sont aussi valables l'une que l'autre, se dit-il en fixant les rideaux clos transpercés de lumière. Mais je préfère la deuxième. Ce tombeau n'est pas un lieu de repos paisible. Quelque chose d'atroce y dort, et ce pourrait bien être une malédiction, comme l'a suggéré Sisenet.

Se souvenant alors brusquement de la remarque que celui-ci avait faite sur les couvercles des cercueils, il fronça les sourcils. Comment savait-il qu'ils étaient appuyés contre le mur lorsque Hori et lui avaient pénétré dans la sépulture ? Hori avait dû le lui apprendre, mais il trouverait quand même un moyen de s'en assurer.

Le déjeuner fut servi dans le jardin à l'ombre d'une grande tente, et les convives conversèrent gaiement. Le repas achevé, Kâemouaset s'enfonça dans son obsession et feignit de somnoler tout en suivant les moindres gestes de Tbouboui à travers ses paupières mi-closes. A son grand dépit, elle ne lui adressa guère la parole et partagea son attention entre Noubnofret et Hori étendu à ses pieds, parlant avec sérieux à l'une et charmant l'autre de ses plaisanteries. Vaguement contrarié, Kâemouaset se dit qu'il n'avait encore jamais vu son fils aussi gai et animé.

Installé un peu à l'écart, une coupe à la main, Sisenet regardait les singes batifoler près du bassin avec cet air de réserve un peu distante qui le caractérisait. Kâemouaset avait discuté avec lui pendant le repas et s'était arrangé pour l'interroger sur les couvercles des cercueils. Il avait hésité un instant avant de répondre : « Hori et moi avons longuement parlé de ce tombeau le soir où nous avons dîné ensemble. Je suppose que c'est lui qui m'a révélé ce détail. » Satisfait, Kâemouaset avait encore devisé quelques minutes avec lui mais, apparemment peu disposé à poursuivre la conversation, Sisenet avait fini par se taire, laissant son hôte accorder toute son attention à Tbouboui.

Sheritra, qui avait accueilli les invités sans la moindre timidité, répondu avec décontraction à leurs questions et mangé de bon cœur, était à présent assise à l'ombre d'un sycomore en compagnie d'Harmin. Parfait, parfait, se dit Kâemouaset en admirant la beauté classique du jeune homme, ses cheveux d'un noir éclatant et ses longues mains ornées de bagues. Une fois connu de la bonne société memphite, il pourrait obtenir sans difficulté la main de n'importe quelle belle. Mais qui sait ? Peut-être est-ce un oiseau aussi rare qu'Harmin qui saura reconnaître les qualités cachées de ma fille. Il faut que je me renseigne sur les origines de cette famille. Il se remit à observer Tbouboui, puis n'y tenant plus, se leva. « Je crois savoir que tu t'intéresses à la médecine, lui dit-il.

– En effet, prince, répondit-elle avec nonchalance, manifestement engourdie par la chaleur. Je suppose que c'est Harmin qui te l'a appris.

– Aimerais-tu voir mes remèdes ? »

En guise de réponse, elle s'apprêta à le suivre. Noubnofret leur jeta un coup d'œil mais, à son air absent, Kâemouaset sut qu'elle n'y voyait pas d'inconvénient.

Tbouboui parcourut du regard le bureau de Kâemouaset où régnait le silence pesant de l'après-midi, puis le suivit dans la bibliothèque dont il referma la porte derrière eux. Lui qui veillait d'ordinaire si strictement à ce que personne n'y ait accès, ouvrit sans hésitation le coffre contenant ses herbes et ses philtres.

La femme séduisante au charme irrésistible disparut alors pour laisser place à une Tbouboui sérieuse, attentive, qui examina ses remèdes en le questionnant sur leur coût et leur emploi avec une intelligence qui enflamma encore la passion de Kâemouaset.

Bien qu'il s'efforçât de lui répondre de manière cohérente, il tremblait en regardant ses longs doigts chargés de bagues caresser ses jarres et ses vases, sa chevelure effleurer ses coffres. Elle lui rendit les remèdes, et sa main frôla la sienne, une main fraîche en dépit des perles de sueur qui brillaient au creux de son cou et à la naissance de ses seins.

Il referma les coffres et, quand il se releva, elle avait la tête renversée en arrière et se massait la nuque, les yeux fermés. « Quel calme ! murmura-t-elle. On a l'impression que le monde extérieur n'existe plus. »

Kâemouaset perdit son sang-froid. Passant un bras autour de son cou, il la poussa contre le mur et écrasa sa bouche contre la sienne. Parcouru d'une onde de plaisir indicible, il gémit, frôlant ses lèvres de sa langue, sentant la résistance de ses dents avant qu'elles ne s'entrouvrent. Leurs souffles se mêlèrent un court instant, puis tout fut fini. Il s'écarta, haletant, les jambes molles tandis qu'elle l'observait, les yeux mi-clos et les narines frémissantes.

« Que t'arrive-t-il, prince ? murmura-t-elle. Pourquoi cette conduite ? »

J'ai faim de toi, eut-il envie de lui dire. Je languis d'amour pour toi comme un adolescent. Tes lèvres ne me suffisent pas, Tbouboui. Je te veux tout entière. Je veux caresser de ma langue ces vallées qui torturent mon imagination, connaître la texture et la chaleur de ta peau, me laisser submerger par le désir. Il se s'excusa pas.

« Je t'ai longtemps cherchée en vain, répondit-il d'une voix rauque. J'avais perdu le sommeil ; la nourriture me paraissait aussi sèche et insipide que le sable. Ce baiser était un dédommagement.

– Et ce dédommagement était-il suffisant, prince ? demanda-t-elle avec un sourire moqueur. Ou vas-tu en exiger de plus importants ? Ce sera difficile. Oh oui ! Car mon sang est noble, et je ne suis pas la première venue. »

Le désir de Kâemouaset se colora aussitôt d'un besoin de violence. Il eut envie de mordre ses lèvres, de pétrir ses seins à la faire crier. L'espace d'un instant, il haït son inébranlable assurance. Les mots d'amour moururent sur ses lèvres, et il l'invita à quitter la pièce d'un geste brusque.

Les invités partirent au crépuscule, bien que Noubnofret les eût invités à rester dîner. « Nous avons un autre engagement, malheureusement, expliqua Sisenet. Mais nous vous sommes infiniment reconnaissants de votre hospitalité. J'espère que tu me donneras des nouvelles de ce mur de la chambre funéraire, ajouta-t-il en se tournant vers Hori. Cela m'intéresse beaucoup. La journée a été passionnante, et j'ai pris beaucoup de plaisir à me trouver en présence des morts. »

Ils prirent congé et s'engagèrent sur la passerelle de leur esquif qui attendait, immobile, sur le miroir rougeoyant qu'était devenu le Nil.

Soudain, Tbouboui glissa et, avec un cri de terreur, tenta de se raccrocher à un garde-fou inexistant. Kâemouaset s'élança mais, avant qu'il ne l'eût rejointe, Harmin l'avait arrêtée dans sa chute.

« Tu n'as pas de mal ? » demanda-t-il. Tremblant de la tête aux pieds, livide, elle fit signe que non, puis monta sur le pont d'un pas chancelant, soutenue par Harmin. Sisenet les suivit sans prononcer une parole et l'embarcation s'éloigna.

« Elle n'est pas blessée, dit Kâemouaset en réponse au haussement de sourcils interrogateur de sa femme.

– Je trouve sa réaction un peu exagérée. Elle ne risquait guère qu'un petit bain de boue.

– Son mari est mort noyé, intervint Hori. Et, depuis, elle a une peur panique de l'eau. Il avait trop bu. Il est tombé d'un radeau au cours d'une promenade sur le Nil à Koptos alors que le fleuve était en pleine crue. On a retrouvé son corps quatre jours plus tard à des kilomètres en aval.

– Comment le sais-tu ? demanda Kâemouaset d'un ton brusque.

– Je lui ai posé la question, et elle m'a répondu, répondit Hori avec simplicité.

– Quelle horreur ! s'exclama Sheritra en frissonnant. Pauvre Tbouboui !

– Il paraît que tu vas en ville avec Harmin demain ? » fit Kâemouaset en lui prenant la main. Le jeune homme l'avait en effet pris à part un peu plus tôt pour lui en demander la permission, et il avait accepté avec joie. « Il faudra naturellement que tu sois accompagnée d'Amek et d'un soldat, et que tu rentres à temps pour le dîner.

– Bien entendu, père ! répondit-elle avec impatience. Ne fais donc pas tant d'histoires. Je vais me changer pour le dîner. » Elle s'éloigna rapidement, suivie de Bakmout, tandis qu'Hori allait rejoindre Antef. Restés seuls, Kâemouaset et Noubnofret échangèrent un regard.

« Elle est en train de s'éprendre de lui, dit-il avec lenteur. Je ne sais pas ce que ce jeune homme lui a raconté, mais elle a déjà changé.

– C'est vrai, et cela me fait très peur pour elle, répondit Noubnofret. Quel charme peut bien lui trouver Harmin ? Il n'est à Memphis que depuis peu et c'est la première jeune fille qu'il y rencontre. Il se désintéressera d'elle dès qu'il aura une vie sociale plus remplie. Sheritra ne le supportera pas ; elle est bien trop sensible.

– Tu ne lui accordes aucun mérite, comme d'habitude ! répliqua Kâemouaset avec violence. Pourquoi Harmin ne saurait-il pas découvrir ses qualités cachées, et pourquoi supposes-tu instantanément qu'il ne peut que s'amuser avec elle et l'abandonner ? Accordons-leur au moins le bénéfice de l'optimisme !

– Il n'y a que mes défauts qui ne trouvent jamais grâce à tes yeux », répondit-elle d'un ton amer. Puis, tournant les talons, elle s'éloigna et il ne vit bientôt plus que sa robe blanche, fantomatique dans l'obscurité.

Lorsque la famille se réunit pour le dîner, la colère de Noubnofret avait laissé place à une réserve pleine de raideur. Kâemouaset s'employa à la faire sourire et finit par y parvenir. Assis côte à côte sur le débarcadère, ils burent une dernière coupe de vin en regardant les eaux tranquilles du Nil et, apaisée, Noubnofret posa la tête sur son épaule.

Il respira un instant l'odeur de ses cheveux, puis, sentant un léger désir monter en lui, il lui prit la main. « Viens », murmura-t-il. Et, l'entraînant sous les arbustes, il lui fit l'amour.

Mais il éprouva bientôt une sorte de répugnance pour les seins lourds de sa femme, ses hanches rondes et larges, sa bouche généreuse entrouverte dans le plaisir. Il n'y avait rien de dur ni de ferme chez Noubnofret et, avant même de s'écarter d'elle et de sentir le picotement de l'herbe sèche et des brindilles dans son dos, Kâemouaset savait qu'il aurait préféré faire l'amour avec Tbouboui.

Debout à la proue de sa barque, Harmin la saluait d'un sourire, et Sheritra dut réprimer son envie de courir vers lui. Un court instant, elle désira de tout son cœur retrouver la sécurité de sa chambre et la conversation de Bakmout, fuir cette situation inconnue et infiniment dangereuse. Mais son appréhension céda bientôt la place à un sentiment d'insouciance joyeuse, nouveau pour elle. Redressant la tête, elle s'avança vers Harmin avec autant de grâce qu'elle en était capable, suivie d'Amek et d'un soldat. Harmin s'inclina lorsqu'elle monta la passerelle, et elle lui adressa aussitôt quelques mots pour lui permettre de parler.

« Bonjour, princesse », répondit-il avec gravité en la conduisant vers la cabine tandis qu'Amek et son homme se postaient à chaque extrémité de l'embarcation.

Sans être aussi grande ni somptueuse que celle de Kâemouaset, la barque était décorée de flammes en drap d'or ornées de l'Œil d'Horus. Les rideaux, garnis de glands d'argent, étaient de la même étoffe. S'asseyant sur le tabouret capitonné qu'Harmin lui désigna, Sheritra le regarda disposer des coussins sur le plancher, puis se retourner pour lui offrir de l'eau fraîche et des tranches de bœuf mariné à l'ail et au vin.

Vêtu simplement comme à son habitude, il portait une jupe blanche qui moulait ses longues cuisses et d'austères sandales de cuir, mais sa ceinture était incrustée de turquoises tout comme ses lourds bracelets d'argent et son pectoral. Sur ses épaules reposait une rangée de minuscules babouins d'or, symboles de Thot, une amulette qui protégeait celui qui la portait de certaines formules magiques capables de le transpercer par-derrière.

« Le Nil a parfois la même couleur que tes turquoises, dit Sheritra d'un ton hésitant, reprise par sa timidité. Elles sont très anciennes, n'est-ce pas ? Celles qu'on trouve aujourd'hui n'ont plus cette qualité ni cette couleur bleu vert que père admire tant. »

Harmin s'assit sur les coussins et lui sourit, les yeux brillants. « Tu as raison. Elles appartiennent à ma famille depuis bien des hentis et sont très précieuses. Je les transmettrai à mon fils aîné. »

Sheritra se sentit rougir et changea aussitôt de sujet. « Je croyais que nous devions marcher aujourd'hui, dit-elle. Mais je n'ai rien contre une promenade sur le Nil, au contraire.

– Nous marcherons, ne t'inquiète pas, fit Harmin d'un ton taquin. Tu risques même de demander grâce avant la fin de la journée. Mais j'ai décidé de t'épargner la poussière et la chaleur de la route du fleuve. Et puis, si les marchés nous ennuient ou sont trop populeux, nous pourrons aussitôt remonter à bord. Regarde ! Nous sommes déjà à la hauteur du canal qui mène au vieux palais de Thoutmôsis Ier. Je suppose que tu t'y rends chaque fois que ton grand-père vient séjourner à Memphis ?

– Oui, bien sûr », commença Sheritra. Et, avant de s'en être rendu compte, elle parlait de Ramsès, de la Cour, des activités politiques de son père et de sa vie de princesse. « Ce n'est pas aussi merveilleux qu'on se l'imagine, remarqua-t-elle avec tristesse. J'ai été soumise à une surveillance et à une éducation beaucoup plus strictes que les jeunes filles de la noblesse et, maintenant que ce calvaire a pris fin et que l'on pourrait me croire libre, je risque d'être fiancée à quelque *erpa-ha* héréditaire pour perpétuer la dynastie des Ramsès. Oh ! Ce n'est pas l'idée du mariage qui me déplaît, mais la certitude que mon futur époux ne m'aimera pas. Comment le pourrait-il ? Je ressemble davantage à une fille de paysan qu'à une princesse ! »

Elle s'enflammait, élevant de plus en plus la voix, et il fallut que Harmin l'arrête d'un geste pour qu'elle se ressaisisse. Honteuse de ce qu'elle avait dit, elle enfouit son visage entre ses mains. « Oh ! Harmin, s'écria-t-elle. Je suis vraiment navrée. Je ne sais pas pourquoi je te parle ainsi.

– Moi, je le sais, répondit-il avec calme. Tu m'as fait confiance tout de suite, n'est-ce pas, Petit Soleil ?

– Il n'y a que mon père qui m'appelle ainsi, murmura-t-elle.

– Me permets-tu de le faire aussi ? »

Elle acquiesça de la tête sans dire mot.

« Tant mieux, reprit-il, car j'ai l'impression de te connaître depuis l'enfance. Je suis à l'aise avec toi, Sheritra, et toi aussi. Je suis ton ami, et il n'est rien que je souhaite davantage aujourd'hui que d'être ici en ta compagnie. »

Le regard fixé sur la rive, elle garda le silence en réfléchissant à ses paroles. Jusque-là, elle n'avait eu confiance qu'en son père et ce, parce qu'il avait gagné son respect. Les hommes qu'elle avait eu l'occasion de rencontrer n'avaient provoqué que sa gêne et son mépris par leur insipidité, leur refus de reconnaître son intelligence et leur dédain mal dissimulé pour son manque de beauté. Elle savait qu'elle était dangereusement près d'éprouver pour Harmin des sentiments dont la force bouleverserait son existence et la transformerait. Elle le respectait déjà pour sa franchise, l'intérêt sincère qu'il lui témoignait en dépit de son physique ingrat, et la façon dont il avait su toucher en elle des cordes qui n'avaient jusqu'à présent vibré que pour Kâemouaset.

Mais « ami », qu'entendait-il par « ami » ? Ne souhaitait-il vraiment que cela ? Elle songeait avec tristesse qu'elle ne pouvait rien espérer de plus lorsque Harmin prononça des paroles qui firent battre son cœur.

« Ta peau a la blancheur translucide des perles », murmura-t-il. Elle se retourna brusquement et rencontra son regard. « Tes yeux sont pleins de vie lorsque tu laisses parler ton ka, princesse. Ne te cache plus, je t'en prie. »

Je capitule, se dit-elle, prise de panique. Ma lucidité m'abandonne. Mais au nom d'Hathor, Harmin, ne fais pas marche arrière ! Je donne naissance au moi que j'ai farouchement protégé toute ma vie, et il est encore faible et à demi aveugle sous ton étrange regard.

« Merci, Harmin », répondit-elle d'une voix ferme. Puis, lui adressant brusquement un sourire éclatant, elle ajouta : « Je ne me cacherai plus de toi, et je me moque du reste de l'Égypte. » Il éclata de rire et se mit à engloutir les tranches de bœuf qu'il piquait avec une petite dague à manche d'argent. Brusquement affamée elle aussi, Sheritra dévora celles qu'il lui tendait.

Ils laissèrent la barque dans les docks sud et, au lieu de regagner le centre de la ville par Perou-nefer, Harmin l'entraîna dans le quartier des étrangers. Sheritra frémit d'appréhension. Elle ne s'était jamais mêlée à cette foule grouillante, surtout pas à pied, et se félicita de la présence massive et rassurante d'Amek et du soldat. Mais, habilement guidée par Harmin qui l'encourageait d'un sourire et veillait à ce qu'on ne la bousculât pas, elle oublia vite sa peur.

Bientôt ravie de son anonymat, elle déambula dans les ruelles bruyantes encombrées d'ânes en regardant avec curiosité les gens de toutes nationalités qui s'y pressaient. Hourrites, Cananéens, Syriens, Sémites, peuples de la Grande-Verte faisaient résonner à ses oreilles mille sons inconnus. Les étals du marché croulaient sous les étoffes, les bijoux de pacotille, les statues des dieux du monde entier sculptées dans toutes les sortes de bois et de pierre.

Harmin et Sheritra s'arrêtèrent partout, manipulèrent les objets, marchandèrent pour le plaisir. Puis, soudain, elle se rendit compte que la foule s'était éclaircie et qu'ils se trouvaient dans une impasse. La ruelle, d'une blancheur aveuglante, aboutissait à un mur de terre percé d'une porte.

« Qu'est-ce que c'est ? » demanda-t-elle avec curiosité.

Harmin essuya la poussière collée à son front.

« Une chapelle consacrée à Astarté, la déesse cananéenne. Aimerais-tu la visiter ?

– C'est permis ?

– Bien sûr, répondit Harmin en souriant. Il s'agit d'une chapelle et non d'un temple. Nous pouvons observer les fidèles sans être obligés de prier. Je crois qu'Astarté a un grand temple et de nombreux prêtres et prêtresses à Pi-Ramsès mais ici ils sont peu nombreux et le cérémonial est assez simple. »

Tout en parlant, il l'entraînait vers la porte. Ils pénétrèrent dans une petite avant-cour au sol de terre battue qu'un muret séparait d'une cour intérieure plus minuscule encore.

L'une et l'autre étaient encombrées de fidèles qui priaient et psalmodiaient, mais cette agitation cessait lorsque l'on arrivait près du sanctuaire où, dans l'espace qui entourait la statue de la déesse, une prêtresse dansait en faisant claquer ses crotales et cliqueter les ornements de sa chevelure. Elle était nue et ondulait, yeux clos, dos cambré et cuisses offertes. Derrière elle se trouvait Astarté, et Sheritra regarda avec un mélange de fascination et de répugnance ses seins dressés, le renflement de son ventre de pierre, ses cuisses impudiquement ouvertes qui semblaient appeler tous ceux qui oseraient s'en approcher. S'attendant à ce qu'Harmin aient les yeux fixés sur la danseuse, elle jeta un regard vers lui, mais il l'observait. « Astarté est la déesse du plaisir orgiaque, mais aussi celle des formes d'amour les plus pures, dit-il.

– On ne s'en douterait pas, à la voir, répliqua Sheritra d'un ton aigre. Elle me fait penser aux prostituées qui infestent le quartier de Perou-nefer. Notre Hathor est aussi la déesse de l'amour, mais je la trouve moins vulgaire et plus humaine, d'une certaine façon.

– Je suis d'accord. Astarté n'a pas sa place en Égypte. Elle est faite pour des peuples plus grossiers et barbares, ce qui explique pourquoi ses sanctuaires se trouvent dans les quartiers étrangers des villes. Reste qu'elle est sans doute plus ancienne qu'Hathor.

– Grand-père a beaucoup de sympathie pour les dieux étrangers, dit Sheritra lorsqu'ils quittèrent l'enceinte sacrée. Parce qu'il a les cheveux roux, que c'est une caractéristique de notre famille et que nous venons du nom du dieu Seth, il en a fait son principal protecteur. C'est un dieu égyptien bien sûr, mais grand-père rend également un culte à Baal, son équivalent cananéen, et il va régulièrement dans les temples des étrangers. Je trouve qu'il a tort.

– Moi aussi, approuva Harmin. Je suis d'accord avec ton père et toi pour penser qu'en acceptant autant d'étrangers, dieux ou hommes, l'Égypte se corrompt peu à peu. Bientôt, l'on confondra Seth et Baal, Hathor et Astarté. Que l'Égypte prenne garde alors, car sa fin sera proche. »

Obéissant à une impulsion, Sheritra posa un baiser sur sa joue. Derrière eux, Amek toussota discrètement. « Merci pour cette journée inoubliable », dit-elle avec ferveur.

Lorsque Harmin ressortit du débit de bière avec une jarre et quatre coupes, Sheritra avait trouvé un coin d'herbe rase à l'ombre d'un mur. Reconnaissants, Amek et le soldat vidèrent les leurs debout tandis qu'Harmin s'asseyait à côté de Sheritra. Ils bavardèrent longuement en savourant le breuvage, fort et sombre comparé à la bière servie à la table de Kâemouaset. Sheritra fut vite prise d'un léger vertige, mais la sensation n'avait rien de désagréable.

Puis, après avoir rendu la jarre et les coupes, Harmin l'aida à se relever et ils regagnèrent la barque. Le soleil léchait l'horizon et les baignait d'une lumière orangée qui dorait la peau de Sheritra et nimbait sa chevelure. Elle monta la passerelle d'un pas hésitant et se laissa tomber sur les coussins avec soulagement, gagnée par un agréable engourdissement. Harmin la rejoignit bientôt tandis que l'embarcation commençait à glisser vers le nord. J'ai presque l'impression d'être belle, songea-t-elle en poussant un soupir de bien-être. Je me sens insouciante, frivole, débordante de gaieté. Elle se tourna vers Harmin qui secouait la poussière de sa jupe et contemplait ses pieds sales d'un air morose. « C'était merveilleux ! » s'exclama-t-elle.

Il approuva en riant un peu de son enthousiasme, si rare chez elle, mais elle ne s'en offensa pas. « Aujourd'hui, c'est moi qui ai décidé de notre emploi du temps, dit-il. Je ne suis pas libre demain, mais je te laisse choisir ce que nous ferons après-demain.

– Tu veux passer une autre journée avec moi ? fit-elle, les yeux écarquillés.

– Voyons, princesse, ne dis pas de bêtises, protesta-t-il d'un ton réprobateur. Je ne te le proposerais pas si je n'en avais pas envie. La Sheritra méfiante serait-elle en train de réapparaître ?

– Non, répondit-elle. Je sais que tu ne cherches pas à me tromper, Harmin. Très bien, laisse-moi y réfléchir une minute. Je sais ! fit-elle après avoir contemplé un instant les eaux du Nil rougies par le crépuscule. Nous embarquerons avec Amek et Bakmout sur la barque de père et chercherons un endroit tranquille au sud de Memphis. Nous passerons la journée à nous baigner et à attraper des grenouilles, puis nous déjeunerons sur la berge et irons chasser le canard dans les marais ! Ça te va ?

– Hélas ! non, répondit-il, les yeux fixés sur sa jupe poussiéreuse. Nager m'est impossible, princesse. J'ai peur de l'eau comme ma mère et je n'y entrerais pour rien au monde. » Il leva vers elle un visage sombre. « Mais j'aurais plaisir à te regarder, reprit-il. Quant aux grenouilles et aux canards, ils n'ont qu'à bien se tenir.

– Je suis navrée, murmura-t-elle en posant une main sur ses cheveux. Je trouverai autre chose, une surprise, et tu ne connaîtras notre destination que lorsque je viendrai te prendre. D'accord ? »

Il acquiesça, encore en proie à de tristes pensées, mais un sourire détendit bientôt ses traits. « J'ai un aveu à te faire, Sheritra. J'espère que tu n'en seras pas offensée. »

Elle soutint son regard. Elle avait oublié sa timidité, oublié que le visage qu'il fixait avec tant d'attention inspirait une vague répugnance à la plupart des hommes. « Pour le savoir, il faudra que tu te lances », répondit-elle. Elle rougit brusquement en prenant conscience du côté provocateur de ses propos, mais il ne sembla pas s'en apercevoir. Lui prenant la main, il en caressa doucement la paume de son pouce. « Lorsque je suis venu demander à ton père de venir soigner ma mère, je t'ai entendue chanter dans le jardin », dit-il.

Elle poussa une exclamation étouffée et chercha à se dégager, mais il resserra son étreinte.

« Non, ne rentre pas dans ta coquille. Je n'avais encore jamais entendu une voix aussi magnifique. Je voulais gagner le débarcadère mais je suis resté là, incapable de bouger, me demandant si la chanteuse avait la beauté de sa voix.

– Tu sais maintenant que ce n'est pas le cas », répliqua Sheritra d'un ton coupant. Elle scrutait pourtant son visage avec un désespoir secret, cherchant à y déceler cette insincérité, cette hypocrisie qu'elle connaissait si bien. Elle n'en trouva pas trace.

« Pourquoi te montres-tu aussi injuste envers toi-même ? dit Harmin en fronçant les sourcils. Et comment sais-tu ce que je considère comme beau ? Sache qu'en entendant cette voix, j'ai imaginé une femme ardente, passionnée. C'est cela la beauté pour moi, et c'est ce que tu es, n'est-ce pas, sous ta carapace de méfiance ? »

Elle le regarda avec étonnement. Oh oui ! pensa-t-elle. Je suis passionnée, Harmin, mais je suis encore loin d'être prête à abandonner cette carapace dont tu parles, car...

« Tu es trop fière pour te montrer sous ton vrai jour, excepté devant les tiens, n'est-ce pas ? fit Harmin en souriant. Tu crains qu'on ne te rejette et qu'on ne t'apprécie pas à ta juste valeur. Voudrais-tu chanter cette chanson pour moi ?

– Tu m'en demandes beaucoup !

– Je sais exactement ce que je te demande. Courage ! Chante maintenant, je t'en prie. »

Elle se redressa et se força à ne pas rougir. Ses premières notes furent hésitantes mais bientôt sa voix s'éleva, claire, assurée, et les paroles sensuelles de l'antique chanson flottèrent au-dessus du Nil : « J'ai faim de ton amour comme du beurre et du miel. Tu m'appartiens comme le meilleur onguent au corps des nobles, comme le lin le plus fin... » Elle ne chantait que les paroles de l'amante et sursauta lorsque Harmin se mit à lui donner la réplique : « Je serai ton compagnon à jamais, même dans la vieillesse. Je serai toujours auprès de toi pour pouvoir t'offrir mon amour jour après jour. »

Tous deux se turent. Quittant alors son tabouret pour s'asseoir à ses côtés, Harmin tourna son visage vers le sien et l'embrassa. D'abord prise de panique, Sheritra voulut s'écarter, fuir, mais les lèvres d'Harmin étaient si peu menaçantes, leur pression si légère qu'elle finit par se détendre et lui rendre son baiser. Lorsqu'ils se séparèrent, les yeux d'Harmin étaient embrumés de désir. « Je vais attendre après-demain avec une grande impatience, Petit Soleil, murmura-t-il. Mon horoscope me prédisait beaucoup de chance pour ce mois-ci, et voilà que je suis ici, près de toi ! »

Sheritra lui adressa un sourire hésitant, craignant qu'il ne veuille l'embrasser de nouveau mais, semblant une fois de plus deviner ses sentiments avec cette intuition presque inquiétante qui le caractérisait, il se redressa et se mit à lui raconter des anecdotes de sa vie à Koptos. Lorsque la barque atteignit le débarcadère, il la remercia de sa compagnie avec une grâce cérémonieuse, la confia à Amek, puis disparut dans la cabine dont il tira les rideaux derrière lui.

Sheritra eut le temps de prendre un bain et de revêtir sa robe la plus féminine avant d'entrer dans la salle à manger, l'air digne et la tête haute.

8

Je suis fort comme Thot,
Puissant comme Aton,
Je marche sur mes jambes,
Je parle avec ma bouche pour débusquer mon ennemi.
Il m'a été donné et ne me sera pas ôté.

Ce même jour, Hori avait dormi fort tard. Il avait prévu de se lever avec Râ et d'aller pêcher sur le fleuve en compagnie d'Antef avant de se rendre dans la sépulture. Son serviteur l'avait bien réveillé une heure avant l'aube, mais le sommeil l'avait englouti de nouveau et il n'avait ouvert les yeux que quatre heures plus tard, fatigué et d'humeur maussade.

Après avoir fait appeler le harpiste pour qu'il lui joue une musique apaisante, il déjeuna dans son lit en se forçant à manger pain, beurre et fruits frais et, lorsqu'il se tint enfin sur la dalle de la salle de bains, il était presque dans son assiette. Presque. Si son père avait tiré leurs horoscopes pour le mois, il aurait pu consulter le sien et savoir ainsi comment occuper cette journée qui avait incontestablement mal commencé. Puisque c'était impossible, il ne lui restait qu'à prendre quelques précautions raisonnables. Pas de tir à l'arc aujourd'hui, se dit-il tandis qu'un serviteur le vêtait et lui présentait ses bijoux. Mieux vaut éviter les instruments dangereux. Je ne ferai pas non plus de char avec Antef. Je vais dicter quelques lettres, étudier les dernières copies de la sépulture et passer le reste de l'après-midi à bavarder avec Sheritra dans le jardin. Toujours absorbé dans ses réflexions, il désigna distraitement à son serviteur un pectoral de cornaline et d'argent ainsi que deux bracelets ornés de scarabées. Si seulement je me souvenais de mes rêves ! Je pourrais alors les faire interpréter et sauver cette journée. Bah ! N'y pensons plus. J'ai négligé mes prières ces derniers temps. Si Antef m'a pardonné pour ce matin, il pourra ouvrir mon naos et se prosterner avec moi devant le dieu. Mais lorsqu'il voulut le faire appeler, le domestique lui apprit qu'il était parti en ville pour y faire des courses et ne serait pas de retour avant plusieurs heures.

Hori renonça aussitôt à prier. Après avoir dicté quelques lettres à des amis du Delta, à sa grand-mère souffrante et à des collègues, prêtres de Ptah comme lui, qui servaient le dieu dans le grand temple de Pi-Ramsès, il examina le travail des artistes reproduisant les scènes du tombeau. Mais cette tâche l'irrita presque aussitôt. Que m'arrive-t-il ? se dit-il pour la centième fois. Je vais aller voir père pour lui demander ce qu'il pense de la théorie de Sisenet et s'il veut abattre ce mur. Mais Kâemouaset recevait un patient et Ib lui déconseilla d'attendre. L'exaspération et l'agitation d'Hori, si serein d'ordinaire, atteignirent leur comble, et il ordonna qu'on lui préparât un esquif et des rames. Refusant d'être escorté, il courut au débarcadère, sauta dans la gracieuse embarcation et commença à descendre le fleuve.

Il faisait très chaud. L'été approchait de ce pas inexorable redouté de tous, et Hori qui se courbait sur les rames en jurant à mi-voix fut bientôt aveuglé par la sueur qui ruisselait sur son visage et lui poissait les mains. Le Nil s'asséchait peu à peu. Il avait déjà beaucoup baissé depuis le mois précédent et l'eau, qui avait pris une consistance huileuse, ne coulait plus qu'avec lenteur. Hori ramait avec rage, cherchant à chasser sa mauvaise humeur.

Lorsqu'il s'arrêta un court instant pour s'essuyer le front et attacher ses cheveux, que la transpiration plaquait sur son visage, il constata avec étonnement qu'il avait déjà presque dépassé les quartiers nord. Est-ce que je fais demi-tour ? se demanda-t-il. Mais il décida de continuer malgré la fatigue qui commençait à endolorir ses épaules et ses jambes. Père serait mécontent s'il savait que je suis parti sans garde, se dit-il. C'est assez imprudent de ma part. J'aurais au moins dû arborer les couleurs royales pour éviter de me faire injurier par ces satanés fellahs qui encombrent le fleuve ! Je vais me rapprocher de la rive orientale ; la circulation y sera moins dense.

Il obliqua dans cette direction et continua à ramer avec acharnement, puis, alors qu'il s'apprêtait à rebrousser chemin et jetait un regard derrière lui, il vit Tbouboui sortir de la cabine d'une embarcation à peine plus grande que la sienne et mettre pied à terre. Sa mauvaise humeur commença aussitôt à se dissiper. Voilà quelqu'un qui saura me distraire de moi-même, se dit-il en dirigeant vivement son esquif vers la berge. « Tbouboui ! cria-t-il.

C'est moi, Hori, le fils de Kâemouaset! Est-ce ici que tu habites ? »

Elle s'immobilisa sans paraître surprise de se voir hélée de la sorte. Hori accosta et la rejoignit. Elle portait une courte robe qui couvrait une épaule et laissait un sein nu, une tenue passée de mode depuis nombre d'années. Après un coup d'œil furtif, Hori se rendit toutefois compte qu'une cape blanche diaphane lui arrivant à la taille voilait son buste. Elle avait les pieds nus et les chevilles ornées de bracelets d'or. « Mais c'est le jeune Hori! s'exclama-t-elle en lui souriant. Quelle idée de ramer par cette chaleur! Tu es trempé de sueur. Viens chez moi. Je demanderai à un serviteur de te laver. »

Absurdement contrarié parce qu'elle l'avait appelé « jeune », Hori se sentit ridicule. « Merci, mais je peux tout aussi bien rentrer chez moi, répondit-il. C'est un exercice que je pratique souvent afin de muscler mes bras et mes jambes pour le tir à l'arc et le char. »

Tbouboui promena un regard appréciateur sur ses cuisses et ses mollets luisants de sueur. « Le résultat est convaincant, commenta-t-elle. Mais viens donc me tenir compagnie une heure ou deux, je t'en prie. Mon frère n'est pas là et Harmin court la ville avec Sheritra. »

C'est vrai! se dit Hori. J'avais complètement oublié. Je serai donc seul avec elle. Je crois que cela ne plairait guère à père, mais la perspective de prendre un bain et de me rafraîchir un peu est bien séduisante par cette abominable chaleur. Et puis sa conversation me distraira. Il accepta donc et la suivit le long du sentier bordé de palmiers jusqu'à la petite maison blanche qui avait tant charmé Kâemouaset. Je dois puer, pensa-t-il, mal à l'aise, en s'efforçant de répondre aux propos légers de son hôtesse. Et elle est là, belle, élégante, enveloppée d'un nuage de parfum... De la myrrhe, il me semble, et quelque chose d'autre, quelque chose...

« Sois le bienvenu chez moi », dit Tbouboui qui s'effaça pour le laisser entrer et s'inclina avec formalité. Un courant d'air frais accueillit Hori qui se sentit immédiatement mieux.

Un serviteur aux pieds nus s'approcha silencieusement, et Tbouboui l'invita à le suivre. « C'est le domestique personnel d'Harmin, expliqua-t-elle. Il va s'occuper de toi et te trouver une jupe propre pendant qu'on lave la tienne. Lorsque tu seras prêt, il te conduira dans le jardin. » Elle s'éloigna sans attendre ses remerciements, et Hori accompagna le serviteur en regardant autour de lui avec curiosité.

Il n'était pas aussi épris de calme et de silence que son père et ne partageait pas son mépris pour les décorations et les meubles de son époque, mais l'austérité de la demeure séduisait le solitaire en lui. Le serviteur poussa une porte en cèdre très simple, et Hori découvrit un grand lit avec un appui-tête en ivoire, une table de chevet, incrustée d'ivoire elle aussi, sur laquelle se trouvaient une lampe d'albâtre, un coffret à bijoux, une coupe de vin en bois et un éventail à manche d'argent ; un brasero vide, trois coffres sobres alignés contre le mur, un reliquaire fermé et une cassolette à encens complétaient l'ameublement.

Cela suffisait à remplir la petite chambre, qui donnait pourtant une impression d'espace et de calme. Rien n'y révélait la personnalité d'Harmin. Toujours silencieux, le serviteur ouvrit un coffre dont il sortit une jupe fraîchement amidonnée et une ceinture qu'il posa sur le lit. Puis, après avoir ôté à Hori vêtements, sandales et bijoux, il lui fit signe de le suivre. Le jeune homme obéit, secrètement amusé par son mutisme et son efficacité.

Peu après, lavé et habillé de propre, il traversait un petit carré de pelouse pour rejoindre son hôtesse qui l'attendait, vêtue à présent d'un ample manteau de lin blanc. Hori qui avait vaguement espéré la voir dans la même tenue qu'auparavant, mais sans sa cape plissée, en éprouva un sentiment de déception. Noué autour de son cou par un ruban blanc, le manteau tombait à ses pieds et mettait magnifiquement en valeur sa chevelure d'un noir de jais et son visage couleur de bronze.

Hori fut également frappé par le jardin qui, au-delà de la pelouse, du bassin miniature et des quelques plates-bandes, cédait la place à une forêt de palmiers poussant au hasard. Il avait l'impression que, s'il criait, leurs fûts pareils à des colonnes renverraient le son de sa voix.

« Voilà qui est mieux, dit Tbouboui lorsqu'il la rejoignit. Tu es bâti comme Harmin. Sa jupe te va bien. Assieds-toi là, fit-elle en tapotant la chaise inoccupée à ses côtés. Ou sur la natte, si tu préfères. » Je ne suis pas ton fils, pensa Hori, froissé par son ton légèrement protecteur. Et je ne suis plus un enfant. Ne me traite pas comme si j'en étais un. « Vin ou bière ? » demanda-t-elle en se penchant vers la table qui les séparait. Son manteau glissa, révélant un bras gracieux orné d'un lourd bracelet d'argent. Elle avait la paume des mains orange vif. Comme tous les aristocrates, Hori se teignait de henné les mains et la plante des pieds mais, sur Tbouboui, cette pratique lui paraissait tout à coup exotique et barbare.

« De la bière, s'il te plaît, répondit-il. Cette course sur le fleuve m'a assoiffé ! »

Après l'avoir servi, elle replia ses jambes et se blottit sur sa chaise dans une attitude à la fois gracieuse et enfantine. Quel âge as-tu ? se demanda Hori en vidant sa coupe d'un trait. Par moments, tu ressembles à une petite fille et, à d'autres, ta beauté paraît éternelle.

« Tu as une merveilleuse famille, prince, disait Tbouboui. La majesté intimidante de la demeure d'un prince du sang est parfaitement tempérée par la chaleur et l'esprit des tiens. Nous avons été très honorés de l'amitié que vous nous avez témoignée.

– Mon père est historien et médecin avant d'être prince du sang, et il a été enchanté de découvrir que ton frère et toi partagiez ses intérêts.

– Et toi ? Je sais que tu l'aides dans ses recherches archéologiques, mais t'occupes-tu également de médecine ?

– Non, pas vraiment », répondit Hori. Gêné, il avait du mal à soutenir son regard, et ses yeux se posèrent sur la courbe sinueuse que dessinaient ses genoux, ses cuisses et ses fesses sous l'étoffe de lin. « Ce sont surtout les travaux de restauration de père qui me passionnent, reprit-il. J'ai voyagé dans toute l'Égypte en sa compagnie, et je dois reconnaître que je brûle de curiosité chaque fois que nous ouvrons une nouvelle tombe. Mais cette occupation m'obsède moins que père qui la fait parfois passer avant ses obligations envers Pharaon. » Il se sentit aussitôt déloyal et voulut nuancer ses propos. « Je me suis mal exprimé. Pharaon ordonne et mon père obéit, bien entendu. Je voulais simplement dire qu'il le faisait parfois à contrecœur, surtout lorsqu'il est en train de traduire un texte ancien d'une grande importance ou qu'il s'apprête à pénétrer dans une nouvelle sépulture. » Tu ferais mieux de te taire, songea-t-il avec désespoir. Tu ne fais que t'enferrer. Mais Tbouboui lui souriait. Une goutte de vin tremblait au coin de sa bouche et, au moment où il croisait son regard, il la vit passer lentement sa langue sur ses lèvres.

« Et ce tombeau que nous avons visité ? fit-elle d'un ton encourageant. Obsède-t-il le prince, lui aussi ?

– Au début, il le trouvait passionnant, répondit Hori en haussant les épaules. Mais, ensuite, il a saisi tous les prétextes pour ne plus venir sur le site. Il ne veut même pas regarder les copies que nos artistes font des décorations funéraires. Je me demande parfois s'il n'en a pas peur. C'est moi qui ai dû diriger les travaux, poursuivit-il avec une petite grimace. Et puis il y a ce mur, celui que ton frère et moi avons examiné. Il m'intrigue beaucoup, mais je n'ose en parler à père de peur qu'il ne refuse qu'on y perce une ouverture.

– Pourquoi lui demander son avis ? » dit Tbouboui. Puis, comme Hori, étonné, haussait les sourcils, elle ajouta avec un geste désinvolte de la main. « Oh non ! prince ! Je ne t'incite pas à lui désobéir. Mais il me semble que ce projet exige plus de temps et d'efforts qu'il n'est disposé à y consacrer, que ses nombreux devoirs l'accablent de travail, et que c'est pour cela que tu ne parviens pas à l'attirer dans cette sépulture aussi souvent que tu le souhaiterais. Réfléchis. Si tu perçais ce mur pour explorer la chambre funéraire qui se trouve manifestement de l'autre côté, tu lui épargnerais une décision ennuyeuse et la corvée de superviser les travaux. » Changeant de position, elle reposa lentement ses jambes sur l'herbe. Son manteau ne suivit pas immédiatement. Fasciné, Hori regarda ses longues cuisses dorées, l'éclat satiné de sa peau, et crut même entrapercevoir l'ombre d'un triangle noir. « Comme tu l'as dit, c'est toi qui t'es chargé de tout cette fois, poursuivit-elle. Et pourtant, c'est ton père qui décide. Qui sait ? Il serait peut-être fier de te voir prendre des initiatives de temps à autre, surtout s'il se fie à ton discernement.

– Oh ! Il me fait confiance, fit Hori d'un air pensif en s'arrachant à sa contemplation. Je réfléchirai à ce que tu m'as dit, Tbouboui. Je serais certainement très déçu si je lui demandais la permission d'ouvrir cette chambre et qu'il me la refuse.

– Eh bien, ne la lui demande pas, dit-elle d'un ton léger. Et s'il s'en offense, dis-lui que c'est moi, Tbouboui, qui ai miné la pure obéissance qu'un fils doit à son père et que c'est sur moi que doit retomber sa colère ! » Elle éclata de rire, et il l'imita, heureux tout à coup d'être dans ce jardin auprès d'une femme dont l'esprit et la beauté faisaient naître en lui des sentiments qu'il n'avait encore jamais éprouvés.

Il se souvint de l'ennui que lui inspiraient les beautés maquillées de la cour de son grand-père, des nombreuses occasions où, près de s'éprendre d'une jeune femme, il avait été déçu par un aspect grossier de son caractère, son sens de l'humour défaillant, son manque d'intuition ou de culture. Tbouboui, elle, allie l'intelligence à l'éducation, la beauté à la générosité, se dit-il.

Le silence qui s'était installé entre eux n'avait rien d'embarrassant. Tandis que Tbouboui se détendait, la tête renversée en arrière et les yeux clos, Hori dégusta sa bière en savourant ce moment de bien-être.

« Sais-tu que tu es le jeune homme le plus séduisant que j'aie jamais vu, déclara enfin Tbouboui. J'avais entendu dire que tu étais le plus bel homme d'Égypte avant de t'avoir rencontré, Hori, mais je suis heureuse de pouvoir partager l'opinion générale.

– Je connais ma réputation moi aussi! fit-il avec un reniflement de mépris. Mais je n'y pense presque jamais. Quelle pauvre célébrité! Aucun être, homme ou femme, ne peut s'attribuer le mérite de son apparence. Quelle intelligence dénotent un nez aristocratique ou de beaux yeux? Bêtises que tout cela!

– Un physique fascinant peut toutefois se révéler utile pour obtenir ce que l'on veut, objecta Tbouboui avec calme. Et en jouer n'est pas forcément critiquable. Toi, bien sûr, tu es de sang royal et n'as nul besoin d'user de ta beauté. Elle ne représente pour toi qu'une source de désagrément, car elle ne peut rien t'apporter que tu n'aies déjà. »

Sauf ton respect, pensa brusquement Hori. Ton admiration. J'aimerais t'inspirer plus qu'un intérêt passager.

« N'as-tu donc pas de fiancée, Hori? demanda-t-elle en lui jetant un regard en coin. Pas de jeune femme avec qui tu songes construire ta vie? En ta qualité de prince d'Égypte, tu es certainement censé te marier.

– J'ai l'impression d'entendre mon père! répliqua-t-il avec un soupir. Il s'inquiète régulièrement de mon célibat et menace de me fiancer de force à une jeune Égyptienne bien convenable de l'ancienne noblesse si je ne me décide pas rapidement à en trouver une moi-même. Mais je t'avouerai que je n'y pense guère, conclut-il en se penchant vers elle. Je ne veux signer de contrat de mariage qu'avec une femme que j'aime profondément. Je veux ce que mes parents ont.

– Ah bon? fit Tbouboui d'un ton neutre. Et qu'ont-ils donc, mon jeune idéaliste? »

Se moquait-elle de lui? Il l'observa d'un air pensif, admirant ses yeux noirs, son nez fin, le sourire sensuel qui flottait sur ses lèvres. « Ils se respectent, forment un couple uni et rien ne peut briser leur amour. »

Le sourire de Tbouboui s'effaça et elle murmura en le regardant droit dans les yeux : « Je crois que tu te trompes. La féminité voluptueuse de ta mère s'étiole faute d'être reconnue, et ton père est encore un enfant.

– Tu es insolente, Tbouboui », répliqua-t-il avec froideur. Et, pour la première fois, ils s'affrontèrent en égaux.

« Oui, prince, je le suis, dit-elle enfin. Mais c'est la vérité, et je ne m'en excuserai pas.

– Quelle vérité ? Tu nous connais à peine. Je trouve que tu prends beaucoup de libertés !

– Je n'en prends qu'avec les bonnes manières, fit-elle d'un air moqueur. Si je t'ai offensé, je le regrette. Il m'est d'ailleurs très agréable de t'entendre prendre la défense de tes parents.

– Je suis content de le savoir », répondit-il assez sèchement. Mais, en repensant à ses propos, il se rendit compte que sa franchise avait modifié leurs relations en leur permettant de dépasser le stade des échanges de propos polis.

Se levant brusquement, Tbouboui ouvrit son manteau et le resserra autour d'elle avant de se rasseoir. Le geste avait été si naturel qu'il n'éveilla pas son désir, mais il eut envie de lui caresser la main, de jouer avec les boucles d'oreilles d'argent qui frôlaient son cou.

« J'aimerais revenir te voir, dit-il. Tu es une femme fascinante, Tbouboui, et je me plais en ta compagnie.

– Moi aussi. Reviens quand tu veux. J'ai apprécié ta conversation, et le spectacle de tes incomparables charmes masculins est un régal pour les yeux ! Tu m'as fait une faveur. »

Il éclata de rire, sincèrement amusé. Un bruit de pas du côté du fleuve lui évita d'avoir à répondre. Harmin s'avançait sur le sentier, à l'ombre des palmiers. Il avait le visage pâle et fermé mais, en reconnaissant le fils de Kâemouaset, il plaqua un sourire de convention sur ses lèvres et, après avoir embrassé sa mère, s'inclina devant lui.

« Je te salue, Harmin, dit Hori avec politesse. Ma sœur a-t-elle passé une bonne journée ?

– Je m'y suis employé de mon mieux, répondit le jeune homme d'un ton bref.

– Alors, elle aura été agréable pour nous tous, intervint Tbouboui. J'ai aperçu le prince en train de ramer sur le Nil juste au moment où je débarquais, Harmin. Je l'ai donc invité à égayer mon après-midi. Mais il est temps de songer au dîner, je suppose.

– Je vais d'abord m'étendre un peu, dit Harmin avec un soupçon de mauvaise humeur. Quoique la journée ait été plaisante et bien remplie, j'ai dû renoncer à mon heure de sieste et je dois avouer que j'ai du mal à m'en passer, quelque attrait qu'aient les autres plaisirs. » Il leur adressa un faible sourire et s'éloigna, laissant à Hori l'impression que ses paroles maussades n'étaient que la fumée d'un feu ardent couvant sous la cendre. Il se demanda ce que Sheritra, le « plaisir » du jour manifestement, pensait de son après-midi et, tandis qu'il suivait des yeux son rival en beauté, il se rendit brusquement compte qu'il ne l'aimait pas beaucoup. Cette constatation l'alarma.

« Il faut que je m'en aille, annonça-t-il en tempérant cette déclaration abrupte d'un sourire. J'ai pris plus de plaisir à ta compagnie que je ne saurais le dire, Tbouboui, mais à présent, si ma jupe est prête, je dois rentrer. »

Elle acquiesça d'un signe de tête et ils se dirigèrent ensemble vers la maison.

Le soleil baissait à l'horizon et les pièces étaient déjà plongées dans la pénombre. Debout dans le vestibule que n'éclairait encore aucune lampe, Hori, mal à l'aise, contempla les peintures désormais privées de couleurs et les statues d'Amon et de Thot, dont le bec recourbé d'ibis et les petits yeux perçants lui parurent brusquement menaçants. Le désir qu'il éprouvait pour Tbouboui l'obsédait, mais l'approche de la nuit éveillait aussi en lui un sentiment de solitude intense et pesant. L'arrivée d'un serviteur qui apportait des lampes faillit lui arracher un cri et il se moqua de lui-même.

Lorsque Tbouboui revint avec sa jupe, il la remercia et alla se changer dans le couloir. Un rai de lumière jaune filtrait sous la porte d'Harmin et, quelque part dans la maison, les notes tristes et plaintives d'un luth se firent entendre. Hori frissonna.

Regagnant hâtivement le vestibule, il prit congé de Tbouboui, la pria de saluer Sisenet, qui n'était toujours pas rentré, et traversa aussi vite qu'il le put la forêt de palmiers déjà envahie par l'obscurité. Parvenu au bord du fleuve, il fut étonné de voir que Râ enflammait encore l'horizon sur lequel les pyramides de Saqqarah découpaient leurs noires silhouettes. Il sauta dans l'esquif et plongea ses rames dans les eaux embrasées.

Il faisait nuit noire lorsqu'il arriva chez lui, et la torche qui éclairait habituellement le débarcadère n'était pas encore allumée. Jurant à voix basse, il monta les marches à tâtons. Mais il retrouva vite sa bonne humeur en voyant la maison illuminée et en humant l'appétissante odeur de bœuf rôti, d'oignons et d'ail qui venait des cuisines. Il croisa un serviteur qui portait deux torches enflammées et le salua respectueusement avant de s'éloigner en toute hâte. Hori lui rendit son salut et oublia le malaise qu'avait suscité en lui la demeure de Tbouboui.

Il se rendit d'abord dans la suite de Sheritra qu'il trouva assise devant sa coiffeuse, un endroit où elle ne passait d'ordinaire guère de temps. Elle portait une robe blanche à volants filetée d'or qui chatoyait à la lumière. Des lanières dorées retenaient ses sandales, s'enroulaient comme des serpents autour de ses bras et attachaient les longues tresses de sa perruque. Elle se tient droite, remarqua Hori qui eut du mal à dissimuler son étonnement lorsqu'elle se tourna vers lui, un sourire aux lèvres. Sheritra s'était maquillée comme le voulait la mode du moment : fard jaune pour les joues, poudre d'or sur les paupières, khôl noir autour des yeux et henné rouge sur la bouche. « Tu es superbe, dit-il. Aurions-nous des invités officiels ce soir ? » Il se laissa tomber sur son lit et s'allongea, bras derrière la tête, comme il le faisait souvent au cours des heures qu'ils passaient à bavarder ensemble.

« Mes draps, Hori ! s'écria-t-elle. Tu es couvert de poussière et de sueur !

– Alors ? Des invités ? insista-t-il sans s'émouvoir.

– Non. J'ai juste eu envie de soigner un peu mon apparence ce soir. Ça te gêne ? ajouta-t-elle, sur la défensive.

– Pas du tout, cela me plaît beaucoup, au contraire. Mais pourquoi, Sheritra ? » Son père lui-même n'aurait pas osé lui poser cette question, mais Hori savait que le cœur de Sheritra lui était ouvert. Il était son frère aîné, un ami et un protecteur avec qui elle pouvait s'épancher sans réserve.

Elle prit un miroir de cuivre et scruta son visage avec intensité. « Mes yeux ne sont pas trop mal lorsque le khôl les met en valeur, tu ne trouves pas ? Et mes lèvres ? Sont-elles plus acceptables ainsi ?

– Sheritra... »

Elle reposa brutalement le miroir et se tourna vers lui. « Parce que j'ai passé une merveilleuse journée dans le quartier des étrangers en compagnie d'Harmin. Grâce à lui, j'ai eu l'impression d'être belle, Hori. C'est la première fois que ça m'arrive. Et, ce soir, je veux que mon apparence reflète que ce je ressens. »

Hori remarqua une nouvelle assurance chez elle, une nouvelle conscience de sa féminité qui tranchait avec son ancienne attitude faite d'arrogance et de défi.

« Il a dû te donner l'impression d'être la déesse Hathor en personne, alors, observa-t-il. Et toi, Sheritra, quelle impression lui as-tu faite ?

– Comment le saurais-je ? répliqua-t-elle sèchement en rougissant un peu. Tu n'as qu'à le lui demander !

– Tu dois bien en avoir une petite idée ?

– Je crois qu'il a beaucoup d'affection pour moi, reconnut-elle en venant s'asseoir près de son frère. Oh ! Hori ! Il m'a embrassée ! Que penses-tu de lui ?

– D'Harmin ? demanda-t-il d'un ton taquin pour gagner un peu de temps.

– Et de qui d'autre ? Vraiment, Hori ! »

Je ne l'aime pas, se dit-il, et j'ai peur pour toi, petite sœur. Mais je le juge peut-être ainsi parce que je me sens coupable de l'attirance que j'éprouve pour sa mère. Que penserait-il de moi s'il le savait ? Il s'agita, mal à l'aise.

« Alors ? insista Sheritra.

– S'il gagne ta confiance et ton cœur, c'est le plus merveilleux des hommes, ma chérie, répondit-il aussi sincèrement qu'il en était capable. Mais sois prudente. Tu ne le connais pas encore très bien.

– Je sais que ses yeux ne fuient pas les miens lorsqu'il me fait des compliments ou qu'il devine mes pensées et mes craintes, répondit-elle. Je me sens en sécurité avec lui, Hori, et je peux être moi-même. Il me comprend. »

Oh ! Amon ! pensa Hori. C'est encore pire que je ne le pensais. « Je suis heureux pour toi, Sheritra, fit-il avec douceur. Tu continueras à te confier à moi, n'est-ce pas ? Je t'aime beaucoup, tu sais. »

Elle posa un rapide baiser sur sa joue, l'enveloppant d'un parfum qu'il ne connaissait pas. « Je te dis toujours tout ! Et que penses-tu de la mère d'Harmin ? Elle semble avoir conquis père. »

Hori se redressa. Il avait les muscles des mollets douloureux après le violent exercice de l'après-midi, et il se mit à les masser d'un air absent. « J'avais oublié que tu étais avec lui lorsqu'il l'a vue pour la première fois. Elle est belle, bien sûr, d'une beauté étrange... »

Sheritra lui jeta un regard pénétrant. « Elle ne t'a donc pas laissé insensible, toi non plus. Elle me plaît parce qu'elle me traite en égale et non comme une petite oie timide, mais, si j'étais toi ou père... » Elle hésita.

« Eh bien ?

– Elle fait partie de ces rares femmes capables d'ensorceler les hommes, mais je sens autre chose chez elle, un mystère, un danger... A votre place, je resterais sur mes gardes. » Elle lui parlait avec simplicité et sérieux, et Hori la contempla avec étonnement. J'ignore ce qu'éprouve père, songea-t-il misérablement, mais en ce qui me concerne il est déjà trop tard. J'ai besoin de la voir, de l'entendre...

« Je suppose que je ferais mieux d'aller me laver avant le dîner, dit-il en se levant. Ne t'émeus pas des remarques que ton apparence va t'attirer ce soir, Sheritra. Les commentaires approbateurs de mère seront certainement exaspérants. Quant à père, il ne dira sans doute rien. Fais comme si cette toilette était parfaitement habituelle. Sauf si tu veux leur expliquer tes sentiments, bien sûr, mais je te conseille d'attendre un peu. A tout à l'heure. » Il la quitta pour se rendre dans ses appartements. En plus de sa fatigue et de ses courbatures, il se sentait brusquement déprimé, sans raison précise.

Cette nuit-là, allongé sur son lit, un appui-tête sous la nuque pour soulager son dos moulu, Hori contempla longtemps les ombres mouvantes que jetait la lampe sur le plafond bleu clouté d'étoiles. En proie à une agitation et une anxiété dont il ne comprenait pas la cause, il se remémora les moments qu'il avait passés avec Tbouboui, revit son corps brun, ses sourires ensorcelants. Il n'y a pas la moindre coquetterie chez elle, pensa-t-il, pourtant elle exsude une sensualité qui imprègne chacun de ses gestes et de ses paroles.

Puis il se rappela ce qu'elle lui avait dit au sujet du tombeau. Elle a raison, décida-t-il, heureux de pouvoir tourner ses réflexions vers un terrain moins mouvant. Père a perdu tout intérêt pour ce projet. Il aurait au moins pu le reconnaître et m'en confier la responsabilité. J'ordonnerai la destruction de ce mur dès demain. Je suis impatient de découvrir ce qu'il cache. Une trouvaille intéressante pourrait d'ailleurs réveiller l'enthousiasme de père.

Il vit Kâemouaset un court instant le lendemain matin et, pris d'un sentiment de culpabilité, faillit lui révéler ses intentions. Mais son père paraissait préoccupé, et il partit pour Saqqarah sans lui avoir rien dit. Assis en tailleur dans sa litière, il chassa les scrupules qui le tourmentaient encore en pensant aux propos de Tbouboui. Puis, écrasé par la chaleur torride – le mois de Tibi allait bientôt céder la place à celui de Mekhir –, il ne songea plus qu'à retrouver au plus vite la fraîcheur de la sépulture.

En arrivant devant la tente, qui avait pris des allures d'installation permanente, il fut accueilli par le contremaître et, après avoir bu l'eau qu'on lui présentait, il se dirigea avec lui vers le tombeau. Au pied des marches, artistes et ouvriers bavardaient en attendant les instructions du jour. Ils s'inclinèrent devant le prince qui leur répondit par un sourire distrait. « Abritons-nous du soleil », dit-il.

A l'intérieur, Hori inspira l'air humide et frais, et se sentit aussitôt de meilleure humeur. La sépulture était devenue sa seconde demeure. C'était lui qui avait dirigé les travaux, gagné le respect des ouvriers, ordonné des retouches de peinture et fait réparer les pierres endommagées pour que la demeure d'éternité soit de nouveau digne de ses occupants. L'indifférence qu'avait montrée Kâemouaset pour les papyrus déposés quotidiennement sur son bureau l'avait déçu mais, tandis qu'il parcourait lentement du regard les peintures murales, le sol inégal et les objets appartenant aux morts, il pensa aux lourdes responsabilités de son père et tâcha d'oublier son ressentiment.

Faisant signe au contremaître et au maître artiste de le suivre, il pénétra dans la chambre funéraire. « A-t-on fini de reproduire les inscriptions et les peintures de ce mur ? demanda-t-il.

– Oui, Votre Altesse, depuis trois jours, répondit le maître artiste. Et d'ici trois autres jours, nous aurons entièrement achevé notre tâche.

– Merci. Est-il possible d'y ménager une ouverture en y découpant de petits blocs que nous replacerions ensuite ? Et si oui, quel dommage subiraient les peintures ? »

Le contremaître remonta son pagne de lin épais. « S'il n'y a pas de pièce de l'autre côté et que le plâtre ne recouvre que du roc, nous ne pourrons naturellement pas le percer. En creusant une série de trous où nous introduirions des coins de bois humides, nous pourrions détacher des blocs à peu près réguliers, mais la pierre risque de se fendre. Je ne peux garantir un travail propre.

– Même si le mur n'était qu'une paroi de bois, nous détruirions les peintures, prince, intervint le maître artiste. Car s'il serait alors facile de la découper soigneusement, nous ne pourrions éviter que le plâtre ne s'écaille.

– Serions-nous en mesure de les reproduire à partir de nos copies ?

– Oui, et de façon très fidèle, répondit l'homme à contrecœur. Mais elles n'en resteraient pas moins des copies, Votre Altesse. Qui sait les prières et les formules magiques qui ont été psalmodiées avec amour sur ces peintures ? »

Qui, en effet ? pensa Hori. Mais il n'y a pas trace d'amour dans l'atmosphère de ce tombeau, même si je m'y sens comme chez moi. Il devait plutôt s'agir de malédictions et d'incantations maléfiques. Que dois-je faire ? Les sourcils froncés, il fixa le sol tandis que ses serviteurs attendaient, silencieux. Il fut tenté de se demander ce que son père déciderait à sa place mais, outre que celui-ci avait toujours manifesté une répugnance étrange pour le tombeau, son désintérêt l'avait en quelque sorte privé de son droit de regard. C'est moi qui ai tout fait ici, se dit-il. C'est à moi qu'il revient de prendre cette décision. J'ai mérité cette responsabilité.

« Perce un trou, là, entre le ciel et le sommet de ce palmier, dit-il enfin au contremaître. Si c'est de la roche, il ne nous sera pas difficile de le reboucher et de le masquer. Sinon... Viens me prévenir dès que ce sera fait », ajouta-t-il en tournant les talons.

Hori s'attendait à des protestations, mais les deux hommes gardèrent le silence et il se dirigea vers la sortie. Comme il retrouvait l'éclat aveuglant du soleil, le souvenir de Tbouboui s'imposa à son esprit avec une extraordinaire vivacité. Il la revoyait dans son fin manteau de lin, les cheveux agités par le vent tiède, qui lui souriait en portant une coupe de vin à ses lèvres.

Il regagna sa tente et, les yeux perdus dans le bleu ardent du ciel, se demanda comment il pourrait persuader son père qu'une femme de petite noblesse, originaire d'un trou perdu comme Koptos et plus âgée que lui, pourrait faire une grande épouse convenable à l'un des premiers princes d'Égypte.

Une heure plus tard, le contremaître s'inclinait devant lui, le visage couvert d'une fine poussière grise. « Nous avons percé le trou et rencontré du bois, Votre Altesse. Je suppose donc que nous avons affaire à une porte cachée recouverte de plâtre.

– Dis à tes hommes de déterminer avec soin ses limites, ordonna Hori en se levant. Lorsque tu auras pris mesures et repères, utilise une scie fine de façon à faire le moins de dégâts possible. Je veux qu'on ouvre cette porte ! » Il réprima son désir de se précipiter dans la sépulture en se disant que ses hommes, habiles et bien formés, travailleraient aussi bien sans lui. Une fois le contremaître parti, Hori se fit apporter à déjeuner. Il aurait aimé qu'Antef fût avec lui, mais son ami avait demandé quelques jours de congé pour aller rendre visite à sa famille dans le Delta. Et si père décidait de venir ici aujourd'hui ? pensa-t-il brusquement. Que lui dirai-je ? Un court instant, le sentiment de culpabilité que lui inspiraient sa décision et son intérêt pour Tbouboui prit le dessus, mais il finit par hausser les épaules et se mit à manger.

Après le repas, il alla s'étendre sur le lit de camp et s'endormit. Son intendant le réveilla deux heures plus tard comme il l'avait demandé, et un serviteur le lava de la sueur de ses rêves. Sur le plateau, à l'ombre maigre d'un rocher à demi enfoui dans le sable, un chien du désert haletait et, dans le ciel embrasé de l'après-midi, un faucon tournoyait paresseusement en jetant de temps à autre un cri perçant. Il faut que tout soit fait aujourd'hui, se dit Hori, anxieux. Pourquoi mettent-ils autant de temps ? Il regarda les gouttelettes d'eau sécher sur ses cuisses nues.

Une heure plus tard, le contremaître traversa de nouveau l'étendue de sable brûlant qui le séparait de la tente, et Hori se leva d'un bond, le cœur battant. L'homme s'inclina gauchement.

« Alors ? fit Hori d'un ton pressant.

– Il y a une pièce de l'autre côté. Elle est très sombre, Votre Altesse, et il y flotte une odeur pestilentielle. De l'eau a commencé à suinter par le linteau bien avant que mes hommes aient fini de découper la porte. Ils étaient très inquiets. Ils sont partis dès qu'ils ont fini leur travail.

– Partis ? répéta Hori. Ils se sont enfuis ?

– Les serviteurs de l'illustre Kâemouaset ne s'enfuient pas, répondit le contremaître en se redressant. Ils avaient si peur que je leur ai dit de rentrer chez eux et de revenir demain matin, Votre Altesse. »

Hori ne fit aucun commentaire. Les contremaîtres étaient des chefs compétents qui connaissaient leurs subordonnés. Se mêler de les diriger à leur place ne donnait jamais de bons résultats. « Très bien, dit-il après avoir réfléchi un instant. Les torches sont-elles allumées ? Je vais aller y faire un tour. »

L'homme hésita. « Il serait peut-être sage d'appeler un prêtre, quelqu'un qui ferait brûler de l'encens en demandant aux dieux de protéger Votre Altesse et les occupants de la tombe, et... et... » Il s'interrompit.

« Et quoi ? fit Hori, intéressé.

– Et de vous pardonner.

– Je te trouve bien pompeux pour un homme couvert de sueur et de poussière au point de ressembler à une femme qui s'est collé un emplâtre d'albâtre et de natron sur le visage pour embellir sa peau. Allons, ne crains rien, ajouta-t-il avec plus de douceur devant la confusion de son serviteur. Père, toi et moi faisons ce travail depuis de nombreuses années, non ? Tu oublies que je suis moi-même prêtre sem du puissant Ptah. Viens, je veux voir cette chambre mystérieuse. »

Une nouvelle odeur flottait dans la sépulture, une odeur d'eau croupie qui prenait au nez dès l'antichambre et semblait coller à la peau. Le contremaître frissonna tandis qu'Hori se dirigeait aussitôt vers l'autre salle où deux porteurs de torche, serrés l'un contre l'autre, fixaient d'un air terrifié une ouverture étroite et basse. Des filets d'eau noire s'en échappaient et coulaient vers le socle des cercueils au gré des inégalités du sol. Là, la puanteur devenait insoutenable. Elle réveilla pourtant en Hori un souvenir fugitif. Il avait déjà senti de l'eau croupie, bien sûr, quoique jamais dans de semblables circonstances, mais son esprit associait maintenant cette odeur à quelque chose d'agréable, de merveilleux, sans qu'il parvînt à retrouver quoi. Impatienté, il s'approcha de l'ouverture, demanda une torche et scruta l'obscurité.

Minuscule, la pièce était creusée dans le roc, et sa construction semblait inachevée. Il distingua des niches grossières, sans doute destinées à des shaouabtis qui n'y avaient jamais été installés. Une épaisse moisissure recouvrait les parois, et le sol disparaissait sous une eau fétide et opaque que la lumière de la torche faisait briller d'un éclat sinistre. Au centre, entourés par cette mer mystérieuse, il y avait deux cercueils sans couvercle. Hori retint son souffle. La torche à bout de bras, il allongea le cou, tâchant d'apercevoir leur contenu, mais il ne vit que des ombres dansantes. Avec un grognement, il baissa alors la tête et pénétra dans la pièce sans prêter attention à l'exclamation étouffée que poussait le contremaître.

Il s'avança avec précaution, troublant le calme de l'eau qui alla lécher les parois avec un bruit de succion. Elle lui arrivait aux chevilles, et le contact visqueux du sol sous ses pieds le faisait frissonner de répulsion. Récitant presque sans en avoir conscience une prière à Ptah, il continua cependant sa progression et atteignit bientôt les cercueils, deux grandes auges de pierre grossièrement creusées. Ils étaient vides. Après les avoir examinés avec attention, Hori acquit toutefois la certitude qu'ils avaient été occupés. On y voyait en effet la trace des sels d'embaumement et des liquides corporels qui, avec le temps, décoloraient toujours la pierre.

Il parcourut lentement la chambre en tâtant le sol de ses pieds, car il n'aurait plongé les mains dans cette fange pour rien au monde. Mais il ne trouva pas ce qu'il cherchait. « Il n'y a pas de couvercle », annonça-t-il à haute voix.

Puis il poussa une exclamation de surprise. La torche venait de lui révéler une petite ouverture au pied du mur de droite. Elle était juste assez grande pour permettre à un homme de s'y glisser. Il y introduisit la main et sentit une pierre sablonneuse, sèche et froide. Le boyau semblait monter vers la surface en pente douce. Hori frémit en songeant à ce qu'il savait devoir faire. Que le diable t'emporte, Antef! pensa-t-il, contrarié. Pourquoi fallait-il que tu t'en ailles maintenant? Tu n'aurais pas eu peur ici, et tu aurais pu m'aider. « Contremaître! » appela-t-il.

Des murmures lui répondirent. Il ne se retourna pas et attendit, se sentant brusquement seul et vulnérable. Je regrette de ne pas avoir eu le courage d'en parler à père, se dit-il. J'aimerais qu'il soit ici, à mes côtés, qu'il donne ses instructions avec cette autorité et cette assurance qui nous rassurent tous. Il n'arrive jamais rien de terrible lorsqu'il est là.

Au bout de quelque temps, il entendit enfin le contremaître patauger dans l'eau. Puis l'homme lui toucha l'épaule, tremblant de tout son corps. « Que penses-tu de ça? demanda Hori en lui désignant l'ouverture.

– On dirait une sorte de passage, répondit-il. C'est artificiel, en tout cas.

– C'est également mon avis. Tiens ta torche le plus bas possible. Je vais voir où il mène. »

Sans attendre les objections du contremaître, Hori s'allongea et glissa les bras et la tête dans l'ouverture. Sa peau se rétracta au contact de l'eau fétide et il se hissa plus haut en serrant les dents. Ses épaules ne passèrent pas. Il dut se tortiller pour les dégager. « L'air est plus sain ici! cria-t-il. Je suis sûr qu'il arrive d'en haut. » Si le contremaître lui répondit, il ne l'entendit pas. Plongé dans l'obscurité, il continua à ramper, la tête baissée, s'écorchant les coudes et les genoux sur la pierre. Il maîtrisa la panique qui menaçait de le paralyser en songeant aux hommes qui attendaient dans la sépulture et combattaient bravement leurs propres peurs.

Il lui sembla que son ascension durait une éternité, que le soleil avait dû se coucher depuis longtemps; il avait l'impression que ses mouvements n'étaient qu'une illusion et qu'en fait il ne progressait pas, n'allait nulle part. Puis brusquement, il poussa un juron. Sa tête venait de heurter un obstacle. En le tâtant, il comprit qu'un gros rocher bloquait le passage. Il le sentit bouger sous ses doigts et, s'arcboutant contre les murs du boyau, il poussa. Le rocher frémit. Rassemblant toutes ses forces, Hori fit une nouvelle tentative. Il lui semblait que les ténèbres l'affaiblissaient mais savait pourtant qu'il n'en était rien. La pierre gémit, grinça, puis céda tout à coup, laissant entrer un flot de lumière éblouissant qui l'aveugla. Quelques instants plus tard, il avait réussi à passer la tête par l'ouverture et contemplait, les yeux pleins de larmes, une pente qui descendait vers une palmeraie. Au-delà, la ville miroitait dans la brume de chaleur.

Alors qu'il agrippait une arête de pierre sur sa droite pour se hisser hors du passage, un objet pointu lui entailla profondément le genou. Poussant un cri, il tâta le sol pour découvrir ce que c'était et ramena à la lumière une boucle d'oreille tachée de son sang. Après l'avoir essuyée sur sa jupe, il l'examina, le visage encore crispé de douleur.

C'était une turquoise de belle taille en forme de larme enchâssée dans une délicate monture d'or rouge. Malgré l'aspect terne du bijou et le sable qui y était incrusté, Hori vit immédiatement qu'il était très vieux. On ne portait plus ce genre de pierres qui étaient devenues très coûteuses. Quant à l'or rouge, il savait que les artisans de son pays possédaient désormais le secret de sa fabrication. Les orfèvres du Mitanni, royaume que s'étaient depuis longtemps partagé d'autres empires, l'avaient vendu à la noblesse d'Égypte pendant des siècles avant que les Égyptiens n'apprennent à le fondre eux-mêmes. C'était à présent un alliage plus uniforme qui donnait au métal précieux un simple reflet rouge. L'objet qu'Hori tenait dans ses mains sales présentait en revanche les nervures rouges caractéristiques de l'ancien artisanat du Mitanni.

Hori commença à descendre la pente. Il savait où il était. Le boyau aboutissait dans un angle du mur extérieur en ruine qui avait autrefois entouré la pyramide et les bâtiments funéraires magnifiques du pharaon Ounas. Fermé par le rocher, il passait inaperçu à tout observateur non prévenu.

Tandis qu'Hori marchait en boitant sous le soleil, la surexcitation que lui avait causée sa découverte laissait peu à peu place à un sentiment de déception. Il n'était pas étonnant que le sceau de l'entrée principale eût été intact. Le rocher avait cédé bien trop facilement sous ses efforts ; des voleurs avaient dû découvrir le tunnel, s'introduire dans la chambre funéraire et dérober tous les objets de valeur. Ils avaient sans doute laissé tomber la boucle d'oreille en s'enfuyant.

Et les corps ? se demanda-t-il. Il arrivait souvent que les pillards s'attaquent aux momies pour s'emparer de leurs amulettes et abandonnent ensuite les restes des dépouilles sur le sol ou dans les cercueils. Les deux cadavres s'étaient-ils dissous dans l'eau ? J'ai peut-être pataugé dans des liquides d'embaumement, songea Hori en frissonnant.

Il avait contourné les ruines tentaculaires de la demeure d'éternité d'Ounas et s'avançait maintenant vers le site des fouilles. Deux de ses serviteurs étaient accroupis sous l'auvent de sa tente ; les outils des ouvriers s'entassaient pêle-mêle au pied des décombres amoncelés près de la sépulture. La scène avait un aspect mélancolique sous la lumière impitoyable de Râ.

Dès qu'il fut assez près, Hori héla les serviteurs. Surpris, ils levèrent la tête, puis l'un d'eux disparut derrière la tente. Un moment plus tard, les porteurs traversaient péniblement l'étendue de sable qui les séparait de leur maître et il montait avec soulagement dans la litière. Il examina alors son genou. L'entaille, déchiquetée, atteignait l'os, et il s'étonna qu'un si petit objet pût faire tant de dégâts. Peut-être le bijou était-il coincé à côté d'une pierre coupante, se dit-il. Père va devoir coudre la plaie. Il va être content !

La litière s'immobilisa. « Va dire aux hommes qui se trouvent dans la sépulture de sortir, ordonna-t-il à son intendant. Préviens-les que je suis ici. » Il permit à l'autre domestique de le porter jusqu'à sa chaise mais lui interdit de laver la blessure. Les quelques instants qu'il avait passés en plein soleil lui avaient donné le vertige, et il vida une jarre de bière en attendant le contremaître et les porteurs de torche qui émergèrent du tombeau l'air inquiet et désorienté. « Le tunnel débouche dans les ruines de l'Osiris Ounas, expliqua-t-il au contremaître incrédule. En longeant le côté extérieur de l'enceinte, tu trouveras la sortie et la pierre qui la fermait. Remets celle-ci en place et postes-y des gardes. Ensuite, tu rentreras chez toi.

– Vous êtes blessé, Votre Altesse », dit l'homme après avoir acquiescé de la tête.

Hori réussit à sourire. « J'ai vécu quelques minutes fort riches en aventures. Nous nous reverrons demain. »

Il n'attendit pas le départ de ses serviteurs. Serrant toujours étroitement la boucle d'oreille dans sa main, il se leva, remonta dans la litière et donna le signal du départ. Il était temps de parler à Kâemouaset.

9

Comme mon heure est douce!
Puisse-t-elle durer l'éternité,
Lorsque je dors avec toi.
Tu as enchanté mon cœur...
Lorsqu'il faisait nuit.

Hori aurait voulu que le trajet fût plus long. Il redoutait le moment où il lui faudrait apprendre à son père ce qu'il avait fait, car il n'était plus si sûr à présent que Tbouboui ait eu raison. Les mains autour de son genou, sourd au brouhaha de la ville, il rumina ses doutes jusqu'à se sentir aussi coupable et honteux qu'un petit garçon.

Il ne put regagner discrètement ses appartements comme il l'avait souhaité, car, au moment où il descendait de sa litière, Sheritra apparut, une coupe de lait à la main. « Hori ! s'exclama-t-elle. D'où sors-tu donc ? Tu es sale, couvert d'écorchures de la tête aux pieds, et tu dégages une odeur nauséabonde ! Comment t'es-tu fait cette blessure ? » ajouta-t-elle en désignant son genou.

Il lui montra la boucle d'oreille qui brillait dans sa main. « J'ai ouvert la chambre secrète de la sépulture, dit-il d'un air lugubre. J'y ai trouvé un tunnel et me suis déchiré le genou sur ce bijou. Maintenant, il faut que j'aille tout avouer à père. Où est-il ?

– Dans les appartements de mère. Ils font une partie de zénet. Il va être furieux, Hori. » Puis son regard se posa sur la boucle d'oreille qu'elle examina d'un air pensif. « Une très vieille turquoise, commenta-t-elle. Voilà qui l'adoucira peut-être un peu si tu as de la chance. Elle me rappelle celles que portait Harmin hier. Il avait une vraie fortune en pierres anciennes autour du cou et des poignets. »

Les amoureux ont toujours le nom de leur bien-aimé aux lèvres, pensa Hori avec une pointe d'ironie. « C'est un peu bizarre pour des nobles sans fortune, non ?

– Ils ne sont pas pauvres ; ils ont simplement des revenus

modestes, répliqua aussitôt Sheritra. Harmin m'a d'ailleurs dit qu'il s'agissait de bijoux de famille qu'il transmettrait à son fils. Tu ferais bien d'aller voir père tout de suite. Tu n'aurais pas aperçu le nouveau serpent domestique, par hasard ? »

Hori fit un signe de tête négatif et se dirigea vers les appartements de sa mère. Sa jambe s'ankylosait, il devait faire un effort pour la plier. Tourmenté par la douleur et par sa conscience, il se sentait profondément abattu. Et Antef n'était même pas là pour le réconforter.

Kâemouaset et Noubnofret étaient assis sur des tabourets bas près des marches qui conduisaient à la galerie couverte et au petit jardin latéral. Penchées sur le jeu de zénet, leurs têtes se frôlaient et, en entrant, Hori entendit le rire chaud de sa mère. Après avoir répondu par un sourire au salut de Wernouro, il s'approcha de ses parents et s'immobilisa, embarrassé. Tu es un homme, se dit-il. Tu as pris une décision réfléchie. Eh bien, maintenant défends-la en adulte, espèce d'idiot ! Se caressant distraitement le menton de la main, Kâemouaset réfléchissait à son prochain coup, et ce fut Noubnofret qui leva les yeux la première tandis qu'un léger souffle de vent faisait ondoyer sa robe écarlate. Le sourire qui naissait sur ses lèvres s'effaça. « Hori ! s'exclama-t-elle. Que t'est-il arrivé ? Apporte-lui une chaise, Wernouro, vite !

– Et du vin, ajouta Kâemouaset après lui avoir jeté un coup d'œil. Y a-t-il eu un accident dans la sépulture ? »

Tout en s'asseyant, Hori remarqua que son père n'exprimait pas la moindre surprise. On aurait presque dit qu'il s'était attendu à un incident malheureux. « As-tu tiré nos horoscopes pour le mois de Tibi, père ? » demanda-t-il brusquement. Puis, comme Kâemouaset secouait la tête : « Pour Mekhir alors ? Nous y sommes presque. »

Son père répondit encore une fois par la négative. Il attendait une explication, et Hori eut de nouveau l'impression qu'il s'était préparé à entendre de mauvaises nouvelles. Son beau visage intelligent avait une expression tendue, et tout son corps semblait contracté. Alors, en dépit de son malaise, Hori posa pour la première fois un regard objectif sur son père, un regard d'adulte, débarrassé du voile de l'habitude, du respect et de l'amour filial. C'est un homme tourmenté, constata-t-il avec étonnement. Quelle allure il a avec ses yeux intelligents et ses larges épaules ! Que se passe-t-il dans la vie secrète de son ka ? La nouvelle vision qu'il avait de son père lui rendit son assurance. C'est un homme comme moi, pensa-t-il. Rien de plus, rien de moins.

« Ma foi, je suppose que nous pouvons nous passer d'horoscope un mois de plus, dit-il avec lenteur. Cela n'a pas vraiment d'importance. Pour répondre à ta question, père, il n'y a pas eu d'accident. J'ai fait percer une ouverture dans le faux mur. »

Un silence pesant accueillit ses paroles. Sous le regard intense de Kâemouaset, Hori prit la coupe de vin que lui avait servie Wernouro et en but une gorgée. Son père était manifestement en colère, mais il semblait également effrayé. Noubnofret s'était détournée et regardait les arbres se balancer doucement sur un ciel rougeoyant. Cette affaire ne la concernait pas.

« Je ne me rappelle pas t'avoir donné l'autorisation de le faire, mon fils, dit enfin Kâemouaset d'un ton anormalement calme.

– Je ne te l'ai pas demandée, répondit posément Hori. J'ai pris cette décision seul.

– Pourquoi ? »

Hori se remémora les arguments de Tbouboui et les trouva brusquement hypocrites et égoïstes. Je me suis menti à moi-même, pensa-t-il avec une calme lucidité. Je vais lui dire la vérité.

« Parce que j'en avais envie, répondit-il. Tu as montré peu d'intérêt pour cette sépulture ; elle semblait même te faire peur. J'y consacre la plus grande partie de mon temps depuis trois mois. J'ai décidé d'abattre ce mur au moment qui me convenait au lieu d'attendre ton bon plaisir. »

Kâemouaset cligna des yeux. Il jouait distraitement avec un des cônes d'or du jeu de zénet. « Et les peintures ? Sont-elles détruites ? » Hori sentit que sous son extérieur impassible sa colère bouillonnait toujours.

« Oui, répondit-il d'un ton brusque. La porte en bois se trouvait à peu près au milieu du mur. Il était impossible de percer une ouverture sans faire sauter le plâtre, et donc les peintures. Je compte tout remettre en état plus tard. »

Il y eut un nouveau silence embarrassé. On aurait dit que Kâemouaset brûlait de poser la question inévitable sans oser le faire. Il replaça avec soin le cône sur la Maison des crachats, étudia ses mains, puis en trouva enfin le courage. « Qu'y avait-il de l'autre côté de ce mur, Hori ?

– Une petite chambre contenant deux cercueils, vides tous les deux. Pas de couvercles. Ils ont disparu ou n'ont jamais existé. Le sol est couvert de quelques pouces d'eau stagnante. Il y a des niches creusées dans les parois, mais pas de shaouabtis. »

Kâemouaset hocha la tête, le regard toujours posé sur ses mains. « Des inscriptions ? Des peintures ?

– Non, mais je crois que ces cercueils n'ont pas toujours été vides. Des voleurs ont sans doute pénétré dans la chambre et mis les momies en pièces. Ils se sont introduits par un étroit tunnel qui débouche dans le désert. Je l'ai suivi et me suis blessé le genou sur cet objet. » Il tendit la boucle d'oreille à son père qui l'examina.

« Qu'elle est belle, Kâemouaset ! s'écria Noubnofret, brusquement intéressée. Nettoyée, elle ferait une merveilleuse parure !

– Je la nettoierai, répondit-il d'un ton contraint. Mais elle sera replacée dans la sépulture.

– Non ! intervint Hori. C'est moi qui m'en chargerai. » Kâemouaset le foudroya du regard mais, à la stupéfaction de son fils, il lui rendit le bijou.

« Viens, dit-il en se levant. Je vais m'occuper de ton genou. Nous finirons cette partie plus tard, Noubnofret. » Il avait parlé d'un ton sans réplique et Hori le suivit docilement.

Kâemouaset nettoya et cousit la plaie sans prononcer une parole mais, alors qu'il refermait le coffre contenant ses herbes médicinales, il déclara brusquement : « Tu sais que je suis furieux contre toi, n'est-ce pas ? »

Hori n'avait à présent plus qu'un seul désir : dormir. « Oui, répondit-il. Mais je sais aussi que tu as peur. Pourquoi ? »

Son père garda un instant le silence, puis poussa un soupir. « Quelque chose a changé entre nous, commença-t-il. Nous changeons d'ailleurs tous insensiblement, et j'ignore s'il faut le déplorer ou s'en féliciter. Ce rouleau que tu m'as vu prendre..., j'en ai lu une partie à voix haute en essayant de le traduire. Et, depuis, il y a eu Tbouboui et cette chambre secrète. J'ai parfois l'impression que nous nous sommes engagés dans une voie sans qu'il nous soit possible de revenir sur nos pas. »

Il ne me dit pas tout, songea Hori en observant le visage sombre de son père. « Tu ne t'es donc jamais interrogé sérieusement sur les questions posées par l'eau, les babouins et le rouleau lui-même ? demanda-t-il.

– Bien sûr que si ! répondit sèchement Kâemouaset. Mais je ne suis pas certain de vouloir connaître les réponses.

– Pourquoi ? Et si nous y réfléchissions ensemble, père ? Quatre corps, dont deux cachés derrière un faux mur. Une tombe intacte, une chambre secrète mais profanée... Tu ne trouves pas que ce mystère nous jette un passionnant défi ?

– Il n'est pas évident que des voleurs y aient pénétré, fit

Kâemouaset d'un ton prudent. J'irai l'examiner demain avec toi, mais, d'après ce que tu m'as dit, je penserais plutôt qu'elle n'a jamais été finie ou qu'on l'a délibérément laissée ainsi. » Il se leva et offrit son bras à Hori. « J'ai regretté bien des fois que nous n'ayons pas laissé ce maudit endroit en paix. Viens, je vais t'aider à gagner ta chambre. »

Hori s'appuya contre lui avec reconnaissance et, dans un brusque élan d'affection, faillit lui révéler sa visite à Tbouboui et l'intérêt croissant qu'il éprouvait pour elle. Mais quelque chose l'en empêcha. Rien ne presse, se dit-il, l'esprit engourdi par la douleur et la fatigue. Il faut que je sois en pleine forme pour remporter ce combat. Si seulement il m'avait donné un peu de pavot! Mais c'est peut-être sa manière de me punir de mon audace. Dès que je le pourrai, j'irai raconter à Tbouboui ce que j'ai fait.

Dans les corridors, les serviteurs allumaient des torches, et les lampes de sa chambre brûlaient déjà. Après l'avoir aidé à s'étendre, Kâemouaset lui conseilla de dîner au lit et de se reposer. Hori s'endormit avant même qu'il eût quitté la pièce.

Il ne se réveilla pas lorsqu'on lui apporta son repas. Lorsqu'il rouvrit les yeux, un profond silence régnait dans la maison; sa lampe de nuit s'était depuis longtemps éteinte, et son serviteur personnel ronflait doucement à la porte de sa chambre. De violents élancements lui traversaient le genou, mais il savait que ce n'était pas la douleur qui l'avait éveillé. Il avait fait un rêve troublant, presque un cauchemar, et ne parvenait pas à s'en souvenir. Il se versa de l'eau qu'il but avec avidité, puis fixa longtemps l'obscurité.

Lorsqu'il émergea de nouveau du sommeil, un domestique déposait son petit déjeuner à ses pieds et ouvrait les portes de son naos. La journée va être pénible, pensa-t-il en mangeant sans appétit. Père sera encore de mauvaise humeur, et c'est aujourd'hui que ma blessure va être la plus douloureuse. Pour se réconforter, il pensa au retour prochain d'Antef, son serviteur et son meilleur ami, mais sans en éprouver autant de joie qu'il aurait dû. Antef s'attendrait à ce qu'il lui propose une partie de chasse ou de pêche, une excursion dans les marchés de la ville ou une promenade en barque avec des amis. Ils avaient toujours été très intimes bien qu'Antef n'eût jamais franchi cette barrière intangible de respect qui le séparait à jamais de son royal compagnon. A une époque, les colporteurs de ragots avaient fait courir le bruit qu'Antef était en fait le fils que Kâemouaset avait eu d'une concubine ou, mieux encore, d'une servante. Mais la rumeur s'était vite éteinte. Le prince était un homme trop honnête pour ne pas reconnaître ses enfants, et il y avait à Memphis des sujets de conversation bien plus excitants.

Hori avait trouvé en Antef un égal qui partageait ses opinions, ses goûts, ses distractions, et savait garder les secrets qu'on lui confiait. Je ne pense pourtant pas lui parler de Tbouboui, se dit-il, alors qu'il s'acquittait rapidement de ses prières matinales après avoir fait brûler de l'encens devant la statue d'or de Ptah. Une femme peut détruire une amitié. Tbouboui est déjà en train de modifier mes sentiments à l'égard d'Antef. Je n'ai plus envie de parcourir les marchés ou de chasser avec lui, de passer mes moments de loisir à boire de la bière dans le jardin, de le plaisanter sur notre dernier assaut de lutte. Lorsque nous étions plus jeunes, nous échangions des vantardises sur nos prouesses sexuelles, mais je ne pourrais pas trahir Tbouboui de la sorte. Si je me confie à lui, comprendra-t-il que je veuille passer tout mon temps avec elle ? Avec un sentiment de culpabilité, il s'arracha à ses pensées pour donner toute son attention au dieu souriant qu'il servait. Puis, après avoir demandé sa litière et s'être fait maquiller, il sortit en boitant.

Deux heures plus tard, il se tenait avec Kâemouaset à l'entrée de la chambre secrète et contemplait les deux cercueils vides. Fixées de chaque côté de la grossière ouverture ménagée dans le mur, des torches jetaient une lumière rougeâtre et vacillante qui ne contribuait pas à dissiper l'atmosphère sinistre de la pièce. Au bout de quelques instants, Hori s'assit sur le tabouret apporté par son serviteur pour reposer sa jambe douloureuse tandis que son père s'avançait vers les sarcophages, grimaçant lui aussi de répulsion au contact de l'eau putride. Après les avoir examinés avec attention, il revint vers son fils.

« Tu avais raison, dit-il d'un ton bref. Ils ont été occupés. Mais si des voleurs avaient démembré les corps pour les dépouiller, il en resterait des traces. Les bandelettes et les chairs momifiées ont pu se dissoudre, mais pas les os. Tu es certain qu'il n'y a rien sous l'eau ?

– Oui, répondit Hori. Malgré ma répugnance, j'ai tâté du pied chaque centimètre de ce sol visqueux sans rien trouver. Il se pourrait que la princesse Ahoura et son mari aient d'abord été enterrés dans cette petite chambre. En inspectant cette chambre par la suite et en voyant que de l'eau s'y infiltrait, les prêtres sem leur auraient alors construit de nouveaux cercueils ici. Qu'en penses-tu ?

– C'est possible mais, dans ce cas, pourquoi la première salle funéraire aurait-elle été si grossièrement exécutée ? Ce couple avait-il fait construire trois chambres au lieu des deux habituelles ? Pour quelle raison ? Pour un ou des enfants ? Mais si on a rouvert le tombeau pour y enterrer d'autres membres de la famille, pourquoi le subterfuge de ce faux mur ? Que voulait-on cacher, Hori ? Il n'y a rien dans cette pièce. Les voleurs cherchent les objets de valeur et, même s'ils ne reculent pas devant le saccage, ils finissent par abandonner derrière eux tout ce qui n'est pas aisément transportable. Or tu n'as pas trouvé le moindre débris de meuble ou de statue. Pourquoi cette chambre n'aurait-elle pas été décorée avec le même luxe que les autres si on la destinait à des parents ? » Il remit ses sandales et Kasa s'agenouilla aussitôt pour les lui attacher. « Les scènes peintes sur les murs ne montrent qu'un enfant, un fils, reprit-il. Je dois avouer que je n'y comprends rien, et je ne pense pas que nous percerons jamais le mystère.

– Et le rouleau ? suggéra Hori. Ne pourrais-tu pas l'étudier de nouveau ? Il contient peut-être des indices.

– Peut-être, répéta Kâemouaset d'un ton sceptique. Et je sais que, si nous réparons et refermons cette sépulture sans avoir exploré toutes les possibilités d'explication, tu seras à jamais insatisfait.

– Et toi, ne t'interrogerais-tu pas aussi de temps à autre ? » fit Hori en remarquant le malaise de son père. Kâemouaset regardait autour de lui, une main crispée sur l'œil d'Horus qui reposait sur sa poitrine. Il secoua la tête avec force.

« Je crois que j'ai détesté cet endroit à l'instant même où Penbuy est venu nous annoncer sa découverte, murmura-t-il. Et je ne sais toujours pas pourquoi. Fais remurer cette chambre, Hori. Elle ne nous apprendra rien de plus. Je rentre. L'odeur de cette eau pestilentielle me donne la nausée et elle a souillé ma jupe. »

Hori le suivit un instant des yeux, puis se tourna vers le contremaître et le maître maçon qui attendaient respectueusement ses instructions, les yeux baissés.

« Commencez à reconstruire le mur, dit-il. Je ne peux rester ici aujourd'hui, mais je vous autorise à prendre toutes les décisions nécessaires concernant ce travail. Je reviendrai demain matin. »

J'espère que père se décidera à étudier le papyrus, songea-t-il tandis qu'il regagnait péniblement la sortie avec l'aide de son serviteur et se laissait tomber dans sa litière en maudissant son genou enflé. Je n'y ai guère pensé lorsque je réfléchissais aux questions posées par l'eau, les babouins et cette chambre murée mais, à présent, je commence à croire qu'il contient la clé du mystère. Elle n'est nulle part ailleurs, en tout cas. Les inscriptions et les scènes recopiées avec soin par les assistants de Penbuy sont belles, mais n'apportent pas le moindre éclaircissement. « Au débarcadère ! » ordonna-t-il avec un frisson de plaisir anticipé. La boucle d'oreille reposait sur les coussins de la litière. Il avait l'intention de rendre visite à Tbouboui et ses aventures de la veille lui offraient un prétexte parfait. Ne lui avait-elle pas demandé de la tenir au courant ? Elle s'apitoierait sur sa blessure, lui offrirait du bon vin et le regarderait avec des yeux brillants de sympathie. Maintenant que son père avait examiné la chambre funéraire sans lui adresser le moindre mot de reproche, la journée lui semblait riche de possibilités. Il ferma les yeux, le sourire aux lèvres.

Bien qu'il eût préféré marcher, on le porta le long du sentier qui sinuait entre les hauts palmiers. En revoyant la maison, basse, blanchie à la chaux, silencieuse, il eut l'impression de l'avoir quittée des années auparavant. Le jardin était désert et, pour la première fois, Hori se demanda si sa visite n'était pas inopportune mais, alors qu'il descendait de sa litière et ordonnait à ses porteurs de l'attendre près de la rive, un serviteur sortit et s'inclina devant lui. C'était un Noir aux épaules puissantes et au visage taillé à la serpe. Un Nubien, sans doute. Il rappela à Hori les shaouabtis d'ébène de la sépulture qui attendaient, sourds et muets, le moment où leurs maîtres leur ordonneraient de les servir dans l'autre monde. « Va dire à ta maîtresse que le prince Hori souhaite lui parler. » S'inclinant de nouveau, l'homme lui fit signe d'entrer dans le vestibule, puis disparut. En dépit de son impatience et des battements désordonnés de son cœur, Hori se sentit peu à peu gagné par le calme extraordinaire de la demeure.

Il n'attendit pas longtemps. Tbouboui arriva bientôt, un sourire de bienvenue sur ses lèvres fardées de henné orange. Pieds nus comme à son habitude, les poignets emprisonnés par deux épais bracelets d'or, elle portait un mince fourreau blanc qui laissait deviner sa peau brune, et cette fois Hori ne chercha pas à détourner le regard des courbes ensorcelantes de son corps. Ses cheveux tressés révélaient son long cou aristocratique et la ligne pure de son menton.

« Prince! s'exclama-t-elle. Ton genou! Que t'est-il arrivé ? »

On dirait qu'elle parle à un enfant, pensa Hori, contrarié. C'est ce que je suis pour elle. Il se rendit compte alors qu'elle n'avait pas attendu qu'il parle le premier comme le voulait son rang.

« Je te salue, Tbouboui, dit-il avec froideur. J'ai suivi ton conseil et percé une ouverture dans le faux mur de la sépulture. Je voulais te faire part de ce que j'avais découvert.

– Merveilleux! fit-elle en lui adressant un sourire plus chaleureux encore. Mais tu es pâle, prince. Souffrirais-tu ? Tu prendras bien un peu de vin. Je ne te propose pas le jardin aujourd'hui, car il y fait trop chaud. Allons dans mes appartements. Tu y seras assis plus confortablement. »

La mauvaise humeur d'Hori se dissipa instantanément. Il la suivit péniblement jusqu'à une porte qu'elle lui ouvrit. Une servante accroupie près de l'entrée se leva et le salua.

« Je te conseille la chaise qui se trouve près du lit, prince. Je me porte garante de son confort, car j'y ai passé beaucoup de temps lorsque j'étais blessée. Toi! fit-elle à l'adresse de la servante. Va chercher un tabouret, des coussins et une jarre de vin. » La fille s'inclina et s'éclipsa aussitôt. Leurs serviteurs ont-ils reçu l'ordre de se taire ? se demanda Hori en s'asseyant. Je n'en ai encore entendu aucun parler.

La servante revint bientôt et, toujours silencieuse, souleva délicatement la jambe du blessé, la posa sur le tabouret et les coussins. Assise sur le bord du lit, Tbouboui la renvoya dès qu'elle eut servi le vin. Hori parcourut la pièce du regard. Dans un coin, un coffre ouvert révélait un fourreau d'un rouge écarlate; des pots et des jarres soigneusement rangés s'alignaient sur une coiffeuse, et sur le sol, comme si on l'avait jeté là, un éventail déployait ses plumes d'autruche.

« Il fait si frais ici, dit-il avec lenteur en prenant sa coupe d'argent. A ta santé, Tbouboui. Vie, prospérité et bonheur!

– Merci, prince. Une vieille formule qui me touche beaucoup. Maintenant, raconte-moi ce qui t'est arrivé hier, je t'en prie. Comment a réagi Kâemouaset lorsque tu le lui as appris ? »

Les yeux brillants de curiosité, elle se penchait vers lui, les lèvres légèrement entrouvertes. Comme il serait facile de déranger ce lit si parfaitement fait! se dit Hori. D'un mouvement, je pourrais l'y renverser et l'avoir à ma merci, haletante. Crierait-elle ? Je ne le pense pas. D'ailleurs, je pourrais m'emparer de ses lèvres avant qu'elle soit revenue de sa surprise. La brutalité et la vivacité de la scène qui s'était imposée à son esprit l'horrifièrent, et il prit une profonde inspiration. « Père était furieux, dit-il avec effort. Mais il n'en a rien montré. Il n'a pas fait le moindre commentaire ce matin lorsqu'il est venu voir la sépulture. »

Il continua à décrire les événements de la veille, son appréhension, sa surexcitation, et elle l'écouta avec attention. Lorsqu'il en arriva à l'épisode du tunnel, il lui sembla que sa curiosité s'intensifiait. Elle ne le quittait pas des yeux. « Comme c'est mystérieux ! s'exclama-t-elle. Et tu l'as exploré ?

– Oui, répondit-il d'un ton triomphant. Et j'ai trouvé ceci. » Sortant la boucle d'oreille du petit sac pendu à sa ceinture, il la lui tendit. « C'est ce bijou qui m'a entaillé le genou, mais il en valait la peine, tu ne trouves pas ? La pierre est magnifique, et le travail d'orfèvrerie très délicat. » La turquoise brillait comme une goutte d'eau du Nil sur sa paume teinte de henné, et Hori qui scrutait son visage vit passer une étrange expression dans son regard. Cupidité, satisfaction ou colère, il ne put le déterminer. « Mets-le, proposa-t-il.

– Ne vais-je pas irriter le ka de la dame à qui il a appartenu ? demanda-t-elle d'un ton légèrement moqueur.

– Son ka doit savoir que j'ai l'intention de le remettre dans la sépulture, répondit-il en souriant. D'ailleurs, comment pourrait-elle s'offenser de voir son précieux bijou parer tant de beauté ? »

Repoussant une de ses tresses, Tbouboui accrocha la boucle d'oreille qui se balança contre son cou gracieux. On l'aurait dit faite pour elle. « Va me chercher un miroir, Hori. Oh ! j'oubliais ton pauvre genou blessé, ajouta-t-elle aussitôt en riant. Je vais y aller moi-même. » Hori la suivit des yeux. Il y avait dans sa démarche quelque chose d'alangui, d'intime, comme si l'espace d'un instant elle s'était crue seule.

Soulevant le miroir de cuivre qu'elle tint à deux mains comme une bougie votive, elle se contempla, les yeux mi-clos, le dos cambré, en murmurant d'une voix douce des paroles qu'Hori ne comprit pas. Puis, le reposant brusquement, elle revint vers lui. « Je me demande ce qui est arrivé à la seconde boucle, dit-elle. Des voleurs l'ont peut-être emportée, comme tu le supposes. Quel dommage ! » Elle se rassit nonchalamment sur le lit, et sa robe fendue révéla une longue cuisse brune. « Me permets-tu de la porter encore un peu ? » demanda-t-elle d'un ton enjôleur et soumis qui fit battre le cœur d'Hori. Il acquiesça de la tête, trop troublé pour parler.

Son parfum flottait dans la pièce, la myrrhe de la volupté et du culte aux dieux, et une autre senteur, entêtante et insaisissable. « Tu m'as parlé de ton aventure d'hier et de la réaction de ton père, reprit-elle en caressant la boucle d'oreille de ses doigts fins. Mais tu ne m'as encore rien dit des conclusions que vous avez tirées de cette découverte. Cette petite chambre funéraire apporte-t-elle des éclaircissements sur la sépulture et ses occupants ?

– Pas vraiment, répondit Hori. Après votre visite, ton frère et toi en savez autant que nous, Tbouboui. Quelle honte pour les historiens que père et moi sommes censés être !

– Sisenet en est un, lui aussi. Nous nous sommes souvent interrogés sur l'eau, les babouins et les couvercles, mais sans trouver de réponse. Dis-moi, poursuivit-elle en jouant toujours distraitement avec la boucle d'oreille, qu'est devenu le rouleau que Kâemouaset a pris dans le cercueil ? Tu n'en fais jamais mention.

– Père l'a rangé dans une armoire après avoir essayé en vain de le déchiffrer. C'est étrange que tu en parles aujourd'hui, car je me disais justement qu'il pourrait bien contenir la clé de ces irritants mystères. J'ai l'intention de demander à père de me laisser l'examiner. » Tbouboui lui adressa un sourire plein de douce indulgence qui semblait dire : si le plus grand historien d'Égypte ne peut le traduire, comment en serais-tu capable ? « Mes efforts ont toutes les chances d'être vains, bien sûr, ajouta-t-il aussitôt, mortifié. Mais qui sait ? Cela incitera peut-être mon père à faire une nouvelle tentative. Mes ouvriers sont déjà en train de refermer la deuxième chambre funéraire, et la sépulture sera bientôt close. Le temps presse.

– J'aimerais beaucoup voir ce papyrus, moi aussi, dit Tbouboui avec une charmante simplicité. Mais ton auguste père jugerait ma curiosité purement frivole. Sisenet a toutefois une certaine connaissance des textes anciens. Il pourrait peut-être vous aider. »

Cette fois, ce fut à Hori de sourire avec indulgence. « Pardonne-moi, Tbouboui, mais ton frère n'est sans doute qu'un amateur éclairé, fit-il avec hauteur. Ce rouleau est fragile et irremplaçable ; des mains malhabiles pourraient l'endommager.

– Oh ! Je crois que vous n'avez rien à craindre de ce côté-là. Sisenet a l'habitude de manier des rouleaux précieux. Il a déchiffré tous les registres tenus par les contremaîtres des caravanes de l'Osiris Hatchepsout qui, comme tu t'en souviens peut-être, étaient nos ancêtres.

– Je l'ignorais. Si tu le souhaites, j'en parlerai à mon père. Mais crois-tu que ce rouleau intéressera Sisenet ?

– Oh oui ! répondit-elle avec lenteur. Il l'intéressera beaucoup. Encore un peu de vin, prince ? »

Il acquiesça et, se levant avec une grâce fluide, elle se pencha pour le servir. Il sembla à Hori qu'elle s'approchait davantage de lui qu'il n'était nécessaire. Il respira la bouffée de parfum et l'odeur chaude qui montaient de l'échancrure de sa robe et, voyant ses tresses tomber devant son visage, il les écarta avec douceur. Son épaule n'était qu'à quelques centimètres de sa bouche. Incapable de résister plus longtemps, il ferma les yeux et pressa ses lèvres sur sa peau satinée. Elle était fraîche et sentait l'eau de lotus. Les paupières toujours closes, il chercha le creux délicieux de son cou, promena sa langue sur sa gorge, son menton, puis rencontra enfin ses lèvres, douces et offertes. Tbouboui n'avait pas fait un mouvement. Il l'embrassa avec ardeur, embrasé d'un désir douloureux, cherchant à tâtons ses seins, plus généreux, plus lourds qu'il ne l'avait supposé. Lorsqu'il s'écarta, étourdi et haletant, une faim plus dévorante encore le tenaillait.

« Eh bien, jeune prince, murmura-t-elle. Voilà qui était flatteur.

– Flatteur ! s'exclama-t-il. Je suis fou de toi, Tbouboui ! Je ne mange plus, je ne dors plus. Je sais maintenant pourquoi les jolies petites filles de la cour de grand-père me laissaient un sentiment de solitude et d'insatisfaction. Je croyais me suffire à moi-même. Je dormais ! » Le visage tendu, il parlait d'une voix rauque et hachée. « Laisse-moi te faire la cour, te convaincre que je suis davantage qu'un adolescent. Il y a pire sort que d'entrer dans une des plus puissantes familles d'Égypte !

– Mais tu me connais à peine, mon cher Hori, répondit-elle en haussant les sourcils. En découvrant mon caractère, tu pourrais être fort déçu. C'est un engouement passager, rien de plus », ajouta-t-elle. Elle lui caressa les cheveux d'un geste maternel, et il repoussa sa main avec brusquerie avant de s'en emparer pour la baiser avec passion. « Mon cœur n'a jamais été volage, Tbouboui. Ce n'est pas un amour passager. Il durera.

– Tu deviendrais la risée de toute la noblesse d'Égypte, dit-elle sans chercher à se dégager. Je suis de bonne naissance mais pas assez pour devenir l'épouse d'un prince. Et puis, je suis trop âgée pour toi. »

Serrant sa main entre les siennes, il lui adressa un pâle sourire.

« Quel âge as-tu ? »

Elle resta un instant silencieuse, puis répondit avec un petit rire : « Les dieux m'ont donné trente-cinq ans.

– Ça m'est égal !

– Pas à moi, dit-elle en s'écartant. Je ne peux pas lier par le mariage un homme aussi jeune. » La tête lourde, pris d'une vague nausée, Hori se rassit et sentit brusquement les élancements douloureux de son genou.

« Tu n'éprouves donc rien pour moi ? demanda-t-il.

– Qu'en penserait ton père ? répliqua-t-elle. Tu es un homme séduisant, Hori, et je ne suis pas insensible à ton charme. Personne en Égypte ne pourrait l'être. Mais je dois te considérer comme un ami cher. Tu pourras me rendre visite chaque fois que tu le souhaites à condition de ne rien dire de tes sentiments à ta famille ou à tes amis. C'est entendu ?

– Oui », murmura-t-il. Son assurance l'avait abandonné depuis longtemps, remplacée par le désir de lui prouver qu'il était un homme, désir qu'intensifiait l'attitude protectrice de Tbouboui. « Mais tu n'as pas répondu à ma question, ajouta-t-il.

– Si, prince, je l'ai fait. Maintenant, puis-je t'offrir quelque chose à manger, ou changer ton pansement peut-être ? »

Aucun pansement ne guérira ma blessure, eut-il envie de crier. Il voulait poursuivre la conversation, la forcer à reconnaître qu'elle éprouvait pour lui un désir égal au sien, mais une nouvelle sagesse lui conseilla de battre temporairement en retraite. Une attaque frontale ne servirait à rien. Pour conquérir Tbouboui, il fallait recourir à la ruse, à de patientes embuscades.

« Non, je te remercie. Ton hospitalité a été sans bornes comme d'habitude, répondit-il en tâchant de ne pas paraître amer. Mais il faut que je rentre. » Tbouboui se leva et lui rendit la boucle d'oreille, manifestement à regret.

« Dans ma famille, nous admirons beaucoup les vieilles turquoises, dit-elle. Ce bijou est d'une beauté incomparable et j'essaierai peut-être d'en faire faire une imitation. J'ai eu plaisir à le porter, prince. » Hori se mit péniblement debout et Tbouboui le suivit dans le couloir sans ajouter une parole.

L'intensité de la lumière et l'air brûlant lui causèrent un choc après la fraîcheur de la chambre. Retrouvant un peu de sa dignité habituelle, il prit congé de Tbouboui qui, avec un sourire un peu ironique, l'engagea à revenir très vite. Sa litière l'attendait. Il s'y installa en grognant de douleur et tira les rideaux.

Quelques instants plus tard, quelque chose le poussa à les écarter pour jeter un coup d'œil vers la maison. Debout sur le seuil, Tbouboui suivait la litière d'un regard inexpressif. Un bras passé autour de ses épaules, son frère se tenait à côté d'elle, le visage tout aussi impassible. Hori se rejeta vivement en arrière mais garda longtemps à l'esprit la vision de ces deux sentinelles figées et vaguement menaçantes.

Kâemouaset était sombre et irritable lorsque la famille se réunit pour le dîner, juste après le coucher du soleil. Habituée à un père toujours d'humeur égale, Sheritra, qui parlait gaiement d'Harmin, fut stupéfaite de l'entendre lui ordonner brutalement de se taire. Et, pour une fois, Noubnofret prit la défense de sa fille. « Je te trouve bien grossier, Kâemouaset ! » s'exclama-t-elle. Il ne répondit pas et continua à manger, indifférent aux goûts des aliments et sourd à la musique agréable qui emplissait la pièce. Il remarqua toutefois la réserve inhabituelle d'Hori, les réponses monosyllabiques qu'il faisait aux questions de sa mère et se promit d'examiner son genou le lendemain matin, résolution qu'il oublia instantanément.

A son retour de la sépulture, Penbuy lui avait lu une lettre du grand prêtre Ounennefer. Depuis plusieurs mois, les deux hommes échangeaient en effet leurs arguments concernant l'endroit où avait véritablement été enfouie la tête d'Osiris. Mais ce jour-là le sujet n'avait inspiré qu'un immense ennui à Kâemouaset. Il avait ensuite demandé à son scribe de décliner l'invitation à dîner envoyée par Houi, le maire de Memphis. Une autre missive, que Si-Montou avait rédigée lui-même de sa belle écriture hiératique, lui avait appris que les vignes guérissaient de leur maladie et prospéraient. Kâemouaset avait alors songé aux inquiétantes nouvelles qu'il avait reçues du scribe de sa mère et étouffé aussitôt son sentiment de culpabilité en se promettant de lui écrire bientôt. Penbuy lui avait également lu les rapports des hommes chargés de mesurer la baisse régulière des eaux du Nil et, en écoutant l'énumération des chiffres débitée d'une voix monotone par son scribe, il avait ressenti dans le ventre une douleur fulgurante qu'il ne s'était même pas donné la peine de soigner.

Le désir le consumait. Il n'aurait pu chasser de son esprit la vision du corps de Tbouboui, de son rire, de ses gestes, même s'il l'avait voulu. Tout ce qui l'en distrayait l'exaspérait, et la révélation abrupte que lui avait faite Hori la veille était une distraction de taille.

Aussitôt le repas achevé, Kâemouaset quitta la pièce et gagna un coin reculé du jardin où il resta immobile, les yeux fixés sur une lune décroissante et pâle. Un peu plus tôt, il s'était forcé à tenir compagnie à sa femme, et cela avait été pour lui une épreuve presque insupportable.

Il n'avait eu aucune envie d'aller à la sépulture ce matin-là. Elle représentait pour lui une catastrophe au milieu d'un océan de contrariétés. Il aurait préféré rester chez lui pour ne pas manquer une éventuelle visite de Tbouboui, chez qui il comptait d'ailleurs se rendre bientôt sous le prétexte de lui apporter une recette pharmaceutique. Il savait qu'il n'avait en fait nul besoin de ce subterfuge. Elle était veuve; lui, prince et habilité à avoir autant de femmes et de concubines qu'il le souhaitait. Mais il se sentait sali, diminué par le désir qu'elle lui inspirait, un désir si consumant qu'il lui sacrifiait son travail, ses devoirs, sa famille, un désir qu'il était déjà résolu à satisfaire quels que fussent les obstacles.

Poussant un soupir, il se laissa envelopper par la beauté sensuelle de la nuit. La tête levée vers le velours noir du ciel scintillant d'étoiles, il frissonna au contact de la brise parfumée qui caressait sa peau nue. Il pensa au bijou qu'Hori lui avait montré avec un mélange de fierté et de honte, et l'imagina aussitôt à l'oreille de Tbouboui, se détachant sur son long cou brun et sa chevelure noire parfumée de myrrhe. Il lui irait si bien! « Ah! Thot! gémit-il doucement. Si tu m'aimes, aide-moi! Aide-moi! » Mais le symbole du dieu, minuscule au-dessus de la maison, brillait d'une lumière froide et indifférente.

Kâemouaset s'assit au pied d'un arbre. Il regarda longtemps la lueur dansante des lampes se déplacer d'une pièce à l'autre, puis s'éteindre. De l'autre côté du mur du jardin, là où se trouvaient les habitations des serviteurs, les greniers et les immenses cuisines, on entendait des rires, le cliquetis des dés et des osselets. Mais ces bruits moururent bientôt eux aussi, et le silence de la nuit régna seul.

Un halo de lumière apparut de l'autre côté du massif d'arbustes. « Prince! Vous êtes là ? cria Kasa.

– Oui, répondit Kâemouaset sans se lever. Je n'ai pas sommeil, Kasa. Prépare mon lit et laisse de l'eau dans l'antichambre pour que je puisse me laver. Ensuite, tu pourras te retirer.

– Vous laver vous-même, prince! fit le serviteur avec indignation. Vraiment, je...

– Bonne nuit, Kasa », coupa Kâemouaset d'un ton ferme. La lumière virevolta, puis disparut derrière les colonnes invisibles. Il se sentait épuisé, mais une étrange fébrilité l'animait.

Lorsque la dernière lampe se fut éteinte dans la maison, il se leva avec l'intention de faire un tour dans sa propriété et d'aller contempler un moment le fleuve. Un instant plus tard, il descendait les marches du débarcadère, sautait dans l'esquif et se courbait sur les rames. C'est de la folie, protestait la partie raisonnable de son esprit tandis que l'autre, livrée à son obsession, contemplait les rives désertes, le brasillement de l'eau sous les rayons de la lune et prononçait le nom de Tbouboui à chaque coup de rame.

Les quartiers nord, plongés dans le silence, disparurent derrière lui. Il croisa un grand radeau illuminé chargé de fêtards bruyants, puis obliqua vers la rive orientale, à peine conscient des muscles douloureux de ses cuisses et de ses épaules. Ce que je fais est parfaitement déraisonnable, se dit-il avec calme. Si quelqu'un me voit, on pensera que le grand prince Kâemouaset a perdu l'esprit. C'est peut-être le cas. Je suis peut-être ensorcelé, et il se peut même qu'en cet instant je sois sur mon lit, soumis à un charme de la lune de Thot, et que mes mouvements ne soient qu'illusion. Eh bien, que le charme continue d'opérer! Que le temps et la réalité se dissolvent pour que je puisse m'approcher de sa demeure sans être vu, comme un jeune amoureux. Ses rames soulevaient une cascade de gouttelettes d'argent et ridaient la surface de l'eau d'ondes scintillantes qui allaient mourir dans les ombres de la berge.

A demi dissimulé par la végétation, le débarcadère de Tbouboui était difficile à apercevoir, mais Kâemouaset manœuvra l'esquif avec précision. Il sauta à terre, attacha l'embarcation et s'engagea sur le sentier. Ses pieds ne faisaient aucun bruit sur le sol sablonneux et, autour de lui, les troncs noirs des palmiers se dressaient comme les colonnes d'un temple. Il avait plus que jamais l'impression de vivre un rêve. La maison se dresserait bientôt devant lui, mystérieuse et noire.

Tout à coup, il vit bouger quelque chose sur sa gauche et s'immobilisa, tous les sens en alerte. Quelqu'un le suivait. J'aurais au moins dû me faire accompagner d'Amek, pensa-t-il. Je ne suis qu'un imbécile. Il attendit, tendu, à l'affût d'un autre mouvement entre les arbres. Une silhouette apparut, et il reconnut Tbouboui qui s'avançait vers lui. Il ne distingua d'abord que ses pieds nus, l'auréole sombre de ses cheveux dénoués autour de son visage, puis, avec un tressaillement, il vit qu'elle ne portait pour tout vêtement qu'un mince pagne noué autour de la taille. Elle s'arrêta près de lui sans manifester le moindre étonnement.

« Prince Kâemouaset, dit-elle. J'aurais dû deviner que c'était toi. L'air est plein de ta présence, ce soir. »

Elle ne lui avait pas demandé ce qu'il faisait là. Sans bijoux, le visage dépourvu de tout maquillage, elle paraissait seize ans. Je suis amoureux comme un jeune homme, pensa Kâemouaset, heureux. Oh! Tbouboui! « Tu me fais commettre des actes bien insensés, dit-il. J'avais l'intention de tourner autour de ta maison comme un adolescent éperdu d'amour, puis de rentrer chez moi. Excuse ma conduite excentrique.

– Elle ne l'est pas plus que la mienne, répondit-elle en souriant. J'aime me promener sous les palmiers la nuit lorsque je ne parviens pas à trouver le sommeil. Et il me fuit souvent ces derniers temps.

– Pourquoi ? demanda-t-il, la gorge serrée par l'émotion.

– Je ne sais pas très bien, murmura-t-elle en plongeant son regard dans le sien. Je sais seulement que je me sens seule, prince, et l'on trouve difficilement le repos lorsqu'on est insatisfait. » Elle posa le menton sur ses mains dans un mouvement enfantin. « Mon frère est peu loquace, même s'il m'aime beaucoup. Et Harmin... Harmin est un jeune homme qui a ses propres préoccupations », conclut-elle en haussant les épaules.

Elle se remit à marcher, s'éloignant de la maison pour s'enfoncer plus avant dans la palmeraie. Kâemouaset la suivit et naturellement, sans même y réfléchir, il lui prit la main. Les doigts de Tbouboui se refermèrent sur les siens et, lorsqu'elle s'arrêta, il l'attira vers lui.

« Je t'aime, fit-il d'un ton ardent. Je crois que je t'ai aimée dès ce premier jour où je t'ai aperçue sur la route du fleuve. Je n'ai jamais été amoureux, Tbouboui, pas avec mon corps, mon cœur et mon ka comme maintenant. » Il caressa son visage dans une sorte d'extase, frôlant son cou et ses oreilles, effleurant ses paupières. « Je veux te faire l'amour, dit-il d'une voix sourde. Ici, sous les palmiers.

– Je brûle d'être dans tes bras, murmura-t-elle. J'ai si souvent rêvé de cet instant et, lorsque je te regardais et voyais mon désir reflété dans tes yeux... » Elle pressa sa joue contre sa main. « Mais je ne suis pas une femme légère, Kâemouaset. Je mène la vie austère des anciens et abhorre la corruption morale de notre époque. »

Kâemouaset se laissa tomber sur le sol, l'entraînant avec lui. Il avait à peine prêté attention à ses paroles, ne voulant en retenir que l'aveu de son désir. La renversant avec douceur sur le sol, il enfouit son visage entre ses seins tandis que ses mains glissaient vers ses cuisses et dénouaient fiévreusement son pagne. Elle fut alors nue sous lui, offrant à ses regards son ventre frémissant, la courbe pure de ses hanches dont la beauté le bouleversa.

Il voulut y promener ses lèvres, mais elle attira son visage vers le sien et chercha sa bouche. Cette fois, ce fut elle qui l'embrassa, elle qui gémit de plaisir en se pressant contre lui avec une ardeur qui lui donna le vertige. Puis, alors que, triomphant, ivre d'amour et de désir, il s'apprêtait à la posséder, elle s'arracha brusquement à son étreinte et roula loin de lui, haletante. Kâemouaset voulut la toucher, mais elle se recroquevilla à son contact et finit par s'asseoir, pelotonnée sur elle-même.

« Je ne peux pas, murmura-t-elle. Pardonne-moi, prince. »

Dans sa frustration, il eut envie de la brutaliser, de la prendre de force pour apaiser enfin ce feu dévorant qui le suppliciait nuit et jour. Mais il n'en fit rien. Il caressa tendrement ses cheveux, puis déclara d'un ton ferme : « J'ai une belle demeure sur mon domaine. Elle est grande, claire et pleine d'objets précieux. Je n'y suis pas allé depuis longtemps. C'est là que vivent mes quelques concubines. » Il eut un sourire ironique, mais il faisait sans doute trop sombre pour qu'elle pût voir son expression. « Je ne les ai guère importunées au cours des ans ; Noubnofret me suffisait. Mais à présent... » Il s'interrompit. Le front posé sur les genoux, Tbouboui ne le regardait pas. « A présent, je te veux près de moi, reprit-il. Installe-toi dans cette demeure, Tbouboui. Deviens un membre privilégié de ma maisonnée. Je satisferai à tous tes besoins ainsi qu'à ceux de ton frère et de ton fils. Accepte que je prenne soin de toi. »

Elle leva lentement la tête et fixa sur lui un regard froid. « Il se peut que des princesses s'estiment flattées de finir dans le harem des rois, dit-elle d'un ton distant. Mais je ne serai la concubine de personne. Je ne veux pas passer comme elles mes journées à soupirer après un homme qui me délaissera peu à peu pour de nouvelles beautés et finira par m'oublier tout à fait, alors que je continuerai à lui appartenir sans pouvoir retrouver ma liberté.

– C'est moi, Kâemouaset, qui te fais cette proposition ! s'exclama-t-il, stupéfait. Je ne suis ni dissolu ni volage de nature, Tbouboui. Je rendrai honneur à tes charmes jusqu'à la fin de mes jours.

– Tu n'étais pas un homme dissolu, corrigea-t-elle d'un ton glacial. Mais de nouveaux appétits se sont réveillés en toi, ô prince. Avec ou sans moi, ta patiente Noubnofret ne pourra plus te satisfaire.

– Mais c'est toi qui les as réveillés ! s'écria Kâemouaset. Toi qui m'as changé ! Je ne désirerai jamais personne d'autre que toi, Tbouboui. Je t'aime !

– Oui, répondit-elle avec la même froideur. Mais il m'est impossible d'accepter ton offre, prince, je regrette. Et je ne peux t'abandonner mon corps chaque fois que tu le désires comme une vulgaire prostituée. Cela me détruirait. »

Kâemouaset se rendit compte qu'il se mordait les lèvres et serrait les poings. Faisant un effort sur lui-même, il se détendit et ferma les yeux. Ils restèrent longtemps immobiles, enveloppés par le profond silence de la nuit.

Puis Kâemouaset se mit lentement debout et se pencha vers Tbouboui, les mains sur les hanches. « Lève-toi », ordonna-t-il. Elle obéit, s'épousseta comme une enfant à qui on a recommandé de ne pas se salir, puis lui fit face, les yeux baissés. « Tu m'as parlé durement, dit-il. Mais tes propos font honneur à ta naissance et à ta moralité. Les femmes comme toi sont rares et ton refus ne fait qu'accroître l'amour que tu m'inspires, ma sœur. » Cette appellation tendre qu'il prononçait pour la première fois arracha un soupir étouffé à Tbouboui. « La loi me permet de prendre une autre épouse », poursuivit-il avec calme, tandis qu'une partie de lui-même, celle qui n'aspirait qu'à reprendre sa vie paisible d'autrefois, l'écoutait avec une stupéfaction horrifiée. « Jusqu'à présent, je ne souhaitais pas le faire, mais je te veux près de moi, Tbouboui, n'en doute pas, et, s'il faut que je t'épouse pour cela, je le ferai avec joie. » Il lui prit le menton et la força à le regarder. Son visage était fermé, sans expression. « Je ferai établir un contrat de mariage et tu vivras chez moi, dans des appartements que je ferai construire pour toi. Cela te convient-il ? » Elle battit des paupières, comme si elle sortait d'une transe.

« Je t'aime, cher prince, murmura-t-elle. Mais ne pense jamais que je me suis refusée à toi dans l'espoir de te contraindre à m'épouser. Le mariage d'un prince du sang est une affaire sérieuse. Ne prenons pas cette décision à la hâte.

– Mais tu y réfléchiras ? fit-il d'un ton pressant.

– Oh oui ! » répondit-elle avec un sourire.

Kâemouaset n'eut brusquement plus qu'un seul désir : rentrer chez lui pour mettre un peu d'ordre dans ses pensées. « Viens nous voir demain après-midi, dit-il. Passe un peu de temps en compagnie de Noubnofret. Elle a déjà beaucoup d'estime pour toi. La vie de princesse n'est pas sans attrait, Tbouboui.

– Je n'en doute pas », répondit-elle d'un ton grave.

La prenant dans ses bras, il l'embrassa alors avec une ardeur brutale, puis s'en alla sans se retourner. Bien qu'elle fût restée passive sous son étreinte, il avait l'impression que sa violence l'avait excitée. Si je dois signer ce contrat de mariage qui la fera entrer dans la famille royale, il me faut d'abord enquêter avec soin sur ses origines, pensa-t-il en se hâtant le long du sentier. Je dois m'assurer que son sang est pur, qu'aucun de ses ancêtres ne s'est rendu coupable de trahison ou de crimes envers l'Égypte. Il songea à son frère Si-Montou qui avait épousé sans hésitation une roturière, étrangère de surcroît, et se demanda si son désir de connaître le passé de Tbouboui ne lui était pas dicté par une intuition, un instinct de protection. Absurde, se dit-il. Elle sera bientôt à moi. L'annoncer à ma famille ne sera pas facile mais, après tout, je ne fais rien que de parfaitement légitime. Il se pourrait même que père m'approuve. Ma sobriété dans tous les domaines l'a toujours amusé. Il éprouvait un sentiment de vertige, une sorte d'ivresse, et trébucha d'ailleurs deux fois avant d'atteindre le débarcadère et son embarcation. Il eut l'impression de l'avoir quittée des dizaines d'hentis auparavant.

Puis, brusquement, il se sentit observé. Il regarda autour de lui. « C'est toi, Tbouboui ? » cria-t-il en scrutant l'obscurité, mais seul le silence lui répondit, un silence profond que pas un souffle de brise ne troublait de son murmure. Il resta immobile, le cœur battant. Bien qu'il ne vît rien, il était plus certain que jamais qu'une présence invisible l'épiait, tapie dans l'ombre. Si le tumulte de son esprit avait été moindre, il aurait quitté le sentier pour fouiller les environs, mais, ne s'en sentant pas le courage, il sauta dans son esquif. La nuit avait cessé d'être un cadre magique propice à l'amour ; elle était devenue un linceul dissimulant des esprits sans nom qui guettaient jalousement les êtres humains pour en faire leur proie. Kâemouaset s'éloigna du débarcadère avec une hâte fébrile.

10

Ne laisse pas le chagrin entrer dans ton cœur,
Car les années sont peu nombreuses.

Il ne restait que trois heures avant l'aube lorsque Kâemouaset s'abattit sur son lit. La lampe de nuit fumait. Il souffla la flamme, pensant dormir tard le lendemain matin, mais, à son étonnement, il se réveilla à son heure habituelle, frais et dispos, sans qu'aucun rêve eût troublé son sommeil.

Hori fut annoncé alors qu'il finissait ses prières. Tendant l'encensoir à Ib, Kâemouaset se tourna vers lui, le cœur débordant d'une tendresse qu'il souhaitait partager avec tous ce matin-là. Mais il se rembrunit en regardant son fils. Pâle, l'air hagard, il avait les yeux profondément cernés, et lui qui se tenait d'ordinaire si droit marchait presque voûté. Inquiet, Kâemouaset jeta aussitôt un coup d'œil à son genou, craignant une infection. Mais la plaie cicatrisait bien, les points de suture étaient visibles. « Que t'arrive-t-il, Hori ? demanda-t-il.

– J'ai donc l'air si malade ? répondit son fils avec un faible sourire. Ma blessure me fait souffrir, père, mais je suppose qu'étant donné l'endroit où elle se trouve, tu ne voudras enlever les fils qu'au dernier moment. Puis-je m'asseoir ?

– Bien sûr.

– J'ai mal dormi, continua Hori. Je ne sais pas de quoi j'ai rêvé, mais c'était quelque chose de terrible, un cauchemar chargé de mauvais présages et de menaces. Je me suis réveillé le cœur au bord des lèvres, mais cela commence à aller mieux.

– Tu as besoin de trois ou quatre jours de jeûne, dit Kâemouaset qui l'observait avec attention. Cela purifiera ton corps et apaisera ton ka.

– Tu as sans doute raison. Si seulement tu avais tiré nos horoscopes, père ! Le mois de Phamenoth va bientôt commencer, et je n'aime pas vivre mes journées en aveugle sans en connaître les heures néfastes. J'ai l'impression d'être incapable de prendre les décisions qui conviennent. » Son regard errait d'un objet à l'autre, fuyant celui de son père, et il serrait nerveusement ses mains l'une contre l'autre.

« Quelque chose te tourmente, insista Kâemouaset. Je m'occuperai des horoscopes, je te le promets, mais ne veux-tu pas me confier ce qui ne va pas ? J'aimerais t'aider, Hori. »

Cette fois, son fils le regarda dans les yeux et lui sourit. « Tout va bien, prince, je t'assure. Je vais suivre ton conseil et jeûner. Je crois qu'Antef et moi avons abusé de la boisson et de la bonne chère, et regagné un peu trop souvent notre lit à l'aube. »

Se rappelant le moment d'effroi qu'il avait éprouvé la veille sur le sentier de Tbouboui, Kâemouaset eut un léger frisson. « Antef rentre aujourd'hui, n'est-ce pas ?

– Oui », répondit Hori en se redressant. Il n'était pas encore maquillé, et Kâemouaset nota avec soulagement que son teint et ses yeux avaient déjà repris un peu d'éclat. « As-tu eu le temps d'examiner le rouleau, père ? »

Kâemouaset n'eut pas besoin d'autres précisions. Depuis trois mois, il n'y avait qu'un seul rouleau, dont la pensée le lancinait comme une dent gâtée.

« Non, répondit-il. Pourquoi cette question ? »

Une fois de plus, Hori esquiva son regard. « Parce que j'ai rendu visite à Tbouboui hier. J'espérais voir Sisenet, mais il était absent. C'est un homme érudit, je pensais discuter de la sépulture avec lui.

– Tu es allé là-bas sans me le dire ! s'exclama Kâemouaset, partagé entre une vague inquiétude et un sentiment de jalousie. Étais-tu seul avec Tbouboui ?

– Oui, répondit Hori. Nous pensons que ce papyrus pourrait apporter des indications précieuses et, d'après elle, son frère serait peut-être en mesure de nous aider. Il a déjà traduit des textes anciens. Avec ta permission, j'aimerais lui proposer de venir l'examiner.

– Tbouboui doit rendre visite à Noubnofret cet après-midi, dit Kâemouaset avec une étrange répugnance. Je lui en parlerai. Sisenet ne causera pas de dommages au papyrus, je suppose. » Mais l'inverse est-il aussi sûr ? se demanda-t-il soudain.

« Elle vient aujourd'hui ? s'écria Hori. Comment le sais-tu ? Elle ne m'en a rien dit hier. »

Il n'est vraiment pas dans son assiette, pensa Kâemouaset. Je me demande ce qui le tourmente. « Ta mère ne cessait d'exprimer le désir de la revoir, expliqua-t-il. Je lui ai donc envoyé un message hier soir, déclara-t-il. Puisqu'elle n'a pas répondu, elle va certainement venir. » C'est la première fois que je mens à mon fils, songea-t-il avec tristesse. Et j'ai l'impression que ce ne sera pas la dernière. Et lui ? Me ment-il aussi par omission en se taisant ?

« Ah ! fit seulement Hori. En ce cas, je resterai à la maison. Ce rouleau m'intéresse beaucoup. » Il se leva péniblement, embrassa son père avec une brusquerie qui ne lui ressemblait pas et quitta la pièce en boitillant.

Tbouboui arriva juste après la sieste, alors qu'une chaleur torride régnait encore dans la maison. Kâemouaset avait appris à une Noubnofret ravie qu'elle venait spécialement pour passer une ou deux heures en sa compagnie, et ce fut donc sa servante Wernouro qui alla l'attendre au débarcadère.

Noubnofret se levait à peine lorsqu'on annonça son invitée. Vêtue d'une simple étoffe de lin nouée autour de la taille, elle était assise devant sa coiffeuse, un miroir à la main, et se faisait maquiller. Elle renvoya aussitôt son serviteur et serra affectueusement Tbouboui dans ses bras.

« Quel plaisir de te voir ! dit-elle en l'enveloppant de son parfum musqué. Je savais que nous deviendrions amies. L'amitié est importante, n'est-ce pas ? Surtout lorsqu'on a pour époux un homme marié à ses multiples obligations ! Assieds-toi, je t'en prie. Pardonne mon lit défait, mais je viens à peine de le quitter. La chaleur devient insupportable, poursuivit-elle avec un soupir. Et j'ai les paupières toutes gonflées. Comment fais-tu pour avoir le teint aussi frais ? »

Au lieu de prendre une chaise, Tbouboui s'assit en tailleur sur le lit et s'adossa aux coussins. Noubnofret remarqua qu'elle avait abandonné les fourreaux démodés qu'elle portait d'ordinaire pour une charmante robe blanche à empiècement brodé qui lui descendait aux chevilles et laissait ses bras nus. Un bracelet d'or serrait son avant-bras et des boucles en forme de gouttelettes du même métal brillaient à ses oreilles. Quoique maquillée avec soin, elle avait adopté une coiffure simple dépourvue de tout ornement.

« J'aime la chaleur, dit-elle en souriant gaiement. Elle ne m'incommode pas, bien que je ne me risque naturellement pas à marcher en plein soleil à cette époque de l'année. Pourquoi ne pas me rejoindre sur le lit, princesse ? »

Noubnofret s'étendit à ses côtés avec un soupir d'aise, la tête appuyée sur un coude.

« Wernouro va nous apporter des boissons et des pâtisseries, dit-elle. J'ai pensé que nous serions mieux ici. Comparée à la fournaise du jardin, ma chambre est un peu plus fraîche, encore qu'il n'y ait pas le moindre souffle d'air. Alors, avez-vous commencé à fréquenter nos nobles memphites, Tbouboui ? Te plais-tu dans cette ville ? »

Tbouboui éclata d'un rire gai et spontané, mais Noubnofret fut frappée par l'aspect un peu carnassier de ses petites dents. « Les habitants du faubourg nord nous envoient de nombreuses invitations. Je suis certaine que leur curiosité est bien intentionnée, mais nous déclinons la plupart d'entre elles. Nous préférons mener une vie paisible et bien réglée. Memphis est une ville aussi belle que passionnante, mais il nous suffit généralement de savoir que les plaisirs qu'elle a à offrir sont à notre disposition.

– Tu ne t'ennuies pas un peu ? demanda Noubnofret. L'administration de ta maison ne doit pas te prendre beaucoup de temps.

– Non, en effet, mais je dicte en ce moment une histoire des relations de l'Égypte avec le reste du monde à l'époque de l'Osiris Hatchepsout, la reine qui a donné à mon ancêtre la route caravanière de Koptos à la mer Orientale. Et, dans mes moments de loisir, je parcours la ville à pied. J'adore marcher. »

Je ne sais trop que penser de toi, se dit Noubnofret avec un léger sentiment d'envie. Contrairement à moi, tu as peu de responsabilités et tu es libre de faire ce qui te plaît. Toutes tes racines sont à Koptos. Alors, pour quelle raison es-tu ici ?

« C'est une étrange occupation pour une femme, remarqua-t-elle avec plus d'aigreur qu'elle n'aurait voulu. Je parle de tes recherches historiques, car pour ce qui est de la marche, il suffit de te regarder pour comprendre ses effets bénéfiques. Tu es souple et mince, Tbouboui.

– Tu ne devrais pas sous-estimer ta propre beauté, princesse », protesta celle-ci, et Noubnofret se rendit compte qu'elle avait bien interprété l'amertume qui s'était glissée dans ses paroles. « Les hommes n'apprécient pas toujours la minceur chez une femme. Tes seins généreux et tes hanches pleines incarnent l'essence de la féminité, ton ventre arrondi leur parle de fécondité et de sensualité. Tu es faite pour l'amour. »

Noubnofret fut déconcertée par sa franchise, et sa gêne s'accrut lorsqu'elle sentit la main de Tbouboui lui effleurer le mollet. Mais c'était un contact rassurant, amical.

« J'aimerais que Kâemouaset soit de ton avis, répondit-elle en riant. Je crois qu'il ne me voit même plus. Pour lui, je ne suis que l'organisatrice de la maison, la mère de ses enfants et l'hôtesse de ses invités officiels. Ces tâches m'accaparent d'ailleurs tellement que je me sens moi-même asexuée parfois, ajouta-t-elle avec une petite grimace. Mais c'est la vie, n'est-ce pas ? Les sentiments ardents de la jeunesse ne survivent pas à l'usure d'un long mariage.

– Il n'en va pas forcément ainsi, fit Tbouboui avec douceur. Le prince recherche-t-il quelquefois la compagnie de ses concubines ? »

Prise au dépourvu, Noubnofret se demanda si son invitée manquait de savoir-vivre ou si c'était là une question naturelle entre deux femmes adultes. L'expression chaleureuse et ouverte de Tbouboui la fit pencher pour la seconde hypothèse. « Il ne va jamais les voir, répondit-elle en repoussant ses cheveux humides de sueur. Elles sont libres de leurs mouvements, peuvent rendre visite à leurs parents, partir en voyage si on les y autorise, et elles viennent parfois m'aider à recevoir les dignitaires. Ce sont des femmes charmantes, mais que leur classe ne me permet naturellement pas de fréquenter. Non, Tbouboui, lorsque Kâemouaset a envie de faire l'amour, c'est moi qu'il vient trouver.

– Je sais qu'il t'aime beaucoup. Tu lui es très précieuse, même s'il semble considérer ta présence comme allant de soi.

– Sans doute, fit Noubnofret avec un soupir. Mais il aime en moi la compagne, l'amie, et non plus l'amante. Enfin, je ne me plains pas. Je suis heureuse. » Pour la première fois, ces mots qu'elle se répétait si souvent sonnèrent faux à ses oreilles. Est-ce vraiment si sûr ? se dit-elle. « Et toi ? demanda-t-elle aussitôt. Ton mari est mort depuis longtemps. Ne te sens-tu pas seule ?

– Si, reconnut Tbouboui avec sincérité. Mais je préfère encore rester veuve que me marier uniquement pour tromper ma solitude. J'ai une fortune personnelle suffisante et mon cher Sisenet m'entoure de son affection. J'ai besoin d'amour, princesse, mais pas à n'importe quel prix. C'est moi qui fixerai les conditions. »

Noubnofret éprouvait une sympathie croissante pour Tbouboui. « Nous connaissons beaucoup d'hommes importants, dit-elle. Aimerais-tu rencontrer certains d'entre eux ? Je suis une remarquable marieuse, ma chère ! » Toutes deux éclatèrent de rire, puis, alors que Noubnofret s'essuyait les yeux, Wernouro entra et disposa sur une table de l'eau, du vin, de la bière, des pâtisseries et des sucreries.

« Je te remercie de ton offre, princesse, dit Tbouboui, encore hoquetante. Mais je crois que je préfère m'ennuyer seule qu'à deux. Du vin, s'il te plaît », ajouta-t-elle en réponse à l'interrogation muette de Noubnofret. Wernouro les servit et se retira discrètement.

« Et Harmin ? » insista Noubnofret. Avec son sens très développé des préséances et l'importance qu'elle accordait à la position sociale, il lui semblait inimaginable qu'une famille aristocratique n'eût pas d'ambition. « N'aimerait-il pas avoir un poste à la Cour ou au moins des fonctions sacerdotales ?

– Je ne le pense pas, répondit Tbouboui en dégustant son vin. Il héritera naturellement de mes biens, si modestes soient-ils, et il dispose déjà de la fortune de son père. Il aime vivre dans l'aisance, mais la gloire et la puissance n'ont guère d'attrait pour lui. »

Noubnofret fut ravie. L'intérêt manifeste que portait Sheritra au jeune homme l'avait inquiétée, car elle craignait qu'il ne vît en elle qu'un moyen de se hisser vers le siège du pouvoir. « J'espère que Sheritra et lui passent une agréable journée, dit-elle avec prudence. Ils sont partis sur le fleuve, je crois, avec l'intention d'aller observer la faune des marais et, s'ils ont de la chance, d'apercevoir un crocodile. Avec cette chaleur, je ne leur envie pas leur promenade.

– Je voulais justement te parler de la princesse, fit Tbouboui d'un ton hésitant. Je crois savoir qu'elle est très timide et réservée.

– En effet », répondit Noubnofret. Elle avait déjà vidé la moitié de sa coupe, et une agréable langueur commençait à l'envahir. « Sheritra n'a aucune confiance en elle, poursuivit-elle. Elle est intelligente et serait bien entendu un magnifique parti pour un jeune homme de qualité, mais elle ne veut pas en entendre parler. J'ai été très étonnée de la voir t'accepter aussi vite.

– Elle a peut-être senti que j'appréciais sa compagnie. » Tbouboui décroisa les jambes et s'installa plus confortablement contre les coussins. « J'ai une faveur à te demander, princesse. »

Quel dommage, pensa vaguement Noubnofret. Je suis toujours heureuse d'aider mes vieux amis ou des femmes de mon rang, mais elle n'est encore ni l'un ni l'autre. Je commençais pourtant à avoir de l'affection pour elle.

« Permets à Sheritra de venir séjourner chez moi quelque temps, poursuivit Tbouboui. Vivant comme je le fais avec deux hommes, je me sens souvent sevrée de compagnie féminine, et je pense que nous nous entendrions bien. Je crois pouvoir l'aider à améliorer son apparence et, de son côté, elle sait me faire rire. »

Rire ? se dit Noubnofret. Sheritra, capable de faire rire quelqu'un ? Mais ce ne serait pas une mauvaise idée. Kâemouaset parlait de l'envoyer chez Sounero dans le Fayoum si je continuais à la houspiller. Comme si elle n'en avait pas besoin ! pensa-t-elle en sentant monter en elle cet agacement que sa fille suscitait si souvent chez elle. « Tu oublies la relation naissante entre Harmin et Sheritra, objecta-t-elle. Il ne serait guère convenable qu'ils se retrouvent sous le même toit.

– Il s'agit de mon toit, princesse, et j'ai une morale rigoureuse. La princesse serait naturellement accompagnée de ses serviteurs et de tous les gardes que Kâemouaset estimerait nécessaires. Nous sommes une famille un peu trop austère, conclut-elle en souriant. Nous avons besoin de gaieté. » Le vin aidant, Noubnofret capitula. Vivre un mois ou deux sans Sheritra serait si agréable et, sans les frictions qu'elle provoquait entre eux, Kâemouaset et elle parviendraient peut-être à se rapprocher l'un de l'autre.

« Sheritra n'est pas simplement une princesse, rappela-t-elle à Tbouboui. Le sang des dieux coule dans ses veines, ce qui signifie qu'elle doit être traitée avec révérence et gardée en permanence. Mais... nous lui demanderons son avis à son retour, puis consulterons mon mari. Dieux, comme il fait chaud ! Aimerais-tu prendre un bain ? »

Tbouboui acquiesça de la tête et remercia son hôtesse. Les deux femmes se retrouvèrent bientôt côte à côte sur les dalles de la salle de bains, et, tandis que les servantes les arrosaient d'eau de lotus, elles commentèrent gaiement les mérites du dernier traitement pour assouplir les cheveux, une coupe de vin à la main.

Lorsque Sheritra rentra au coucher du soleil, enchantée de son après-midi, elle les trouva dans le jardin. Étendues sur des nattes près du bassin, elles bavardaient toujours avec animation et l'accueillirent avec un grand sourire.

« As-tu passé une bonne journée ? » demanda Noubnofret qui lui fit signe de s'asseoir près d'elle.

En se glissant sous le léger kiosque à rayures bleues et blanches, Sheritra remarqua les deux jarres de vin vides posées entre les deux femmes et la voix un peu pâteuse de sa mère. Elle fut déconcertée, car Noubnofret buvait rarement, mais aussi secrètement amusée. Le visage de sa mère, dont les rides se figeaient déjà à trente-cinq ans en une expression préoccupée et sévère, s'était adouci et son regard était plein d'indolence.

« Oui, très bonne, dit-elle en répondant par une inclinaison de tête au salut de Tbouboui. Harmin et moi avons trouvé une petite baie sur la rive orientale à environ huit kilomètres en amont de la ville. Un vieux canal à l'abandon s'y jette dans le Nil, et nous y avons vu toutes sortes de plantes et d'oiseaux, mais pas de crocodile. Nous avons mangé dans la cabine de la barque à cause de la chaleur. Harmin est rentré chez lui. Je suis vraiment navrée, ajouta-t-elle en s'adressant à Tbouboui. Si j'avais su que tu étais là, je l'aurais invité à te rejoindre et vous seriez repartis ensemble.

– C'est sans importance, princesse. Ta mère et moi avons passé un délicieux après-midi entre femmes, et je suis sûre que la présence d'Harmin l'aurait gâché ! »

Sheritra les observa avec curiosité. Il émanait d'elles une sensualité, une atmosphère de confidences purement féminines qui la mettaient un peu mal à l'aise. Elle n'avait aucune amie intime de son sexe et avait toujours méprisé les conversations frivoles des filles de son âge, de petites idiotes qui riaient bêtement et ne parlaient que mode, produits de beauté, coiffures et jeunes gens. Or, en contemplant le visage somnolent de sa mère et la pose alanguie de Tbouboui, elle avait le sentiment que tous ces sujets avaient été longuement discutés par les deux femmes. Noubnofret confirma ses soupçons.

« Nous avons passé l'après-midi à boire du vin et à parler de choses parfaitement futiles, expliqua-t-elle. Cela m'a fait du bien.

– J'y ai pris beaucoup de plaisir moi aussi, intervint Tbouboui. Je n'ai pas d'amies et ne parle pas à mes servantes. » Elle s'interrompit et jeta un coup d'œil à Noubnofret comme pour l'engager à poursuivre.

« Tbouboui a l'amabilité de t'inviter à séjourner quelque temps chez elle, déclara celle-ci. Je crois que ce changement pourrait t'être bénéfique, Sheritra. Qu'en penses-tu ? »

Sheritra regarda sa mère avec attention. Il arrivait souvent, en effet, que ce genre de question soit de pure forme et qu'elle ne lui laisse pas véritablement le choix. Cette fois, pourtant, il ne lui sembla déceler ni ordre implicite ni désir trop impatient de la voir partir. Noubnofret lui souriait, les yeux plissés sous le soleil. Je serai près d'Harmin, pensa-t-elle. Je pourrai lui parler, me noyer dans son regard, l'embrasser et peut-être... Mais cela n'était pas vraiment convenable. Sheritra réfléchissait, fronçant inconsciemment les sourcils, quand sa mère ajouta : « Bakmout t'accompagnerait, naturellement, ainsi que ta servante personnelle et un scribe. Il y aurait aussi les gardes de ton père. » Et quelqu'un qui lui rendra compte de mes moindres mouvements, se dit Sheritra avec amertume. Mais c'est ainsi que cela doit être. « Qu'en pense père ? demanda-t-elle.

– Je ne lui en ai pas encore parlé, avoua Noubnofret. Je voulais d'abord avoir ton avis. Eh bien ?

– Accepte, princesse, je t'en prie ! insista Tbouboui. Je serais si honorée de te recevoir et si heureuse de ta compagnie. Harmin sera ravi lui aussi, j'en suis sûre. » Puis, comme si elle craignait d'avoir été trop loin, elle coula un regard vers Noubnofret qui s'enduisait les mains d'huile de lotus.

« Je n'en doute pas, fit sèchement celle-ci. Je n'y vois toutefois pas d'objection à condition qu'il ne soit jamais seul avec ma fille. Tu n'es pas obligée d'y aller, Sheritra », ajouta-t-elle brusquement.

Tu ne souhaites rien d'autre, pensa sa fille avec colère. Cela se voit. Pour te contrarier, il me suffirait de refuser cette invitation. Mais tu sais que je ne peux laisser passer cette occasion d'être avec Harmin, n'est-ce pas, mère ? « J'irai avec plaisir, au contraire, déclara-t-elle. Je te remercie, Tbouboui.

– Parfait ! Je vais te faire préparer une chambre. Tu auras la mienne, d'ailleurs, car c'est la plus grande de la maison. » Sheritra ne protesta pas. En sa qualité de princesse, la pièce la plus confortable lui revenait de droit. « Quand souhaites-tu venir ? ajouta Tbouboui.

– Demain, répondit-elle en défiant sa mère du regard.

– Parfait ! » répéta Tbouboui.

Kâemouaset et Hori les rejoignirent quelques instants plus tard. Tbouboui se leva et les salua avec une grâce que Sheritra lui envia. Il y a un mois, je n'y aurais pas prêté attention ou je me serais moquée d'elle, se dit-elle. Mais à présent je voudrais posséder son assurance, son naturel... pour Harmin. Elle embrassa gauchement son père tandis qu'Hori grimaçait un sourire et se laissait aussitôt tomber sur l'une des chaises que les serviteurs s'empressaient d'apporter.

Après un salut rapide mais chaleureux à sa femme, Kâemouaset se tourna vers Tbouboui. « Navré d'interrompre cette petite réunion féminine, dit-il. Vous avez l'air très contentes de vous. Avez-vous réglé les affaires de l'Égypte ? »

Cette attitude condescendante n'est pas dans les habitudes de père, se dit Sheritra. Il paraît très mal à l'aise. Et pourquoi Hori fixe-t-il le sol de cet air maussade ? Quoi qu'il en soit, je ne les laisserai pas me gâcher cette journée. Noubnofret faisait part de l'invitation de Tbouboui à Kâemouaset, et elle les écouta discuter. Son père ne s'opposait pas vraiment à son départ. Il lui sembla même que, tout en émettant les objections d'usage, il était aussi impatient de la voir partir que sa mère. Déconcertée et blessée, elle chercha en vain à croiser son regard. Immobile et silencieuse, Tbouboui observait elle aussi ses parents avec un air qui parut un peu suffisant à Sheritra.

« Tu vas me manquer, Petit Soleil, dit finalement Kâemouaset. Mais ta mère et moi te rendrons souvent visite, bien entendu. »

Mère, certainement pas, pensa Sheritra avec un peu d'irritation. Quant à toi, cher père... Un brusque soupçon lui traversa l'esprit. Était-ce possible ? Kâemouaset était gai, enjoué... Elle jeta un coup d'œil discret vers Tbouboui qui, un sourire aux lèvres, jouait avec des brins d'herbe, puis revint au visage animé de son père, à ses yeux brillants. Son cœur se serra. C'était donc ça ! En allant chez Tbouboui, elle fournissait à son père un prétexte pour lui rendre visite chaque fois qu'il le souhaiterait. Et quelque chose lui disait qu'il le ferait souvent.

Sheritra ignorait pourquoi l'intérêt de Kâemouaset pour cette femme l'inquiétait. Après tout, ce changement pouvait lui être bénéfique, le rajeunir... Mais, en se souvenant de l'étrange conversation qu'elle avait eue avec lui, elle était convaincue du contraire. Elle avait beau éprouver de l'affection et de l'admiration pour Tbouboui, son intuition lui disait qu'elle était dangereuse pour les hommes.

Elle regarda son frère à la dérobée. La tête baissée, il fixait son genou, l'air absent. Oh ! Par Hathor, non ! songea-t-elle avec terreur. Pas tous les deux ! Tbouboui le sait-elle ?

Celle-ci parlait du rouleau avec Kâemouaset. « J'ai décidé de permettre à Sisenet de l'examiner, disait son père sans grand enthousiasme. Mais il devra le faire ici. Je suis responsable de ce texte devant les dieux et le ka de l'homme à qui il appartenait. Je dois avouer que je suis incapable de le déchiffrer et que n'importe quelle indication serait la bienvenue. » Tbouboui lui répondit aussitôt avec vivacité et intelligence.

Allongée sur le côté, les yeux fermés, Noubnofret ne participait plus à la conversation et, à son attitude tendue, Sheritra devina que l'après-midi de sa mère ne se terminait pas aussi agréablement qu'il avait commencé.

Elle se sentit brusquement oppressée par les émotions qu'elle devinait autour d'elle – l'appréhension vague de sa mère, l'humeur sombre d'Hori, l'animation inhabituelle de son père – et, au centre de tout cela, Tbouboui qui, alanguie et sensuelle un instant auparavant, discutait à présent d'histoire avec sérieux et enthousiasme. Sait-elle ? se demanda de nouveau Sheritra. Si c'était le cas, elle ne m'aurait tout de même pas invitée ! Mais est-ce si sûr ? Elle se leva d'un mouvement brusque et la conversation s'interrompit.

« Permets-moi de me retirer, père, dit-elle. J'ai passé toute la journée au soleil et je suis fatiguée. Je voudrais prendre un bain avant le dîner. » Elle avait conscience de son ton contraint, de son air emprunté, mais elle n'y pouvait rien.

Étonné, Kâemouaset acquiesça d'un signe de tête et elle se tourna vers Tbouboui. « Je serai chez toi demain dans l'après-midi, dit-elle.

– A demain, princesse. »

Sheritra s'éloigna rapidement, au comble de la gêne, persuadée que tous les regards étaient fixés sur elle. Elle ne se détendit qu'à l'intérieur de la maison. Je ferais sans doute mieux de ne pas y aller, songea-t-elle tristement sans voir les gardes qui la saluaient au passage. Tbouboui se sert peut-être de moi pour recevoir père sans éveiller les soupçons. A moins que tu ne sois qu'une petite idiote qui a trop d'imagination, railla une partie d'elle-même. Sois égoïste, Sheritra. Pense à Harmin et ne te soucie pas du reste.

En arrivant à la porte de ses appartements, elle leva les yeux et vit son reflet : une fille voûtée, maigre, sans charme, à qui même le doux éclat de la plaque de cuivre ne pouvait donner l'illusion de la beauté. Je ne peux pas me changer, pensa-t-elle avec une consternation proche de la panique. Lui seul a le pouvoir de me transformer, et c'est une chance que je ne laisserai pas passer. Pour une fois, je ne penserai qu'à moi.

Ce jour-là, le dîner parut interminable. Noubnofret, qui avait visiblement mal à la tête, fit de son mieux pour divertir deux des hérauts de Pharaon qui, en route pour la Nubie, étaient arrivés à l'improviste. Plus tard dans la soirée, Sheritra se mit en quête de son frère qu'elle trouva assis près de l'entrée principale de la maison. La jambe posée sur un tabouret, il contemplait la nuit d'un air sombre. La chaleur, toujours aussi étouffante, semblait dégagée par les flammes oranges des torches qui illuminaient l'avant-cour et l'allée conduisant au débarcadère. Lorsque Sheritra s'assit à ses pieds, au sommet des marches, Hori lui adressa un de ses éblouissants sourires habituels, mais elle ne fut pas dupe.

« Tu es malheureux, n'est-ce pas ? dit-elle sans préambule. Et je ne pense pas que ton genou y soit pour quelque chose. »

Il étouffa un juron, puis répondit avec un petit rire : « On ne peut décidément rien te cacher, Sheritra. Tu as raison, ma blessure est quasiment guérie. Père enlèvera les points de suture demain. »

Elle s'attendait à ce qu'il poursuive et, voyant qu'il se taisait, elle se demanda fugitivement s'il ne valait pas mieux renoncer à l'interroger. Mais elle avait peur des changements qui se produisaient dans sa famille, du fossé imperceptible qui se creusait entre ses parents, entre son père et elle, entre son père et Hori. Elle souhaitait désespérément rester proche de ce frère qu'elle adorait, car elle se rendait compte que sans lui elle se retrouverait seule. En dépit de son amour passionné pour Harmin, elle n'avait pas encore entièrement confiance en lui. « Tu es amoureux de Tbouboui, n'est-ce pas ? » murmura-t-elle. L'espace d'un instant, elle craignit qu'il ne lui réponde pas ou, pis encore, qu'il lui mente, mais après une courte hésitation il se pencha vers elle et frôla ses cheveux de sa joue.

« Oui, souffla-t-il d'une voix rauque.

– Elle le sait ?

– Oui, je le lui ai dit hier lorsque je suis allé chez elle. Elle m'a répondu que je pouvais venir la voir quand je le souhaitais, mais que nous devions rester de simples amis. »

Il semblait perdu, désespéré, et Sheritra en eut le cœur serré de compassion. Tu t'y résignes ? demanda-t-elle.

– Bien sûr que non ! s'écria-t-il. Je trouverai le moyen de la faire changer d'avis. Après tout, je suis un des partis les plus recherchés d'Égypte et le plus beau mâle de ce pays. Si j'exhibe mes charmes assez souvent devant elle, elle finira bien par céder.

– Mais tu n'as jamais..., commença Sheritra, consternée par son cynisme. Ta force consistait justement à...

– Eh bien, peut-être n'ai-je tout bonnement pas été suffisamment épris jusqu'à présent pour me servir de ma beauté comme d'une arme. Il n'y a pas d'homme dans sa vie. Si elle aimait quelqu'un d'autre, elle me l'aurait dit. Non, Sheritra, je l'ai dans la peau et, un jour ou l'autre, elle criera de plaisir dans mes bras. »

Choquée par son ton délibérément grossier, Sheritra cherchait désespérément à retrouver le frère qui avait su gagner l'affection de tous par sa gaieté et sa générosité. « En as-tu parlé à père ? demanda-t-elle.

– Non. Je le ferai lorsqu'elle cédera. Jusque-là, cela ne le regarde pas. »

Enfermé dans sa souffrance, Hori était donc aveugle à celle de Kâemouaset. C'était aussi bien. Sheritra frémit pourtant en songeant aux conséquences de la situation. Mis à part la rivalité qui allait opposer les deux hommes qu'elle chérissait plus que tout au monde, il y avait l'avenir. Si Hori épousait Tbouboui, il ferait agrandir la demeure pour l'accueillir, et son père la verrait constamment. Mais, si elle devenait la seconde épouse de Kâemouaset, dotée de tous les pouvoirs attachés à cette position, ne serait-ce pas pire encore ? Tbouboui aux repas, Tbouboui réquisitionnant la barque, Tbouboui et Kâemouaset dans le même lit pendant que Noubnofret resterait seule... Et Tbouboui et moi, pensa Sheritra, le cœur serré. Tbouboui et Hori. Oh ! Dieux ! Faites que je me trompe au sujet de père ! Faites qu'il se désintéresse d'elle aussi vite qu'il s'en est épris !

« Tu vas t'installer chez eux demain, murmura Hori, si près d'elle qu'elle sentit son haleine avinée. Tbouboui t'aime bien, Sheritra. Parle-lui de moi. Plaide ma cause. Tu veux bien faire ça pour moi ?

– J'essaierai, dit-elle en s'écartant brusquement. Mais tout est plus compliqué que tu ne le penses. Oh ! Pourquoi fallait-il qu'elle entre dans notre vie ! J'ai peur, Hori ! »

Il ne répondit pas, ne chercha pas à la rassurer et, au bout de quelques instants, elle le quitta pour gagner ses appartements où ses servantes préparaient ses bagages. Sa raison lui disait de renoncer à ce départ, mais son cœur soupirait après Harmin. Il l'avait encore embrassée ce jour-là alors qu'ils étaient étendus côte à côte dans l'herbe à l'abri des regards des serviteurs et des gardes restés sur la barque. La chaleur la plongeait dans une voluptueuse langueur lorsqu'elle avait senti les cheveux d'Harmin sur son cou, la caresse de sa langue autour de son oreille. Je ne peux rien faire, se dit-elle tandis que Bakmout s'inclinait devant elle, l'air épuisé. Je ne peux pas lutter contre le tourbillon qui menace de détruire ma famille, car il m'emporte et me ballotte moi aussi. Chacun d'entre nous doit se débrouiller seul.

Le lendemain, elle partit tard dans la matinée, accompagnée de

Bakmout, de toutes ses servantes et de quatre gardes choisis par Amek avec l'approbation de son père. Noubnofret lui fit des adieux rapides en lui déclarant qu'elle pourrait revenir dès qu'elle le souhaiterait. Kâemouaset, lui, la prit à part et lui tendit un rouleau de papyrus. « Ton horoscope pour Phamenoth, fit-il d'un ton brusque. Je les ai établis pour nous tous hier soir. Leurs prédictions ne me plaisent guère, Petit Soleil. Lis le tien dès que possible et rappelle-toi qu'il te suffit de dire un mot aux gardes pour que j'arrive aussitôt. » Sheritra l'étreignit alors comme si on l'exilait dans le Delta en punition de quelque crime abominable. Il lui manquait déjà. Pourtant, sa détermination restait entière, plus solide que jamais, et les arrière-pensées de son père ne lui échappaient pas. Elle l'embrassa et monta dans la barque. Hori ne s'était pas montré. Après un signe d'adieu à ses parents, Sheritra disparut dans la cabine.

Malgré le vent du nord, dominant en été, et le faible courant du Nil à cette époque, il fallut moins d'une heure aux rameurs pour atteindre le débarcadère de Tbouboui. Sheritra ne lut pas son horoscope. Elle se sentait tendue, pleine d'appréhension, comme si, au lieu d'aller passer quelques semaines chez une nouvelle amie, elle s'apprêtait à traverser la Grande-Verte pour une destination inconnue. Savoir que ses parents, chacun pour des raisons différentes, étaient heureux de la voir partir ne faisait qu'accroître son trouble. Hori lui-même ne voyait dans son départ qu'un moyen de poursuivre ses propres objectifs, et elle avait beau se dire que sa réaction était irrationnelle, elle avait l'impression qu'il l'avait trahie.

En dépit des voix familières de ses servantes rassemblées sur le pont à l'ombre d'une tente, en dépit des soldats d'Amek en qui elle avait une absolue confiance, elle se sentait seule et sans défense. Je devrais aller m'installer à Pi-Ramsès, pensa-t-elle avec tristesse. Grand-père me donnerait une suite dans le palais et Bentanta s'occuperait de moi. Je déteste Memphis à présent. Cette constatation lui fit comprendre la distance qui la séparait de la jeune fille timide et fragile qu'elle était encore si peu de temps auparavant. Oh ! Je suis toujours fragile, se dit-elle. Mais plus tout à fait de la même manière. J'avais une innocence, une naïveté dont je ne me rends compte qu'aujourd'hui. Ce changement est-il une bonne ou une mauvaise chose ? Je n'en sais vraiment rien.

Lorsqu'elle sortit de la cabine en entendant le cri d'avertissement du capitaine, elle vit Harmin qui l'attendait, debout près du débarcadère. Son visage pensif s'illumina lorsqu'il l'aperçut et il s'inclina à plusieurs reprises tandis que le scribe de Sheritra l'aidait respectueusement à débarquer. Sur l'ordre de la princesse, son escorte commença à se diriger vers la maison, à l'exception toutefois des gardes et de Bakmout qui restèrent auprès d'elle.

« Harmin, dit-elle pour qu'il pût parler à son tour.

– Sois la bienvenue dans ma demeure, princesse, fit-il avec gravité. Je ne saurais te dire combien je suis heureux que tu aies accepté l'invitation de ma mère. Je suis ton humble serviteur et te promets de satisfaire tous les désirs que tu pourras exprimer pendant ton séjour. »

Elle rencontra son regard, plus consciente que jamais des battements de son cœur et du trouble qu'elle éprouvait en sa présence.

« Une litière est à ta disposition, poursuivit-il. Le sentier n'est pas très long, mais il fait très chaud.

– Merci, répondit-elle. Je n'en ai pas vraiment besoin aujourd'hui, Harmin. Je préfère marcher. Ces palmiers jettent une si belle ombre ! Nous y allons ? Je suis impatiente de voir ta maison. Elle a enchanté père et Hori. Donne-moi mon chasse-mouches, Bakmout. »

Elle se mit en marche et Harmin régla son pas sur le sien. Les mouches d'été devenaient chaque jour plus nombreuses, essaims bourdonnants qui se posaient avec une obstination exaspérante autour des yeux, de la bouche et sur toute peau mouillée de sueur. Il sembla à Sheritra qu'il y en avait encore davantage sous les palmiers que chez elle et qu'elles se montraient plus agressives. Elle les écartait machinalement avec son petit balai de crin tout en écoutant Harmin lui parler de la bonne récolte de dattes qui s'annonçait et des rapports de son intendant sur ses cultures de Koptos.

« Mon père ne s'intéressait guère à ses domaines et laissait à l'intendant le soin de diriger les fellahs, expliqua-t-il. Moi, par contre, j'aimais beaucoup marcher le long des canaux et voir surgir les premières pousses vertes des céréales et des légumes.

– On dirait que tu as la nostalgie de Koptos, remarqua Sheritra.

– Quelquefois, en effet. Mais je ne regrette pas d'en être parti. Les souvenirs qui sont attachés à cette ville ne sont pas très heureux. Regarde, princesse ! Voici notre maison. »

Sheritra ne la vit pas du même œil que Kâemouaset ou Hori. En dépit des murs fraîchement blanchis à la chaux et du jardinier qui travaillait dans le minuscule jardin, la propriété paraissait délaissée. On aurait dit que la pelouse luttait contre la progression irrésistible des palmiers, et le silence évoquait davantage l'abandon que la tranquillité.

Mais elle oublia vite cette impression. Saluant Tbouboui et Sisenet qui s'inclinaient devant elle, elle pénétra avec curiosité dans le vestibule. « Je comprends pourquoi votre maison a tant séduit mon père, dit-elle après avoir parcouru la pièce du regard. Elle est bâtie et meublée comme il y a cent ans ! Mais je la trouve d'une simplicité et d'un goût admirables, ajouta-t-elle aussitôt, craignant d'avoir offensé ses hôtes. Les pièces surchargées de meubles et d'ornements sont peu propices à la réflexion et à la prière. » Elle entendait ses serviteurs transporter ses coffres dans le couloir tandis que, forts de l'autorité du prince, les soldats disparaissaient à l'intérieur de la maison sans se préoccuper de la famille. Le personnel de celle-ci était invisible.

« Suis-moi, princesse, dit Tbouboui. Je vais te montrer la chambre que je t'ai fait préparer. Que tes serviteurs règlent la marche de cette maison comme si c'était la tienne. Les miens n'interviendront pas. » Sheritra lui emboîta docilement le pas, suivie d'Harmin. « Ce couloir donne directement dans le jardin, poursuivit Tbouboui. Il y a une porte, mais nous ne la fermons que lorsque le khamsin souffle en apportant le sable du désert. Mon frère, Harmin et moi dormirons à l'autre bout de la maison. Elle n'est malheureusement pas assez grande pour abriter tes domestiques, mais ils seront logés confortablement dans les dépendances.

– Bakmout dort toujours dans ma chambre », dit Sheritra en entrant dans la pièce devant laquelle Tbouboui venait de s'arrêter. Après avoir promené un regard rapide sur le lit, la table et la coiffeuse, elle se tourna vers Bakmout. « Qu'on apporte mes bagages, dit-elle.

– J'ai fait enlever mes coffres, intervint Tbouboui. Mais, si tu en as besoin, ils sont à ta disposition.

– Merci, répondit Sheritra en lui souriant. Tu n'as rien négligé pour que je sois bien installée. » Comprenant qu'elle désirait être seule, ses hôtes se retirèrent. Lorsque la porte se fut refermée sur eux, Sheritra s'assit sur le lit en poussant un soupir. Elle aurait aimé davantage de lumière, car la chambre était fort sombre, mais cela aurait signifié plus de chaleur ; or la fraîcheur de la pièce était fort agréable. « Je n'aurai pas besoin d'éventail ici, remarqua-t-elle à l'adresse de Bakmout. Veille à ce qu'on fasse mon lit avec mon linge et va dire au scribe de venir me rejoindre dès que les soldats auront fixé leurs tours de garde. Crois-tu que nous mangerons bientôt, Bakmout ? Je meurs de faim.

– Je vais poser la question, Votre Altesse », répondit la servante qui sortit aussitôt. Immobile, Sheritra écouta le silence, les yeux fixés sur les rayons de soleil que laissaient filtrer les deux fenêtres percées juste sous le plafond. Elle frissonna de bonheur en pensant qu'Harmin était sous le même toit qu'elle et, oubliant toutes ses inquiétudes, résolut de profiter pleinement de sa compagnie.

Un peu plus tard, assise en tailleur devant une table basse en cèdre doré, elle prit un repas simple et exquis, servie par son intendant qui goûtait chaque plat avant de le lui présenter. Cette cérémonie qui rappelait à tous son rang élevé flattait agréablement Sheritra. Son père avait ses propres goûteurs, mais ils essayaient les mets avant qu'ils n'arrivent dans la salle à manger et on les voyait rarement. La pratique était assez répandue dans la noblesse, notamment parmi les dignitaires qui entouraient Pharaon et avaient des raisons de craindre l'ambition de leurs subordonnés, mais Sisenet et les siens ne jugeaient manifestement pas utile d'y avoir recours. Ils mangeaient avec délicatesse, devisant sans contrainte entre eux et avec Sheritra qui se sentit très vite à l'aise.

Le repas achevé, ils se séparèrent pour passer dans leur chambre les heures les plus chaudes de l'après-midi. Rafraîchie par un bain, Sheritra se glissa avec satisfaction entre ses draps. Bakmout avait installé sa natte devant la porte, mais elle ne se décidait pas à s'éloigner de sa maîtresse et restait près de son lit, visiblement préoccupée.

« Qu'y a-t-il, Bakmout ? demanda Sheritra.

– Pardonnez-moi, Votre Altesse, répondit la jeune fille, les yeux baissés. Mais je n'aime pas cet endroit.

– Que veux-tu dire ? »

Bakmout se mordit les lèvres. « Je ne sais pas très bien pourquoi, fit-elle d'un ton hésitant. Mais il y a déjà les domestiques d'ici... Ils ne parlent pas.

– Tu veux dire qu'ils ne te parlent pas, qu'ils sont impolis ?

– Non, Votre Altesse. Ils ne parlent pas du tout. Ils ne sont pas sourds parce qu'ils comprennent ce qu'on leur dit, et je ne crois pas qu'ils soient muets parce que j'ai vu une servante se lécher les lèvres. Mais ils ne prononcent jamais une parole.

– Ce sont peut-être les ordres de leur maîtresse. Chaque maison est différente, Bakmout, tu le sais, et la conduite des domestiques varie selon le mode de vie de leurs patrons. » Elle s'aperçut avec étonnement que sa voix avait une intonation presque hystérique et en voulut à Bakmout de réveiller ses appréhensions. « Cette famille est plus attachée au silence que nous, poursuivit-elle, et les domestiques ont probablement reçu pour instructions de se taire. N'y pense plus.

– Mais ce silence est étrange, Votre Altesse, dit Bakmout, encore troublée. Il me fait peur.

– Tu n'y es pas habituée, voilà tout », conclut Sheritra d'un ton sans réplique. Elle faillit demander à sa servante de continuer à lui communiquer ses impressions mais n'en fit rien. Calant son cou contre l'appui-tête d'ivoire, elle ferma les yeux et entendit Bakmout s'installer sur sa natte en poussant de petits soupirs. Ce bruit familier la rassura. Il y a un garde dans le couloir, pensa-t-elle, et mes domestiques sont partout dans la maison. Harmin est à portée de voix, et je me suis embarquée dans cette petite aventure pour mon seul plaisir. Pourquoi ce malaise alors ? Je n'aime pas le silence qui règne ici, moi non plus. Il n'a rien de paisible. On le dirait lourd de menaces ; il pèse sur nous comme un voile invisible qui nous isole, nous coupe du monde extérieur. Puis, les paupières toujours closes, elle se moqua de son imagination. Et moi qui croyais notre maison calme ! se dit-elle. Tu n'es encore qu'une enfant timide, Sheritra. Grandis ! Elle sentait le soleil implacable de l'après-midi chauffer à blanc les épais murs de terre qui l'entouraient. Bakmout poussa un petit gémissement dans son sommeil. Les draps soyeux glissèrent sur sa peau nue, et elle s'endormit.

11

Celui qui a mal fait ne peut saisir l'appontement.
Il est emporté par le flot qui inonde sa terre.

Assis à son bureau, la tête lourde en raison de l'atmosphère confinée de la pièce, Kâemouaset regardait les papiers étalés devant lui. Phamenoth commençait. Sheritra n'était partie que depuis trois jours, et il s'apercevait avec étonnement qu'elle lui manquait déjà et que son absence laissait un vide. Il ne s'était encore jamais rendu compte à quel point il était habitué à la rencontrer au détour d'une allée en train de donner du lait aux serpents domestiques, ou à la voir assise à table, les genoux sous le menton, perdue dans ses pensées, tandis que le reste de la famille discutait autour d'elle. Le jardin qui dépérissait sous un soleil de plus en plus ardent semblait à l'abandon sans elle. Les réprimandes que lui adressait Noubnofret et auxquelles il répondait machinalement en prenant sa défense étaient devenues si routinières qu'il en avait à peine conscience. Pourtant, à présent, lorsque sa femme, Hori et lui se réunissaient dans la grande salle pour passer la soirée, il se rendait compte du changement qu'entraînait dans leurs relations l'absence de ces petites prises de bec familières.

Hori n'avait jamais été aussi renfermé et silencieux. Peut-être sa sœur lui manquait-elle, à lui aussi. Il disparaissait du lever du soleil à l'heure du dîner et ne venait plus rendre compte de ses journées à son père. Kâemouaset, qui supposait qu'il continuait à s'occuper de la sépulture et à parcourir la ville en compagnie d'Antef dans ses moments de loisir, s'inquiéta de voir à plusieurs reprises celui-ci errer seul dans la propriété, l'air morose. Il avait enlevé les points de suture, Hori ne boitait plus. La blessure s'était bien refermée, mais il en garderait une vilaine cicatrice. Kâemouaset aurait aimé lui demander ce qu'il avait fait de la boucle d'oreille et ce qui le tourmentait, mais il se rendit compte qu'il en était incapable. Un mur invisible mais de plus en plus infranchissable se dressait entre eux. Hori s'était replié sur lui-même et son père n'était guère disposé à l'arracher à sa réserve. Il avait ses propres préoccupations.

Deux jours après le départ de Sheritra, il avait appelé Penbuy et, avec l'impression d'être en pleine irréalité, lui avait demandé d'établir un contrat de mariage entre Tbouboui et lui. Avec sa correction et sa discrétion habituelles, Penbuy ne lui avait jeté qu'un court regard ; son visage olivâtre avait très légèrement pâli, puis il s'était assis en tailleur sur le sol, dans l'attitude consacrée par des générations de scribes, et avait demandé d'un ton pincé : « Quel titre recevra cette dame ?

– Elle deviendra princesse dès qu'elle signera ce document, bien entendu, mais elle occupera la position de seconde épouse. Insiste dans le contrat sur le fait que Noubnofret reste grande épouse et princesse supérieure. » Penbuy se mit à l'ouvrage.

« Savez-vous quels sont ses biens, prince ? dit-il enfin. Souhaitez-vous qu'une clause vous habilite à gérer tout ou partie d'entre eux ?

– Non. » Cet entretien était plus pénible à Kâemouaset qu'il ne l'avait imaginé. Sa culpabilité et ses appréhensions le rendaient irritable, mais il y avait maintenant si longtemps qu'il vivait avec ces sentiments qu'il parvenait à les étouffer. « Je ne sais rien de ses avoirs, sinon qu'elle a des biens lui appartenant en propre. Harmin a hérité du domaine de son défunt mari. Je ne souhaite pas m'immiscer dans ses affaires commerciales.

– Très bien, dit Penbuy en se penchant de nouveau sur son manuscrit. Et son fils ? Héritera-t-il au même titre qu'Hori et votre fille si vous veniez à mourir ?

– Non. » Sa réponse avait été sèche, et il eut l'impression que son scribe se détendait. « Harmin n'a pas besoin que je lui lègue quoi que ce soit. Il ne recevra pas non plus de titre princier à moins d'épouser Sheritra. Il faut qu'il le sache, Penbuy.

– Bien entendu, répondit celui-ci d'un ton suave. Mais qu'en sera-t-il pour les enfants qui naîtraient de ce mariage ? »

La gorge de Kâemouaset se noua. « Si Tbouboui me donne des enfants, ma fortune sera équitablement partagée entre Sheritra, Hori et eux. Tu inscriras les clauses habituelles, Penbuy. Je m'engage à entretenir Tbouboui, à la traiter avec respect et bonté, et à m'acquitter de tous les devoirs d'un époux. Et, avant que tu ne me poses la question, sache que son frère n'a pas à figurer sur ce contrat. »

Penbuy reposa avec précaution son roseau sur la palette et, pour la première fois, regarda son maître. « Vous n'oubliez pas qu'en votre qualité de membre de la famille royale, l'épouse que vous choisissez doit avoir l'approbation de Pharaon, prince, dit-il, le visage impassible. Si cette dame se révèle de trop basse extraction et que vous persistiez à l'épouser, vous courez le risque d'être rayé de la liste des princes du sang pouvant prétendre au trône. »

Bien que Penbuy ne fît que son devoir, Kâemouaset s'irrita de ses paroles. Je m'en moque, pensa-t-il. Elle sera à moi, même si mon père s'y oppose. « Merenptah en serait ravi, répondit-il avec un rire forcé. Pour ce qui est de la naissance de Tbouboui, je veux justement que tu te rendes à Koptos pour vérifier ses dires. Tu ajouteras au contrat une dernière clause spécifiant qu'elle peut le signer mais qu'il ne sera valable qu'après confirmation de la noblesse de ses origines. Cela me dégagera de toute obligation légale si elle a menti ou que Pharaon m'interdise ce mariage. » Mais c'est sans importance, pensa-t-il. Rien de tout cela ne compte. Ce n'est qu'un moyen pour l'attirer ici, pour l'avoir à jamais près de moi.

« Koptos, fit Penbuy avec un petit sourire résigné. Koptos en été.

– Une mission désagréable, je sais, reconnut Kâemouaset. Mais qui serait capable de l'accomplir avec autant de soin que toi, mon vieil ami ? Je veux que ce contrat soit prêt demain et... » Le scribe attendit tandis que Kâemouaset, imperturbable en apparence, devait se faire violence pour poursuivre. « Noubnofret n'est au courant de rien. Hori et Sheritra non plus. Je compte sur ta discrétion. Tu partiras pour Koptos demain après-midi. »

Penbuy avait acquiescé, salué et quitté la pièce. Je me moque de ce que mon serviteur pense de mes actes, s'était dit Kâemouaset, pris d'un étrange sentiment de dégoût pour lui-même. Qu'est-il d'autre qu'un instrument, un outil à ma disposition ? Mais Penbuy était son conseiller depuis de nombreuses années, et Kâemouaset avait dû résister au désir de lui demander son avis ; il n'avait aucune envie de l'entendre.

A présent, il avait sous les yeux le document définitif, couvert de l'écriture soignée de Penbuy. Il l'avait lu, signé et scellé. Il ne lui restait plus qu'à l'apporter à Tbouboui.

A côté, il y avait un autre rouleau que Kâemouaset contemplait avec répugnance et qui lui rappelait cette nuit où, pris de panique, il avait cherché à se protéger par une incantation dont il avait presque aussitôt annulé le pouvoir. Je ne peux pas l'étudier maintenant, se dit-il en tapotant nerveusement les notes qu'il avait prises alors. Penbuy est parti pour Koptos et il faut que je parle à Noubnofret. Mais pourquoi la bouleverser avant de connaître le résultat de ses recherches ? pensa-t-il aussitôt. La dernière clause te libère de tout engagement, le cas échéant. Alors montre le contrat à Tbouboui, obtiens sa signature et attends le retour de Penbuy pour en parler à Noubnofret. Rien ne presse. Tu repousses la traduction de ce manuscrit depuis trop longtemps. Travailles-y, fais venir Sisenet et débarrasse-t'en une fois pour toutes. Lorsque Noubnofret aura accepté ton mariage avec Tbouboui, ta vie sera plus riche, plus pleine, plus satisfaisante que tout ce dont tu as jamais rêvé. Finis-en d'abord avec ce manuscrit. Surmonte ta lâcheté et commence tout de suite.

A contrecœur, il roula lentement le contrat, le rangea et se pencha sur le vieux manuscrit. Il appela le serviteur qui se tenait immobile dans un coin de la pièce pour lui demander de la bière, puis, s'apercevant que c'était encore une manière de gagner du temps, il se mit au travail avec une petite grimace. Demain, je rendrai visite à Sheritra, ferai lire le contrat à Tbouboui et inviterai Sisenet à venir m'aider, décida-t-il. Il est temps de revenir à la réalité. Mais cette résolution ne dissipa pas l'impression de flottement qu'il éprouvait depuis plusieurs mois. Il avait le sentiment de s'être dédoublé, comme si une partie de lui-même, la partie solide, raisonnable, continuait à vivre quelque part dans le monde réel tandis que l'autre, vague, sans contours, avait été poussée sur un sentier détourné sans qu'il sût si les deux se rejoindraient un jour. Cette pensée lui donna une sensation de vertige qui, heureusement, ne dura pas et, avec un gémissement inconscient, il s'attaqua au rouleau énigmatique de la momie.

Le lendemain, Kâemouaset passa la matinée à écouter avec impatience le rapport de son intendant sur l'état des cultures et la santé de son bétail. La récolte commencerait dans deux mois et tous priaient que rouille et maladies épargnent les céréales jusqu'à la moisson.

Après avoir remercié l'homme d'un ton brusque, Kâemouaset lut un message en provenance de Pi-Ramsès. Sa mère était au plus mal et son grand intendant lui demandait s'il pouvait venir la soigner. Cette requête polie exaspéra Kâemouaset. Elle sait qu'elle est en train de mourir, pensa-t-il. Elle sait que je ne peux rien faire pour elle. C'est son personnel, son entourage stupide qui me croit encore capable de lui rendre la santé par quelque tour de magie. Son mari est près d'elle et, quels que soient les défauts de Pharaon, il l'aime et lui rend régulièrement visite. C'est certainement lui qu'elle souhaite à son chevet et non un fils qu'elle ne voit que rarement. Il dicta une réponse brève, informant l'intendant qu'il partirait pour le Delta dès qu'il le pourrait, ce qui n'était pas le cas dans l'immédiat, et que les médecins de Pharaon étaient aussi capables que lui.

Il avait également reçu une courte lettre d'Amonmose, chef du harem de Pharaon à Memphis. Le médecin nommé par Kâemouaset pour soigner les concubines de Ramsès s'était révélé incompétent et avait été renvoyé. Lui serait-il possible de désigner un remplaçant ? Pas maintenant, pensa Kâemouaset en proie à une irritation croissante. Demain. Je m'en occuperai demain.

Alors qu'il se dirigeait vers les appartements de sa femme, il rencontra Antef. Vêtu d'un simple pagne, le jeune homme portait un carquois en bandoulière et tenait un arc. Kâemouaset le dépassa, puis, se ravisant, s'arrêta.

« Tu vas t'exercer, Antef ? Hori doit-il te rejoindre ? » Le jeune homme secoua la tête. Il avait l'air las et malheureux. « Non, Votre Altesse. Je n'ai pas vu le prince aujourd'hui. Il s'est levé tard et il est parti aussitôt. » Il fuyait le regard de Kâemouaset qui fut pris d'un brusque élan de sympathie.

« Tu ne l'as pas vu souvent ces derniers temps, n'est-ce pas ? » dit-il avec douceur. Antef fit un signe de tête négatif, le visage sombre. « Pourrais-tu me dire ce qu'il a ? reprit Kâemouaset. Sans trahir ses secrets, bien entendu.

– Je vous le dirais si je le savais, Votre Altesse, mais Hori ne se confie plus à moi. J'ai l'impression d'avoir fait quelque chose qui lui a déplu mais, par Seth, je ne vois vraiment pas quoi !

– Moi non plus. Je suis désolé, Antef. Ne lui en veux pas, je t'en prie.

– Oh non ! fit le jeune homme avec un sourire triste. Je crois qu'il finira par me parler. »

Kâemouaset acquiesça et s'éloigna. Il ne souhaitait pas s'appesantir sur le changement de comportement mystérieux de son fils et préférait penser qu'il retrouverait seul son équilibre.

Lorsqu'il entra dans la chambre de Noubnofret, il la trouva debout, les mains sur les hanches, au milieu d'un amoncellement de robes et de manteaux. Wernouro et deux servantes triaient les étoffes chatoyantes brodées d'or et de perles tandis que, assis aux pieds de sa maîtresse, un scribe à l'air harassé écrivait à toute vitesse. « Mettez celle-ci de côté, disait Noubnofret. Elle peut être retouchée pour Sheritra. Ces deux-là sont usées, mieux vaut les découper. Quel dommage! fit-elle en souriant à Kâemouaset qui posa un baiser rapide sur sa joue. C'étaient mes préférées. Je commande de nouvelles toilettes, mon frère. Le lin récolté l'an dernier a été tissé. Il est d'une grande finesse et j'en ai réquisitionné une bonne partie.

– Tu vas donc être occupée toute la journée? demanda Kâemouaset, plein d'espoir.

– Oui, répondit-elle en faisant la moue. J'attends la couturière. Pourquoi cette question?

– Je vais aller voir Sheritra, dit-il avec prudence. J'en profiterai pour inviter Sisenet à venir examiner le rouleau. Je pensais que tu aimerais rendre visite à ta fille et passer un moment avec Tbouboui. »

Bien qu'il eût surveillé son ton, Noubnofret lui jeta un regard scrutateur. « Sheritra n'est partie que depuis trois jours, remarqua-t-elle. Tu pourrais tout aussi bien envoyer un messager à Sisenet. Tu négliges tes patients, Kâemouaset, et, bien que Penbuy te soit loyal et ne se plaigne pas, je sais que les lettres officielles s'empilent sur ton bureau. Ce laisser-aller ne te ressemble pas. »

Je n'ai pas de comptes à te rendre, pensa-t-il, contrarié. Je ne supporte pas cette sollicitude maternelle dont tu m'entoures parfois. « Mes affaires ne te regardent pas, Noubnofret, répondit-il en tâchant de ne pas se montrer trop sec. Contente-toi de diriger cette maison. J'ai été très fatigué ces derniers temps, et je ne vois rien de mal à passer un après-midi en compagnie de ma fille et de ses hôtes. »

En temps normal, Noubnofret n'insistait pas. Bien que sa tendance à vouloir tout régenter la conduisît de temps à autre à empiéter sur le territoire de Kâemouaset, il suffisait généralement d'une tendre remontrance pour qu'elle se moque d'elle-même et fasse marche arrière. Mais, cette fois-ci, elle s'obstina. « Il ne s'agit pas d'un après-midi, dit-elle. Voilà des semaines que tu vis replié sur toi-même. Je m'étonne d'ailleurs que Ramsès ne t'ait pas encore adressé une de ses lettres acerbes pour t'interroger sur les affaires en souffrance de l'Égypte. » Il y avait quelque chose de blessé, de désorienté dans son regard, et Kâemouaset se demanda fugitivement si elle n'était pas plus perspicace qu'il ne le pensait.

Il faudrait qu'il lui parle, mais pas maintenant. Non, pas maintenant ! Il se hâta de la rassurer, tandis que les domestiques attendaient, silencieux et immobiles.

« J'ai un peu négligé mes devoirs, c'est vrai, mais j'ai besoin de repos, Noubnofret.

– Eh bien, allons dans le Nord une ou deux semaines. Le changement te ferait peut-être du bien.

– Je déteste Pi-Ramsès, fit-il avec un rire sans joie. Tu le sais. »

Évitant avec soin les vêtements éparpillés sur le sol, elle s'approcha de lui et le regarda droit dans les yeux. « Quelque chose te tourmente, mon époux, quelque chose de grave. Ne m'insulte pas en le niant. Dis-moi de quoi il s'agit. Je ne demande qu'à t'aider et à te soutenir. »

Kâemouaset dut lutter contre une brusque envie de pleurer. Il faillit un instant se laisser tomber sur son lit et se confier à elle comme un enfant à une mère compatissante, mais il reconnut ce besoin pour ce qu'il était et fut en outre arrêté par la présence des domestiques.

« Tu as raison, répondit-il enfin. Et je t'en parlerai, Noubnofret, mais pas maintenant. Passe un bon après-midi. »

Elle haussa les épaules et se détourna, puis, alors qu'il était déjà sur le seuil, elle déclara : « Je n'arrive pas à trouver Penbuy. Voudrais-tu me l'envoyer, Kâemouaset ? Le lin doit être mesuré avec précision et payé. » C'était une tâche simple dont son scribe aurait fort bien pu s'acquitter – et ils le savaient tous les deux. Elle veut affirmer son autorité ou m'indiquer qu'elle se doute de son départ, pensa Kâemouaset sans voir les gardes qui s'inclinaient à son passage. Se pourrait-il que Noubnofret, ma calme et énergique Noubnofret, soit en train de perdre son sang-froid ? L'idée d'une scène violente entre son épouse et lui l'assombrit, et il gagna sa barque le cœur serré.

La journée ensoleillée et son agréable mission lui firent vite retrouver sa bonne humeur. Ce fut d'un pas allègre qu'il se dirigea vers la maison de Sisenet, abrité par son porte-parasol. En sentant le contact du sable sous ses pieds, il se rappela sa dernière rencontre avec Tbouboui, le charme magique de cette nuit, et il eut envie de se mettre à chanter. Au dernier détour du sentier, maintenant familier, il vit Sheritra debout à l'ombre de la façade, les bras chargés de nénuphars blancs qui gouttaient sur sa robe chatoyante. Elle fit un pas dans sa direction, mais s'immobilisa aussitôt et l'attendit, le visage grave. Bizarre, pensa Kâemouaset. D'habitude, elle se précipite à ma rencontre. Puis il se rendit compte avec un serrement de cœur qu'il y avait longtemps qu'elle n'avait plus de ces élans d'affection envers lui. Il l'étreignit en souriant tandis que ses serviteurs s'inclinaient devant elle, puis se retiraient sous les arbres.

« Quel plaisir de te voir, père ! » s'écria Sheritra avec une joie sincère. Kâemouaset eut pourtant l'étrange impression qu'elle était sur la défensive. « Comment vont mère et Hori ?

– Oh ! Rien de particulier à signaler. J'ai enlevé ses points de suture à Hori, et Noubnofret trie sa garde-robe aujourd'hui, ce qui explique pourquoi elle n'est pas venue.

– Hem ! fit Sheritra. Entre donc. Tbouboui est dans les cuisines en train d'apprendre une recette à son cuisinier, et Sisenet est enfermé dans son bureau comme d'habitude. Quant à Harmin, il s'exerce au javelot dans le désert. J'ai l'impression d'avoir quitté la maison depuis une éternité, ajouta-t-elle.

– C'est ce que je ressens moi aussi », répondit Kâemouaset en lui serrant le bras. Nous sommes mal à l'aise, songea-t-il tristement. Ces trois jours nous ont éloignés encore un peu plus l'un de l'autre. Agenouillée dans le vestibule où un courant d'air agitait sa robe grossière, Bakmout le saluait et il nota avec satisfaction qu'un de ses soldats montait la garde dans la pièce.

« Assieds-toi », proposa Sheritra. Puis elle frappa dans ses mains et, quand un serviteur noir apparut, lui ordonna d'un ton bref : « Apporte du vin et du pain beurré, et va dire à ta maîtresse que le prince Kâemouaset est arrivé.

– Es-tu heureuse ici ? lui demanda son père.

– Je commence juste à m'y habituer, répondit-elle avec un sourire un peu contraint. Tout est si silencieux. Pas d'invités jusqu'à présent, et presque pas de musique pendant les repas. Mais je me sens à l'aise, père. Il n'y a que Sisenet qui m'intimide encore un peu ; c'est parce que je le vois beaucoup moins souvent que les autres. » Elle rougit et, soulagé, Kâemouaset reconnut la Sheritra qu'il connaissait. « Harmin et moi passons l'après-midi ensemble après la sieste. Avec Bakmout et un garde, nous prenons possession du jardin et nous promenons sous les palmiers. Je suis allée deux fois sur le fleuve, mais aucun d'eux ne veut m'accompagner. Le soir, nous bavardons et Sisenet nous fait la lecture.

– Et le matin ? » demanda Kâemouaset tandis que le serviteur posait devant lui une coupe de vin ainsi qu'un plateau d'argent garni de pain, de beurre, d'ail et de miel. Il s'était approché si silencieusement que Kâemouaset n'avait même pas entendu le bruissement de son pagne amidonné.

« Le matin, Tbouboui et moi nous tenons compagnie et ne parlons que de frivolités, répondit Sheritra en riant. Imagine un peu ! Moi qui avait horreur des papotages idiots ! »

Elle parle trop vite, se dit Kâemouaset. Est-ce par surexcitation ou parce que quelque chose la tracasse ? Je n'en sais rien, et elle ne me répondra pas sincèrement si je l'interroge. « Cela te fait du bien, j'en suis convaincu, dit-il. Il n'y a rien de mal à la frivolité, surtout en ce qui te concerne. Tu as toujours été trop sérieuse.

– Parle pour toi ! répliqua-t-elle. Ah ! Voici Tbouboui ! »

En sa qualité de prince du sang, Kâemouaset n'avait pas à se lever. Il le fit néanmoins et, lui prenant les mains, posa un baiser sur sa joue. Il se rendit aussitôt compte que le geste était trop familier devant Sheritra. Fraîche et ravissante dans un fourreau blanc presque transparent orné de glands argentés, Tbouboui s'assit avec une grâce consommée sur un gros coussin. « Je voulais m'assurer que nous ne manquions pas trop à notre Sheritra et profiter de ma visite pour dire un mot à ton frère, commença Kâemouaset. Mais je vois que ma fille est dans une forme éblouissante. Je t'en suis reconnaissant, Tbouboui. »

Il sentait tous les muscles noués de son corps se détendre en sa présence. Oh ! Tbouboui ! murmura-t-il en lui-même en contemplant avec ravissement sa lourde chevelure retenue par un mince bandeau d'argent, ses yeux ourlés de khôl, et les palpitations rapides de ses seins sous l'étoffe. Elle partage mon émotion, se dit-il, heureux. Je le sais.

« C'est moi qui lui suis reconnaissante de sa compagnie », répondit-elle en souriant. Elle avait avivé ses lèvres de henné, et sa bouche rappelait à Kâemouaset la grande statue d'Hathor qui se trouvait dans le quartier sud de Memphis. La bouche souriante et sensuelle de la déesse était rouge elle aussi, d'un rouge scintillant, humide... « Je suis ravie de la présence de Sheritra. Elle me donne l'impression de redevenir une jeune fille. J'espère toutefois que nous ne l'ennuyons pas. » Elle jeta un regard affectueux à Sheritra qui lui répondit par un sourire. On croirait des sœurs, pensa Kâemouaset, enchanté. Elles ne seront pas ennemies lorsque Tbouboui s'installera à la maison.

« M'ennuyer ! s'exclama Sheritra. Pas le moins du monde !

– Tu ne veux donc pas revenir chez nous ? fit Kâemouaset d'un ton taquin. La main de fer de ta mère ne te manque pas ? »

Une ombre passa sur le visage de sa fille, et Kâemouaset se rendit compte de ce que sa remarque avait de déloyal. Le vin y serait-il pour quelque chose ? se demanda-t-il. « Encore un cru excellent, dit-il très vite en levant sa coupe.

– Merci, prince, répondit Tbouboui. Nous avons peu de goût pour les toilettes voyantes et les réceptions, mais nous sommes très exigeants sur la qualité de notre vin. »

L'espace d'un instant, Kâemouaset eut la désagréable impression que Sheritra était incluse dans ce « nous » et que, par quelque alchimie inconnue, Tbouboui s'était approprié sa fille. Il fut distrait de ses réflexions par l'arrivée d'Harmin. Trempé de sueur, les cheveux, les narines et les mollets pleins de sable, le jeune homme tendit son javelot au serviteur le plus proche et s'inclina devant le prince avec un sourire affable. Puis son regard se tourna aussitôt vers Sheritra. De mieux en mieux, pensa Kâemouaset. « Bonjour, Harmin, dit-il. J'espère que tes progrès au tir t'ont dédommagé de la chaleur et de la saleté.

– Je crois que je lance plus droit et plus loin, répondit le jeune homme en se passant la main dans les cheveux. Mais pas aujourd'hui. Je te prie de m'excuser, prince, mais je vais aller me laver. Accompagne-moi avec Bakmout, Sheritra. Tu peux faire dresser un kiosque dans le jardin pendant qu'on me lave. A moins bien sûr que tu n'y voies un inconvénient, prince ? »

Kâemouaset fut stupéfait de la familiarité arrogante avec laquelle Harmin s'était adressé à sa fille, et choqué de voir que le jeune homme considérait sa visite comme moins importante que ses propres désirs. Le rapide regard qu'il avait échangé avec sa mère ne lui avait pas non plus échappé, et il se demandait ce qu'il signifiait. « Comptes-tu rester encore longtemps, père ? s'enquit Sheritra en se levant. Parce que, si ce n'est pas le cas, je préfère rester avec toi.

– Mais tu aimerais encore mieux t'éclipser. Je ne m'en offense pas, Petit Soleil, et je serai ici tout l'après-midi. » Harmin se dirigeait déjà vers le couloir et, avec un sourire d'excuse, Sheritra lui emboîta le pas.

Kâemouaset la suivit des yeux avec plaisir. Son allure avait changé. Elle se tenait droite, avait une démarche plus assurée et balançait même très légèrement les hanches. « Tu lui as fait du bien », murmura-t-il. Changeant de position, Tbouboui joua avec le bracelet d'argent orné de babouins qui entourait sa cheville.

« Je crois qu'elle aime Harmin, répondit-elle avec franchise. Et l'amour transforme une jeune fille en femme, une enfant timide et gauche en une beauté aussi séduisante qu'Astarté elle-même.

– Et Harmin ?

– Je n'ai pas abordé le sujet avec lui, mais il est évident qu'il tient beaucoup à elle. Ne t'inquiète pas, prince, ajouta-t-elle aussitôt en voyant son expression. Ils ne sont jamais seuls, et Bakmout dort toujours dans la chambre de sa maîtresse. »

Kâemouaset rit pour dissimuler l'antipathie que lui inspirait Harmin. « J'imagine qu'elle sera ravie de te voir entrer dans ma famille, dit-il d'un ton un peu emphatique. Je t'aime, Tbouboui.

– Moi aussi, mon cher prince. Je suis contente moi aussi que la princesse et moi ayons autant d'affection l'une pour l'autre. Sois certain que je ferai de mon mieux pour gagner le respect de Noubnofret et du jeune Hori. »

La tâche sera difficile, pensa Kâemouaset avec irritation. « Je suis la loi, dit-il. Je suis Maât sous mon toit. Ils t'accepteront que cela leur plaise ou non. Ib ! » appela-t-il en frappant dans ses mains.

L'intendant qui était resté dans le jardin entra dans le vestibule et, à la demande de son maître, lui tendit le document passé à sa ceinture.

« Le contrat de mariage, déclara Kâemouaset d'un ton triomphant en le donnant à Tbouboui. Lis-le en prenant ton temps et dis-moi s'il te convient. J'y ai fait ajouter une clause un peu inhabituelle pour ta protection et la mienne. » Elle avait posé le papyrus à côté d'elle et fixait sur lui un regard sans expression. « L'épouse que je choisis doit être acceptée par Pharaon pour que je conserve mes droits à la succession, expliqua-t-il. Je te demande donc d'apposer ton sceau sur ce document en sachant qu'il ne deviendra légal que lorsque Penbuy rapportera de Koptos les preuves de ta noblesse. » Il avait parlé d'une traite, craignant sa réaction ; comme elle continuait à le dévisager sans mot dire, il chercha sa main. Elle était glacée. « C'est une simple formalité. Ne t'en offense pas, je t'en prie, fit-il d'un ton pressant.

– Koptos ? murmura-t-elle d'une voix sans timbre. Tu as envoyé ton scribe à Koptos ? » Puis elle parut se ressaisir. « Je comprends parfaitement, prince. Les exigences de l'État passent avant l'amour, n'est-ce pas ?

– Tu te trompes ! s'écria-t-il, aussi désemparé qu'un adolescent qui aime pour la première fois. Tu seras mienne, Tbouboui, dussé-je défier Ramsès comme l'a fait mon frère Si-Montou pour obtenir Ben-Anath ! Mais il serait tellement plus simple, tellement moins choquant pour les miens que je puisse t'épouser avec la bénédiction de mon père.

– Sans compter que ton frère n'avait pas de famille lorsqu'il s'est marié, dit-elle en lui retirant sa main avec douceur. Toi, tu as un fils qui pourrait être déshérité si tu étais rayé de la liste des prétendants au trône, et qui perdrait lui aussi tout droit à la succession. Je comprends, mon chéri. Après tout, mon sang est noble... »

Et je ne suis pas la première venue, compléta mentalement Kâemouaset avec un cynisme qui le fit sursauter.

« ... Et je sais m'incliner sans murmurer devant les exigences de l'État. » Un sourire légèrement moqueur flottait à présent sur ses lèvres rouges. « Mais je suis une femme peu patiente, poursuivitelle. Quand le très digne Penbuy rapportera-t-il sous son bras la réponse qui doit décider de mon bonheur ?

– Il est parti ce matin et sera à Koptos dans moins d'une semaine. J'ignore toutefois combien de temps lui prendront ses recherches. Pourras-tu maîtriser ton impatience encore un mois, Tbouboui ? »

En guise de réponse, elle jeta un rapide regard autour d'elle et, posant ses mains sur les cuisses nues de Kâemouaset, pressa ses lèvres humides et chaudes sur les siennes. « Je signerai le contrat dès aujourd'hui, murmura-t-elle contre sa bouche. Pardonne-moi ce mouvement d'humeur, prince. En as-tu parlé à Noubnofret ? »

Il s'écarta, grisé par ce baiser, et elle se laissa retomber sur le coussin. « Pas encore, répondit-il. Le moment opportun ne s'est pas présenté.

– N'attends pas trop longtemps. » Il acquiesça, encore brûlant de désir.

« J'ai l'intention de te faire construire des appartements somptueux, déclara-t-il. Mais ils ne seront pas prêts tout de suite. Accepteras-tu de loger temporairement avec les concubines ?

– Temporairement, répondit-elle. Sisenet restera ici ou retournera à Koptos. Il n'a pas encore pris de décision. Harmin non plus.

– Tu en as déjà parlé à ton frère ? fit Kâemouaset, abasourdi.

– Naturellement, dit-elle en soutenant hardiment son regard. Je n'ai pas besoin de son autorisation, mais c'est mon plus proche parent et mon frère aîné. Je tenais à avoir son approbation.

– Te l'a-t-il donnée ? » demanda-t-il, contrarié, en se disant que Sisenet était son inférieur et n'aurait pas dû avoir voix au chapitre. Mais il se reprocha aussitôt sa réaction. Tbouboui était une Égyptienne consciente de ses devoirs et soucieuse des sentiments des êtres qu'elle chérissait.

« Oui, répondit-elle. Il veut que je sois heureuse, Kâemouaset, et il considère que tu nous fais un grand honneur.

– Il faut que je lui parle, dit Kâemouaset, oubliant son irritation. Je n'arrive toujours à rien avec ce manuscrit. Je sais par Hori que le faux mur a été reconstruit et que les artistes travaillent à y reproduire les peintures. La sépulture sera bientôt fermée. »

Tbouboui se leva et lissa sa robe. Kâemouaset suivit le mouvement de ses mains. « Sisenet est dans sa chambre, dit-elle. Je peux le faire appeler si tu le souhaites, prince.

– Non, je vais aller le voir. »

Elle inclina la tête et le précéda dans le couloir. Elle tourna à gauche et, alors que Kâemouaset jetait un coup d'œil de l'autre côté, il entendit le rire de Sheritra, porté par le vent chaud qui venait de la porte ouverte en permanence sur le jardin. Elle était agenouillée en face d'Harmin, sur une natte à l'ombre d'un pavillon de toile, et leurs têtes se frôlaient. Avant de détourner le regard, Kâemouaset la vit jeter les osselets et pousser un cri ravi. Harmin souriait.

Sisenet sursauta à l'entrée du prince, puis se leva et le salua avec gravité. Cette homme sait que je suis follement épris de sa sœur, pensa Kâemouaset, gêné. Tbouboui s'éclipsa et Sisenet lui offrit le siège qu'il occupait un instant auparavant. Sur son bureau, il y avait de la bière, les restes d'un repas léger et plusieurs rouleaux.

« Je vois que tu étais en train de lire, observa Kâemouaset. Une occupation agréable par cette chaleur accablante. »

Sisenet s'assit en tailleur sur le lit. Pour la première fois, Kâemouaset remarqua qu'il avait un corps musclé que ne déparait pas la moindre trace d'embonpoint. Pourtant il étudie, c'est un sédentaire comme moi, se dit-il avec une pointe de jalousie. Comment fait-il pour rester aussi mince ?

« Ces rouleaux sont mon passe-temps favori, prince, répondit Sisenet. L'un raconte l'histoire d'Apepa et de Sekenenrê ; l'autre est une copie rare et très ancienne du Livre de la Vache céleste. Outre la description de la révolte des hommes contre Râ, de leur punition et du départ du dieu pour le ciel, il contient des formules magiques bénéfiques aux défunts. »

Ses paroles piquèrent la curiosité de Kâemouaset. Déroulant les papyrus avec précaution, il contempla les petits hiéroglyphes. « C'est un vrai trésor, dit-il, admiratif. Les as-tu achetés ? Je connais beaucoup de marchands de documents anciens. Qui te les a vendus ? »

Sisenet sourit et son visage habituellement sombre prit une expression presque juvénile. « Je ne les ai pas achetés, prince. Ils appartiennent à ma famille. Un de mes ancêtres était un historien et un magicien réputé. Trouver à satisfaire ses deux passions grâce à ce précieux écrit a dû le remplir de joie.

– Es-tu allé voir un magicien pour faire l'essai des incantations ? demanda Kâemouaset, intrigué.

– Non, répondit Sisenet. J'ai quelques connaissances dans ce domaine. J'ai servi en qualité de prêtre de Thot à Koptos.

– Je l'ignorais, dit Kâemouaset en se souvenant qu'il n'avait eu que de rares conversations avec lui et s'était empressé de le juger insignifiant. Les formules se sont-elles révélées efficaces ? poursuivit-il.

– Étant donné qu'elles avaient trait au bien-être des morts, je n'ai aucun moyen de le savoir, prince.

– Bien sûr ! s'exclama Kâemouaset en se frappant le front. Je suis stupide ! Mais, dis-moi, qui est le grand prêtre de Thot à Koptos ? Je suis un fidèle de ce dieu. »

Ils bavardèrent quelque temps de religion, et Kâemouaset fut peu à peu conquis par l'esprit incisif de Sisenet, la politesse avec laquelle il défendait ses arguments et l'intelligence de ses raisonnements. Kâemouaset aimait discuter en profondeur sur un point d'histoire, de médecine ou de magie avec un interlocuteur aussi versé dans ces sciences que lui-même. Or, à son ravissement, il s'aperçut que c'était le cas de Sisenet. Le rouleau, pensa-t-il. Il y a peut-être un espoir après tout. Il ne savait pas s'il s'en réjouissait ou le déplorait.

« Quand pourrais-tu venir examiner le papyrus que j'ai trouvé dans la sépulture ? demanda-t-il enfin. Il me préoccupe depuis que je l'ai vu, et j'aimerais m'en débarrasser une bonne fois pour toutes.

– Je ne possède pas ton érudition, prince, et j'ai bien peur de ne pas t'être d'un grand secours, mais ce sera un honneur pour moi. Je suis à ta disposition. »

Kâemouaset réfléchit. Il lui fallait parler du mariage à Noubnofret, s'acquitter des tâches officielles qu'il négligeait depuis si longtemps... Je suis encore en train de chercher des prétextes, d'atermoyer, se dit-il avec un sourire. « Viens dans une semaine, déclara-t-il. Nous y consacrerons l'après-midi.

– Entendu, prince. »

Les deux hommes gardèrent un instant le silence. Il ne veut pas aborder le sujet du mariage, se dit Kâemouaset. C'est à moi de le faire. Il constata non sans étonnement que Sisenet l'impressionnait.

« Tbouboui m'a dit que tu étais heureux qu'elle m'épouse », commença-t-il d'un ton hésitant.

Pour la première fois depuis qu'il le connaissait, il entendit Sisenet rire, un rire gai et franc. « Tu es un homme plein de tact, prince ! Elle n'a pas besoin de mon approbation, et il serait absurde de ma part de vouloir peser sur la décision d'un prince du sang. Mais sache que je suis ravi de ce mariage. Beaucoup d'hommes ont courtisé ma sœur et elle les a tous repoussés.

– Et toi, que feras-tu ? Rentreras-tu à Koptos ? »

La question parut amuser Sisenet.

« C'est une possibilité, mais je pense que je resterai ici. J'y suis heureux et la bibliothèque de Memphis regorge de trésors.

– Aimerais-tu avoir un poste dans notre maison ? » proposa Kâemouaset, poussé par un étrange besoin de gagner les bonnes grâces de Sisenet. Il regretta instantanément son offre qui semblait dictée par le désir de le dédommager ou un sentiment de culpabilité. Mais Sisenet ne s'en offensa pas.

« Non, prince, je te remercie », répondit-il.

Toujours dans les mêmes dispositions, Kâemouaset faillit demander s'il pouvait être utile à Harmin, mais il se rappela que celui-ci obtiendrait automatiquement un titre s'il épousait Sheritra. Les conséquences de sa décision étaient trop complexes pour qu'il les envisage dans l'immédiat et, en outre, elles lui faisaient peur.

La conversation languit. Après quelques plaisanteries banales, Kâemouaset quitta son hôte et passa directement dans le jardin. Sheritra et Harmin ne jouaient plus aux osselets. Ils parlaient paisiblement pendant que Bakmout aspergeait d'eau fraîche les membres de sa maîtresse. La chaleur était étouffante. Kâemouaset leur dit quelques mots, promit à sa fille de revenir la voir bientôt, puis, après avoir appelé ses serviteurs, se dirigea vers le fleuve. Il ne vit pas Tbouboui. Maintenant que le contrat était entre ses mains et qu'il avait accompli un pas de plus vers la révolution qui bouleverserait sa vie, il se sentait comme un général qui regroupe ses forces et se repose en attendant une nouvelle offensive. Il avait envie de retrouver le calme de son bureau et la présence réconfortante de Noubnofret, attablée face à lui sous le ciel couleur bronze de cette soirée d'été.

12

Loué soit Thot,
Le plomb exact de la balance,
Devant qui le mal fuit,
Qui accepte celui qui se détourne du mal.

Trois jours après sa première visite à Sheritra, dévoré de culpabilité, Kâemouaset se résolut à faire part de sa décision à Noubnofret. Comme chaque matin maintenant, il s'était en effet réveillé en y pensant, la gorge nouée d'appréhension, et, tandis qu'il mangeait le pain et les fruits que Kasa lui avait apportés, il se reprocha l'affaiblissement progressif de sa volonté. Il ne comprenait pas vraiment la raison de son hésitation ni pourquoi il avait l'impression de commettre un acte répréhensible en épousant Tbouboui.

Perdu dans ses pensées, il se laissa laver et habiller sans en avoir conscience, et ce ne fut qu'une fois installé devant sa table de maquillage, en entendant Kasa ouvrir un nouveau pot de khôl dont le cachet de cire se rompit d'un bruit sec, qu'il sortit de sa rêverie. Cela ne peut plus durer ! se dit-il avec colère en regardant son serviteur plonger un bâtonnet dans la poudre noire et se pencher vers lui. Il ferma les yeux et sentit le bâtonnet humide effleurer ses paupières. De peur que ses craintes ne l'emportent une fois de plus et ne le poussent encore à de lâches atermoiements, il se hâta de parler : « Tu iras chez mes concubines tout à l'heure, Kasa, et tu demanderas au Gardien de la Porte de préparer la plus grande suite pour une nouvelle occupante. Je vais me remarier. »

Le bâtonnet trembla sur ses tempes, puis reprit son lent parcours. Kasa se redressa et le trempa dans une cuvette d'eau sans regarder son maître. « Voilà une bonne nouvelle, dit-il d'un ton neutre. Mes vœux vous accompagnent, Votre Altesse. Vie, santé et prospérité. Ne parlez pas, je vous en prie. Il faut que je farde votre bouche. »

Kâemouaset attendit que le henné eût séché sur ses lèvres pour poursuivre : « Tu demanderas à mon architecte de venir dans mon bureau ce soir. Je compte agrandir la maison d'un nouveau bâtiment pour ma seconde épouse, Tbouboui.

– Très bien, Votre Altesse. La nouvelle est-elle connue de tous ?

– Oui », répondit Kâemouaset, amusé par le tact de son serviteur. Il garda le silence jusqu'à ce que Kasa lui eût passé les bracelets d'or et le pectoral d'or et de lapis-lazuli posés sur le lit, puis déclara en quittant la pièce : « Si on a besoin de moi, je serai dans les appartements de la princesse. » Le sort en était jeté. Il était désormais obligé de parler de son mariage à Noubnofret.

Amek et Ib, qui l'attendaient postés devant la porte, le suivirent le long des larges couloirs de la demeure où les domestiques achevaient le ménage matinal en soulevant des nuages de poussière que l'on voyait danser dans les rayons du soleil.

Après avoir salué Wernouro qui l'annonça, Kâemouaset entra dans la chambre de sa femme. Celle-ci l'accueillit avec le sourire. Elle portait un fourreau jaune brodé de fils d'or qui dénudait ses bras ronds et son cou de statue. Un bandeau, en or lui aussi, surmonté de Mout, la déesse vautour, ceignait son front brun et retenait sa longue chevelure tressée de rubans dorés. Elle était encore pieds nus. Avec un serrement de cœur, Kâemouaset regarda les petites boucles de cheveux humides qui s'échappaient de sa lourde tresse, ses seins voluptueux que l'on devinait sous l'étoffe diaphane, sensible tout à coup à ce que sa beauté avait de sensuel.

« Je vois que tu t'es levé tôt, toi aussi, mon cher frère, dit-elle en lui tendant sa joue. Comment comptes-tu occuper ta journée ? J'espère que tu as prévu de perdre une ou deux heures en ma compagnie ! » Elle a changé depuis le départ de Sheritra, se dit Kâemouaset en frôlant de ses lèvres sa peau parfumée. Elle est moins grave, moins absorbée par l'administration de la maison. Peut-être Sheritra lui rappelle-t-elle ses échecs ou ces années qui passent bien plus vite pour une femme que pour un homme. Pauvre Noubnofret !

« J'ai à te parler en particulier, dit-il. Sortons. »

Elle acquiesça et le suivit vers les trois marches flanquées de colonnes qui conduisaient à la galerie, aérée et fraîche.

Deux marches encore et ils se seraient retrouvés dans la lumière éclatante d'un soleil matinal déjà brûlant. D'épais bosquets masquaient l'entrée qui donnait sur le jardin de derrière.

Noubnofret refusa d'un signe de tête le siège que Kâemouaset lui indiquait, ce qui fit passer une lueur menaçante dans le regard d'obsidienne de Mout.

« Je suis déjà restée assise une bonne heure pour me faire coiffer et maquiller, expliqua-t-elle. Qu'y a-t-il, Kâemouaset ? Te serais-tu décidé à me confier ce qui te tourmente ?

– Je ne sais pas comment t'apprendre la nouvelle avec ménagement, commença-t-il avec un soupir. Je n'essaierai donc pas. Voilà quelque temps déjà que j'éprouve de l'attirance pour une autre femme, Noubnofret. Cela m'a contrarié, car je suis un homme rangé qui aime avoir une vie de famille paisible. Mais, malgré mes efforts, cette attirance n'a fait que croître. Je suis amoureux de cette femme et j'ai l'intention de l'épouser. »

Noubnofret poussa une petite exclamation, et il sembla à Kâemouaset qu'elle était plus irritée que surprise ou blessée. « Poursuis », fit-elle avec calme. Elle le dévisageait, parfaitement immobile, et il ne put soutenir son regard.

« Il n'y a pas grand-chose d'autre à dire. Elle s'installera dans le harem jusqu'à ce que je lui ai fait construire une suite convenable et n'aura bien entendu que le rang de seconde épouse. Tu continueras à diriger cette maison.

– Bien entendu, répéta Noubnofret d'un ton étrangement neutre. Tu as le droit de prendre autant d'épouses que tu le souhaites, Kâemouaset. Je m'étonne d'ailleurs que tu ne l'aies pas fait plus tôt. » Mais elle n'avait toujours pas l'air étonnée ; elle paraissait complètement indifférente. Kâemouaset ne l'avait jamais vue aussi calme. « Quand le contrat doit-il être établi ? »

Il se força à la regarder en face. Ses yeux étaient immenses et parfaitement dépourvus d'expression. « C'est déjà fait, répondit-il. Elle l'a signé et moi aussi.

– Tu y pensais donc depuis un moment et tu as tout préparé avec soin, fit-elle avec un faible sourire qui s'évanouit aussitôt. Dois-je comprendre que tu avais peur de m'en parler, mon frère ? Je suis désolée de te décevoir, mais il y a des semaines que je soupçonnais quelque chose de ce genre. Qui est l'heureuse élue ? Une princesse sans aucun doute, car Ramsès t'autoriserait à prendre une femme du commun pour concubine mais certainement pas pour épouse royale. »

Mal à l'aise, Kâemouaset avait l'impression qu'elle connaissait déjà la réponse. « Ce n'est pas une princesse, dut-il reconnaître. Mais elle est noble. Il s'agit de Tbouboui, Noubnofret. Je l'ai désirée dès que je l'ai vue! » Il avait prononcé cette dernière phrase pour l'obliger à réagir, pour miner son imperturbable assurance, mais elle ne fit que hausser un sourcil.

« Tbouboui. J'y avais pensé, Kâemouaset. Ce jour où elle a failli tomber à l'eau, tu étais prêt à t'élancer vers elle avant même qu'elle ne trébuche. Je suppose que j'ai un peu de sympathie pour elle, à un niveau très superficiel. Mais elle n'est pas mon égale sur le plan social et je n'ai aucune intention de la traiter en tant que telle, surtout maintenant que je la soupçonne d'avoir recherché ma compagnie alors même qu'elle complotait secrètement pour entrer dans cette famille. Je considère pareille duplicité comme une trahison personnelle. Tu comprends?

– Oui, bien sûr.

– Je suis convaincue qu'elle a signé le contrat avec beaucoup d'empressement, poursuivit Noubnofret. Après tout, tu n'es pas un obscur petit prince enterré dans un trou d'Égypte. Son fils s'installera-t-il ici lui aussi? Souhaites-tu que j'organise un grand dîner pour fêter l'événement et, si oui, quand? Et que pense ton père de cette union? » Elle le questionnait d'un ton respectueux et détaché, mais il perçut enfin la fureur que dissimulait cette apparente indifférence, une fureur si terrible qu'elle la pétrifiait.

« Le contrat ne sera valable que lorsque Penbuy reviendra de Koptos avec la preuve de sa noblesse, dit-il très vite. Il est parti il y a quelques jours et je n'ai encore reçu aucune nouvelle de son arrivée.

– Personne ne m'en a parlé. » Un court instant, elle parut désorientée, puis elle se pencha en avant, le visage empourpré. « Personne ne m'a rien dit! Tu as fait tout cela à mon insu, prince, comme si tu avais honte, comme si tu avais peur de moi! Je me sens insultée! Quelle considération as-tu pour moi si tu es capable de me cacher une chose pareille?

– Je le regrette, Noubnofret. Je le regrette vraiment. J'aimerais pouvoir t'expliquer. Si j'avais pris une autre épouse pour des raisons dynastiques, parce que mon père le jugeait nécessaire ou même parce que j'avais envie d'un peu de diversité, je te l'aurais dit, j'en aurais discuté avec toi. Mais là... » Il posa les mains sur ses épaules tendues. « Je suis consumé de désir, Noubnofret. Je ne trouve pas le repos. Je ne peux me concentrer sur rien et cela me donne l'impression d'être un jeune idiot, un adolescent amoureux. Je craignais tes moqueries, ta condescendance.

– Par les dieux! s'exclama Noubnofret en s'écartant brutalement. C'est une femme de rien, Kâemouaset! Si tu la veux, prends-la! Garde-la dans ton harem jusqu'à ce que tu te sois lassé d'elle ou fais-lui l'amour chez elle, peu importe! Mais ne l'épouse pas! »

Le mépris dont était empreinte sa voix lui fit l'effet d'une gifle. « Il ne s'agit pas d'un caprice, dit-il. Je sais que je la désirerai toujours dans cinq, dix ou quinze ans, et je veux être certain que personne d'autre ne l'aura. Je l'épouserai. C'est mon droit!

– Ton droit! » railla-t-elle, et Kâemouaset s'aperçut qu'elle tremblait de la tête aux pieds, au point que ses bracelets s'entrechoquaient. « Oui, c'est ton droit, Kâemouaset, mais pas avec elle! Tu as perdu l'esprit! Ton père ne le permettra jamais!

– Je crois que si, répondit-il en s'efforçant de prendre un ton apaisant. Tbouboui est noble et sa réputation sans tache. Penbuy m'en apportera des preuves qui satisferont Ramsès.

– Eh bien, c'est déjà ça », remarqua Noubnofret, plus calme. Leurs regards se rencontrèrent et Kâemouaset y lut une interrogation. Elle se mit à jouer avec ses bracelets sans le quitter des yeux. « Dis-moi, fit-elle enfin. Est-ce que tu m'aimes?

– Oh! Noubnofret! » s'écria-t-il. Il voulut l'enlacer mais elle se déroba. « Je t'aime beaucoup, reprit-il, et il en sera toujours ainsi.

– Mais pas autant qu'une petite arriviste de Koptos, apparemment, murmura-t-elle. Très bien. J'exige de connaître les termes du contrat. C'est mon droit. Je dois protéger mes enfants et moi-même. Cela mis à part, je me comporterai comme le veut mon rang de première épouse et de princesse, poursuivit-elle en se redressant. As-tu appris la nouvelle à Hori et Sheritra?

– Non, pas encore, et j'aimerais que tu m'en laisses le soin.

– Pourquoi? demanda Noubnofret avec un sourire dur. Aurais-tu honte, ô mon époux? »

Un silence pesant s'installa entre eux jusqu'à ce que, exaspéré, Kâemouaset déclarât : « Ce sera tout, Noubnofret. Tu peux disposer. »

Après lui avoir fait un salut exagérément respectueux, elle rentra dans sa chambre. « Cette femme est indigne de toi, dit-elle encore. Penbuy te rapportera de mauvaises nouvelles, Kâemouaset, que tu exiges ou non que je fasse mon devoir. Ne passe pas par mes appartements, je te prie. J'ai mal à la tête. »

Avec un grognement irrité, Kâemouaset se dirigea vers le jardin. Il allait s'occuper de trouver un nouveau médecin pour le harem de Pharaon et répondre aux messages venus du Delta. Le mépris et la rage de Noubnofret finiraient par s'apaiser; elle accepterait Tbouboui, et tout rentrerait dans l'ordre. Je devrais me sentir soulagé, se dit-il en quittant l'herbe pour les dalles brûlantes de l'allée qui ceinturait la demeure. J'ai enfin joué cartes sur table. Hori et Sheritra ne verront pas d'inconvénient à ce mariage. Sheritra en sera peut-être même ravie, car Harmin lui sera désormais aussi proche que son frère. Ai-je envie que mon second mariage soit marqué par une grande fête, par un jour de congé pour la ville ? A la fois heureux et anxieux, il passait fiévreusement d'un sujet de réflexion à l'autre pour éviter de penser que, outre sa colère et son mépris, Noubnofret souffrait.

Quelques jours plus tard, Sisenet vint lui rendre visite pour examiner le rouleau. Il fut reçu par Ib dans la salle de réception où s'entassaient les bibelots étrangers achetés par Noubnofret. L'intendant lui servit du vin et des pâtisseries, et Kâemouaset le rejoignit peu après.

Depuis son entretien avec Noubnofret, les journées s'étaient écoulées dans une atmosphère tendue, sans toutefois qu'il y eût d'éclats. Réfugiée derrière une politesse froide, sa femme s'occupait de la maison avec son efficacité habituelle et lui parlait avec douceur, mais il ne restait plus rien de l'humeur enjouée, presque juvénile, qu'elle avait commencé à montrer après le départ de Sheritra. Kâemouaset n'avait guère vu Hori. Lui parler de son mariage était une épreuve qu'il répugnait encore à affronter. Il comptait prévenir Sheritra en allant reprendre chez Tbouboui le contrat revêtu de son sceau, mais son fils l'intriguait et l'inquiétait chaque jour davantage. Les chassant tous de son esprit par un effort de volonté, Kâemouaset échangea quelques mots avec Sisenet sur la chaleur de l'été qui s'intensifiait et le niveau du Nil, puis, après les civilités habituelles, ils se rendirent dans son cabinet. Kâemouaset fit signe à son hôte de s'installer à la table où il avait déjà préparé ses notes et le rouleau, qu'un léger courant d'air faisait osciller.

Kâemouaset prit place sur un tabouret. Il n'attendait pas grand-chose de cet homme mince et calme qui déroulait le papyrus en lui souriant. Il connaissait fort bien la place prééminente que lui-même occupait dans la communauté érudite d'Égypte, et il songea tout à coup qu'il avait sans doute invité Sisenet pour faire plaisir à Tbouboui. Il voulut demander à celui-ci s'il avait tout ce dont il avait besoin – roseaux, palette, boisson –, mais Sisenet était déjà penché sur le papyrus avec un air de concentration qui dissuadait de l'interrompre. Kâemouaset regarda ses doigts nerveux ornés de turquoises montées en bagues. Noubnofret les aurait jugées trop massives et d'un dessin grossier, mais lui les trouvait assez belles. Il suivit leur mouvement tandis que Sisenet continuait à lire.

L'homme se pencha ensuite sur les notes de Kâemouaset et il sembla à celui-ci qu'il les parcourait avec dédain. Mais il se dit aussitôt que son imagination lui jouait des tours, comme chaque fois qu'il avait affaire au rouleau. Son anxiété croissait en effet d'instant en instant. Il priait en silence que Sisenet ne trouvât rien, qu'il déclarât la tâche trop ardue et sa science trop mince, ce qui lui permettrait de renoncer définitivement à traduire le rouleau en toute bonne conscience. Sisenet se racla la gorge, un son à peine audible et d'une parfaite politesse, puis un léger sourire détendit son visage d'ascète. Prenant la palette du scribe et un roseau, il déroula de nouveau le papyrus avec des gestes presque rituels et regarda Kâemouaset.

« C'est une forme difficile d'écriture égyptienne fort ancienne, déclara-t-il. Il n'est pas étonnant qu'elle t'ait paru incompréhensible, prince. Très peu de rouleaux de cette époque ont survécu. J'ai toutefois eu le privilège d'en examiner un ou deux à Koptos, où la vie s'est poursuivie sans changement de génération en génération et à qui ont été épargnées les fièvres et ferveurs du Nord. »

Kâemouaset avait l'impression que l'accent étrange de son hôte s'était encore intensifié. Il était si habitué à l'entendre dans la bouche de Tbouboui qu'il ne le remarquait plus, mais il rencontrait beaucoup moins souvent Sisenet et, à présent, il sonnait à ses oreilles ; un accent élégant, chantant, qu'il ne parvenait toujours pas à identifier.

« Serais-tu en train de me dire que tu es capable de traduire ce... cette chose ? » fit-il en désignant d'un geste impatient le papyrus que tenait Sisenet. Celui-ci haussa les sourcils.

« Mais naturellement, prince. Accorde-moi quelques instants, et je vais en noter la traduction. »

Incrédule, Kâemouaset le vit poser la palette sur le rouleau pour l'empêcher de se refermer, puis se mettre à écrire d'une main sûre. Il avait du mal à respirer. Partagé entre la peur et la surexcitation, il se pencha en avant, hypnotisé par les colonnes de hiéroglyphes qui prenaient forme sous le roseau de Sisenet. Comment peut-il rester aussi calme ? se demanda-t-il. Mais peut-être ce texte est-il complètement insignifiant, après tout. Il ne s'agit peut-être que d'un poème d'amour, d'un heureux événement familial, d'une liste quelconque... Il se souvint brusquement de la cadence étrangement familière des phrases, de la main bandée, sèche et légère, à laquelle était attaché le rouleau, et son esprit se recroquevilla.

Après un temps qui lui parut infini, Sisenet se redressa et reposa le roseau dans l'encoche de la palette, puis, sans prononcer une parole, il tendit le papyrus à Kâemouaset qui ne put réprimer le tremblement de sa main. La chaleur s'était accrue dans la pièce, et la fraîcheur fugitive du matin laissait place à une atmosphère immobile et étouffante. Le rouleau n'oscillait plus, car il n'y avait plus le moindre souffle d'air. Sisenet attendait, les mains jointes sur le bureau.

Trempé de sueur, Kâemouaset, qui sentait son regard posé sur lui et s'en voulait de trahir son agitation, se força à lire le papyrus. Ses yeux parcoururent d'abord le texte sans que son esprit en enregistre la signification, et il lui fallut revenir en arrière, puis, brusquement, il comprit et ce fut comme s'il venait d'avaler une potion galvanisante.

« Oh ! Dieux ! s'exclama-t-il. Dire que j'ai prononcé ces mots sans les comprendre ! » Il était partagé entre l'exaltation et l'horreur, mais celle-ci prit rapidement le dessus. « Oh ! Dieux ! répéta-t-il. Qu'ai-je fait ?

– C'était en effet assez imprudent de ta part, car tu t'es certainement rendu compte qu'ils avaient le rythme d'une formule magique. Mais, dans le cas présent, l'erreur est sans gravité. Tu te sens mal, prince ? » demanda-t-il en se levant à demi.

Kâemouaset se ressaisit suffisamment pour lui faire signe de se rasseoir. « Non ! Ça va !

– Tu ne crois quand même pas à ces sornettes, prince ? dit Sisenet avec lenteur. Je te prie de me pardonner, car il semble que je t'aie bouleversé. Le Rouleau de Thot n'est qu'un mythe exprimant le désir qu'ont les hommes de se rendre maîtres de la vie et de la mort. Il n'y a que les dieux qui aient ce pouvoir. Ceci... » Il donna une chiquenaude dédaigneuse au papyrus. « Ceci n'est qu'un jeu. Quelqu'un a fabriqué un rouleau de Thot parce qu'il rêvait de pouvoir absolu ou peut-être même parce qu'il avait peur. Un être cher qui disparaît, la terreur de la salle du Jugement en raison d'une vie passée à faire le mal... Qui sait ? fit-il en haussant les épaules. Le Rouleau n'existe pas. Il n'a jamais existé et, si tu y réfléchis un instant, prince, tu admettras que c'est une vue de l'esprit. »

Les mains crispées sur le papyrus, Kâemouaset luttait pour retrouver son sang-froid. « Je suis un magicien, répondit-il d'une voix encore altérée par la peur. Je connais des charmes puissants; je sais que depuis d'innombrables hentis des magiciens cherchent ce rouleau, et qu'ils l'ont toujours fait avec l'absolue certitude qu'il existe et a le pouvoir de soumettre morts et vivants à sa volonté.

– Et moi, prince, je soutiens que si la magie peut influer sur bien des domaines de notre vie parce que les magiciens savent contraindre les dieux à leur obéir, il nous est impossible de nous en servir pour ressusciter les morts ou communiquer avec les animaux et les oiseaux comme est censé pouvoir le faire le légitime propriétaire du Rouleau de Thot. Cet écrit a beaucoup de valeur, mais uniquement en tant que document historique. Il ne s'agit pas d'un mythe devenu réalité. D'ailleurs, s'il avait le moindre pouvoir, ne crois-tu pas que la sépulture aurait été vide ? »

Kâemouaset serra les dents. Il savait qu'il était livide et tremblait de tous ses membres, car il avait l'impression d'être en proie à un abominable cauchemar. Tandis que Sisenet parlait avec cet accent indéterminable, une expression sceptique mais aussi légèrement amusée sur le visage, Kâemouaset ne pensait qu'à cette nuit où il avait prononcé les mots incompréhensibles et cherché à conjurer les forces mystérieuses qu'il avait senties autour de lui.

« Viens, fit-il en se dirigeant d'un pas chancelant vers la porte. Ib ! cria-t-il. Fais préparer trois litières et va dire à Hori de me retrouver immédiatement derrière la maison ! »

Ses jambes se dérobaient sous lui et il lui fallut toute sa volonté pour gagner le jardin. Sisenet et lui attendirent alors en silence l'arrivée des litières et des douze porteurs. Puis Hori apparut, ébouriffé et l'air hagard. Il salua Sisenet avec affabilité mais, en dépit de son désarroi, Kâemouaset reconnut sur son beau visage les traces d'une nuit de beuverie. Pas maintenant, se dit-il sombrement en montant dans la litière.

« Qu'y a-t-il, père ? » demanda Hori. Sans lui répondre, Kâemouaset ordonna aux porteurs de les conduire à la sépulture, puis tira les rideaux et s'affala contre les coussins, cherchant à calmer le tourbillon de pensées et de peurs confuses qui l'agitait. Jamais le trajet jusqu'à Saqqarah ne lui parut aussi long.

Il ne rouvrit les rideaux que lorsqu'on le déposa près du tombeau. Le sable lui brûla les pieds à travers ses sandales. Quand Sisenet et Hori le rejoignirent, plissant les yeux sous le soleil implacable de l'après-midi, il leur fit signe de le suivre et s'élança dans l'escalier. Mais, parvenu à la porte où deux gardes somnolents se redressèrent brusquement pour le saluer, il hésita et dut rassembler tout son courage pour franchir le seuil.

Comme toujours, la fraîcheur humide du tombeau le frappa agréablement, mais cela ne dura qu'un instant. Derrière lui, Sisenet et Hori attendaient, l'air intrigué. Kâemouaset s'engagea dans le petit couloir, puis s'immobilisa de nouveau, secoué par un violent frisson. Les scènes murales, les deux statues, les shaouabtis et surtout les cercueils semblaient imprégnés d'une aura malfaisante, prête à l'envelopper. Tu l'as volé, clamait la chambre funéraire. Tu as péché ; tu n'es qu'un profanateur de sépultures arrogant et sans conscience, et tu paieras.

Une colère désespérée le poussa en avant. Se penchant au-dessus du sarcophage qui contenait la momie de l'inconnu, il abattit le poing sur sa cage thoracique qui vola en éclats dans un nuage de poussière. Le mort trembla et Kâemouaset recula.

« Cet homme est un individu sans importance, dit-il d'une voix forte. Un domestique sans doute, un jardinier ou le serviteur chargé des ordures. On a cousu le manuscrit à sa main pour qu'un imbécile dans mon genre le lise accidentellement et les ressuscite, eux ! » Il désignait d'une main tremblante le faux mur que les ouvriers d'Hori avaient reconstruit et repeint avec soin. « Voilà pourquoi le rouleau était attaché au corps d'un être insignifiant ! Voilà pourquoi les cercueils de la chambre secrète n'ont pas de couvercle ! Voilà pourquoi il y a un tunnel ! La boucle d'oreille, Hori ! La boucle d'oreille ! Une morte l'a perdue alors qu'elle rampait vers la sortie ! Où sont-ils maintenant et qu'ont-ils fait ? »

Dérouté, Hori se tourna vers Sisenet. « Que se passe-t-il ? murmura-t-il. De quoi parle-t-il ?

– Je l'ai volé et je m'en suis servi, cria Kâemouaset en éclatant d'un rire hystérique. Seul le légitime propriétaire pouvait le faire en toute impunité. Je me suis condamné !

– Il croit que le papyrus que vous avez trouvé ici est le légendaire Rouleau de Thot, expliqua Sisenet. Il contenait bien deux incantations assez maladroites pour ressusciter les morts et comprendre le langage de tous les êtres vivants, mais une telle découverte est impossible. Les défunts revivent, poursuivit-il en se tournant vers Kâemouaset. Mais pas sur cette terre, prince. Personne n'est encore jamais revenu de la tombe. Le Rouleau de Thot est une belle et triste légende. Il ne faut pas la prendre au pied de la lettre. »

Puis, comme Kâemouaset le dévisageait avec intensité, il ajouta : « Donne-le-moi, prince. Je le brûlerai. » Mais, se ressaisissant, Kâemouaset secoua la tête avec violence.

« Non ! s'écria-t-il. Je vais le replacer dans la sépulture dès aujourd'hui. Rentre chez toi, Sisenet. »

L'homme hésita, faillit parler, puis se ravisa et sortit. Kâemouaset regarda son ombre s'allonger sur le mur éclairé de soleil, puis disparaître.

« Je ne suis pas certain de comprendre ce qui se passe ici, dit Hori en posant une main sur le bras de Kâemouaset. Mais tu es bouleversé, père. Rentre te reposer. Nous rapporterons le rouleau et fermerons la tombe plus tard. »

Pour une fois, Kâemouaset céda à son fils et se laissa conduire à sa litière. Celle de Sisenet, encore visible, se dirigeait vers la lisière nord de la ville. « Oui, rentrons, marmonna Kâemouaset. Mais je ne pourrai pas me reposer avant d'avoir fait ce qui doit être fait. Hâtons-nous, Hori. Je ne veux pas être ici à la tombée de la nuit. »

Ils regagnèrent la demeure et, pendant qu'Hori attendait, Kâemouaset alla chercher le rouleau qu'il saisit en s'interdisant de réagir à son contact ou de penser au passé. Dès que Kasa lui eut donné une aiguille de cuivre et du fil, il rejoignit son fils. « Accompagne-moi », demanda-t-il d'un ton suppliant. Ils repartirent pour Saqqarah, mais l'impatience de Kâemouaset se teignait désormais d'un sentiment d'impuissance, de désespoir.

Arrivé devant la sépulture, il s'y engouffra en titubant et cria à Hori de le suivre. Le corps qu'il avait mutilé gisait tel qu'il l'avait laissé, le thorax béant. « Soulève-lui la main », ordonna-t-il. Hori obéit, tournant le bras léger et raide de la momie de manière que son père puisse travailler.

Kâemouaset appuya le rouleau contre les bandelettes de lin et commença à coudre. Le papyrus était dur et la main si rigide qu'il semblait que l'un et l'autre prenaient un malin plaisir à l'empêcher d'accomplir cette tâche déplaisante. Il est trop tard, murmurait la chambre funéraire. Tu as péché et tu es maudit, maudit... L'aiguille glissa, et il poussa un juron. Deux grosses gouttes de sang tombèrent sur le doigt de la momie et furent avidement bues par les bandelettes. Une autre macula le manuscrit. Submergé par une terreur qu'il ne parvenait plus à combattre, le souffle court, Kâemouaset fit les derniers points en toute hâte, puis adressa un signe de tête à Hori qui reposa le bras dans le cercueil. « Le couvercle, dit Kâemouaset d'une voix rauque. Va chercher les gardes et les porteurs. »

Son anxiété semblait s'être communiquée à Hori qui s'élança au-dehors et revint aussitôt avec dix hommes apeurés. Kâemouaset leur indiqua le couvercle appuyé contre le mur et, quoiqu'il répugnât à le toucher, se joignit à ses serviteurs et à son fils pour porter la dalle de granit massif qu'ils laissèrent lourdement tomber sur le sarcophage.

Kâemouaset examina le second cercueil d'un air pensif, puis ordonna d'un ton brusque : « Celui-là aussi. » Cette fois, il resta à l'écart mais, lorsque la dalle fut remise en place, un petit éclat de pierre s'en détacha et roula jusqu'à son pied gauche. Il l'écarta aussitôt. « Fais fermer ce maudit endroit, Hori, dit-il. Je me moque de savoir si les artistes ont fini ou non. Veille à ce que l'escalier soit comblé et l'ouverture obstruée avec le plus gros rocher que tu pourras trouver. Fais-le tout de suite, avant la nuit, tu m'entends ? »

Kâemouaset savait que sa voix devenait hystérique et que ses serviteurs le dévisageaient avec étonnement. Il se tut et, tournant le dos au mystère qui le terrifiait et le passionnait depuis tant de mois, se dirigea vers la sortie en se forçant à marcher avec lenteur. Hori le suivit. « Je vais envoyer chercher le maître maçon, père, mais rappelle-toi ce que t'a dit Sisenet, je t'en prie. Il a raison. Rentre te reposer et réfléchis-y. »

Kâemouaset regarda le visage tiré et malheureux de son fils, puis, brusquement, ils se jetèrent dans les bras l'un de l'autre. « Je t'aime, balbutia Kâemouaset, au bord des larmes.

– Moi aussi, père », répondit Hori.

Épuisé, Kâemouaset s'installa dans sa litière avec un soupir de soulagement. Il avait l'impression d'être débarrassé d'un lourd fardeau. Après tout, rien n'est arrivé depuis que j'ai prononcé cette prétendue incantation, se dit-il. Il n'y a eu ni mort ni maladie ; aucun malheur ne nous a frappés. J'ai réagi comme un paysan stupide et ignorant. Sisenet avait raison. Cette pensée le fit sourire et, avant que les porteurs ne déposent doucement la litière devant sa porte, il dormait d'un sommeil paisible.

Au cours des jours qui suivirent, Kâemouaset éprouva une honte croissante au souvenir de sa conduite. Les arguments de Sisenet étaient parfaitement sensés et, en repensant à ses paroles et aux moindres détails de cet éprouvant après-midi, Kâemouaset en vint peu à peu à lui donner raison.

Toute sa vie, il avait rêvé de découvrir le Rouleau de Thot dont les deux formules magiques lui apporteraient une connaissance parfaite de tous les êtres vivants grâce à la compréhension de leur langage, et ce pouvoir secret sur la mort qu'il convoitait pardessus tout. Il voulait devenir un dieu. Ce désir commençait toutefois à lui apparaître sous son vrai jour. Issu de son enfance, il avait été alimenté par sa cupidité et son ambition. Il était vrai que tous les magiciens d'Égypte croyaient à l'existence du rouleau mais, s'il se trouvait véritablement quelque part, ce devait être dans un endroit inattendu où le temps et l'éternité se rencontraient, dans un endroit protégé par de puissantes incantations et surveillé par Thot en personne. Il n'aurait certainement jamais été enfoui dans un banal petit tombeau de Saqqarah.

Lorsqu'il eut retrouvé un semblant d'équilibre mental, Kâemouaset se dit que sa réaction avait été irrationnelle. Il s'était abandonné à la superstition au lieu de s'en tenir à une magie simple et efficace, et il était plus que temps de laisser la lumière éclatante de la réalité dissiper les ténèbres qui avaient envahi son esprit.

Mais, avant, il lui fallait s'occuper des appartements de Tbouboui. Se consacrer à la conception et à la construction d'un nouveau bâtiment fut pour lui une distraction bienvenue. Avec son architecte, il dessina de vastes pièces bien aérées, un couloir privé donnant accès au reste de la demeure afin que Tbouboui puisse jouir de cette intimité et de ce silence si essentiels pour elle, et une galerie ouvrant directement sur un jardin et une fontaine. Pour réaliser ce projet, il fallait retourner une partie du terrain au nord de la maison, sacrifier les plates-bandes et déplacer le bassin, mais Kâemouaset pensait que cela pouvait être fait sans trop incommoder sa famille. Une fois qu'il eut approuvé les plans, il lui suffit de donner un ordre pour que des équipes de fellahs se mettent au travail.

Noubnofret continuait à se montrer d'une correction rigide. Kâemouaset se rendit nuitamment dans ses appartements à deux reprises, prêt à la réconforter et même à lui faire l'amour si elle s'était un peu adoucie. Mais elle lui opposa chaque fois une politesse glacée qui le contraignit à battre en retraite.

S'il n'y eut pas d'autre altercation, leurs rapports tendus alourdirent l'atmosphère de la maison. Les serviteurs perdirent leur entrain et n'accomplirent plus leur tâche que mécaniquement. Kâemouaset s'en rendait compte, mais il s'en moquait. Les travaux avançaient, les appartements destinés à Tbouboui prenaient progressivement forme. Elle pourrait bientôt s'y installer.

Il reçut des nouvelles de Penbuy. Le scribe était à Koptos depuis deux jours lorsqu'il avait rédigé sa lettre. Il s'apprêtait à commencer son enquête mais était gêné par une brusque maladie qui l'affaiblissait. Après quelques remarques méprisantes sur la chaleur invariable, les essaims de mouches géantes et l'eau boueuse et tiède dans laquelle il était contraint de se baigner, il concluait en assurant son maître qu'il s'acquitterait rapidement de sa mission et était son plus dévoué serviteur. C'est bien vrai, mon cher Penbuy, se dit Kâemouaset, le regard posé sur le chantier qu'était devenu le jardin septentrional. Il revit le visage du scribe, son expression concentrée, intelligente, un peu pincée parfois ; il se souvint de cette légère odeur d'eau de lotus qui l'accompagnait toujours, et une étrange mélancolie le submergea. Il aurait voulu que Penbuy soit près de lui ; il aurait voulu que le jardin n'ait pas changé ; il aurait voulu retrouver sa fille, si distante désormais. Il aurait voulu que tout redevienne comme avant.

13

Lorsque le messager de la mort viendra,
Qu'il te trouve prêt.
Hélas! Tu n'auras pas l'occasion de parler,
Car sa terreur sera véritablement devant toi.

Une fois que Sheritra se fut accoutumée aux étranges habitudes de la maison, elle oublia ses inquiétudes des premiers jours. Elle était heureuse, plus heureuse peut-être qu'elle ne l'avait jamais été. Bakmout, elle, n'avait toujours pas l'esprit tranquille et entourait sa maîtresse d'une vigilance touchante.

Sheritra s'habitua à se réveiller dans le silence exigé par ses hôtes, si étrange après l'agitation d'une grande propriété. Elle prenait son petit déjeuner au lit où elle paressait et rêvait à sa guise. Débarrassée des critiques incessantes de sa mère, elle se détendit et, sous la tutelle de son hôtesse, son esprit explora de nouvelles voies.

Tbouboui venait généralement la rejoindre pendant qu'on la baignait, puis l'accompagnait dans sa chambre. Au début, Sheritra en avait éprouvé de la gêne. Être nue devant ses serviteurs, des accessoires domestiques plus que de véritables personnes, était une chose; sentir Tbouboui parcourir d'un regard connaisseur ses petits seins, ses jambes maigres et ses hanches osseuses en était une autre. Sheritra savait qu'elle aurait pu exiger d'être seule, mais, avec une certaine perversité, elle considérait l'examen de Tbouboui comme l'ultime mise à l'épreuve de leur amitié. Sur le qui-vive, elle guettait le moindre signe de mépris, de répugnance ou de pitié dans son attitude ou sur son visage et, par bonheur, n'en trouvait aucun.

Au bout de quelques jours, elle attendit avec plaisir le moment où son hôtesse apparaissait, fraîche et souriante, lui posait un baiser sur la joue et bavardait avec elle tandis qu'une eau parfumée ruisselait sur sa peau. « Frictionnez la princesse de cette huile », disait Tbouboui en indiquant un des pots d'albâtre alignés sur le rebord de pierre de la petite salle de bains. « Elle contient un baume qui adoucira et assouplira ta peau, Sheritra. Le soleil est si mauvais pour elle. » Un autre matin, elle lui apportait un produit qui protégeait les lèvres. Il lui arriva à plusieurs reprises de renvoyer la servante qui lavait Sheritra et de frotter elle-même vigoureusement son dos et ses fesses, en s'attardant avec plus de douceur sur ses cuisses. « Sans vouloir t'offenser, princesse, je connais de bons exercices pour muscler les jambes et renforcer la colonne vertébrale. Permets que je te les apprenne, proposait-elle. Si tu m'y autorises, j'aimerais aussi modifier ton régime alimentaire. Tu as besoin de grossir un peu. » Sheritra ne s'offusquait pas de ces remarques. Intriguée, elle se soumettait à cette huile qui caressait sa peau, la rendait luisante, puis disparaissait sans laisser de trace en lui donnant la douceur du velours.

Sa mère lui avait fréquemment fait ce genre de suggestions mais, révoltée, Sheritra avait toujours refusé. Avec Tbouboui, c'était différent. Elles avaient des rapports d'amitié, sans trace de supériorité chez l'une ni sentiment d'insuffisance chez l'autre. « Elle ne devrait pas être autorisée à toucher une princesse », avait protesté Bakmout avec un peu d'aigreur. Sheritra ne l'avait pas écoutée. Tbouboui possédait toutes sortes de préparations : plantes odorantes pour renforcer et faire briller les cheveux, pâte poisseuse pour durcir les ongles, masque pour prévenir le vieillissement du visage...

S'il n'y avait eu que les soins du corps, Sheritra se serait peut-être lassée mais, après le bain, tandis qu'elle coiffait sa chevelure de plus en plus fournie, se penchait pour lui farder les paupières ou lui donnait en passant des conseils vestimentaires ou de maquillage, Tbouboui abordait tous les sujets qui lui passaient par l'esprit. Elles discutaient alors avec la plus grande liberté. Ce que Sheritra préférait, c'était l'entendre évoquer le passé de l'Égypte, ses héros, la qualité et le rythme de ces vies disparues depuis des hentis. La matinée passait à toute vitesse. Les jours, très rares, où Tbouboui ne venait pas dans la salle de bains, la jeune fille regrettait inconsciemment le contact de ses mains expertes.

L'après-midi, son hôtesse disparaissait. Lavée et parfumée, les cheveux emprisonnés dans des barrettes d'or et d'émail ou simplement retenus par un bandeau d'argent, le visage exquisément maquillé, le corps moulé dans un fourreau blanc, rouge ou jaune,

Sheritra rejoignait alors Harmin dans le jardin ou la salle de réception. Ils bavardaient, se taquinaient, jouaient et échangeaient des regards en vidant une jarre de vin tandis que la chaleur écrasante du jour cédait peu à peu place à un coucher de soleil cuivré, puis aux ombres du crépuscule.

Le soir, ils dînaient paisiblement en famille. Assis devant de petites tables chargées des fleurs odorantes du jardin dont on répandait aussi les pétales sur le sol, ils savouraient la légère brise qui entrait par la porte ouverte en écoutant la musique du harpiste ou les paroles de Sisenet qui leur faisait la lecture. Il avait une voix profonde et égale, les histoires qu'il racontait excitaient l'imagination de Sheritra et la berçaient tout à la fois. Elles ressemblaient aux anecdotes de Tbouboui mais, le soir, elles prenaient un caractère presque hypnotique, et des images vives s'imposaient à son esprit. Lorsque Sisenet avait fini, ils buvaient encore un peu de son vin succulent en bavardant. Sheritra leur parlait de sa famille, de Pharaon, de ses opinions et de ses rêves, et ils l'écoutaient, la questionnaient, hochaient la tête. Elle ne se rendit compte que plus tard que, en dépit des nombreuses soirées passées de la sorte, elle n'avait pratiquement rien appris sur eux. Pour finir, Bakmout et un soldat l'escortaient jusqu'à sa chambre et, une fois déshabillée et lavée, elle s'étendait, regardait les ombres familières projetées par la lampe de nuit et glissait sans effort dans le sommeil. Elle ne pensait pas avoir jamais envie de rentrer chez elle.

Son père vint lui rendre visite deux fois dans les trois semaines qui suivirent, mais Sheritra le regarda et l'écouta avec détachement. Bien qu'il fût manifestement content de la voir heureuse et épanouie, et qu'il lui manifestât autant d'affection que par le passé, il y avait maintenant dans son étreinte quelque chose qui la faisait frissonner.

Lors de sa seconde visite, alors qu'il s'apprêtait à partir, Tbouboui lui tendit un rouleau, et Sheritra supposa qu'il venait de la bibliothèque de son frère. En voyant Kâemouaset presser la main de Tbouboui, elle retrouva un instant ses craintes passées. Mais les événements extérieurs à la maison de Sisenet lui semblaient moins importants désormais, et elle haussa les épaules en se disant avec fatalisme que son père finirait par se lasser d'elle et que, de toute manière, cela ne la regardait pas. « As-tu des nouvelles ? avait demandé Tbouboui.

– Pas encore », avait-il répondu, et tous deux s'étaient tournés vers elle en lui adressant une sorte de sourire d'excuse.

Noubnofret lui avait envoyé plusieurs billets d'un ton enjoué mais ne s'était pas déplacée. Sheritra en était ravie. Sa mère ne lui manquait pas, et sa présence aurait troublé l'harmonie qui régnait dans la maison.

Une note discordante vint toutefois perturber cette harmonie. Le soir de la deuxième visite de Kâemouaset, Sheritra décida de faire une courte promenade avant de se coucher. L'air était encore chaud, et elle se sentait trop énervée pour dormir. Accompagnée de Bakmout et d'un garde, elle déambula quelque temps sous les palmiers, puis se dirigea vers le fleuve qui, très bas, presque immobile, miroitait sous les reflets argentés de la nouvelle lune. Elle resta un moment assise près du débarcadère, s'imprégnant du calme de la nuit, puis revint vers la maison.

Presque invisibles dans l'obscurité, son escorte et elle s'approchaient de la porte latérale lorsque Sheritra aperçut deux silhouettes dans le couloir. Leurs voix lui parvenaient faiblement, et il y avait quelque chose de si intime dans leur attitude qu'elle s'immobilisa. Elle reconnut Tbouboui et son frère.

« ... et tu sais qu'il est temps, disait Tbouboui d'un ton dur. Pourquoi hésites-tu ?

– Je le sais, oui, mais je répugne à le faire. C'est indigne de nous. Il fut un temps où nous aurions trouvé cela répréhensible.

– C'était il y a très longtemps, lorsque nous étions innocents, répliqua Tbouboui avec amertume. A présent, c'est nécessaire. Et puis, qu'est-ce qu'un banal serviteur pour nous ? Qu'est-ce... » Elle s'interrompit lorsque Sheritra, qui ne voulait pas espionner délibérément leur conversation, s'avança. Le visage qu'elle tourna vers la jeune fille était crispé, furieux, mais un instant plus tard son expression s'était adoucie. « Princesse », dit-elle. Sisenet s'était déjà éloigné.

« J'ai marché un peu avant d'aller me coucher, expliqua Sheritra. La nuit était belle et j'avais trop mangé ! »

Tbouboui lui sourit et s'écarta pour la laisser passer. « Bonne nuit, princesse », fit-elle avec douceur.

Sheritra regagna sa chambre en proie à un vague sentiment de malaise, et elle fut soulagée de voir son garde se poster devant l'entrée et Bakmout verrouiller la porte. C'était moins les propos qu'elle avait surpris qui l'avaient troublée que le ton impérieux de Tbouboui, la froideur de son frère et une impression de violence tranchant avec l'atmosphère paisible qui régnait d'ordinaire dans la demeure. De quoi pouvaient-ils bien parler ? se demanda-t-elle en se glissant dans son lit. Qui est ce « banal serviteur » ? Elle s'était vite habituée à jeter des ordres aux domestiques de ses hôtes sans même les regarder tant ils avaient l'air de faire partie du mobilier, mais, après leur silence, elle n'en appréciait que davantage ceux qui l'avait accompagnée.

Obéissant à une impulsion, elle se redressa.

« Va me chercher mon horoscope pour le mois de Phamenoth, Bakmout », ordonna-t-elle.

La jeune fille quitta sa natte et alla ouvrir un des coffres. Je ne l'ai pas encore regardé, pensa Sheritra. Père m'a dit qu'il n'était pas bon, mais, puisque Pharmouti va bientôt commencer, cela n'a plus d'importance. Elle déroula pourtant le rouleau d'une main tremblante. Comme le lui avait annoncé Kâemouaset, l'horoscope était mauvais d'un bout à l'autre : « Ne quitte pas ton lit aujourd'hui... Ne mange pas de viande ce soir... Passe l'après-midi en prières et ne dors pas afin d'éviter la colère des dieux... Rappelle-toi que le Nil est ton refuge... Détourne-toi de l'amour comme d'une maladie... »

Sheritra repoussa le rouleau. Comment le Nil pourrait-il me servir de refuge ? se demanda-t-elle, et pourquoi devrais-je fuir l'amour ? L'amour de qui ? Celui de père, de Tbouboui, d'Harmin ? Elle s'endormit en retournant ses questions dans son esprit, encore troublée par la conversation qu'elle avait surprise et, pour la première fois, eut un sommeil agité. Elle se réveilla en sursaut à plusieurs reprises, croyant avoir entendu un bruit, mais le même silence profond enveloppait la maison.

Le lendemain matin, Tbouboui vint jusqu'à sa chambre lui demander si elle était malade, car le soleil était haut et l'heure du petit déjeuner passée depuis longtemps. Elle était gaie et attentionnée comme à son habitude et, malgré un sourd mal de tête, Sheritra la suivit jusqu'à la salle de bains.

« As-tu veillé tard hier soir, princesse ? » demanda Tbouboui. Agenouillée aux pieds de Sheritra, elle lui massait les mollets. « Tu parais épuisée et tes muscles sont contractés. »

Sheritra ne répondit pas. Les yeux fermés, elle s'abandonnait à ses sensations, extraordinairement vives tout à coup : le battement sourd du sang à ses tempes, l'odeur un peu écœurante de l'huile, ses cheveux mouillés collés à ses épaules, le ruissellement de l'eau sur le sol en pente de la salle de bains et, surtout, le contact ferme et enfiévrant des mains de Tbouboui sur sa peau. Un peu plus haut, pensa-t-elle paresseusement et, comme si Tbouboui l'avait entendue, ses doigts remontèrent vers ses cuisses. Les vagues inquiétudes de Sheritra se dissipèrent et elle ne fut plus que sensation pure.

Les deux femmes passèrent le reste de la matinée à bavarder, nonchalamment étendues dans la chambre de Sheritra. Celle-ci sentait toutefois que son hôtesse pensait à autre chose, même si elle le dissimulait fort bien. Elle s'excusa d'ailleurs dès la fin du déjeuner et s'éclipsa.

Après la sieste, escortés d'un garde et de Bakmout, Harmin et Sheritra allèrent s'installer dans la palmeraie, hors de vue de la maison. L'homme se posta près du sentier, à bonne distance, et, après avoir déroulé la natte et posé différents jeux sur le sol, Bakmout s'écarta discrètement.

Sheritra s'assit confortablement. Ses sens lui transmettaient toujours des messages d'une exquise clarté : les gouttelettes de sueur sur son corps, le bruissement sec des palmes au-dessus de leurs têtes, le craquement des feuilles mortes sous la natte, une brindille sous ses fesses... Lorsque Harmin se pencha pour prendre les jeux, l'odeur de son parfum lui fit tourner la tête. Il avait retenu ses cheveux par un ruban blanc, et la juxtaposition sur ses épaules nues du noir de jais de sa chevelure et de l'éclat éblouissant de ce morceau de lin lui donnait vaguement la nausée.

« A quoi veux-tu jouer aujourd'hui, princesse ? demanda-t-il en lui souriant. A moins que tu ne préfères somnoler un peu ? »

Fascinée, Sheritra regarda le mouvement de ses lèvres et de sa pomme d'Adam. « J'ai envie de t'embrasser », dit-elle.

Harmin rit et désigna Bakmout du doigt. « Une partie de chiens et chacals peut-être, ou de dés ? Tu vas bien, Sheritra ?

– Oui. Non. Je me sens un peu bizarre. Faisons une partie de zénet. »

Harmin hésita, puis posa le jeu sur leurs genoux et sortit cônes et cylindres de leur coffret. « Entendu, princesse. Veux-tu être un cylindre ?

– Non, un cône. » Ils placèrent les pions et jetèrent les baguettes pour savoir qui commencerait. « Ta mère avait l'air préoccupée ce matin, reprit Sheritra. J'espère qu'il n'y a pas de problème dans ta famille. Serait-il temps que je rentre chez moi, Harmin ? »

La question n'était pas sérieuse et il y répondit par un éclat de rire. « Regarde, dit-il. Tu as jeté un 1. A toi de commencer. Nous n'avons pas le moindre problème, je t'assure. Ma mère était peut-être incommodée par la chaleur.

– Mais elle l'adore, d'habitude ! objecta Sheritra. Oh ! Harmin ! Un 5, un 5 et un 4. Bravo ! Non, ce doit être mon imagination. Cette canicule ne me vaut rien. J'ai besoin de nager. Dommage que votre bassin ne soit pas assez grand. Le Nil ne me tente guère à cette époque de l'année. Pardon ! fit-elle brusquement en déplaçant une des pièces d'Harmin. Tu as mal compté.

– Je ne voulais pas tomber sur la Maison du filet. » Étonnée par son ton, Sheritra leva les yeux. Il fixait d'un air sombre la case où le dieu pêcheur avait tendu son filet. « Elle porte malheur.

– Et tricher encore plus ! » répliqua-t-elle en plaisantant. Mais il garda le silence.

Sheritra jeta les baguettes et obtint quatre 1 et un 2. Elle savait qu'Harmin priait avec ferveur le dieu de la maison dans laquelle il souhaitait tomber. Lorsque son tour vint, il fit également un 1 et un 2.

« Tu peux déplacer cette pièce de deux cases, remarqua Sheritra. Mais celle-là doit aller dans la Maison des instruments de pêche. »

Harmin se passa un doigt sur la lèvre et elle vit qu'il transpirait. « Non, murmura-t-il. Je préfère avancer ton pion que d'aller d'une maison néfaste à une autre.

– Comme tu veux, répondit-elle. Mais je serai alors sur la Belle Maison et n'aurai plus qu'à franchir l'eau. »

Harmin ne dit rien. Il changea adroitement sa pièce pour la sienne et le jeu se poursuivit, mais on le sentait tendu et il ne répondait plus aux plaisanteries de Sheritra que par des grognements. Lorsque, sur un coup de chance, celle-ci fit un chiffre lui permettant de le précipiter dans la Maison de l'eau, il poussa un cri d'angoisse. Elle s'immobilisa, la main en l'air, et les doigts d'Harmin se refermèrent sur les siens. Ils étaient glacés et humides de sueur. « Pas dans l'eau, fit-il d'une voix rauque. Il y fait froid et noir. Je t'en prie, Sheritra !

– Ce n'est qu'un jeu, dit-elle avec douceur. Si je ne te jette pas dans l'eau, je risque de perdre.

– Et tu as horreur de ça, remarqua-t-il avec un faible sourire. Je te rendrai des points, princesse, mais ne me mets pas sur cette case. »

Contrariée et perplexe, Sheritra haussa les épaules. « Oh ! D'accord ! Abandonnons la partie et jouons aux dés. Quel enjeu proposes-tu ? »

Elle gagna et Harmin promit de l'emmener sur le fleuve après dîner. Ils regagnèrent ensuite la maison pour y passer les heures les plus chaudes de la journée. Une fois dans sa chambre, Sheritra se demanda pourquoi il avait pris cette partie de zénet tellement à cœur. Ils y jouaient souvent, comme tous les Égyptiens, et c'était la première fois qu'Harmin réagissait ainsi.

La demeure paraissait moins silencieuse ce jour-là. On y entendait des chuchotis et des trottinements pressés, comme si une armée de souris l'avait soudain envahie. Bien que physiquement et nerveusement épuisée par sa nuit agitée et le désir exacerbé qu'elle éprouvait pour Harmin, Sheritra ne parvenait pas à trouver le sommeil.

Réveillant Bakmout, elle lui demanda de la rafraîchir. Mais sa servante, qui la massait et la lavait depuis des années, lui sembla maladroite après les mains expertes de Tbouboui, et elle finit par la renvoyer. Je boirai beaucoup de vin ce soir, se dit-elle avec humeur. Je ferai venir le harpiste dans ma chambre et je danserai toute seule. J'aimerais bien savoir ce que devient Hori. Pourquoi n'est-il pas venu me voir ? Je lui enverrai un message demain.

Au coucher du soleil, accoudés au bastingage de la barque, Harmin et elle regardèrent les faubourgs nord de la ville céder la place aux champs et aux canaux d'irrigation bordés de palmiers. Lorsque des torches s'allumèrent sur les débarcadères des propriétés qu'ils dépassaient et que la végétation des berges devint invisible, Harmin donna l'ordre de faire demi-tour, et ils se retirèrent dans la petite cabine. Bakmout s'assit à l'extérieur, le dos aux rideaux qu'ils n'avaient pas fermés. Silencieusement, dans la pénombre du soir, ils s'étreignirent avec fièvre et mêlèrent leurs souffles brûlants, embrasés par un désir douloureux.

« Oh ! Harmin ! murmura Sheritra. Je ne savais pas que l'on pouvait être aussi heureuse. Dire que je méprisais l'amour, que je plaignais ceux qui l'avaient trouvé ! Tout cela parce que je refusais d'admettre que je soupirais après lui, moi aussi !

– Chut ! fit Harmin en posant un doigt sur ses lèvres. Ne regarde pas en arrière, ma sœur. Cette Sheritra-là n'existe plus. Je t'aime, et le futur sera plein de nuits comme celle-ci.

– Non, pas comme celle-ci, dit-elle en se redressant. Car c'est un véritable supplice d'être près de toi sans pouvoir... » Elle se tut, heureuse que l'obscurité dissimulât la brusque rougeur qui empourprait son visage.

« Cela ne durera pas longtemps. Nous nous marierons, Sheritra, en doutes-tu ?

– Non, répondit-elle. Mais quand, Harmin ? Le mariage d'une princesse ne se fait pas du jour au lendemain. »

Harmin garda le silence et, comme il se prolongeait, Sheritra s'assombrit, puis frissonna de consternation. Il éprouve le besoin de réfléchir, de choisir ses mots, songea-t-elle tristement. Mais, lorsqu'il parla enfin, sa réponse la prit au dépourvu.

« Je sais que cela demande du temps et, si ce n'était qu'une question de protocole, je lui ferais un pied de nez et m'enfuirais avec toi. » Soulagée, Sheritra sourit dans l'obscurité. « Mais il y a autre chose, poursuivit Harmin. Sais-tu que le prince Kâemouaset à l'intention d'épouser ma mère ? »

La stupeur la rendit muette. La décision de son père était pourtant prévisible. Il était éperdument amoureux de Tbouboui. Sheritra l'avait constaté, s'en était inquiétée, mais s'était refusée à penser aux conséquences inévitables de cette obsession. Je l'ai averti il y a des semaines, se dit-elle. Tbouboui est dangereuse pour les hommes, je le sens. Mais père a le droit d'avoir autant d'épouses qu'il le souhaite, et ce mariage le rendra heureux. Oh ! Hori, mon frère chéri, comment vas-tu prendre cette nouvelle ? Et mère ? Sans savoir pourquoi, Sheritra trouvait cependant l'idée de cette union excitante ; elle faisait flamber encore un peu plus haut la flamme de son désir pour Harmin, intensifiait jusqu'à la nausée la faim qu'elle avait de son corps.

« Non, répondit-elle dans un souffle. Je n'en avais aucune idée. En es-tu certain ? Comment le sais-tu ?

– J'examinais les rouleaux posés sur le bureau de mon oncle pour trouver une histoire qu'il nous avait lue la veille, expliqua Harmin. Le contrat de mariage se trouvait parmi eux, et je l'ai déroulé par erreur. Ton père et ma mère y ont déjà apposé leur sceau.

– En as-tu parlé à Tbouboui ? » Et père en a-t-il informé ma mère et Hori ? se demanda-t-elle. Si c'est le cas, pourquoi ne m'a-t-il encore rien dit ?

« Non, répondit Harmin. Elle me préviendra en temps voulu, je suppose. Je suis navré, Sheritra. Je pensais que, si le contrat était déjà rédigé, ton père avait dû te mettre au courant. J'attendais que tu abordes le sujet la première, mais tu n'en faisais rien. »

Un court instant, Sheritra trembla de rage. Jusqu'à ce que Tbouboui s'installe dans la suite que Kâemouaset lui ferait certainement construire, jusqu'à ce que toutes les formalités légales du mariage soient réglées, Harmin et elle devraient attendre. Il compromet mon bonheur, songea-t-elle avec fureur, ce bonheur dont il semblait pourtant faire si grand cas ! Maudite soit ta stupide toquade, père ! Si seulement tu avais pu te contenter de coucher avec elle jusqu'à t'en lasser !

La violence de sa réaction l'effraya et elle dut pousser un gémissement, car Harmin alluma la lampe qui baigna brusquement la cabine d'une douce lumière orangée.

« Tu te sens bien, princesse ? demanda-t-il. Tu es toute pâle.

– Nos projets devront attendre, répondit-elle d'une voix tendue. Je suis en colère, Harmin, c'est tout. Père ne fait rien de mal. »

Le cri d'avertissement d'un marin retentit et Harmin aida Sheritra à se relever. « Nous sommes arrivés, déclara-t-il. Je regrette de t'avoir bouleversée de la sorte. N'en dis rien à ta famille, je t'en prie. J'ai commis une grave erreur. »

Non, absolument pas, pensa-t-elle en sortant la première de la cabine. Ma place est désormais ici, à tes côtés. Je t'épouserai et ne retournerai plus jamais dans la maison de mon père. J'aimerais tant parler à Hori. Pourquoi ne vient-il pas ?

Elle dormit mal cette nuit-là. Elle rêva de la Maison de l'eau, un grand lac aux eaux immobiles et noires sur lequel pesait un ciel morne et incolore. Des ombres se mouvaient juste sous la surface et, bien qu'elle ne voulût pas les regarder, elle était incapable de s'éloigner. Les ombres se rapprochaient toujours davantage, comme attirées vers elle...

Elle se réveilla à l'aube, endolorie, le cœur battant, et écouta avec un intense soulagement le chant matinal des oiseaux dans les palmiers. Puis elle se rendormit et ne rouvrit les yeux que lorsque Bakmout lui apporta son petit déjeuner.

Ce fut avec un indicible bonheur qu'elle vit Tbouboui entrer dans la salle de bains, aussi animée et ravissante que de coutume.

« J'ai fait un horrible cauchemar cette nuit, lui confia-t-elle aussitôt.

– Je suis navrée de l'apprendre, princesse, répondit Tbouboui en lui souriant. Tu as peut-être mangé des aliments trop lourds hier soir. Tu es contractée du cou aux genoux, ajouta-t-elle en parcourant le corps nu de la jeune fille d'un regard critique. Viens dans ma chambre. Je t'y masserai. » Elle prit un grand vase d'albâtre et quitta la pièce, suivie par Sheritra qui tordait ses cheveux mouillés. Bakmout leur emboîta le pas.

Il n'y avait pas de garde devant la porte de Tbouboui, et

Sheritra songea un instant à faire appeler celui qui était en faction devant sa chambre. Puis elle haussa mentalement les épaules. Elle ne courait aucun danger, et la maison était si petite qu'un soldat accourrait au moindre cri.

Bakmout ferma la porte derrière les deux femmes et s'accroupit dans un coin de la pièce. « Étends-toi sur mon lit, princesse, dit Tbouboui en débouchant le vase. C'est l'huile avec laquelle je me fais masser lorsque je suis tendue, expliqua-t-elle. Tu vas tout de suite te sentir mieux. »

Bien qu'elle ne pût voir Bakmout, Sheritra devinait sa désapprobation. « Merci, Tbouboui, répondit-elle. Masser est un travail bien pénible. Tu ne préfères pas que ma servante s'en charge ?

– Sûrement pas, princesse. Il faudrait que je reste près d'elle pour la guider et ce serait fort ennuyeux. Ferme les yeux maintenant et baisse un peu les coudes de façon que tes épaules soient complètement détendues. »

Sheritra obéit. Elle sentit l'odeur de l'huile que Tbouboui répandait sur son dos se mêler à celle, encore perceptible, de la lampe de nuit éteinte.

Les mains de Tbouboui décrivirent d'abord des cercles paresseux sur sa peau, puis se firent plus insistantes sur sa colonne vertébrale et ses épaules. « Tu as imprégné l'huile de ton parfum, commenta Sheritra qui se détendait déjà. Elle sent bon. » Il y avait en effet l'odeur lourde, entêtante, de la myrrhe et celle, légère mais pénétrante, que ni Sheritra ni Kâemouaset n'étaient parvenus à identifier. La jeune fille s'abandonna aux mains expertes de Tbouboui et, gagnée par une agréable langueur, oublia peu à peu son cauchemar.

Après s'être concentrée quelque temps sur son dos, ses épaules et ses bras, Tbouboui lui massa les fesses et les cuisses d'un mouvement lent et hypnotique, frôlant presque son sexe, et, sans en avoir conscience, Sheritra poussa un petit gémissement. « Je te fais mal, princesse ? murmura Tbouboui.

– Non », répondit Sheritra dans un souffle. Les paupières toujours closes, elle sentait un feu délicieux courir dans ses veines.

« C'est agréable d'être détendue et excitée en même temps, n'est-ce pas ? fit Tbouboui d'une voix enrouée. J'espère que tu y prends plaisir, princesse. »

Mais Sheritra était incapable de répondre. Agrippée aux draps, les lèvres entrouvertes, elle attendait, elle désirait que son hôtesse touche enfin l'endroit interdit.

Les mains de Tbouboui la quittèrent un instant, puis revinrent et Sheritra gémit de nouveau sous leur pression, plus ferme, plus insistante. Puis, brusquement, elles se glissèrent entre les draps et ses seins, s'en emparèrent, en caressèrent les pointes déjà raidies. Stupéfaite, Sheritra ouvrit les yeux et se tourna sur le côté.

Entièrement nu, Harmin se penchait au-dessus d'elle.

« Ta mère... », commença-t-elle. Mais, la faisant rouler sur le dos, il lui ferma la bouche d'un baiser.

« J'ai mieux à te proposer. Ne t'inquiète pas pour Bakmout. Elle dormira encore une bonne heure.

– Tu l'as droguée ? murmura Sheritra, incrédule. Mais, Harmin... » Il posa une main sur ses lèvres et ce geste l'excita.

« Nous en avons envie tous les deux, dit-il. Ne t'en fais pas. Ta servante ne se souviendra de rien à son réveil et sa santé n'est pas en danger. »

Je devrais m'en faire, pensa vaguement Sheritra. Je devrais me lever et m'enfuir. Mais sa main rencontra le ventre d'Harmin et glissa plus bas, comme dotée d'une volonté propre. Il poussa un grognement et enfouit son visage dans son cou.

Sheritra ne le revit pas de la journée. « Détourne-toi de l'amour comme d'une maladie », avait dit son horoscope. Elle s'était pourtant donnée à lui avec joie, presque avec violence, et elle attendait déjà la nuit avec impatience, certaine qu'il la rejoindrait et qu'ils feraient de nouveau l'amour. Évitant le reste de la famille, elle resta étendue dans sa chambre, revivant avec intensité chaque détail de leur joute amoureuse.

Au-delà du désir impérieux auquel elle s'était abandonnée, il y avait les principes moraux qu'on lui avait inculqués. Une princesse ne doit pas risquer de donner naissance à l'enfant d'un homme du commun. Une princesse ne doit pas conférer ne serait-ce qu'un soupçon de divinité à un roturier sans y être autorisée. Et elle peut être sévèrement punie pour avoir renoncé à sa virginité à la légère, pensa Sheritra avec un frisson d'inquiétude. Ce n'est tout de même pas comme si je m'étais livrée à un marin derrière un étal du marché, se dit-elle. Harmin et moi sommes quasiment fiancés, et c'est un noble. Impossible de revenir en arrière désormais. Si je veux encore faire l'amour avec lui, il me faut mettre Bakmout dans la confidence et père saura probablement tout d'ici quelques jours.

Tbouboui a facilité ma capitulation, c'est évident, et c'est ce qui me choque le plus. Ne serait-elle donc pas aussi morale qu'elle le prétend, ou nous considère-t-elle comme déjà fiancés ? A moins qu'elle ne recherche mon appui dans ses propres négociations avec père, un appui qu'il me serait désormais bien difficile de lui refuser ?

Ce qu'avait fait Tbouboui lui répugnait, et elle frémissait en imaginant la mère et le fils discuter calmement de sa perte comme si elle avait été une marchandise, un objet sans volonté propre. Et quelle volonté as-tu manifestée ? se demanda-t-elle avec une grimace. Tu avais désespérément envie de lui et tu savais que chaque jour supplémentaire passé ici rendait ta chute plus inévitable. Tu as implicitement approuvé leur projet et ne peux t'en prendre qu'à toi-même. Il ne te reste plus qu'à faire preuve d'aplomb, maintenant. Père va être obligé d'annoncer nos fiançailles. Pauvre père ! Mais en sera-t-il vraiment très affecté ?

« Bakmout ! » appela-t-elle. La servante, qui nettoyait des bijoux assise en tailleur sur le sol, s'approcha aussitôt de son lit.

« Est-ce toi qui rapportes mes faits et gestes à mon père ?

– Non, Votre Altesse, répondit Bakmout avec fermeté.

– Qui, alors ? Le sais-tu ?

– Je pencherais pour ce scribe qui erre sans but dans la maison et n'a pas grand-chose à faire, fit la jeune fille d'un ton acerbe. Vivement que nous rentrions chez le prince et que les domestiques oisifs de votre suite se remettent à gagner leur pitance !

– Es-tu mon amie, Bakmout ? » La servante acquiesça de la tête. « Tu ne m'as pas quittée depuis l'époque où nous jouions ensemble dans la chambre d'enfants, poursuivit Sheritra. Et tu m'as toujours comprise. Tu ne me trahirais pas, n'est-ce pas ? »

Bakmout soutint son regard. « Je suis votre servante personnelle et ne dois de comptes qu'à vous seule. Je ne vous trahirais pour rien au monde, mais ma loyauté me donne le droit de vous dire franchement ce que je pense.

– Tu ne t'en es jamais privée ! fit Sheritra en riant. J'ai toujours été plutôt solitaire, poursuivit-elle en reprenant son sérieux. Et, bien que tu ne sois qu'une domestique, tu es pour moi ce qui se rapproche le plus d'une amie. Que penses-tu d'Harmin ?

– Puisque Votre Altesse apprécie sa compagnie, il doit avoir de grandes qualités, répondit-elle, le visage fermé.

– Mais tu ne l'aimes pas.

– Il ne m'appartient pas de juger mes supérieurs, princesse.

– Non, en effet, dit Sheritra avec un peu d'impatience. Mais je t'ai demandé ton opinion, tu peux donc me répondre sans craindre de me déplaire.

– Très bien, Votre Altesse, fit Bakmout avec calme. Je ne l'aime pas. Il est très beau, comme votre frère, le prince Hori, mais il n'a pas sa générosité de cœur. Je sens quelque chose de bas en lui. Je pense aussi que sa mère est une femme rusée et sans scrupules, bien que vous la considériez désormais comme votre amie.

– Je te remercie de ta franchise, dit Sheritra. A présent, je t'ordonne d'introduire Harmin dans ma chambre à l'heure qui lui conviendra et de nous laisser seuls lorsqu'il le fera. »

Une désapprobation intense se peignit sur le visage de Bakmout. « Je n'ai à cœur que votre intérêt, Altesse, et c'est une mauvaise décision. Très mauvaise. Vous êtes une princesse royale. Vous...

– Je sais tout cela, coupa Sheritra. Je ne te demande pas ton avis ; je te donne un ordre de manière que tu ne sois pas tenue responsable de ma conduite à venir. C'est compris ?

– Oui, répondit Bakmout en s'inclinant avec raideur.

– Et tu ne diras rien de cet arrangement aux autres domestiques. Tu n'as pas à mentir si l'on t'interroge, mais il est inutile de bavarder.

– Je ne bavarde pas, Votre Altesse. Quand en ai-je le temps ? La princesse Noubnofret nous a formés plus strictement que cela. Quant aux serviteurs de cette maison, ils ne risquent pas de le faire, ajouta-t-elle avec un rire dur. On dirait des morts-vivants. Je les méprise.

– Très bien. Nous nous comprenons donc parfaitement.

– J'aimerais vous dire encore une chose, fit Bakmout avec entêtement. Bien des changements qui se sont produits en vous depuis votre arrivée ici sont merveilleux, princesse. Vous avez perdu la timidité et la gaucherie qui vous étaient si pénibles, et cette amertume dont vous m'avez souvent fait part. Vous vous êtes épanouie comme une fleur du désert, mais vous êtes aussi devenue plus dure. Je vous prie de me pardonner, Votre Altesse.

– Je te pardonne, répondit sa maîtresse. Tu peux aller reprendre ton travail. »

Sheritra se leva et déambula sans but dans la pièce, effleurant distraitement les murs, les produits de beauté éparpillés sur la coiffeuse, le toit du reliquaire portable de Thot. Elle savait qu'il lui était impossible de revenir en arrière. Songer à ce qu'elle était avant de connaître Harmin lui inspirait à la fois amusement et horreur. Pourtant, Bakmout avait raison. Les changements qui s'étaient produits en elle s'accompagnaient d'une indifférence qui menaçait de transformer son assurance toute neuve en morgue. Eh bien, tant pis ! se dit-elle avec un sentiment de révolte. J'ai été trop longtemps prisonnière de mon moi d'enfant. Je mérite un peu d'insouciance, de folie ; je veux explorer ce nouveau territoire, ces nouvelles émotions, même si, comme des chevaux fougueux attelés à un char, elles m'entraînent au-delà du poteau blanc de l'arrivée et m'obligent à rebrousser chemin.

Sheritra déjeuna dans sa chambre mais, le soir, elle rassembla son courage et alla dîner avec ses hôtes. A son grand soulagement, Harmin la traita avec le même mélange de déférence et de tendre moquerie qu'auparavant. Quant à Sisenet, il se montra aussi poli et taciturne qu'à l'accoutumée. En revanche, l'attitude de Tbouboui embarrassa un peu la jeune fille. Elle était plus animée que d'ordinaire, et ses belles mains dansaient un véritable ballet autour de la table, que ce soit pour scander les trilles du harpiste ou souligner ses arguments. Sheritra lui trouva pourtant un air calculateur et, lorsque leurs regards se rencontrèrent, elle y lut une complicité insultante.

Cette nuit-là, Harmin vint la rejoindre comme elle l'avait espéré et redouté à la fois. Il lui apporta des fleurs humectées de rosée et une amulette en or. Obéissant aux ordres qu'elle avait reçus, Bakmout les laissa seuls ; cette fois, Sheritra laissa glisser son fourreau sur le sol et s'avança librement vers lui. Il lui fit l'amour avec lenteur, avec douceur et, comme un feu couvant sous la cendre, son désir s'enflamma, mourut et s'enflamma encore jusqu'à la fin de la nuit.

Pendant quelques jours, Sheritra craignit de recevoir un message de son père, une lettre indignée qui exigerait son retour immédiat, mais rien ne vint. Il était possible que le scribe qui faisait office d'espion ne se doutât pas de ce qui se passait entre Harmin et elle ou que, peu soucieux de quitter cette maison où il n'avait quasiment rien à faire, il mentît à Kâemouaset. Mais il se pouvait aussi que, absorbé dans ses propres préoccupations, son père ne se souciât plus de ce qui lui arrivait. Cette pensée attrista et irrita Sheritra. Je vais aller à la maison pour connaître la raison de son silence, se promit-elle. Et je reprocherai à Hori de m'avoir complètement oubliée. Mais, prise dans l'atmosphère intemporelle qui baignait la demeure de Sisenet, elle remit cette visite à plus tard et les jours passèrent sans qu'elle en eût conscience.

Harmin l'invita à venir chasser avec lui dans la relative fraîcheur du soir. Avec un garde, un coureur et son chien, il partait dans le désert à pied ou, le plus souvent, en char et il suivait les pistes à peine tracées qui menaient aux dunes.

Sheritra songea un instant à refuser. Les chars pouvaient être dangereux et elle n'avait jamais aimé les chevaux. Sans compter que Pharaon réagirait fort mal en apprenant qu'une de ses petites-filles s'était blessée ou même tuée par pure imprudence.

Mais la présence d'Harmin lui était aussi indispensable que la drogue à un toxicomane. Elle l'accompagna donc et, debout entre le garde qui la protégeait et lui, se tint sur le véhicule cahotant que le cheval peinait pour tirer dans le sable. Le chien jaune courait à leurs côtés, la langue pendante.

Harmin espérait toujours tuer un lion. Il rentrait le plus souvent bredouille, mais il lui arrivait d'abattre un animal.

Un jour, ils débusquèrent une gazelle qui quitta brusquement l'abri d'un petit amoncellement de rochers et s'enfuit devant eux. Harmin s'élança aussitôt à sa poursuite et, avant que Sheritra eût retrouvé son souffle, il l'avait transpercée de son javelot et contemplait avec satisfaction sa dépouille encore frémissante.

Sheritra trouvait à la fois repoussant et fascinant le plaisir qu'il prenait à ce passe-temps. Il lui révélait un côté d'Harmin qu'elle n'avait pas soupçonné, et elle avait du mal à réconcilier l'homme cultivé, policé, capable de deviner ses pensées les plus intimes, et ce chasseur qui hurlait des obscénités lorsqu'une proie lui échappait et explosait d'une joie sauvage quand un animal s'effondrait, son javelot fiché dans le corps.

Les jours où il avait tué, il lui faisait l'amour avec une ardeur accrue, presque brutale, comme si elle aussi était une proie qu'il fallait acculer, forcer, transpercer. Mais ce qui déroutait encore davantage Sheritra, c'était sa propre réaction, les instincts primitifs que sa sauvagerie éveillait en elle et auxquels elle se livrait avec un abandon égal au sien. Elle se rappelait avec étonnement la vierge qu'elle était encore si peu de temps auparavant. Ma mère sait-elle ce que je sais ? se demandait-elle. Père exige-t-il jamais d'elle ce qu'Harmin exige de moi ? Et, même si c'est le cas, y prend-elle plaisir ? Mais penser à son père l'emplissait de honte et elle se hâtait de le chasser de son esprit.

Un soir, elle convint de retrouver Harmin de l'autre côté du quartier des serviteurs et de l'enceinte qui séparait la petite propriété du désert. Comme elle était en retard pour avoir dicté une énième lettre à Hori, elle décida de couper par les communs. La grande cour était vide. Des moineaux picoraient sur les déchets tassés que l'on jetait ensuite dans le désert, par-dessus le mur d'enceinte. Suivie de son garde, Sheritra franchit rapidement la porte de derrière.

Elle n'avait encore jamais remarqué les tas d'ordures qui la flanquaient. Ils ne restaient jamais là longtemps. Outre que la chaleur purifiante du soleil éliminait les odeurs, chacals et chiens du désert avaient vite fait d'emporter tout ce qui était comestible. L'œil de Sheritra fut attiré par quelque chose d'inhabituel et, intriguée, elle s'arrêta. La lumière faisait scintiller une palette brisée. Sheritra la ramassa. Un morceau de lin ordinaire qui s'y était accroché se déroula, libérant des bouts de poterie cassée qui tombèrent à ses pieds. Il y avait quelque chose d'autre dans les plis du tissu et, avec une grimace de dégoût, elle le secoua.

C'était une figurine de cire grossièrement façonnée, mais dont les épaules carrées et le cou épais exprimaient une certaine force primitive. Les deux bras avaient été brisés et un pied manquait, mais Sheritra constata avec un frisson que la tête était percée de trous minuscules en plusieurs endroits. Il y en avait d'autres dans la région du cœur, ainsi que des hiéroglyphes qu'elle s'efforça de déchiffrer, gagnée par une peur de plus en plus intense. Elle était fille de magicien et savait ce qu'elle contemplait. Quelqu'un avait modelé cette figurine, y avait inscrit le nom d'un ennemi, puis, en marmottant des formules de maléfice, lui avait enfoncé des épingles de cuivre dans la tête et le cœur. Rayés et écrasés par leur séjour dans le tas d'ordures, les caractères étaient illisibles. « N'y touchez pas, princesse ! » s'exclama le garde et, sursautant au son de sa voix, elle lâcha la figurine en poussant un petit cri.

La palette était d'une grande finesse. Plaquée d'or, elle s'ornait d'un beau cloisonné bleu de Thot, le dieu à tête d'ibis des scribes. Sheritra la regarda en fronçant les sourcils, convaincue qu'elle avait déjà vu cet objet. Mais elle eut beau se concentrer, il lui fut impossible de se rappeler où et quand.

Elle finit par la reposer avec précaution dans le sable, près du tas d'ordures, puis, s'accroupissant, elle examina les bouts de poterie. Là encore, elle savait de quoi il s'agissait et parvint même à lire quelques-uns des mots du maléfice mortel qui avait été inscrit à l'encre sur toute sa surface avant qu'une main malveillante ne la réduise en morceaux d'un coup de marteau. « Son cœur... éclater... couteaux... souffrance... terreur... »

Quelqu'un dans cette maison voue une haine farouche à quelqu'un d'autre, se dit Sheritra. La formule magique a été prononcée, le rituel accompli et les instruments nécessaires à la destruction de cet inconnu jetés ici. Je me demande si le maléfice a opéré ou si la victime en a eu connaissance à temps pour le conjurer. Elle frissonna, puis cria de peur en voyant une ombre s'étendre sur le sable.

« Que fais-tu, princesse ? » demanda Harmin.

Sheritra se releva et lui montra sa trouvaille. « Le soleil faisait étinceler cette palette, expliqua-t-elle en s'efforçant de maîtriser le tremblement de sa voix. Et cela a attiré mon attention. On a essayé de tuer quelqu'un, Harmin.

– Il y a toujours des chamailleries, des rancunes et des jalousies mesquines entre domestiques, répondit-il en haussant les épaules. Ils sont tous pareils. C'est certainement l'un d'eux qui a procédé à cet envoûtement.

– Tes serviteurs parlent donc quelquefois ? fit Sheritra d'un ton moqueur.

– Je suppose qu'ils sont très bavards lorsqu'ils sont seuls. N'y pense plus, princesse. Aimerais-tu tenir les rênes aujourd'hui ? »

Sheritra acquiesça d'un air absent et ils se dirigèrent vers le char. Elle ne put toutefois chasser de son esprit l'aspect vaguement familier de la palette et elle y pensa souvent au cours des jours qui suivirent sans toutefois réussir à l'identifier. Elle se demandait parfois si ce n'était pas Sisenet en personne qui avait façonné la figurine. Ou Tbouboui, qui se mêlait de médecine et peut-être aussi de magie. Mais elle les imaginait mal enfermés dans le noir, occupés à soumettre les démons à leur volonté.

Tbouboui ne venait plus dans la salle de bains. Sans doute parce que ses visites ont rempli leur but, se disait Sheritra. Elle n'en éprouvait cependant pas la moindre honte, car elle avait l'impression qu'Harmin et elle avaient déjà signé un contrat de mariage, qu'ils étaient mari et femme et qu'elle faisait définitivement partie de la famille.

Tbouboui et Sheritra passaient cependant toujours la matinée ensemble et il leur arrivait de traverser le fleuve pour déambuler dans les rues encombrées de Memphis, ce qu'elles n'avaient jamais fait avant qu'Harmin fût devenu l'amant de Sheritra. La foule, le bruit et même les odeurs agressaient de plus en plus la jeune fille qui retrouvait toujours avec soulagement le calme de la demeure.

Un matin, elle était assise devant la coiffeuse de Tbouboui, maquillée mais pas encore coiffée. Les deux femmes regardaient les bijoux de Tbouboui comme si elles étaient sœurs ou occupaient le même rang dans la société égyptienne. Sheritra s'en irritait parfois, mais elle craignait trop son mentor pour protester et risquer de l'offenser. Quant à sa collection de bijoux, elle la trouvait admirable, car elle contenait de nombreux objets d'un travail ancien devenus fort rares.

« Ma mère avait des goûts très classiques, expliqua Tbouboui tandis que Sheritra maniait bagues, bracelets de cheville, amulettes et pectoraux. Elle possédait de nombreux bijoux de famille que ses ancêtres s'étaient transmis de génération en génération, et elle leur attribuait un caractère sacré. Je leur accorde beaucoup de prix moi aussi. Mon époux m'a offert de très jolis joyaux, mais ce sont ceux de ma mère que je porte presque tous les jours. » Elle passa au cou de Sheritra un collier dont le pendentif d'argent s'ornait d'un œil d'Horus en onyx. « Voilà quelque chose de léger, d'aérien qui te va très bien, princesse. Il te plaît ? »

Sheritra allait exprimer son ravissement lorsque l'éclat d'une turquoise au fond du coffret d'ébène attira son regard. Tbouboui possédait beaucoup de ces pierres, mais la forme de celle-là éveilla l'intérêt de Sheritra qui écarta les autres bijoux pour la prendre. Les mains de Tbouboui s'immobilisèrent sur ses épaules. La jeune fille examina un instant la pierre en se mordant les lèvres, puis s'écria : « Mais c'est la boucle d'oreille qu'Hori a trouvée dans le tunnel de la sépulture ! Je la reconnaîtrais entre mille. Que fait-elle ici ? demanda-t-elle en se tournant vers Tbouboui. Oh ! Je t'en prie, dis-moi qu'Hori n'a pas profané la demeure d'éternité de cette femme en te la donnant !

– Calme-toi, princesse, répondit Tbouboui en lui souriant. Ton frère ne ferait jamais une chose pareille. Il est bien trop droit.

– Mais il est amoureux de toi ! s'exclama Sheritra. L'amour nous pousse parfois à commettre des actes discutables... » Elle s'interrompit et, pour la première fois depuis des semaines, se sentit rougir. « Je sais que tu dois épouser père, reprit-elle. Pardonne-moi ce manque de tact.

– Tu es pardonnée, ma chère Sheritra, dit Tbouboui d'un ton léger. Je sais qu'Hori s'est entiché de moi, mais ne t'inquiète pas.

Je l'ai éconduit avec douceur, et cela lui passera. Quant à la boucle d'oreille... » Elle la retira adroitement des mains de Sheritra. « Hori m'a montré l'original et, étant donné ma passion pour les turquoises, j'ai résolu d'en faire réaliser une imitation. Je l'ai dessinée dès que ton frère est parti et mon orfèvre préféré m'en a fait une paire.

– Ah! fit Sheritra, confuse. Mais où est l'autre?

– Je l'ai perdue, répondit Tbouboui avec un soupir. La solidité de la fermeture laissait à désirer, mais je n'ai pas voulu attendre qu'on la répare. J'étais trop heureuse de la porter. Mes domestiques ont passé la maison, la propriété et même nos deux embarcations au peigne fin, sans résultat. J'ai dû la perdre quelque part en ville. J'en ferai faire une autre un de ces jours, conclut-elle en jetant négligemment la boucle dans le coffret à bijoux. Un peu de vin épicé, peut-être, princesse? »

En dépit de son explication, parfaitement vraisemblable, Sheritra eut l'intuition qu'elle ne lui avait pas dit la vérité. A une époque, son frère n'aurait jamais envisagé de profaner une sépulture en donnant les biens d'un mort, mais c'était alors un jeune homme libre et honorable. Le Hori morose et irritable qui souffrait de ne pas voir son amour payé de retour était-il capable d'un tel acte? Sheritra le pensait. Par ailleurs, la fabrication d'un bijou de qualité prenait du temps, et celui qu'elle avait examiné ne paraissait même pas neuf. L'or était piqué et portait de fines égratignures. Il arrivait, certes, qu'un artisan vieillisse volontairement un meuble ou un bijou, mais la turquoise de Tbouboui avait le vert laiteux des pierres d'autrefois, et l'or en était sombre, strié de rouge. Tbouboui pouvait fort bien avoir donné une de ses turquoises pour qu'elle soit taillée en forme de poire comme l'original; il était également possible que son orfèvre fût capable de reproduire l'or rouge du Mitanni, mais Sheritra avait le désagréable sentiment qu'aucune de ces deux explications n'était la bonne. Hori avait insisté pour que Tbouboui accepte le bijou et elle l'avait gardé.

Elle repensa aussi aux objets qu'elle avait trouvés sur le tas d'ordures et l'idée qui lui vint à l'esprit accrut son malaise. Tbouboui avait-elle voulu détourner la colère d'une morte? Pourtant, ils ont servi à un maléfice, j'en suis sûre, se répétait Sheritra le soir, lorsque le sommeil la fuyait, quand elle se promenait dans le jardin ou que Bakmout lui teignait la plante des pieds de henné. Or, on n'échappe pas à la fureur d'un ka ancien en l'insultant une seconde fois. Il faut absolument que j'aille passer un ou deux jours à la maison; je dois voir Hori.

Elle en parla le soir même à Harmin alors qu'ils étaient couchés dans les bras l'un de l'autre. « Je te laisse partir si tu me promets d'être revenue dans deux jours, dit-il en lui frôlant la joue de ses lèvres. Tu me portes chance à la chasse, Petit Soleil, et tu as apporté la gaieté dans cette maison. » Tbouboui convint de son côté que c'était une sage décision. « Je comprends ton inquiétude, Sheritra. Gronde ton frère de nous avoir oubliées l'une et l'autre, et invite-le à dîner à ton retour. Tu transmettras mes respects à ton illustre mère. »

Après avoir fait emballer quelques effets, Sheritra quitta ses hôtes sans adieux cérémonieux; elle comptait en effet revenir dès le lendemain après-midi dans cette maison qu'elle considérait désormais comme sienne.

Mais, alors qu'elle se dirigeait lentement vers le débarcadère dans la pâle lumière du matin, un sentiment d'abattement l'envahit peu à peu. Il lui semblait que le monde extérieur et elle-même perdaient leur réalité à mesure qu'elle s'éloignait de la petite maison blanche qui cuisait au soleil dans son écrin de silence. Elle monta dans la barque avec l'étrange conviction qu'ils étaient l'un et l'autre dépourvus de substance.

Bakmout en revanche ne cachait pas sa joie et les gardes semblaient eux aussi plus gais, plus animés. Je suis la seule à ne pas être heureuse, songea Sheritra avec irritation tandis que l'embarcation s'éloignait de la rive. Eh bien, ils ne se réjouiront pas longtemps parce que je reviendrai dès demain, quoi qu'il arrive. Réprimant son envie de rabrouer Bakmout qui chantonnait, elle fixa le fleuve avec une sombre détermination.

Le débarcadère de son père lui parut immense avec ses piquets d'amarrage, ses drapeaux immaculés aux couleurs bleues et blanches de l'empire et ses marches toujours étincelantes qui semblaient n'avoir pas de fin. Sheritra les gravit avec une sorte d'horreur. Au sommet, les gardes de la maison la saluèrent, et plusieurs serviteurs impeccablement vêtus vinrent se prosterner devant elle. L'un d'eux, un héraut, courut annoncer son arrivée.

Abritée par un porte-parasol et suivie d'une escorte, Sheritra s'avança sur l'allée dallée, bordée d'arbustes taillés et de plates-bandes parfaitement entretenues, qui avait l'air aussi large que les rues de la ville. Puis les colonnes multicolores de l'entrée principale apparurent. Une sentinelle était postée devant chacune d'elle et, au-delà, juste devant la porte à double battants, un héraut, un intendant et un scribe attendaient comme d'habitude les éventuels visiteurs. Sheritra répondit d'un signe de tête à leur salut avant d'obliquer vers l'arrière de la maison.

Elle entendit alors le rire des servantes et le murmure de la fontaine qui lui parut assourdissant. En a-t-il toujours été ainsi ? se demanda-t-elle, désorientée. La maison a-t-elle toujours été ce palais miniature opulent et résonnant de bruits ? M'a-t-on toujours témoigné ce respect distant ? Il faut croire que je trouvais cela normal.

Elle n'eut toutefois pas le temps de s'appesantir sur le malaise qu'elle éprouvait, car Ib se précipitait vers elle, le visage grave. Elle s'arrêta et, ralentissant le pas, il s'inclina, bras tendus, le corps raidi d'appréhension.

« Ib ? » dit Sheritra.

L'intendant se redressa. Il n'est pas si vieux que cela, constata-t-elle avec stupéfaction en regardant son visage carré soigneusement maquillé qu'encadrait une courte perruque noire. C'est un homme séduisant, musclé et bien bâti. « Quelle coïncidence que vous ayez décidé de revenir aujourd'hui, Votre Altesse ! Votre père s'apprêtait justement à vous envoyer chercher.

– Pourquoi ? demanda-t-elle avec brusquerie. Que se passe-t-il ?

– Je crois qu'il vaut mieux qu'il vous le dise lui-même, répondit l'intendant d'un ton d'excuse. Il est dans les appartements de votre mère. Je vous y accompagne. »

Il renvoya l'escorte d'un ordre bref et, suivie de Bakmout et du porte-parasol, Sheritra gagna l'entrée de derrière par le jardin en dépassant la fontaine, le bassin aux poissons et les bouquets de sycomores. De là, il ne restait que quelques mètres à parcourir pour atteindre les appartements de Noubnofret et, en proie à une anxiété croissante, Sheritra lutta contre le sentiment d'étrangeté qui menaçait de la paralyser.

D'un geste, Ib fit signe à Bakmout de s'asseoir sur un des tabourets du couloir. Puis il ouvrit les portes qu'il referma derrière Sheritra après l'avoir annoncée. Sa mère tourna à peine la tête à son entrée et elle s'avança vers Kâemouaset qui posa un léger baiser sur sa joue.

« Que se passe-t-il ? » demanda-t-elle en remarquant la sonorité de la pièce, l'éclat des carreaux bleus et blancs sous ses pieds et les domestiques de Noubnofret, groupés dans le coin le plus éloigné. Cette chambre est immense, pensa-t-elle. Elle nous écrase.

« Le grand héraut de Ramsès est arrivé tôt ce matin, disait Kâemouaset. Ta grand-mère est morte il y a cinq jours. » Il ne parla pas des autres lettres, courroucées, que lui avait remises le héraut. « Nous sommes en deuil, Petit Soleil. »

Ne m'appelle pas ainsi ! songea-t-elle avec indignation avant de saisir toute la signification de ses paroles. En deuil ! se dit-elle, prise de panique. Elle allait passer soixante-dix jours emprisonnée ici, loin d'Harmin et de Tbouboui. Plus de promenades dans le désert au coucher du soleil, plus de jeux sous les palmiers, plus d'Harmin dans son lit. Elle allait subir de nouveau les tracasseries de sa mère, recommencer à se sentir constamment imparfaite et gauche.

Puis elle eut tout de même honte de ses pensées. Sa grand-mère était morte. Elle s'était toujours montrée patiente et affectueuse à son égard, et sa première réaction, en apprenant sa disparition, c'était d'en éprouver de la contrariété. Elle se reprocha son égoïsme.

« C'est une bien triste nouvelle, père, dit-elle. Mais c'est aussi une bonne chose. Astnofert souffrait beaucoup et depuis longtemps, n'est-ce pas ? Désormais, elle est en paix auprès des dieux. Irons-nous à Thèbes assister aux funérailles ?

– Naturellement, répondit Noubnofret. Je dois t'avouer, Sheritra, que la perspective d'un voyage n'importe où, et pour n'importe quelle raison, me remplit de joie. Te plais-tu chez Tbouboui ? »

Il y avait une telle tension dans sa voix que Sheritra se tourna vers elle, inquiète. « Oh oui, beaucoup ! répondit-elle.

– Tant mieux, fit sa mère avec une parfaite indifférence. Je vais ordonner que l'on prépare tes appartements », ajouta-t-elle en se dirigeant vers la porte.

« Mère est-elle malade ? » demanda Sheritra à son père dès qu'elle fut sortie.

Les épaules de Kâemouaset s'affaissèrent et il poussa un soupir. « Je ne crois pas, mais elle est profondément blessée. Pour tout te dire, Sheritra... j'ai décidé de prendre une deuxième épouse, reprit-il après une courte hésitation. Et cela ne plaît pas à ta mère, bien que ce soit mon droit le plus strict. Tbouboui et moi avons signé un contrat de mariage. » Il la dévisagea avec anxiété. « Je suis navré de te l'apprendre aussi brutalement. Cette nouvelle t'étonne ?

– Non, répondit Sheritra qui éprouva le brusque désir de

s'asseoir. Dès la première fois où tu l'as vue... ce jour où nous étions tous deux en litière, tu t'en souviens, père ?, eh bien, j'ai senti que cela arriverait. » Elle décida de ne pas lui dire qu'elle connaissait déjà l'existence du contrat. Cela n'avait d'ailleurs aucune importance. « Donne à mère le temps de s'habituer à cette idée ; elle finira par accepter Tbouboui. C'est une princesse, après tout, et elle fera son devoir.

– J'avais espéré davantage, fit Kâemouaset avec vivacité. Je voulais qu'elle se lie d'amitié avec Tbouboui, qu'elle l'accueille avec chaleur dans cette maison. Je n'arrive pas à percer ce bouclier de politesse glacée derrière lequel elle s'abrite depuis que je lui ai annoncé ce mariage. Enfin ! Elle va avoir tout le temps de s'y habituer.

– Pourquoi ? demanda Sheritra en s'asseyant sur le lit.

– J'avais envoyé Penbuy recueillir des informations sur la famille de Tbouboui à Koptos, répondit Kâemouaset qui se mit à marcher de long en large. C'était nécessaire pour une clause du contrat. Inutile que j'entre dans les détails. Toujours est-il que j'ai perdu deux êtres chers aujourd'hui, Sheritra. Mon ami Penbuy est mort lui aussi.

– Quoi ! s'exclama-t-elle, abasourdie par cette accumulation de mauvaises nouvelles. Le vieux Penbuy ? De quoi est-il mort ?

– Il n'était pas si vieux, fit Kâemouaset avec une jovialité forcée. Penbuy avait mon âge. Il n'avait pas envie d'aller à Koptos à cette époque de l'année, mais je l'y ai obligé. C'était son devoir. » Sheritra voulut parler, mais il l'arrêta d'un geste. « Le héraut qui est venu m'apprendre la nouvelle a déclaré qu'il était tombé malade peu après son arrivée dans la ville. Il se plaignait de maux de tête et d'essoufflement. Il a pourtant continué à travailler dans la bibliothèque attenante au temple. Un jour, il est sorti, a fait quatre pas sous le soleil et s'est écroulé. Il était mort lorsque son assistant est arrivé auprès de lui. »

Sheritra frissonna, en proie à un sinistre pressentiment. Il lui semblait que son père venait de prononcer un édit qui modifierait définitivement son destin et non de lui raconter la mort de son serviteur et ami. « Tu n'y es pour rien, père, dit-elle avec douceur, devinant les reproches que s'adressait Kâemouaset. Penbuy faisait son devoir. C'était son heure. La mort l'aurait trouvé qu'il ait été à Koptos ou ici, à la maison. » Est-ce si sûr ? se demanda-t-elle aussitôt. Est-ce vraiment si sûr ? Et quelque chose de froid, d'innommable, lui courut le long de l'échine.

« Tu as sans doute raison, fit Kâemouaset avec lenteur. Il va me manquer. On l'embaume à Koptos, naturellement, et son corps sera ensuite envoyé à Memphis pour y être enterré. Nous portons le deuil de deux personnes, Sheritra. »

Si seulement je n'étais pas venue ici ! pensa-t-elle avec emportement. Si j'avais appris la nouvelle chez Sisenet, j'aurais pu insister pour y passer la durée du deuil. J'aurais fait abstinence, prié, offert des sacrifices pour le ka de ma grand-mère et de ce pauvre Penbuy... « Où est Hori, père ? demanda-t-elle. J'aimerais le voir, puis me retirer dans ma chambre pour assimiler toutes ces nouvelles. »

Kâemouaset eut un sourire honteux, douloureux. « Cela a été un choc pour toi, n'est-ce pas ? Je crains malheureusement qu'Hori n'en soit un autre. Il n'est pas lui-même, Sheritra, et personne ne semble savoir pourquoi. Il nous évite tous, Antef compris, mais peut-être te parlera-t-il. »

Il le fera, dussé-je ordonner aux gardes de le maîtriser jusqu'à ce qu'il cède ! se dit Sheritra avec détermination. Quel retour, par les dieux ! « Sait-il que tu épouses Tbouboui ? demanda-t-elle en se levant.

– Pas encore, répondit Kâemouaset, l'air penaud. J'ai failli le lui dire cent fois..., mais il est devenu tellement inaccessible !

– Aimerais-tu que je m'en charge ? » fit Sheritra en s'efforçant de ne pas trahir le brusque mépris qu'il lui inspirait. Que t'arrive-t-il, père ? se demanda-t-elle. Cette expression honteuse, ces hésitations sont dignes d'un domestique, pas d'un fils de pharaon habitué à donner des ordres et à prendre des décisions presque dès sa naissance. On aurait dit que quelque chose d'essentiel en lui, quelque chose de fort et de noble, s'était amolli comme un fruit trop mûr. De quoi as-tu peur ? eut-elle envie de crier. Qu'as-tu fait de ton courage ? A serviteur obséquieux, maître cruel, dit un proverbe. En regardant l'expression gênée de son père, Sheritra eut envie de le gifler. Elle ne s'était jamais sentie aussi seule.

« Merci, fit-il avec soulagement. Tu es plus proche de lui, et il a été d'une humeur si changeante ces derniers temps que je n'ai pas osé aborder le sujet avec lui. Si tu prépares le terrain, il me sera plus facile de lui parler, de lui expliquer...

– Je ne pense pas qu'une explication soit nécessaire, coupa sa fille d'un ton sec. Les princes qui n'ont eu qu'une épouse sont rares, père. Tu es une exception, une curiosité. Nous avons vécu une vie familiale anormale, repliés sur nous-mêmes. Mère, Hori et moi sommes peut-être devenus trop arrogants. »

Kâemouaset cligna les yeux, puis l'observa avec attention. « Tu as changé, dit-il avec lenteur. Il ne s'agit pas seulement de ton apparence ; tu as un regard plus assuré, plus froid. »

Mais je ne suis pas froide, pensa-t-elle alors qu'elle se dirigeait vers la porte après l'avoir salué d'une inclinaison de tête. Je brûle, mon cher père, je brûle de désir, et rien, pas plus la mort de grand-mère que cette distance qui s'est installée entre nous, ne peut éteindre ces flammes invisibles. Vous perdez toute réalité, toute existence, comparés à la peau soyeuse d'Harmin sous mes doigts, à son regard langoureux lorsqu'il se penche au-dessus de moi. Elle serra les poings, sans voir les soldats qui la dévisageaient avec curiosité. Elle était ivre de rage.

14

Méfie-toi d'une femme qui vient d'une région inconnue,
Dont on ignore la ville...
Comme le remous en eau profonde,
On n'en connaît pas le fond.

Le lendemain matin, lorsque Kâemouaset entra dans son bureau pour s'acquitter de la correspondance du jour, il y trouva le fils de Penbuy, Ptah-Seankh. Le jeune homme ressemblait tant à son père qu'il en fut bouleversé. Puis il remarqua qu'il était un peu plus mince et plus grand, que ses yeux, aussi vifs que ceux de Penbuy, étaient plus rapprochés et que sa bouche avait un pli légèrement plus sévère. A ses paupières bouffies, on voyait qu'il avait pleuré, et Kâemouaset admira la détermination et la force d'âme qui l'avait conduit à venir dans son bureau, palette à la main et vêtement fraîchement amidonné, pour perpétuer une tradition de devoir et de loyauté vieille de plusieurs générations.

« Lève-toi », dit-il avec douceur au jeune homme qui s'était prosterné à son entrée. Ptah-Seankh obéit dans un mouvement plein de grâce, pour se rasseoir aussitôt dans la position habituelle du scribe.

« J'aimais ton père et je le pleure moi aussi, reprit Kâemouaset, pris d'un brusque élan de compassion. Ne te sens pas obligé de prendre tes fonctions alors que tu as le cœur brisé par le chagrin. Rentre chez toi. Tu reviendras quand tu le pourras.

– Mon père vous a servi avec fidélité pendant très longtemps, dit Ptah-Seankh, une expression résolue sur le visage. Et comme c'est de tradition dans ma famille, j'ai été préparé dès mon plus jeune âge à le remplacer en qualité de scribe lorsqu'il disparaîtrait. A présent, il s'apprête à effectuer son dernier voyage et je le décevrais si, même en pareilles circonstances, je ne faisais pas passer mon devoir avant toute considération personnelle. Êtes-vous prêt à travailler, Votre Altesse ?

– Non, répondit Kâemouaset avec lenteur. Mon scribe temporaire me suffit pour le moment. Je veux que tu partes à Koptos et que tu ramènes le corps de ton père ici à la fin des soixante-dix jours de deuil. Je doterai d'or sa sépulture afin que des prêtres prient quotidiennement pour lui et que l'on fasse des offrandes aux dieux. Je m'occuperai aussi de l'organisation des funérailles avec ta mère pour que tu aies l'esprit en paix et puisses te consacrer à la tâche que j'ai à te confier. » Il se pencha en avant et chercha le regard du jeune homme qui ne cilla pas. « Ton père enquêtait sur la naissance d'une femme que je compte épouser, expliqua-t-il. Elle est originaire de Koptos. Penbuy n'a pas eu le temps d'achever sa tâche et n'a laissé aucune note. Je veux que tu reprennes ces recherches avant de ramener ton père à Memphis.

– Ce sera un honneur pour moi, prince, et je vous suis reconnaissant de votre tact et de votre discrétion, dit Ptah-Seankh avec un faible sourire. Mais j'aimerais en savoir plus sur cette personne avant mon départ.

– Tu es bien le fils de Penbuy ! s'exclama Kâemouaset. Tu parles avec franchise, et tu ne manqueras sans doute pas de m'exprimer ton désaccord. Très bien. Assure-toi que ta mère ne manque de rien en ton absence. Cela me laissera le temps de t'expliquer avec précision ta tâche et de faire préparer des lettres d'introduction pour les dignitaires de Koptos. »

Prenant un papyrus dont il avait déjà dicté le texte, il fit fondre de la cire au-dessus de la bougie destinée à cet usage, en versa un peu sur le manuscrit et y pressa le cachet de sa bague. « Tiens, dit-il en le tendant au scribe. Tu es désormais officiellement à mon service. Demande tous les renseignements que tu souhaiteras à Ib, mon intendant. Maintenant, rentre chez toi, Ptah-Seankh, et pleure en paix la mort de ton père. »

Le jeune homme dissimulait mal son émotion. Cette fois, il se leva gauchement, salua et quitta la pièce en toute hâte, pas assez vite toutefois pour que Kâemouaset ne voit pas les larmes perler à ses paupières.

N'ayant plus de raison de rester chez lui, Kâemouaset demanda une litière et, escorté d'Ib et d'Amek, monta dans sa barque pour se rendre chez Tbouboui. Il n'avait pas revu Sisenet depuis le jour où il avait honteusement perdu son sang-froid et redoutait d'avoir à expliquer sa conduite à cet homme d'une assurance toujours inébranlable. Ses porteurs le déposèrent toutefois devant la porte de la maison sans qu'il eût vu le moindre signe de Sisenet ou de son neveu.

Celle-ci semblait déserte, comme à l'accoutumée, et le silence profond qui l'enveloppait eut sur Kâemouaset l'effet apaisant d'une berceuse sur un enfant agité. En descendant de la litière, il se rappela avec un léger trouble le charme que sa nourrice psalmodiait tous les soirs près de son lit pour empêcher le terrible démon de la nuit, Celle-dont-le-visage-regarde-en-arrière, d'entrer dans la chambre pour lui ravir le souffle. A la fois terrifié et fasciné, il ne quittait pas des yeux la servante qui se balançait au rythme de l'incantation tandis que, dans la pièce immense, les ténèbres semblaient ondoyer et changer de forme. « Puisse-t-elle s'en aller sans pouvoir faire ce pour quoi elle est venue, celle qui vient dans le noir, qui entre furtivement avec son nez derrière elle, le visage tourné vers l'arrière. Es-tu venue pour embrasser cet enfant ? Je ne te laisserai pas l'embrasser ! Es-tu venue pour lui faire du mal ? Je ne te laisserai pas lui faire du mal ! Es-tu venue pour l'emporter ? Je ne te laisserai pas l'emporter ! » Ma mère avait pour moi le même amour farouche que cette vieille nourrice, se dit Kâemouaset avec un remords sincère. Ses devoirs de reine ne l'ont jamais empêchée de venir à mon chevet lorsque j'étais malade ou que j'avais peur. Et, moi, je l'ai abandonnée. Je n'étais pas à ses côtés lorsqu'elle a eu besoin de moi. J'ai trahi son amour, comme j'ai trahi la confiance de mon père qui voulait que je sois ses yeux et ses oreilles dans le gouvernement. Les lettres officielles s'entassent sur mon bureau parce que je ne suis plus moi-même ; et l'homme qui aurait frémi de honte devant ces trahisons est mort, tué par le poison qu'une femme fait couler dans ses veines.

Il dit quelques mots au serviteur noir qui était apparu sans bruit à ses côtés et qui disparut tout aussi silencieusement. Un instant plus tard, Tbouboui venait vers lui, le visage grave. Elle lui prit les mains et l'enveloppa d'un regard plein de sollicitude.

« Mon cher Kâemouaset ! J'ai reçu un message de Sheritra hier soir. Elle me demandait de lui envoyer ses affaires et m'expliquait pourquoi. Tu viens de perdre deux êtres chers. Je suis vraiment navrée. »

Ces paroles firent l'effet d'un baume à Kâemouaset et, l'attirant contre lui, il posa la joue sur ses cheveux. Elle ne portait pas de parfum ce jour-là, et il respira leur odeur chaude et simple, gagné par un profond bien-être qui lui rappela combien il avait été tendu.

« Je dois avouer que la disparition de ma mère me touche

moins que celle de Penbuy, murmura-t-il. Nous savions tous qu'elle était mourante et elle attendait ce moment. Mais Penbuy venait à peine d'achever la construction de son tombeau, à la limite de la nécropole de Memphis. Il était très fier de ses décorations.

– Je comprends pourquoi tes domestiques te sont aussi dévoués, dit-elle, la bouche contre son cou. Viens dans ma chambre, mon frère. Je te servirai du vin et te frictionnerai les épaules d'huiles douces. Je sens ton chagrin aux nœuds qui contractent tes muscles. » Kâemouaset prit aussitôt conscience du contact de ses mains sur son dos et au creux de ses reins, juste au-dessus de la ceinture de sa jupe, et fièvreusement il les imagina glissant vers ses fesses, les caressant...

« Sisenet est là ? demanda-t-il d'une voix altérée.

– Non, répondit Tbouboui en lui souriant. Mon frère et Harmin sont allés chasser dans le désert et ne seront de retour que dans trois jours. Ils sont partis à l'aube. Harmin a été désolé d'apprendre qu'il ne reverrait Sheritra qu'à la fin du deuil de sa grand-mère. » Elle le prit par la main et l'entraîna vers sa chambre.

« Nous devons tous nous rendre à Thèbes pour les funérailles, dit Kâemouaset en jetant un regard vers le carré de lumière éblouissant au bout du couloir. Accompagne-nous, je t'en prie. Dans soixante-dix jours, tu vivras certainement dans ma propriété et je veux que tu rencontres mon père. En outre, ce voyage permettrait à Noubnofret et à toi d'apprendre à vous connaître. Les recherches commencées par Penbuy seront terminées d'ici là, et tu te présenteras devant Ramsès en qualité d'épouse. Notre contrat ne pourra être approuvé qu'à la fin de la période de deuil, mais il sera facile de le faire à Pi-Ramsès. Tu viendras ? »

Debout au centre de la pièce, il la regarda fermer la porte et se tourner vers lui. Il remarqua alors ses pieds nus, le fourreau de lin blanc transparent qui la moulait, et l'idée que c'était peut-être dans cette robe qu'il l'avait vue pour la première fois embrasa son désir.

« Mais qui effectuera ces recherches, maintenant que Penbuy est mort ? demanda Tbouboui d'un ton inquiet. Avait-il beaucoup avancé dans son travail, prince, ou faudra-t-il que nous remettions encore notre mariage ? Oh ! Je suis si égoïste ! s'écria-t-elle en courant vers lui comme une petite fille. Mais je ne voudrais pas attendre plus que nécessaire pour être à toi ! »

Son impatience ravit Kâemouaset. « Ptah-Seankh, le fils de Penbuy, partira pour Koptos dans quelques jours. Il aura certainement achevé sa tâche avant de ramener le corps de son père à Memphis. Mais je ne compte pas attendre jusque-là pour t'avoir auprès de moi, Tbouboui. Je t'ai fait préparer une suite dans la résidence des concubines, et tes appartements sont en construction à l'extrémité nord de la demeure. Je suis en deuil, bien entendu, mais tu peux venir t'installer dès que tu le souhaites. »

Le visage de Tbouboui s'éclaira, mais elle se rembrunit presque aussitôt. « Non, Kâemouaset. Je ne voudrais pas t'inciter à commettre un sacrilège en célébrant un aussi heureux événement alors que tu portes le deuil. J'attendrai ton retour de Thèbes. Je compte toutefois rendre visite à Noubnofret dès cette semaine pour lui assurer que je comprends fort bien ce qu'est la position de seconde épouse.

– Tu ne nous accompagneras pas ? » La perspective des centaines de kilomètres qui les sépareraient si elle ne venait pas lui était insupportable et il l'attira brutalement contre lui.

« Non, répondit-elle d'un ton ferme. Ce ne serait pas convenable. Nous avons de nombreuses années devant nous, mon chéri. Qu'est-ce que quelques semaines de plus ? Allons, laisse-moi te servir un peu de vin. »

Mais il resserra son étreinte. « Je n'ai pas besoin de vin, murmura-t-il contre son oreille. Ni d'un massage. L'amour détendra mes muscles, Tbouboui. Je veux passer l'après-midi à défaire ce lit que tes serviteurs ont fait avec tant de soin. »

Elle garda le silence et il l'entraîna vers la couche, tirant déjà dans son impatience sur les bretelles de son fourreau que la sueur collait à son ventre et ses cuisses. Tbouboui poussa un son étranglé, mi-rire, mi-soupir, puis se pencha vers lui, les doigts en coupelle sous ses seins lourds.

Perdant toute maîtrise de lui-même, Kâemouaset saisit ses mains avec brutalité pour les guider vers son sexe déjà dressé. Sa bouche se referma sur la pointe d'un sein, et ils s'abattirent ensemble sur le lit. Les yeux fermés, Tbouboui se souleva pour aller à la rencontre de sa langue, de ses doigts, en poussant des gémissements qui intensifiaient encore son désir. Un rêve, pensa-t-il vaguement tandis que les caresses de Tbouboui se faisaient de plus en plus insistantes. Un verger... une femme derrière un arbre... Elle m'appelait. Et je me suis réveillé plein de sève, plein d'un désir si douloureux, si glorieux... Il chercha ses lèvres qui s'ouvrirent sous les siennes, en goûta la saveur, puis s'immobilisa pour contempler son visage. « Je t'aime, Tbouboui, murmura-t-il. Tu es ma sœur, mon mal, la passion qui fait battre mon cœur, le fruit auquel mon corps aspire. Je t'aime. »

Elle murmura quelque chose, mais si bas et d'une voix si altérée qu'il ne la comprit pas. Puis, tout à coup, ses yeux noirs s'ouvrirent et elle dit en souriant : « Fais-moi l'amour, Taureau puissant. » C'était le titre que portaient tous les pharaons et Kâemouaset n'y avait aucun droit, mais ces mots si chargés de signification sexuelle, si évocateurs de force et de virilité, faillirent le faire éjaculer dans l'instant. Brusquement, la vue de ce sourire alangui et averti, de ce visage exquis que le désir empourprait fut plus qu'il n'en pouvait supporter.

Poussant un juron, il la bascula sur le ventre et la pénétra brutalement par-derrière. L'acte déchaîna sa violence et il l'acheva comme un viol, scandant de jurons ses coups de boutoir.

Lorsqu'il reprit ses esprits, il était couché à ses côtés, haletant, dans le désordre des draps trempés de sueur. Appuyée sur un coude, Tbouboui souriait toujours, mais d'un air vague, distrait. Il ne lui fit pas d'excuses. « Je reviendrai te faire l'amour souvent, dit-il d'un ton bref, s'avisant brusquement qu'il venait d'enfreindre les interdits du deuil. Cela te plaira-t-il, Tbouboui ?

– Oui. » Elle ne dit rien d'autre, mais le mot agit sur lui comme une drogue et, instantanément, il la désira de nouveau. Il savait qu'il n'avait pas cessé de le faire, même au moment de l'orgasme, que l'acte n'avait pas apaisé la fièvre dévastatrice qui le dévorait. C'était comme si, depuis des mois, il buvait un aphrodisiaque qui embrumait son esprit tout en aiguisant la faim qu'il avait de cette femme, au point que la posséder n'avait plus rien à voir avec les exigences impérieuses de son corps. Taureau puissant, pensa-t-il en contemplant les petites mèches humides collées à son cou, les gouttes de sueur qui brillaient entre ses seins, sa bouche meurtrie... Taureau puissant, Taureau puissant... Il eut un sombre pressentiment de son destin et ferma les yeux en gémissant. Tbouboui ne parlait ni ne bougeait et, un instant plus tard, il quitta son lit et partit.

Sheritra mit longtemps à trouver son frère. Accablée par la chaleur et en proie à une irritation croissante, elle le chercha en vain dans la maison et le jardin. Elle avait songé à charger un serviteur de cette tâche et à l'attendre tranquillement sous un arbre en ruminant sa déception, mais elle ne voulait pas brusquer son frère.

Elle finit par avoir une idée et, renvoyant Bakmout, se dirigea vers le débarcadère. Cette fois, elle longea l'extrémité nord de la maison où elle découvrit avec consternation le chantier de construction qu'était devenue cette partie de la propriété. Elle faillit trébucher sur un tas de briques séchées au soleil. Installé à l'abri d'un kiosque au milieu de l'ancien jardin septentrional, l'architecte de Kâemouaset se penchait sur les plans. Plusieurs maîtres artisans l'entouraient, attendant ses ordres.

La main en visière contre le soleil, Sheritra regarda un instant le terrain défoncé, prise d'un accès de haine brûlante pour Tbouboui, puis elle haussa les épaules avec un sourire triste. Sous le kiosque, les hommes l'aperçurent et la saluèrent, mais elle les ignora et rejoignit l'allée bordée d'arbustes qui menait au débarcadère.

Juste avant d'arriver aux marches, elle obliqua et s'enfonça dans la forêt de buissons enchevêtrés qui poussaient sur la berge. Ils cédèrent bientôt la place à des joncs et à un sol marécageux, mais Sheritra continua d'avancer car, un peu plus loin, il y avait un endroit dégagé, invisible aussi bien du débarcadère que du fleuve, où Hori et elle se cachaient enfants pour assister à l'arrivée et aux départs des invités ou échapper à la surveillance de leurs gardes et de leurs bonnes. Ils n'y étaient pas venus depuis des années, mais Sheritra était sûre qu'il n'avait pas disparu sous la végétation et qu'elle y trouverait son frère, le menton sur les genoux, en train de contempler le Nil derrière l'écran des roseaux.

Et, effectivement, elle aperçut bientôt une tache blanche. Un instant plus tard, elle s'asseyait près d'Hori. Il était installé sur une natte, une cruche de bière et une tranche de pain noir entamée à ses côtés. Celle-ci avait déjà attiré les fourmis, mais Hori ne s'en rendait manifestement pas compte. Il se tourna vers sa sœur qui eut du mal à dissimuler le choc que lui causèrent son visage émacié aux yeux marqués de cernes violet foncé, ses cheveux sales et son pagne crasseux. « Tu n'as donc pas pris de bain aujourd'hui, Hori ? dit-elle sans réfléchir.

– Bienvenue à la maison, Sheritra, fit-il d'un ton moqueur. Je suppose que tu connais les nouvelles. Non, je n'ai pas pris de bain. J'ai fait la fête toute la nuit chez le fils d'Houi et, ce matin, je me suis glissé dans les cuisines pour y prendre de la bière et un peu de pain que j'ai apportés ici. Je crois que je me suis endormi. Je devrais sans doute aller me faire laver, ajouta-t-il avec un sourire triste. Je ne dois pas être beau à voir. » D'un geste las, il se passa la main sur le visage.

« Comment savais-tu que grand-mère et Penbuy étaient morts ? demanda Sheritra.

– J'ai entendu des serviteurs bavarder dans les cuisines. Est-ce pour cela que tu es revenue ?

– Non, répondit-elle en posant une main hésitante sur son genou. Je m'inquiétais à ton sujet, Hori, et je t'en voulais de ne pas être venu me voir. Et puis... il faut que je te parle de certaines choses. Cela m'afflige de te voir souffrir ainsi. Je t'aime, tu sais. »

L'enlaçant gauchement, il la serra un court instant dans ses bras, puis s'écarta. « Moi aussi, dit-il d'une voix un peu tremblante. Je me hais de me laisser aller ainsi, Sheritra, de renoncer à tout ce qui faisait ma force, mais je ne peux m'en empêcher. La pensée de Tbouboui me torture sans trêve. Je ne cesse de revoir dans le moindre détail chacun des instants que j'ai passés près d'elle. Je n'avais encore jamais connu supplice plus atroce et plus doux.

– Tu en parles à Antef ?

– Non, répondit-il avec un tressaillement. J'ai trahi notre amitié. Antef souffre lui aussi, il est désorienté et j'ai le poids de ma culpabilité à porter en plus du reste. Mais il ne comprendrait pas et ne pourrait m'apporter aucun réconfort. Quant à me confier à père, c'est hors de question. »

Oh ! Hori ! pensa Sheritra qui frémissait à l'idée de ce qu'elle allait devoir lui apprendre. Comme tu as raison ! « Sais-tu pourquoi père agrandit la maison ? demanda-t-elle au bout d'un instant.

– Non. Personne ne me l'a dit et je n'ai pas posé la question. Tu ne sais pas ce que c'est, Sheritra. Je me moque complètement de tout ce qui n'est pas Tbouboui. Rien d'autre n'a de réalité pour moi. »

Sheritra frissonna ; elle connaissait si bien ce sentiment ! « Cette nouvelle construction est destinée à Tbouboui. Père va l'épouser. Le contrat est déjà signé en fait. Penbuy était à Koptos pour se renseigner sur sa famille lorsqu'il est mort. »

Hori poussa un petit gémissement, comme un chaton aveugle qui cherche sa mère. Il avait le visage tourné vers le fleuve où passait avec lenteur une barque de pêche. Sa voile blanche triangulaire claquait paresseusement sous une légère brise ; mais aucun souffle d'air ne pouvait traverser la végétation dense qui entourait le jeune homme et sa sœur. Sheritra chassa une mouche qui tournait autour de son visage. Elle aurait voulu parler, conseiller son frère, le réconforter, mais l'intensité de ses sentiments et les sombres perspectives qui s'offraient à lui la rendaient muette. Elle sursauta lorsqu'il rompit enfin le silence.

« Pas étonnant qu'elle m'ait éconduit, fit-il avec amertume. Pourquoi s'intéresser à un fils à peine sorti de l'adolescence lorsqu'on peut avoir le père, un homme fortuné, influent et séduisant ? Puisqu'elle connaissait mes sentiments à son égard, elle aurait dû me le dire. Elle aurait dû me le dire ! Je me sens ridicule. Un gamin ridicule et stupide ! Comme elle doit rire de moi !

– Non ! s'exclama Sheritra. Je suis sûre que non. Et comment aurait-elle pu te dire quoi que ce soit alors qu'elle doutait encore des sentiments de père ? Cela aurait été malséant.

– Sans doute, reconnut-il à contrecœur. Mais pourquoi est-ce toi qui me parles de ce mariage, Sheritra ? Est-ce que père n'aurait pas le courage de le faire ? »

Elle pensa à l'air penaud et embarrassé de Kâemouaset, au soulagement pitoyable qu'il avait montré lorsqu'elle avait proposé d'apprendre la nouvelle à Hori. « Non, répondit-elle. Mais il ne se doute pas de ton amour pour Tbouboui ; cette passion le perturbe trop pour ne pas le rendre aveugle à tout le reste. C'était un homme paisible, prévisible, toujours maître de lui et satisfait de son existence. Son univers a été profondément bouleversé, Hori, et il en a honte. »

Son frère la dévisagea soudain avec attention. « Tu as changé, dit-il avec douceur. Il y a une sagesse en toi, une compréhension des autres que je ne te connaissais pas. Tu as mûri. »

Sheritra prit une profonde inspiration et sentit une rougeur familière empourprer son visage. « J'ai fait l'amour avec Harmin », avoua-t-elle avec franchise. Elle s'attendait à ce qu'Hori réagisse, mais il garda le silence, les yeux toujours fixés sur elle. « Je sais ce que tu éprouves, mon frère chéri, parce que je souffre du même mal. Mais je suis plus fortunée que toi ; mon amour est payé de retour.

– Tu as plus de chance, en effet, et tu en auras encore davantage après le m... mariage de père, dit-il en butant sur le mot.

Lorsque Tbouboui sera installée ici, Harmin viendra y vivre lui aussi ou te rendra souvent visite. Tandis que moi... » Sa voix se brisa, puis il s'écria : « Pardonne-moi, Sheritra ! Je m'apitoie sur mon sort de façon répugnante. » Et, brusquement, il éclata en sanglots, de grands sanglots hachés rendus plus bouleversants encore par les efforts qu'il faisait pour les réprimer.

Sheritra s'agenouilla près de lui. Sans dire mot, elle le serra contre sa poitrine. Elle resta longtemps ainsi, parcourant du regard la végétation qui les entourait, le miroitement du Nil entre les roseaux et les colonnes de fourmis qui escaladaient la tranche de pain oubliée. Puis, peu à peu, Hori s'apaisa. « Je me sens mieux, dit-il en s'essuyant le visage sur un pan de son pagne crasseux. Nous nous sommes toujours aidés, n'est-ce pas, Sheritra ? Pardonne-moi de t'avoir oubliée ces derniers temps et de ne même pas avoir envoyé un héraut prendre de tes nouvelles.

– C'est sans importance. Que vas-tu faire maintenant ?

– Je n'en sais rien, répondit-il en haussant les épaules. Rester ici alors qu'elle va s'installer à demeure est hors de question. J'irai peut-être à Pi-Ramsès pour y solliciter une charge. Je suis un prince du sang, après tout. » Le sourire malicieux qu'il adressa à Sheritra n'était qu'une pâle copie de sa gaieté d'autrefois, mais elle en éprouva un grand soulagement. « A moins que je ne décide de devenir prêtre de Ptah à plein temps au lieu de ne servir ce dieu que trois mois par an.

– Ne prends pas de décision irrévocable tout de suite, Hori, je t'en prie !

– J'attendrai, Petit Soleil, dit-il en lui caressant les cheveux. Mais je ne veux pas prolonger inutilement mes souffrances. »

Ils se turent. Brusquement épuisée par les émotions de la matinée, Sheritra n'aspirait plus qu'à dormir. Mais, avant de retrouver son lit, il lui fallait régler la question de la boucle d'oreille qui ne cessait de la tracasser. Hori s'était étendu sur le dos, les mains derrière la tête.

« Tu te souviens de ce bijou que tu as trouvé dans le tunnel de la sépulture ? » commença-t-elle.

Il acquiesça de la tête.

« Tu l'as montré à Tbouboui, n'est-ce pas ?

– Quelle journée mémorable ! dit-il en soupirant. Il lui plaisait beaucoup.

– J'ai trouvé le même dans son coffret à bijoux. Lorsque je l'ai interrogée, elle m'a dit qu'elle avait fait exécuter deux copies de la boucle que tu lui avais montrée, puis perdu l'une d'elles. Mais... » Elle se mordit les lèvres et détourna la tête.

« Mais tu as peur qu'elle ne t'ait menti, finit-il à sa place avec sa perspicacité coutumière. Tu as peur que l'amour m'ait fait perdre la tête et que je lui aie donné l'original.

– Oui, murmura-t-elle.

– Eh bien, tu te trompes. J'ai beau être entiché d'elle, je ne suis pas assez fou pour commettre ce sacrilège.

– Ah ! fit Sheritra, à demi rassurée. Qu'est devenue cette boucle d'oreille, alors ? Tu l'as toujours ? »

Il biaisa. « Père a fermé la sépulture.

– Réponds-moi, Hori ! insista-t-elle. Tu l'as toujours, n'est-ce pas ?

– Oui ! cria-t-il. Oui, je l'ai ! Je compte la déposer sur l'autel de Ptah pour qu'il me pardonne de l'avoir gardée, mais elle me rappelle tellement Tbouboui que je ne peux pas encore me résoudre à m'en séparer. Ce n'est pas un vol, juste un emprunt. Ptah dira au ka de cette morte que je n'avais pas de mauvaises intentions.

– Mais tu te fais du mal, tu te tortures en la regardant ! dit Sheritra avec véhémence. Enfin, tu as quand même eu le bon sens de ne pas la donner à Tbouboui. J'aurais juré qu'elle avait l'original, tu sais. Eh bien, tant mieux. » Elle secoua le sable collé à ses coudes et se débarrassa d'une chiquenaude d'une fourmi grimpée sur son mollet. « Tu disais que père avait fermé la sépulture. Pourquoi ? Le travail était achevé ?

– Non. »

Il lui raconta la visite de Sisenet, la traduction du rouleau, la réaction presque hystérique de Kâemouaset et, en l'écoutant, Sheritra fut assaillie de sinistres pressentiments.

« Père croyait qu'il s'agissait du Rouleau de Thot ? coupa-t-elle. Et Sisenet l'a fait changer d'avis en tournant cette idée en dérision ? »

Hori acquiesça et finit son récit. « Et voilà. Le tombeau a été scellé, l'escalier comblé et condamné par un énorme roc. Père pense désormais, comme Sisenet, que le Rouleau n'existe que dans les légendes. Il a rêvé de le trouver pendant de si nombreuses années qu'il doit quand même se sentir un peu déçu. »

Les pressentiments de Sheritra s'accentuèrent. C'était comme une masse informe dont les contours se précisaient rapidement, une masse encore impossible à reconnaître, mais capable de transformer sa sourde inquiétude en terreur pure d'un instant à l'autre. « Je ne t'ai pas tout dit, Hori, déclara-t-elle. Quelqu'un chez Sisenet a jeté un sort mortel à quelqu'un d'autre. » Il la dévisagea aussitôt avec insistance, et elle baissa les yeux. « C'est assez ridicule de ma part d'en parler, reprit-elle. Mais j'en ai gardé une mauvaise impression.

– Raconte », ordonna Hori. Elle obéit, sentant croître sa gêne et son malaise au fur et à mesure de son récit. « Ce n'était pas une incantation protectrice, conclut-elle. Je sais faire la différence. Je me suis demandé si Tbouboui n'avait pas essayé de détourner la colère de la morte dont elle possédait la boucle d'oreille – si tu la lui avais effectivement donnée –, mais je savais au fond de moi que ce n'était pas le cas. Quelqu'un souhaitait voir un ennemi mourir de mort violente. »

Hori ne dit pas comme Harmin qu'il pouvait s'agir des domestiques. Au lieu de lui donner immédiatement l'explication plausible qu'elle espérait, il se frotta le nez d'un air songeur. « Toutes les hypothèses sont envisageables, déclara-t-il enfin. Il se peut que Tbouboui ait cru avoir une rivale – bien que j'aie du mal à imaginer que cela puisse inquiéter une femme aussi indépendante et sûre d'elle-même –, ou que Sisenet ait voulu se débarrasser d'un ennemi qu'il avait à Koptos. Qui sait ? D'ailleurs, ces objets étaient peut-être à demi enfouis dans le sable avant qu'on ne jette les ordures ménagères à cet endroit.

– Non, dit Sheritra avec assurance. Ils étaient dans le tas de détritus lui-même. Bah ! fit-elle en se levant. Je suppose que je fais tout un monde de cette histoire parce que je suis contrariée. Je suis coincée ici jusqu'à la fin du deuil et il faut que j'envoie une lettre d'excuse à Tbouboui en lui expliquant ce qui se passe. Je veux également écrire à Harmin. Rentrons ensemble, je t'en prie, et prends un bain. Cesse donc de fuir toute compagnie. Nous avons soixante-dix jours à occuper, passons-les ensemble et tâchons de nous entraider.

– J'essaierai, répondit Hori qui se leva à contrecœur. Mais ne me demande pas d'affronter père. Je risquerais de le tuer. »

Sheritra faillit éclater de rire, mais en perdit toute envie en voyant l'expression de son frère. « Hori... », murmura-t-elle. Il lui indiqua le sentier d'un geste impatient et elle se mit docilement en marche. Ils regagnèrent la maison sans échanger d'autres paroles.

Quatre jours plus tard, après avoir annoncé sa venue à Kâemouaset, Tbouboui était accueillie avec déférence par Ib et conduite dans les appartements du prince. Le bruit du second mariage de Son Altesse s'était rapidement répandu parmi le personnel et les domestiques qu'elle croisa en chemin s'inclinèrent respectueusement devant elle.

Elle avait d'ailleurs toute l'allure d'une seconde épouse royale dans sa robe blanche brodée de fils d'argent. Ses sandales étaient en argent elles aussi et des bracelets d'électrum ornés de jaspe et de cornaline tintaient à ses poignets. Ses cheveux noirs et lisses étaient retenus par un bandeau du même métal et une perle de jaspe tremblait sur son front. Un fard argenté scintillait sur ses paupières, du khôl ourlait ses yeux et elle avait teint de henné rouge ses lèvres pleines et la paume de ses mains. Un pectoral d'électrum où s'entrelaçaient symboles de vie et demi-lunes couvrait la partie supérieure de ses seins ; son pendentif, qui reposait entre ses épaules nues pour repousser toute attaque surnaturelle, était un gros babouin d'or accroupi. Après l'avoir annoncée, Ib se retira et Kâemouaset s'avança vers elle en souriant.

« Bienvenue dans ce qui sera bientôt ta demeure, Tbouboui ! » dit-il avec chaleur. Elle lui fit un salut respectueux, puis lui tendit sa joue. « Tu es très belle, ma sœur.

– Merci, Kâemouaset. » Elle renvoya d'un geste les deux domestiques qui lui présentaient du vin et des plateaux chargés de confiseries. « Je suis surtout venue voir Noubnofret, reprit-elle. Je t'avais dit que je le ferais, n'est-ce pas ? Je ne voudrais la froisser pour rien au monde. Je suis sûre que nous allons devenir d'excellentes amies.

– Ta beauté n'a d'égale que ta bonté et ton tact, fit Kâemouaset, attendri. Que la vie est donc étrange, Tbouboui ! Qui aurait pensé, lorsque je t'ai vue pour la première fois fendre la foule avec tant de majesté, que tu deviendrais un jour ma femme ?

– La vie est remarquable, en effet, répondit-elle avec un rire argentin. Ou plutôt le destin qui fait que nous retenons notre souffle en nous demandant ce que l'instant suivant nous réserve. Tu m'as rendue très heureuse, prince. »

Ils se regardèrent un long moment en souriant. « J'ai une faveur à te demander avant d'aller voir Noubnofret, dit enfin Tbouboui. Je dois envoyer des instructions très détaillées à mon intendant de Koptos concernant la moisson prochaine et les dispositions à prendre pour les répartiteurs d'impôts de Pharaon. Le scribe engagé par Sisenet est un homme simple et honnête, mais il sort tout juste de l'école du temple. Je ne le pense pas capable de comprendre mes paroles et de les reproduire fidèlement. Je ne voudrais pas abuser de ta bonté..., continua-t-elle d'une voix hésitante.

– Mais tu aimerais que je mette un de mes scribes à ton service, finit Kâemouaset à sa place. N'en dis pas plus.

– Les instructions que j'ai à lui dicter sont très importantes. Elles doivent être notées avec la plus grande exactitude...

– Tu veux le meilleur. » Ravi de pouvoir faire quelque chose pour elle, Kâemouaset rayonnait. « Ptah-Seankh, le fils de Penbuy, s'est installé ici ce matin même. Te conviendra-t-il ?

– Tout à fait. Je te remercie, Kâemouaset, répondit-elle d'un ton grave.

– Parfait. » Il frappa dans ses mains pour appeler Ib. « Va dire à Ptah-Seankh de venir immédiatement », ordonna-t-il. Puis il renvoya les serviteurs présents dans la pièce. « Ce jeune homme est la discrétion même, reprit-il. Lorsqu'on traite de ses affaires, on ne devrait avoir d'autres témoins que son scribe. Nous ne voulons pas que des domestiques, même aussi bien formés que les nôtres, apprennent le détail de tes biens et bavardent, mon amour. Je te laisse pour aller m'occuper de mes propres affaires, mais n'hésite pas à me faire appeler si tu as besoin d'autre chose.

– Tu es un homme bon », dit-elle en posant un léger baiser sur ses lèvres. Il hocha la tête, heureux, et quitta la pièce.

Quelques instants plus tard, on annonçait Ptah-Seankh qui s'inclina devant Tbouboui, sa palette à la main. Elle lui fit signe de se relever.

« Sais-tu qui je suis, scribe ?

– Oui, noble dame, répondit-il, le visage impassible. Vous êtes Tbouboui et serez bientôt la seconde épouse de mon maître. En quoi puis-je vous servir ? »

Elle eut un sourire fugitif, puis, pressant ses paumes rouges l'une contre l'autre, elle se mit à arpenter lentement la pièce. Ptah-Seankh s'assit en tailleur et prépara ses instruments.

« J'ai à te dicter une lettre importante. Lorsque tu auras fini, tu me laisseras le papyrus. Je te donnerai d'autres explications plus tard. Tu es prêt ? »

Ptah-Seankh jeta un regard furtif sur le bas de sa robe qui voltigeait autour de ses chevilles fines. « Oui, Votre Altesse.

– Je ne porte pas encore ce titre, Ptah-Seankh, répliqua-t-elle. Mais ce sera le cas bientôt, oui, bientôt. Laisse un espace pour le nom du destinataire. Nous nous en occuperons à la fin. Commence. »

Le cœur battant, le scribe trempa son roseau dans l'encre noire. C'était la première fois dans son nouvel emploi qu'il écrivait sous la dictée et, bien qu'il connût ses capacités, il se sentait nerveux. Comme tous les scribes royaux, il n'avait que mépris pour ceux qui prenaient le texte sur des tablettes de cire ou des morceaux de poterie avant de le mettre au net. Il s'apprêtait à écrire directement sur le papyrus où rien ne pouvait être corrigé.

« Au terme de recherches approfondies sur les ancêtres et les origines de dame Tbouboui, de son frère Sisenet et de son fils Harmin, après avoir étudié les anciens manuscrits gardés dans la bibliothèque sacrée de Koptos et m'être rendu personnellement dans la propriété de la famille sur la rive orientale du Nil, moi, Ptah-Seankh, jure que ce qui va suivre est vrai. »

Tbouboui s'interrompit et ses chevilles, dont l'une était ornée d'un scarabée attaché à une chaînette d'or, s'immobilisèrent de nouveau dans le champ de vision du scribe. Il avait conscience de leur présence, mais n'osait lever les yeux. Le cœur battant, le front luisant de sueur, il priait ardemment pour que sa main ne le trahisse pas. De quoi s'agit-il ? pensa-t-il. Mais il réprima aussitôt sa curiosité. Un scribe était censé écrire les mots machinalement sans les relier entre eux. Pourtant, tous les grands scribes le faisaient, au cas où leur maître leur demanderait leur opinion ou un conseil. « Souhaitez-vous que je me relise au fur et à mesure, noble dame ? demanda-t-il en se raclant la gorge.

– Mais bien sûr, répondit-elle. Je veux que tu saches exactement ce que tu fais pour moi, Ptah-Seankh. » Malgré la douceur des paroles, il y avait dans son ton quelque chose de menaçant qui inquiéta le scribe. Il étreignit son roseau et attendit. « La propriété comprend une grande maison de quinze pièces, soixante domestiques et les dépendances habituelles : greniers, cuisine, logis des domestiques, entrepôts et écuries abritant dix chevaux de char. Le domaine lui-même s'étend sur mille deux cents hectares de bonne terre noire bien irriguée où l'on cultive céréales, lin et légumes. Deux cent hectares sont consacrés au bétail. Je ne vais pas trop vite, Ptah-Seankh ?

– Non, noble dame », répondit-il. Un terrible soupçon lui nouait la gorge. Il s'essuya la main droite sur un morceau de lin et s'apprêta à reprendre sa tâche en regrettant de ne pas être resté un jour de plus auprès de sa mère éplorée.

« Dans ce cas, je continue, dit Tbouboui d'un ton toujours aussi suave. Quant aux ancêtres de la dame, ils paraissent descendre d'un certain Amonmose, intendant de la reine pharaon Hatchepsout, à qui furent accordés des terres et le titre d'erpa-ha et de *smer*, et qui reçut l'ordre d'organiser le trafic caravanier entre Koptos et la mer Orientale. La liste des descendants d'Amonmose se trouve à Koptos dans la bibliothèque de Thot, et l'on peut en obtenir une copie si nécessaire. Moi, Ptah-Seankh, ai toutefois jugé inutile de la recopier, étant donné la confiance que me fait mon prince. Cette liste est également conservée dans la grande bibliothèque du palais de Pi-Ramsès. J'ai vu le nom des ancêtres de la noble dame de mes propres yeux. Cela devrait suffire, tu ne crois pas, Ptah-Seankh ? Oh ! Un dernier détail ! Tu adresseras cette lettre à Son Altesse le prince Kâemouaset. N'oublie pas ses titres, surtout. »

Le scribe posa son roseau. Il tremblait si violemment que celui-ci roula sur le sol. « Mais je ne suis pas encore allé à Koptos, Votre Altesse, protesta-t-il d'une voix défaillante. Je pars demain matin. Comment puis-je attester de ce que je n'ai pas encore vu ? »

Tbouboui lui souriait. Il n'aima pas ce sourire ; il avait quelque chose de félin, de cruel, et ses minuscules dents blanches étincelaient de façon menaçante. « Toi et moi sommes nouveaux dans cette maison, mon cher Ptah-Seankh, commença-t-elle d'un ton dégagé. Mais il y a une grande différence entre nous. Le prince m'aime avec passion. Il se fie entièrement à moi. Il est certain de me connaître. Toi, en revanche, il ne te connaît pas. Ton père était son ami, certes, mais ce n'était qu'un serviteur, tout comme toi. Tu peux être renvoyé du jour au lendemain. » Son sourire s'élargit et Ptah-Seankh frémit. Il avait l'impression d'affronter un animal sauvage prêt à bondir sur sa proie. Il voulut parler, mais ne put émettre un seul son. « Je m'installerai bientôt dans cette maison, reprit Tbouboui en passant une langue rose sur ses lèvres fardées. Je pourrais me montrer une maîtresse généreuse ou distiller au contraire le doute dans l'esprit de ton maître jusqu'à miner la confiance qu'il a en toi. La discrétion est aussi essentielle que le talent dans les relations entre un prince et son premier scribe, n'est-ce pas ? Voudrais-tu que je dise à Kâemouaset que tu as la langue trop longue et divulgues les secrets de la famille ? Que tu te vantes partout de ta situation et du pouvoir que tu as sur ton maître ? » Elle se pencha vers lui, si près qu'il vit les taches jaunes de son iris. « Ou préférerais-tu que je loue ton travail, ton honnêteté, la sagesse de tes commentaires et de tes conseils ? Souviens-toi que, malgré ton père, il ne sait encore rien de toi, petit scribe. Il est facile de te détruire.

– Vous voulez que j'aille à Koptos et n'y fasse aucune recherche ? demanda Ptah-Seankh en retrouvant enfin sa voix.

– Exactement. » Elle se baissa soudain pour ramasser son roseau qu'elle lui tendit dans un mouvement plein de grâce. « Écris le nom de Kâemouaset et ses titres, scelle le document de ton sceau... Qu'utilises-tu, à propos ?

– La marque de Thot, le babouin assis sur une lune, balbutia-t-il.

– Ah oui, bien sûr. Eh bien, fais-le et confie-moi le manuscrit. A ton retour de Koptos, tu passeras chez moi et je te le rendrai pour que tu le donnes au prince.

– Mais c'est un acte méprisable, noble dame ! » s'exclama Ptah-Seankh, furieux et terrifié à la fois. Il savait qu'elle ne plaisantait pas et qu'il lui faudrait lui obéir s'il voulait conserver son emploi auprès du prince. Il savait aussi que ce secret qu'il partagerait désormais avec cette femme sans scrupule le hanterait et empoisonnerait son existence.

« Est-il méprisable de donner au prince ce qu'il souhaite ? demanda Tbouboui avec douceur. Certainement pas. Il me désire et m'épousera de toute manière, mais il sera tellement plus heureux de le faire en ayant l'approbation de l'histoire et de Ramsès. »

Ptah-Seankh n'avait plus rien à dire. Il compléta rapidement le document et le lui tendit. Elle lui indiqua qu'il pouvait se relever, ce qu'il fit, les genoux tremblants. « Pas un mot de notre petit entretien à quiconque, surtout, même lorsque tu seras ivre, déclara Tbouboui. Si tu en parles et que je m'en aperçoive, je ne me contenterai pas de te ruiner. Je te tuerai ! C'est compris ? »

Le scribe comprenait parfaitement. Il lui suffisait de contempler son regard résolu et implacable pour être convaincu qu'elle n'hésiterait pas à mettre sa menace à exécution. Tbouboui dut le sentir, car elle sourit. « Très bien. Maintenant, va dire au héraut qui attend dans le couloir d'aller m'annoncer à la princesse Noubnofret. Je dois lui présenter mes respects. »

Ptah-Seankh quitta la pièce aussi dignement qu'il le put et referma poliment la porte derrière lui. Il savait qu'il serait désormais, jusqu'à la fin de ses jours, à la merci de cette femme qu'il haïssait.

La voix du héraut résonnait encore dans les hautes pièces de la suite de Noubnofret lorsque Wernouro introduisit Tbouboui. Noubnofret quitta la table où elle était manifestement en train d'inspecter les comptes de la maison. Elle renvoya d'un mot l'intendant qui ramassa les rouleaux, salua les deux femmes et sortit à reculons.

Tandis que Wernouro refermait les portes et s'asseyait dans un coin, elle s'avança vers Tbouboui, le visage sévère.

« J'ai reçu ton message, dit-elle d'un ton bref. Pardonne-moi de t'accueillir dans la hâte, mais c'est aujourd'hui que je passe en revue les dépenses de la maison avec mon intendant, et nous avons à peine fini.

– Je suis navrée de te rendre visite à un moment aussi inopportun, répondit Tbouboui en s'inclinant. Je n'ai pas l'intention de te faire perdre ton temps, princesse. Je pense que Kâemouaset t'a dit qu'il avait décidé de m'épouser. »

Noubnofret acquiesça de la tête, plus glaciale que jamais. On n'abordait pas ce genre de sujet de façon aussi brutale. Les convenances voulaient que la future seconde épouse attende l'invitation de la première épouse pour entrer officiellement dans la maison et visiter les appartements qui lui étaient destinés. Si la première épouse manquait à ce devoir, elle passait des heures à parler de tout et de rien avant d'en venir avec beaucoup de précautions au sujet du mariage. La sympathie fugitive que Noubnofret avait éprouvée pour Tbouboui s'était évanouie depuis longtemps ; elle mourait à présent définitivement.

« Je souhaitais te rendre visite le plus tôt possible afin de t'assurer de mon respect et de mon affection, et pour te dire que rien ne changerait dans ta maison », poursuivit Tbouboui.

Quelle garce ! pensa Noubnofret avec rage. Elle se pavane chez moi, alors que je ne l'ai même pas invitée, et elle a le culot de me traiter avec condescendance.

« Assieds-toi, je t'en prie, dit-elle. Aimerais-tu manger ou boire quelque chose ? » Elle faisait d'ordinaire servir ses invités dès leur entrée sans même leur poser la question et, bien que le regard de Tbouboui restât impassible, elle eut la satisfaction de voir ses joues se colorer.

« C'est très aimable à toi, répliqua celle-ci d'un ton légèrement sarcastique. Mais la chaleur me coupe l'appétit. » Elle restait debout dans une attitude pleine d'assurance et de grâce naturelle, et Noubnofret dut combattre un accès de jalousie aussi brusque qu'intense.

« J'avais pourtant l'impression que tu adorais la chaleur », dit-elle avant d'avoir pu s'en empêcher.

Tbouboui haussa joliment ses épaules nues. « Je l'aime, en effet, reconnut-elle avec un petit rire. Elle me permet de manger moins et donc de rester mince. »

Autant pour moi, pensa Noubnofret en regardant le corps parfait de sa rivale. Elle eut un sourire sans chaleur, un sourire de courtisan, et, penchant la tête de côté, attendit que Tbouboui poursuive. Elle était décidée à ne pas aborder le sujet du mariage et, pour l'instant, c'était l'impasse. Je joue mieux que toi à ce petit jeu, se dit encore Noubnofret. J'y suis habituée depuis l'enfance. Je t'aurais sans doute pardonné ta beauté, car tu n'y es pour rien; et je t'aurais peut-être pardonné de m'avoir volé le cœur de Kâemouaset. Mais je ne te pardonnerai jamais la vulgarité de tes manières. Comme elle s'y était attendue, Tbouboui céda la première et rompit le silence.

« Il fut un temps où nous étions amies, princesse, dit-elle d'un ton implorant. Mais tu sembles me témoigner un peu de froideur aujourd'hui. Je suis sincère en t'assurant de mon respect et de mon affection. Je n'ai aucune intention de m'immiscer dans les affaires qui relèvent de ton autorité.

– Je ne vois pas comment tu pourrais le faire, même si tu le souhaitais, répliqua Noubnofret en haussant les sourcils. Je vis avec Kâemouaset depuis de nombreuses années et le connais mieux que toi. De plus, c'est à la première épouse qu'il appartient de diriger la maison, ainsi que d'organiser la vie des autres femmes et des concubines. Quant à ton respect et à ton affection... » Elle s'interrompit. « Tu serais bien avisée de t'employer à gagner les miens si tu ne veux pas que ton existence ici ne devienne trop pénible. Nous devons apprendre à vivre ensemble, Tbouboui, et je crois que nous ferions mieux de conclure une trêve. Commençons par nous montrer *franches* l'une envers l'autre. »

Tbouboui avait perdu son air soumis; elle l'observait d'un regard froid, le visage pareil à un masque de pierre. « Je te crois nuisible à mon mari, reprit Noubnofret avec un calme qu'elle était loin d'éprouver. A cause de toi, il a négligé son travail et sa famille; il s'est tourmenté. N'oublie pas que ces passions violentes peuvent très vite céder la place au dégoût. Je te conseille donc de me ménager. Kâemouaset se soucie peu de l'administration de cette propriété ; il m'en a toujours laissé le soin et continuera de le faire. Si tu essaies de t'ingérer dans mes affaires, si tu l'assailles de récriminations mesquines, tu commenceras par le lasser, puis tu l'irriteras. Montre-toi coopérative et tu seras la bienvenue ici. J'ai bien autre chose à faire que de me soucier de ton confort. C'est compris ? »

Tbouboui l'avait écoutée avec une attention intense, le visage de plus en plus pâle, et, lorsque Noubnofret se tut, elle s'approcha d'elle à la toucher. Elle avait une haleine froide et désagréable.

« Ce que, toi, tu ne comprends manifestement pas, princesse, c'est combien je suis indispensable à ton mari, dit-elle d'une voix sourde. Il ne s'agit pas d'un engouement, je t'assure. Il m'a dans la peau. Si tu tentes de me discréditer, tu le regretteras. Personne ne pourra plus lui dire un seul mot contre moi désormais, car j'ai son entière confiance. Il m'appartient, corps, esprit et ka. Je le tiens par les couilles, princesse, et il aime ça. Si je le caresse, il ronronnera ; si je serre, il hurlera de douleur, mais, de toute façon, j'en ferai ce qu'il me plaît. N'en doute surtout pas. »

Noubnofret suffoquait sous le choc. Elle avait rarement entendu un ton aussi venimeux et des paroles aussi crues. Cette femme était un animal sauvage, totalement dépourvu de sens moral et, l'espace d'un instant, Noubnofret fut glacée de terreur. Puis elle se ressaisit. « Je ne pense pas que tu aies le moindre amour pour mon mari, dit-elle avec froideur. Tu n'es qu'une paysanne avide et tu as le cœur d'une prostituée. Retire-toi. »

Tbouboui s'inclina avec une déférence outrée et se dirigea à reculons vers la porte, un sourire aux lèvres. « Ce n'est pas le *cœur* d'une prostituée que j'ai, remarqua-t-elle. Il semble que je t'aie offensée, princesse. J'en suis vraiment navrée. » Wernouro s'était levée et lui ouvrait la porte. Après un dernier salut, Tbouboui se redressa et quitta la pièce.

15

Je parle d'un sujet d'importance
Qu'il vous faut écouter.
Je vous donne une pensée pour l'éternité,
Une règle de vie pour vivre dans la vertu
Et passer dans le bonheur le reste de vos jours.
Honorez le Roi, l'Éternel...

Le lendemain, Ptah-Seankh partit pour Koptos, muni des instructions écrites de Kâemouaset sur la procédure à suivre, et la famille s'installa dans la routine du deuil. La perte qu'ils avaient subie ne les avait pas rapprochés, bien au contraire. En l'absence de musique, de divertissements et d'invités, le fossé qui s'était creusé entre eux n'en devint que plus cruellement sensible. Noubnofret s'était complètement repliée sur elle-même. Hori vivait enfermé dans son propre enfer où même Sheritra ne pouvait le suivre, en dépit des nombreuses heures qu'ils passaient ensemble.

Kâemouaset paraissait indifférent à tout ce qui l'entourait. Il disparaissait généralement dans l'après-midi, ce que son épouse était la seule à remarquer, et ne rentrait qu'à l'heure du dîner, l'air hébété et absent. Noubnofret devinait qu'il passait ce laps de temps dans le lit de Tbouboui, et l'idée qu'il enfreignait les prescriptions du deuil lui faisait horreur, mais elle était trop fière pour lui en adresser le reproche. Kâemouaset aurait aimé ordonner la poursuite des travaux d'agrandissement, mais c'était là un interdit qu'il n'osait braver. Les ouvriers repartirent donc pour leur village en laissant pans de mur inachevés et amas de briques cuire au soleil.

Sheritra avait envoyé une lettre d'explication à Harmin et reçu en retour ce court message : « Crois à mon plus profond dévouement, Petit Soleil. Viens me voir lorsque tu le pourras. » Elle l'avait porté sur elle pendant des jours et, lorsque la tristesse qui régnait désormais en maîtresse dans la maison menaçait de la submerger, elle le relisait et y appuyait ses lèvres. Dans ces moments-là, elle éprouvait de nouveau cette colère qui l'avait embrasée le matin où, en toute ignorance, elle était rentrée chez elle voir Hori.

Les soixante-dix jours de deuil s'écoulèrent avec lenteur et Noubnofret prépara leur prochain voyage à Thèbes. Elle s'abritait toujours derrière une politesse glacée que Kâemouaset ne cherchait plus à percer. Juste avant qu'il ne monte avec sa famille dans la grande barque, il reçut une lettre de Ptah-Seankh lui apprenant que ses recherches avançaient de manière satisfaisante, que l'on embaumait son père avec tout le soin et le respect souhaitables et qu'il ne tarderait pas à regagner Memphis. Kâemouaset lut ces nouvelles avec un vif soulagement. Une crainte irrationnelle lui avait en effet fait redouter que Ptah-Seankh ne fût lui aussi victime de quelque catastrophe; il s'était imaginé condamné à ne jamais pouvoir accueillir Tbouboui chez lui en ayant satisfait à toutes les clauses du contrat.

Il ne s'en embarqua pas moins avec la plus vive contrariété. Il n'avait aucune envie de partir et, alors qu'il regardait, accoudé au bastingage, sa propriété s'éloigner, il fut étonné d'entendre Sheritra, une Sheritra pâle et morose, exprimer ses sentiments à haute voix. « Je devrais être heureuse de rendre ce dernier devoir à grand-mère, disait-elle. Eh bien, ce n'est pas le cas. Je ne rêve que d'en finir le plus vite possible pour pouvoir rentrer ! » Il n'y avait pas trace de honte ou de culpabilité dans sa voix ; elle énonçait un fait. Kâemouaset ne fit aucun commentaire. Il jeta un coup d'œil vers la barque de Si-Montou et Ben-Anath qui suivait la leur. Debout à l'avant, le couple lui adressa un salut de la main auquel il répondit mollement. Si-Montou lui faisait désormais l'effet d'un inconnu. Tous ses parents lui étaient devenus étrangers. Ai-je jamais connu ces gens ? se demanda-t-il tandis que la berge défilait sous son regard absent. Les ai-je jamais considérés comme des proches, des amis ? De quand date ma dernière conversation avec Si-Montou ? Il s'en souvint et eut brusquement l'impression d'étouffer. Ma famille est en ruine, se dit-il. Si-Montou et mon père pensent sans doute que je ne leur ai pas donné signe de vie parce que j'étais débordé de travail. Ils ne se doutent pas que tout a changé, que tout est en morceaux, et qu'il est impossible de les recoller parce que Noubnofret, Sheritra, Hori et moi formons chacun un morceau distinct, tranchant, déchiqueté, qui ne s'assemble plus aux autres. Et, pour couronner le tout, je m'en moque éperdument. Il entendit Hori injurier un des marins, puis le silence retomba sur le pont. Sheritra poussa un soupir et se mit à gratter la peinture dorée du bastingage. Je m'en moque, pensa vaguement Kâemouaset. Je m'en moque.

A Thèbes, ils durent se contenter de minuscules appartements, car la résidence royale était petite, trop petite pour loger confortablement tous les habitants du palais de Pi-Ramsès, cette ville dans la ville, venus apporter un dernier témoignage de respect à Astnofert. « J'ai l'impression d'avoir été droguée », déclara Sheritra lorsque ses pas retentirent sur le sol étincelant de la résidence. Kâemouaset la suivit des yeux jusqu'à ce que la porte se referme sur elle et Bakmout. « Quelle absurdité ! » jeta Noubnofret d'un ton sec avant de disparaître à son tour. Hori s'était déjà éclipsé.

Kâemouaset resta un instant immobile, écoutant le murmure du vent du désert qui entrait par les ouvertures du toit. Drogué, pensa-t-il. Oui, c'est exactement ça. Autour de lui, le palais résonnait de mille bruits – éclats de musique, cris des soldats relevant la garde, rires aigus des petites filles ; on y sentait des odeurs de cuisine, le parfum des fleurs, le pouls vibrant de la vie... Kâemouaset se sentait aussi faible que s'il relevait d'une grave maladie. Cette vitalité, cette énergie insouciante qui l'entourait, agressait ses sens, et il fut pris d'une absurde envie de pleurer. Il surmonta ce moment d'abattement et, après avoir envoyé un héraut avertir son père de leur arrivée, partit à la recherche de son frère. Si-Montou demeura introuvable et Ben-Anath, déjà entourée de ses amies, lui fit un accueil chaleureux mais distrait. Kâemouaset regagna tristement sa suite sans voir les gens qui s'écartaient respectueusement sur son passage. Puisque Tbouboui n'était pas parmi eux, ils n'existaient pas.

Il apprit sans étonnement que Pharaon désirait le voir dans l'instant et l'attendait dans son bureau, derrière la salle du trône. Kâemouaset n'avait guère songé aux tractations matrimoniales de Ramsès. Elles lui revinrent à l'esprit tandis qu'il fendait la foule dense des courtisans, de même qu'un autre souvenir, totalement oublié depuis. Avec un frisson de répugnance, il revit un vieil homme tousser poliment et lui tendre un rouleau tout en serrant d'une main décharnée l'amulette de Thot qui pendait sur sa poitrine creuse. Il se rappela son poids étrange, la fragilité du papyrus, sec et cassant. Il l'avait perdu quelque part entre la porte septentrionale du palais de Pi-Ramsès et ses propres appartements. Puis brusquement, sans raison, il pensa au faux Rouleau de Thot qui était de nouveau cousu à la main d'un inconnu, au fond d'une sépulture. Il s'arracha à ces pensées en poussant une exclamation étouffée.

« Votre Altesse m'a parlé ? demanda poliment son intendant.

– Non, répondit-il sèchement. Nous sommes arrivés, Ib. Fais-toi donner un tabouret et attends-moi devant la porte. »

Le héraut avait fini d'énoncer ses titres et s'inclinait devant lui. Kâemouaset entra.

La pièce était immense et, au fond, assis derrière un énorme bureau en cèdre, les bras et le torse chargés de lourds bijoux, Ramsès l'observait. Les pans de sa coiffe à rayures bleues et blanches encadraient le visage délicat, légèrement dédaigneux, que Kâemouaset connaissait si bien. Le nez crochu et les yeux noirs de son père l'avaient toujours fait penser à Horus, mais aujourd'hui son regard pénétrant avait quelque chose de menaçant. Alors qu'il s'agenouillait pour lui baiser les pieds, Kâemouaset se dit que son expression rappelait plus celle du vautour qui scintillait sur son bandeau que celle du fils faucon d'Osiris.

Le scribe royal Tehouti-emheb quitta le coussin sur lequel il était assis pour se prosterner devant Kâemouaset, et Ashahebsed, ridé et toujours aussi impassible, en fit autant. Sur un signe du prince, ils se relevèrent. Tandis que l'échanson de Pharaon versait un vin pourpre dans la coupe en or ciselé de son maître, son regard croisa un court instant celui de Kâemouaset qui y lut cette antipathie dédaigneuse qu'ils nourrissaient depuis toujours l'un envers l'autre.

Ramsès croisa lentement les jambes et posa un bras sur le dossier de sa chaise avec une grâce étudiée. Sans inviter son fils à s'asseoir, il désigna une pile de rouleaux sur sa gauche.

« Je te salue, Kâemouaset, dit-il, le visage sévère. Je crois ne t'avoir encore jamais vu en aussi piteux état. » Il plissa légèrement son nez royal sans quitter son fils des yeux. « Tu as le teint jaune et l'air hagard, poursuivit-il. Je serais presque enclin à te prendre en pitié au lieu de t'infliger la punition que tu mérites. J'ai dit " presque ", ajouta-t-il d'un ton glacial. Tous ces papyrus sont pleins des doléances de fonctionnaires à qui tu dois ton attention : lettres restées sans réponse, estimations non approuvées, postes secondaires qui demeurent vacants... Tu négliges honteusement tes obligations, prince ! » Mettant ses mains chargées de bagues en coupelle sous son menton, il dévisagea Kâemouaset avec une répugnance calculée. Le prince n'osait pas détourner le regard pour jeter un coup d'œil vers Ashahebsed, mais il sentait que le bonhomme jubilait. La présence de Tehouti-emheb ne le dérangeait pas, car c'était son travail de noter leurs propos et le résultat de l'entretien, mais il était furieux que son père n'eût pas renvoyé le vieil échanson. Il connaissait assez Ramsès pour savoir que c'était délibéré. Eh bien, il ne se laisserait pas troubler. Aucun des deux hommes ne bavarderait. Il lui fallait reconnaître d'ailleurs qu'il méritait les reproches du Taureau puissant. « Mais tu n'as pas encouru mon déplaisir divin pour ces seuls manquements, si condamnables soient-ils, reprit Ramsès. Bien que l'intendant de ta mère t'ait écrit à deux reprises pour t'avertir que son état empirait, elle est morte sans le réconfort de ta présence à son chevet. Je veux savoir pourquoi, Kâemouaset. »

Différentes excuses, aussi extravagantes les unes que les autres, se présentèrent à l'esprit de Kâemouaset : je n'ai pas reçu ces messages; mon scribe me les a lus et s'est trompé en les déchiffrant; je m'apprêtais à venir, mais je suis tombé gravement malade; je suis si passionnément amoureux d'une femme que rien ni personne d'autre n'existe pour moi, et que même les souffrances de ma mère mourante ne m'apparaissaient que comme un désagréable contretemps...

« Je n'ai pas d'explication à t'offrir, divin Ramsès. »

Un silence stupéfait accueillit ses paroles. Son père le regarda d'un air incrédule. « Tu oses me défier ! » hurla-t-il. Kâemouaset se rendit compte qu'il était véritablement furieux, peut-être même de façon dangereuse. Il continua à se taire.

Le sourcil froncé, Ramsès se mit à caresser la boucle d'oreille d'or et de cornaline qui reposait contre son cou. Puis, brusquement, il claqua des doigts. « Ashahebsed ! Tehouti-emheb ! Sortez ! » Les deux hommes s'inclinèrent et se dirigèrent aussitôt à reculons vers la porte. Ramsès ne leur prêta aucune attention.

« Assieds-toi, Kâemouaset, dit-il avec calme.

– Merci, père.

– Tu peux parler maintenant. » Ce n'était pas une invitation mais un ordre. La porte se referma avec un bruit sourd. Kâemouaset était seul avec cet homme, ce dieu qui tenait le sort des Égyptiens entre ses mains ridées et avait le pouvoir de le punir de sa négligence exactement comme il l'entendait. Ramsès attendait, la tête légèrement inclinée, plongeant dans les siens ses yeux agrandis par le khôl. J'ai toujours été son préféré, songea Kâemouaset avec un peu d'appréhension. Mais être le préféré d'un dieu intelligent, retors et sans scrupule, qu'est-ce que cela peut bien signifier ? Il prit une profonde inspiration.

« Je peux expliquer ma conduite, père, mais pas la justifier. J'ai honteusement négligé tous mes devoirs à l'égard de l'Égypte, des dieux et de toi. Quant à mon comportement envers ma mère, il est inexcusable. Je savais parfaitement qu'elle pouvait mourir à tout instant, mais je n'ai prêté aucune attention aux messages qu'elle m'a fait parvenir. » Il déglutit, en proie à une colère sourde, conscient de parler de honte sans en éprouver la moindre et espérant que son père ne le percerait pas à jour de son regard d'aigle.

« Nous savons tout cela, coupa Ramsès. Tu t'écoutes parler, Kâemouaset. Je dois recevoir une délégation d'Alasya dans trois jours, alors viens en au fait, tu veux ?

– Très bien, père. Je suis tombé amoureux, si éperdument que depuis plusieurs mois je suis incapable de me concentrer sur quoi que ce soit d'autre. J'ai proposé à cette femme de signer un contrat de mariage, ce qu'elle a accepté, et nous n'attendons plus qu'une confirmation de sa noblesse. Voilà, c'est tout. »

Ramsès le dévisagea, stupéfait, puis partit brusquement d'un grand éclat de rire qui le rajeunit de dix ans. « Kâemouaset amoureux ? Impossible ! s'exclama-t-il d'une voix entrecoupée. Le grand prince des convenances aux pieds d'une femme ? Savoureux ! Parle-moi de cet être remarquable, Kâemouaset. Je pourrais bien décider de te pardonner, après tout. »

Docilement, son fils lui décrivit Tbouboui. Il en éprouva aussitôt un regret poignant ainsi qu'une étrange sensation de dédoublement. Il lui semblait n'être pas vraiment dans ce bureau somptueux, et il reconnaissait à peine sa voix, les mots maladroits et hésitants qu'il prononçait et qui avaient si peu de rapport avec l'acuité de ses émotions. Penché vers lui, son père l'écoutait avec délectation.

« Je tiens à ce que tu me la présentes lors de ta prochaine visite à Pi-Ramsès, déclara-t-il lorsque Kâemouaset se tut. Si elle est à moitié aussi irrésistible que tu le dis, j'annulerai ton mariage et la prendrai dans mon harem. Mais je parie que c'est une de ces femmes sèches et sérieuses qui préfèrent ouvrir un livre que leurs jambes. Je connais tes goûts, mon fils, et je me suis toujours étonné que tu aies choisi une femme aussi voluptueuse que Noubnofret. » Il leva sa coupe d'or et but une gorgée de vin en jetant un regard rusé à Kâemouaset. « A propos de Noubnofret, reprit-il en léchant délicatement ses lèvres rouges, que pense-t-elle de ta future seconde épouse ?

– L'idée ne lui plaît guère, divin roi, répondit Kâemouaset avec un faible sourire.

– Cela vient de ce qu'elle a dirigé seule ta maison pendant bien trop longtemps, dit vivement Ramsès. Elle doit apprendre à se montrer plus humble. Il n'y a rien de plus déplaisant que l'arrogance chez une femme. »

Kâemouaset cligna les yeux. Le harem de son père regorgeait de femmes colériques et volontaires, et il adorait qu'elles lui tiennent tête.

« Et tes enfants ? disait Ramsès. Ont-il une opinion ?

– Je ne la leur ai pas encore demandée, père.

– Ah ! » Ramsès sembla brusquement perdre tout intérêt pour la conversation. Une main à plat sur sa poitrine creuse, il se leva, imité aussitôt par Kâemouaset. « Ta mère sera couchée dans son tombeau demain. Je trouve déplorable que tu aies laissé ta vie sombrer dans le chaos pour cette femme, mon fils, mais je le comprends. Je ne t'infligerai aucune punition, à condition que l'Égypte puisse de nouveau compter sur toi.

– Je ne mérite pas ta clémence, dit Kâemouaset en s'inclinant.

– Non, en effet, répondit Ramsès. Mais tu es le seul à pouvoir t'acquitter des tâches que je te confie, Kâemouaset. Merenptah n'est qu'un idiot prétentieux et ton frère Ramsès un ivrogne. »

Avec diplomatie, Kâemouaset détourna la conversation. « Je n'ai reçu aucun message concernant le mariage de Sa Majesté et les négociations en cours. J'espère que tout se passe bien.

– La princesse du Hatti est en route, répondit Ramsès avec un reniflement de mépris. Elle arrivera dans un mois environ, si elle n'est pas dévorée par des animaux sauvages, ou violée et assassinée par des brigands sur les pistes du désert. Je t'avouerai que je suis las d'elle avant même de l'avoir rencontrée. C'est sa dot qui aiguise mon appétit, pas la douceur de sa peau royale. Tu seras naturellement à mes côtés lorsqu'elle la déposera à mes pieds et pliera devant moi ses petits genoux, que j'espère jolis. C'est ta dernière chance, Kâemouaset, ajouta-t-il en lui jetant un regard hostile. Déçois-moi encore et tu patrouilleras le désert occidental avec les Medjaiou jusqu'à la fin de tes jours. Je suis sérieux ! »

A la porte, il posa un baiser froid sur la joue de son fils et s'éloigna d'un pas majestueux, entouré d'une suite bruyante. Kâemouaset se sentit brusquement épuisé. Il ne faut plus que cela se reproduise, se dit-il en regagnant ses appartements. Je dois m'acquitter de mes tâches quoi qu'il advienne. Mais, déjà,

Tbouboui revenait occuper ses pensées, rejetait son père dans le néant et il brûlait du désir de la retrouver.

Le lendemain, les funérailles d'Astnofert vidèrent le palais. Le cortège s'étendit sur près de cinq kilomètres. Partant du domaine royal, il traversait le Nil, où des radeaux firent l'aller et retour pendant des heures pour passer famille et courtisans, et s'enfonçait dans la vallée rocailleuse où toutes les reines étaient enterrées depuis des centaines d'années. On avait dressé des tentes pour les parents les plus proches ainsi que pour les prêtres sem et le grand-prêtre qui célébraient les cérémonies. Les autres installèrent des abris de fortune dans les rares coins d'ombre et passèrent le temps à dormir ou bavarder pendant que, dans les profondeurs silencieuses de la sépulture, on psalmodiait des incantations et préparait la momie d'Astnofert à son dernier voyage.

Pendant trois jours, Kâemouaset et sa famille prièrent, se prosternèrent ou exécutèrent les danses funèbres rituelles, tandis que le soleil thébain transformait le désert en fournaise et que le vent soulevait des tourbillons de sable qui leur collait à la peau et s'insinuait dans leurs vêtements. Puis tout fut fini. Kâemouaset entra dans la tombe avec son père et déposa des guirlandes de fleurs sur le lourd sarcophage de quartz qui contenait les cercueils emboîtés et le corps d'Astnofert. Des serviteurs effacèrent la trace de leurs pas lorsqu'ils regagnèrent la sortie, et les prêtres sem passèrent la corde nouée dans les scellés de la porte, prêts à y apposer l'empreinte du chacal et des neuf captives, symboles de la mort.

Ramsès s'éloigna sans prononcer une parole et monta dans sa litière. Kâemouaset et sa famille firent de même et, accablés de fatigue, retrouvèrent enfin la fraîcheur relative du palais. Dès qu'ils furent dans leurs appartements, Kâemouaset se tourna vers son intendant.

« Fais emballer nos affaires, ordonna-t-il. Nous repartons pour Memphis demain matin. » Ib s'inclina et disparut aussitôt.

Noubnofret s'avança vers son mari et ils se regardèrent un instant en silence. Kâemouaset vit sa main trembler, comme si elle avait été sur le point de le toucher et se fût ravisée. Son visage se ferma.

« J'aimerais accompagner Ramsès lorsqu'il repartira pour le Delta, dit-elle calmement. J'ai besoin de me reposer, de passer quelque temps loin de la poussière et du vacarme qu'occasionnent les travaux de construction. Je ne resterai pas absente longtemps. Un mois, peut-être. »

Kâemouaset la dévisagea avec attention. Elle avait une expression polie, indéchiffrable. C'est de moi qu'elle veut s'éloigner, se dit-il. De moi.

« Je regrette, Noubnofret, déclara-t-il d'un ton guindé. Tu as un domaine à gérer et Tbouboui emménagera dans le harem dès que nos bagages seront défaits. Ne pas être là pour l'accueillir officiellement et faciliter son installation serait manquer de savoir-vivre. Qu'en penseraient les gens, d'ailleurs ?

– Ils penseraient que Noubnofret, grande épouse du prince Kâemouaset, n'approuve pas le choix de Son Altesse et souhaite manifester son mécontentement par son absence, répliqua sèchement sa femme. As-tu donc si peu de considération pour mes sentiments, Kâemouaset ? T'est-il donc vraiment indifférent que ta conduite m'inquiète, qu'elle inquiète ton père, que Tbouboui cause ta perte ? » Elle le toisa avec mépris et tourna les talons.

Je suis si las de toutes ces tensions, pensa Kâemouaset en la suivant des yeux. En moi comme autour de moi, ce ne sont que conflits, souffrances, désir, remords et culpabilité. « Ib ! cria-t-il. Trouve-moi Amek ! Je veux me rendre dans le temple en ruine de la reine Hatchepsout de l'autre côté du Nil pour examiner certaines inscriptions. » Travailler ! se dit-il avec fièvre. Le travail fera passer le temps plus rapidement, puis la barque me ramènera à Memphis et elle sera là, chez moi, et tout redeviendra simple. Il quitta ses appartements en claquant la porte.

Le séjour d'Hori à Thèbes fut pénible. Il évitait ses nombreux parents et tâchait de s'épuiser en marchant le long du fleuve, vêtu d'un pagne de paysan, ou en circulant dans les marchés. Parfois encore, il restait debout des heures derrière un des innombrables piliers de l'avant-cour du temple d'Amon, regardait les nuages d'encens monter de la cour intérieure et essayait de prier. Mais il ne lui venait aux lèvres que des mots pleins d'amertume et de violence.

Un jour qu'il quittait le temple et se dirigeait vers la route encombrée du fleuve, il entendit crier son nom. Il se retourna, la main en visière contre le soleil. A moins de dix pas de lui, des porteurs déposaient une litière. Par le rideau entrouvert, Hori aperçut une longue jambe brune ornée de bracelets scintillants et un bout d'étoffe blanche. Son cœur s'arrêta de battre, et il faillit courir vers Tbouboui. Puis une femme se pencha, plus petite, plus jeune que celle qui l'obsédait, et il reconnut la fille du grand architecte de Pharaon, Nefert-Khay. Il se souvenait vaguement d'elle, une fille mignonne et vive qui, lors de son dernier voyage dans le Delta, lui avait tenu compagnie pendant un banquet et déployé beaucoup d'efforts pour se faire embrasser. Elle s'inclina lorsqu'il s'approcha de sa litière.

« Nefert-Khay, dit-il.

– J'avais donc raison, fit-elle avec gaieté. Tu es bien le prince Hori. Je savais que tu serais à Thèbes pour les funérailles de ta grand-mère, mais je ne m'attendais pas à ce que tu te souviennes de moi. J'en suis très flattée, prince!

– Comment aurais-je pu t'oublier ? répondit-il en tâchant de prendre le même ton léger. Tu n'es pas vraiment la jeune fille la plus modeste et la plus réservée de la Cour! Cela me fait plaisir de te revoir, Nefert-Khay. Où vas-tu ? »

Elle rit, révélant de petites dents blanches et régulières. « Je m'apprêtais à passer une heure en prière mais, pour ne rien te cacher, prince, je voulais surtout sortir du palais. Nous sommes entassés dans les pièces disponibles comme des poissons dans une poêle à frire. J'étouffais. Et toi, que fais-tu ?

– Je sors du temple, répondit Hori avec gravité. Je pensais me promener un peu au bord du fleuve. » Parler à la jeune fille lui faisait du bien. Fraîche, sans complications, elle ressemblait à un jeune animal plein de vie et, en contemplant son visage énergique, ses yeux souriants et les quatre épaisses tresses qui dansaient sur sa poitrine à peine voilée, Hori sentit un peu de sa mélancolie le quitter.

« Tout seul, prince ? s'exclama-t-elle avec une feinte horreur. Sans ami ni garde ? J'ai une idée! Allons nous baigner sur une petite plage bien isolée. Je réciterai mes prières ce soir. Amon ne m'en voudra pas. »

Il voulut d'abord refuser, saisir n'importe quel prétexte, mais, presque malgré lui, il lui rendit son sourire et accepta. « Rien ne me ferait plus plaisir, dit-il. Tu sais où aller ?

– Non, mais les porteurs peuvent nous chercher un endroit tranquille. Thèbes n'est qu'une ville, après tout. Partageras-tu ma litière, prince ? » ajouta-t-elle en tapotant les coussins.

Une fois de plus, alors qu'il avait eu l'intention de décliner son offre et de marcher, il se ravisa et se glissa à ses côtés. « Un endroit tranquille au bord du fleuve, Simout, s'il te plaît! » cria-t-elle au chef des porteurs. Puis elle laissa retomber le rideau et se tourna vers Hori. Son joli petit visage n'était qu'à quelques centimètres du sien, et il prit brusquement conscience de la saleté de son pagne, de ses cheveux embroussaillés et crasseux, de la poussière qui lui collait à la peau. « Si tu avais dix ans de moins, je te prendrais pour un garnement qui s'est enfui de chez lui, remarqua Nefert-Khay après l'avoir observé un instant. On croirait qu'il t'est arrivé toutes sortes d'aventures effroyables. Ton royal père sait-il où tu es ?

– Je te fais mes excuses, Nefert-Khay, dit-il avec humilité. Quelque chose me tourmente et cette souffrance perpétuelle me fait oublier tout le reste. C'est une chance que je t'ai rencontrée...

– Parce que tu savais que tu avais désespérément besoin d'un bain, finit-elle en pouffant. Tu es un homme contrariant, frustrant et tout à fait inabordable, prince. Tu fais quelques apparitions à la Cour, toujours en ayant l'air de surgir de nulle part ; tu erres dans les couloirs et les jardins le nez en l'air et la tête ailleurs, puis tu disparais de nouveau. Tu es le sujet de conversation préféré de mes amies lorsqu'elles sont lasses des singeries des courtisans. L'une de nous dit : " Je crois avoir vu le prince Hori hier, près des fontaines, mais je n'en suis pas sûre. Est-il de retour à la Cour ? " Comme personne n'en sait rien, nous commençons à parler de ton côté ténébreux et finissons par te décréter coupable de notre ennui et de nos chagrins. » Elle rit de nouveau et, en admirant sa gaieté, sa vitalité, Hori se dit qu'elle était un exemple de ce que l'aristocratie égyptienne pouvait produire de mieux.

Il fut brusquement tenté de se confier à elle, de déverser ses souffrances dans ses oreilles délicatement ourlées, de la regarder froncer les sourcils et s'assombrir, mais il combattit ce désir. Sa drôlerie et son entrain étaient bien préférables ; elles avaient au moins l'avantage de l'arracher à lui-même, ne fût-ce que pour un après-midi. « Je ne croyais pas provoquer autant de remous sur mon passage », protesta-t-il avec sincérité.

Nefert-Khay s'assit, genoux pliés, et se mit à jouer avec un lotus rose complètement fané. « Je suppose que j'exagère, reconnut-elle. Tu n'as probablement rien de mystérieux, et nous nous imaginons sans doute toutes sortes d'histoires passionnantes alors que tu as simplement un air absent. Les femmes sont tellement romanesques, n'est-ce pas, prince ? »

Certaines, oui, pensa-t-il sombrement. Mais d'autres sont cruelles, ne pensent qu'argent et rang social et se servent de leur séduction pour détruire. « Il n'y a rien de mal à cela, répondit-il. L'amour est une chose merveilleuse, Nefert-Khay.

– Vraiment, prince ? Es-tu amoureux ? Les hommes rêvassent-ils eux aussi en regardant dans le vide avec une expression stupide ? Est-ce qu'ils volent à l'objet de leur flamme des bracelets ou même des bouts de papyrus qu'ils embrassent et pressent contre leur sein lorsque personne ne les observe ? Eh bien ? » fit-elle avec une feinte gravité, la tête inclinée sur le côté.

Qu'elle est innocente ! se dit Hori en la regardant. Qu'elle est donc merveilleusement innocente en dépit de ses raffinements de cour et de sa verve. Je ne vois plus cette expression sur le visage de Sheritra. Plus maintenant.

« Quel âge as-tu, Nefert-Khay ? demanda-t-il brusquement.

– Oh là là ! dit-elle en faisant la grimace. Je sens venir le sermon ! J'ai dix-sept ans. Mon père me cherche un mari depuis un an, mais il ne l'a pas cherché assez loin. J'ai pensé à toi, tu sais, prince. Mon sang est noble, même si je n'appartiens pas à la famille royale. Mais mon père m'a dit qu'il te faudra épouser une princesse avant de pouvoir prendre une aristocrate pour seconde épouse. Alors hâte-toi d'en épouser une bien ennuyeuse pour pouvoir t'intéresser à moi ensuite ! Ou, mieux, je pose ma candidature pour ton harem. Prends-moi comme concubine. Tu pourras toujours m'épouser plus tard. »

Pour la première fois depuis des semaines, Hori éclata de rire, un rire spontané qui lui mit les larmes aux yeux et desserra un peu l'étau qui lui étreignait le cœur. Nefert-Khay eut l'air froissée.

« Sait-on jamais quand tu es sérieuse ? dit Hori entre deux hoquets. Je t'assure que, lorsque je serai prêt à me marier, ton nom sera le second que je soumettrai à l'approbation de mon père.

– Le second ?

– Après l'ennuyeuse princesse, bien sûr ! »

La litière fut délicatement posée à terre et Nefert-Khay ouvrit les rideaux. « C'est parfait ! cria-t-elle. Bravo, Simout ! Viens, prince. Je vais te faire avaler un peu de boue pour te punir de ne pas être immédiatement tombé à mes pieds. »

Ils se trouvaient sur une plage de sable propre. Deux arbres noueux surplombaient le Nil presque immobile. La route du fleuve était invisible, mais on entendait des voix et un martèlement de sabots derrière une petite levée de terre.

Dans un brusque élan de gaieté, Hori se débarrassa de son pagne et courut vers le Nil. Il plongea dans l'eau fraîche qui l'enveloppa de sa caresse, le nettoya de la poussière collée à sa peau. Suis-je réveillé ? se demanda-t-il, hébété. Vais-je pouvoir vivre de nouveau ? Puis Nefert-Khay jaillit de l'eau tout près de lui, rejetant ses cheveux ruisselants sur ses épaules satinées. Elle replongea aussitôt et lui frôla le genou. Hori s'élança aussitôt à sa poursuite, cherchant à la saisir, mais elle lui échappa et gagna le milieu du fleuve.

Ils nagèrent et batifolèrent pendant près d'une heure et, en entendant leurs cris et leurs éclats de rire, l'équipage des embarcations leur lançait des boutades au passage. Puis, nus tous les deux, hors d'haleine et souriants, ils s'étendirent sur le sable chaud dans l'ombre maigre des arbres.

« Crois-tu que ton épouse princière s'abaissera jamais à te frictionner les cheveux de boue ? demanda Nefert-Khay qui prit un air faussement dégoûté lorsque Hori l'asperga en secouant la tête.

– Bien sûr que non, répondit-il. Elle ne se mettra jamais au soleil, de peur que sa peau ne devienne aussi brune que celle des paysans, et elle ne se baignera que dans de l'eau pure et parfumée. » Puis il se pencha vers elle et l'embrassa. Mais, lorsqu'elle noua les bras autour de son cou et se pressa contre lui, il savait déjà que c'était inutile. Ses lèvres n'avaient pas la bonne saveur, son corps était plus petit, sa poitrine moins pleine... Je lui suis infidèle, songea-t-il brusquement. Ne sois pas ridicule ! se reprocha-t-il aussitôt. Rien ne te lie à Tbouboui que ton imagination. Il essaya de la chasser de son esprit, d'embrasser Nefert-Khay avec plus d'ardeur, mais l'impression de trahison persista, s'accrut, si bien qu'il finit par s'écarter de la jeune fille et se relever. « L'après-midi est déjà très avancé, dit-il d'un ton bref. Il faut partir. »

Elle se redressa et lui jeta un regard désorienté. « Qu'ai-je fait, prince ? demanda-t-elle d'une voix mal assurée. T'ai-je offensé par une parole inconsidérée ? »

Plein de regret pour lui comme pour elle, il lui prit la main et la baisa. « Non, répondit-il avec force. Tu es belle, drôle, intelligente, et j'espère de tout mon cœur que ton père te fiancera à un homme qui te méritera.

– Mais ce ne sera pas toi, Hori, dit-elle en s'assombrissant.

– Non, ce ne sera pas moi. Je le regrette sincèrement.

– Moi aussi, fit-elle avec un faible sourire. Il y a quelqu'un d'autre ? » Il acquiesça de la tête et elle poussa un soupir. « J'aurais dû m'en douter. Il était bien naïf de ma part de penser que le plus bel homme d'Égypte était libre. Viens, déposons une bonne quantité de sable et de limon dans ma litière pour que mes esclaves aient quelque chose à faire ce soir. » Elle se dirigea vers les vêtements qu'ils avaient abandonnés pêle-mêle un peu plus haut, et il la suivit en remarquant avec une sorte de désespoir la belle cambrure de son dos et la courbe parfaite de ses fesses musclées.

Ils se rhabillèrent vite, réveillèrent les porteurs qui somnolaient et Nefert-Khay leur ordonna de les ramener au palais. Lorsqu'ils furent dans l'espace restreint de la litière, elle épousseta avec application le sable collé à ses jambes, puis tressa sa chevelure tout en parlant de choses et d'autres. Hori lui répondit de son mieux sans pouvoir la regarder dans les yeux.

Il descendit devant l'entrée principale, remercia gravement la jeune fille, puis s'éloigna sans se retourner. Jamais de sa vie il n'avait éprouvé autant de dégoût pour lui-même. Il lui semblait voir les barreaux de la cage qui l'emprisonnait. Il savait qu'il l'avait construite lui-même, mais il ne se rappelait plus comment – et il n'y avait pas d'issue.

16

Traite les personnes dont tu as la charge aussi bien que tu
[le peux
Car c'est le devoir de ceux que le dieu a bénis.

Quatre jours après que Kâemouaset et les siens furent rentrés de Thèbes, le prince tâchait de tenir la promesse faite à Ramsès en lisant la correspondance officielle qu'il avait négligée, lorsqu'on lui annonça Ptah-Seankh. Repoussant avec empressement une énième lettre de protestation envoyée par un fonctionnaire subalterne écrasé par la bureaucratie, Kâemouaset renvoya son scribe intérimaire et alla à la rencontre du jeune homme.

Ptah-Seankh s'inclina respectueusement. Sa peau tannée par le soleil était presque noire, au point que le blanc de ses yeux en paraissait bleu, et il avait les lèvres gercées. En voyant son air las et tendu, Kâemouaset pensa aussitôt aux kilomètres qu'il avait parcourus avec pour toute compagnie le cadavre de son père et quelques gardes. Il l'étreignit avec chaleur.

« Sois le bienvenu ! dit-il en lui tendant une coupe de bière. J'espère que l'embaumement de ton père s'est bien passé. Les prêtres sem et le grand prêtre de Ptah en personne sont prêts à l'enterrer avec tous les honneurs qui lui sont dus. »

Ptah-Seankh vida sa coupe qu'il reposa avec précaution sur le bureau. « Merci, Votre Altesse. Le corps de mon père repose à présent dans la Maison des morts. J'ai supervisé moi-même le travail d'embaumement, et j'en suis satisfait. »

Cela a dû être pénible, pensa Kâemouaset avec compassion en lui faisant signe de s'asseoir. Mais le jeune homme hésita.

« J'ai mené à bien la tâche que vous m'avez confiée, reprit-il d'une voix mal assurée. Voici le résultat de mes recherches. »

Il tendit un rouleau à Kâemouaset qui s'en saisit avec vivacité. Ptah-Seankh restait immobile, les yeux baissés.

« Qu'y a-t-il ? demanda Kâemouaset avec un peu d'inquiétude. M'apportes-tu de mauvaises nouvelles ou te sens-tu mal ? »

Ptah-Seankh parut se reprendre. Il releva la tête et sourit à son maître. « Le voyage m'a fatigué, Votre Altesse. C'est tout. »

Kâemouaset avait déjà brisé le sceau personnel de Ptah-Seankh, et il déroulait le papyrus. « Dans ce cas, tu ferais mieux d'aller dormir. Je dirai aux prêtres que les funérailles de Penbuy pourront avoir lieu dans trois jours. Cela te convient-il ? »

Le scribe s'inclina et Kâemouaset s'absorba dans sa lecture. Lorsqu'il eut fini, son visage rayonnait. « Beau travail, Ptah-Seankh ! s'exclama-t-il. Beau travail ! Tu peux disposer. »

Une fois seul, il s'assit à son bureau et ferma les yeux. Plus rien ne s'opposait désormais à son mariage et il en éprouvait un immense soulagement. Tbouboui avait dit la vérité. Oh ! Il n'avait jamais pensé qu'elle mentait, naturellement, mais il avait eu un léger doute. Il s'était dit qu'elle avait peut-être exagéré l'ancienneté de sa famille. Eh bien, ce n'était pas le cas. Ptah-Seankh l'attestait de son écriture soignée. Une propriété petite mais raisonnablement prospère ; un titre de noblesse modeste mais légitime ; une maison sans prétention où Tbouboui et lui pourraient se rendre en hiver lorsque Koptos cessait d'être une fournaise. Là-bas, il serait seul avec elle, loin du regard accusateur de Noubnofret, libre de toute obligation, libre de son temps. Et, dans ce Sud intemporel, Tbouboui serait dans son élément ; elle s'y fondrait comme elle ne pouvait le faire dans la ville agitée qu'était Memphis. Il se souvenait bien du Sud. Le silence ; les moments de solitude soudains, mais pas déplaisants, que pouvait créer le vent du désert lorsqu'il faisait tournoyer le sable brûlant ; le Nil qui se perdait sous un ciel immense et indifférent dans un paysage de dunes ondoyantes. « Tbouboui, murmura-t-il. Tu peux venir maintenant. »

Il se leva, la tête vide, et demanda un scribe. Lorsqu'il arriva, il lui dicta un court message pour Tbouboui, puis partit à la recherche de Noubnofret. Les funérailles de Penbuy auraient lieu dans trois jours. Tbouboui pourrait emménager le jour suivant. Ensuite, ce serait Pachons, le mois des récoltes, du début de l'inondation ; et le début de ma nouvelle vie, songea Kâemouaset avec bonheur.

Son ancien ami, l'homme qui l'avait accompagné, conseillé et parfois critiqué pendant de si nombreuses années, fut enterré avec dignité dans la sépulture qu'il s'était fait construire sur le plateau de Saqqarah. Sur les murs de sa demeure d'éternité, des peintures aux couleurs vives évoquaient des scènes de sa vie quotidienne. Ici, on le voyait assis très droit, la tête penchée sur sa palette, tandis que son maître lui dictait une lettre. Là, il chassait au boomerang des canards des marais à jamais figés dans leur vol tandis que Ptah-Seankh, qui portait encore la longue mèche bouclée des enfants, était agenouillé à ses côtés dans la barque. Ailleurs encore, il faisait des offrandes à Thot, le patron des scribes, qui, son bec pointu d'ibis tourné vers lui, le regardait avec bienveillance. Une impression de paix, de contentement se dégageait de ces scènes et des objets personnels de Penbuy. Le scribe avait eu une vie bien remplie dont il était justement fier. Il s'était toujours montré honnête et n'avait pas à redouter le moment où l'on pèserait son cœur dans la salle du Jugement. Quoiqu'il eût disparu relativement jeune et dans des circonstances malheureuses, Kâemouaset avait la certitude qu'il était mort sans rien avoir à regretter.

Après le repas funéraire sous les tentes à rayures bleues et blanches, après les danses, le vin et les lamentations, les prêtres sem murèrent le tombeau. Puis les ouvriers de la nécropole firent disparaître l'entrée sous le sable et les gravats. Kâemouaset avait payé pour que des gardes défendent la sépulture contre les voleurs pendant quatre mois, non sans se rendre compte de ce que cela avait de grotesque venant d'un homme qui n'hésitait pas à violer les tombes. Mais il ne voulait pas s'appesantir sur cette pensée. Puisses-tu revivre pour l'éternité, mon vieil ami, murmura-t-il. Je ne crois pas que tu aurais aimé travailler chez moi maintenant. L'ordre domestique que tu connaissais n'est plus et tu aurais sans doute été tiraillé entre des devoirs contradictoires. Il attendit que l'on eût damé le dernier tombereau de terre et renvoyé les ouvriers, puis il monta dans sa litière et rentra chez lui.

Le lendemain matin, toute la famille attendait Tbouboui près du débarcadère pour lui souhaiter la bienvenue dans sa nouvelle demeure. Kâemouaset, Noubnofret, Sheritra et Hori formaient un groupe bien morose. Seule leur proximité physique donnait l'illusion d'une cohésion. Sheritra glissa pourtant sa main dans celle de son père lorsque apparut la barque de Sisenet, décorée de rubans aux couleurs vives. Propre, maquillé avec soin et couvert de bijoux, Hori contempla l'embarcation d'un regard sans expression. Majestueuse, mais le visage tout aussi fermé, Noubnofret fit un signe de tête impérieux au prêtre qui, descendant aussitôt vers la barque, se mit à psalmodier les paroles de bénédiction et de purification pendant que le servant aspergeait les marches de lait et de sang de taureau.

Tbouboui sortit de la cabine au bras de son fils. Celui-ci jeta un court regard à Sheritra, puis se détourna pour dire quelque chose à Sisenet.

La famille attendit. Noubnofret se plaça au centre de l'allée et ce fut devant elle, comme le voulait la coutume, que Tbouboui se prosterna. Noubnofret ne décidait pas seulement de tout ce qui concernait la propriété, elle était aussi princesse, et Kâemouaset, aussi anxieux qu'ému, comprit que sa bonne éducation l'emporterait en cette journée décisive. Elle se comporterait avec une parfaite correction même si une horde de guerriers du Hatti mettait sa maison à sac et s'apprêtait à la tuer, se dit-il avec un petit sourire involontaire. Sheritra lâcha sa main et, lui jetant un bref coup d'œil, il s'aperçut qu'elle aussi était tendue.

« Sois la bienvenue dans cette maison au nom de mon époux et du tien, le prince Kâemouaset, prêtre sem de Ptah, prêtre de Râ et seigneur de ta vie et de la mienne, déclara Noubnofret d'une voix claire. Lève-toi et rends-lui hommage. »

Tbouboui obéit avec cette grâce fluide qui avait bouleversé Kâemouaset dès la première fois où il l'avait vue. Le soleil étincela sur le bandeau d'argent qui ceignait son front lorsqu'elle se prosterna de nouveau, cette fois devant Kâemouaset. Avec un saisissement qui lui empourpra le visage, il sentit la pression de ses lèvres fraîches sur son pied, puis elle se redressa, le regard étincelant.

« Il y a un contrat de mariage entre nous, Tbouboui, commença-t-il en espérant que la vue de cette bouche orangée, un peu entrouverte, de ces yeux immenses ourlés de khôl ne lui ferait pas oublier les mots du rituel. Je jure devant Thot, Seth et Amon, patrons de cette maison, que j'ai traité équitablement et honnêtement avec toi. Ma signature sur ce contrat en atteste. Le jures-tu aussi ?

– Très noble prince, répondit-elle d'un ton déclamatoire, je jure devant Thot et Osiris, les patrons de la maison que j'habitais autrefois, que je n'ai pas d'autre époux vivant, que j'ai déclaré la totalité de mes biens temporels et que j'ai apposé ma signature sur ce contrat en toute honnêteté. » Derrière elle, Sisenet changea discrètement de position tandis qu'Harmin souriait ouvertement à Sheritra. Les deux hommes ainsi que Tbouboui avaient l'air étrangement insouciants, comme prêts à éclater de rire à tout instant.

Il est bien normal qu'ils soient heureux, se dit Kâemouaset en tendant la main à Tbouboui. Moi aussi, j'ai envie de rire et de la taquiner de façon très peu princière. Cette pensée le fit sourire et Tbouboui lui pressa la main.

Les serviteurs étaient alignés le long de l'allée menant à la demeure. Noubnofret prit la tête du cortège et fit un signe au prêtre qui se mit à chanter. Le servant les précéda en continuant à répandre lait et sang de taureau qui ruisselaient et fumaient sur la pierre chaude avant d'aller se perdre dans l'herbe. Au fur et à mesure que Noubnofret s'avançait, les domestiques se prosternaient pour rendre hommage à la nouvelle maîtresse qui passait devant eux au bras du prince, suivie de sa famille.

La procession se dirigea lentement vers l'entrée principale, puis obliqua vers le jardin septentrional en contournant le chantier de construction. Kâemouaset vit Tbouboui le parcourir d'un rapide regard avant de reprendre son attitude solennelle.

Sur le derrière de la maison, ils furent rejoints par le harpiste qui se mit à jouer. Sa belle voix de ténor se mêla aux notes plaintives de l'instrument et aux gazouillements des dizaines d'oiseaux qui venaient boire et se baigner dans la fontaine.

Au-delà, c'étaient les dépendances, un ensemble immense qui comprenait le logement des domestiques, les cuisines, les entrepôts et les greniers. Le harem se trouvait un peu à l'écart, sur la droite, dans un espace entouré d'arbustes. Les concubines attendaient devant l'entrée, vêtues de leurs plus beaux vêtements. En quelques paroles simples, Kâemouaset leur déclara que Tbouboui avait la préseance et que, tant qu'elle resterait parmi elles, sa parole faisait autorité. Il faillit dire qu'elle faisait loi, mais se reprit juste à temps en se rappelant que la grande épouse dirigeait aussi bien les concubines que le reste de la maisonnée. Il s'écarta alors pour céder la place à Noubnofret qui, prenant la main de Tbouboui, lui fit franchir le seuil.

« Tu es désormais sous la protection du maître de cette maison, déclara-t-elle. De même que tu attends de lui bonté et compagnie, il compte que tu lui sois fidèle, corps, ka et esprit. Y consens-tu ?

– Oui », répondit Tbouboui. Le prêtre laissa alors volontairement tomber à ses pieds les deux poteries ayant contenu le lait et le sang, afin que le mariage se déroule dans la joie et la prospérité, et toute l'assistance applaudit. « Lorsque tes appartements seront prêts, nous recommencerons cette petite cérémonie, dit Kâemouaset en prenant Tbouboui dans ses bras. Mais pour l'instant, tu vas malheureusement devoir te contenter de ces deux petites pièces. Sois la bienvenue chez toi, ma chère sœur. » Il l'embrassa, salué par de nouvelles acclamations, puis tous se retirèrent et laissèrent Tbouboui seule.

« La troupe de danseuses nubiennes que tu as louée pour la soirée est déjà arrivée, dit Noubnofret à son mari. Je ne sais vraiment pas quoi en faire, mais je suppose qu'il est possible de dresser une ou deux tentes dans le jardin sud. Il faut en tout cas que je discute de la disposition des tables avec Ib. » Elle l'enveloppa d'un regard ironique qui semblait dire : tu es un pauvre fou qui crois vivre une seconde adolescence, mais moi j'ai des choses importantes à faire.

Elle s'éloigna en chassant devant elle les domestiques surexcités, et Kâemouaset sentit la main de Sheritra sur son bras. Il se tourna vers elle, vaguement écœuré par l'odeur douceâtre du lait et du sang qui poissaient ses sandales.

« Harmin vient de me dire qu'il restera chez son oncle, commença sa fille. Je croyais qu'il s'installerait ici avec sa mère. Est-ce que nous ne pourrions pas trouver un petit coin pour lui, père ? S'il te plaît ! »

Kâemouaset la contempla un instant. Ses yeux implorants étaient soulignés de khôl. Ses cheveux séparés au milieu lui tombaient aux épaules, et elle portait une couronne princière, un mince bandeau d'or orné de Mout, la déesse vautour, et des deux fines plumes dorées d'Amon. Sa robe tissée d'or laissait deviner ses petits seins et sa taille de jeune garçon. Kâemouaset se dit que, peu de temps encore auparavant, elle aurait dissimulé son corps sous une étoffe si épaisse que la chaleur l'aurait incommodée. Il lui sembla même qu'elle avait fardé la pointe de ses seins d'une poudre dorée. Pris d'une inquiétude vague à son sujet, il la prit par le menton et chercha son regard.

« Tu sais bien qu'il n'y aura de place pour Harmin que lorsque les travaux d'agrandissement seront achevés, expliqua-t-il. Cela ne prendra pas longtemps, Petit Soleil, mais Harmin préférera peut-être rester chez son oncle. La vie est plutôt agitée ici.

– S'il n'habite pas chez nous, il faudra que j'aille lui rendre visite, dit-elle avec colère. Je ne pourrai le faire qu'avec des chaperons et nous devrons nous contenter d'échanger des banalités dans le jardin ou la salle de réception. Je ne le supporterai pas!

– Tu exagères, Sheritra. Harmin viendra sans doute voir sa mère presque tous les jours jusqu'à ce qu'il décide d'emménager chez elle.

– Mais je veux le voir chaque fois que j'en ai envie! cria-t-elle. Tu as ton bonheur, père. Je veux le mien!

– Franchement, Sheritra, je ne suis pas sûr d'apprécier tous les changements qui se sont produits en toi. Tu es devenue égoïste, têtue et impolie par-dessus le marché. » Il s'attendait à la voir rougir et perdre son assurance, mais elle soutint son regard sans ciller.

« Nous n'aimons pas davantage ceux qui se sont produits en toi, père, répliqua-t-elle. Cela fait très longtemps que tu ne te soucies plus le moins du monde de mon bonheur ; je ne devrais donc pas m'étonner que tu ne montres aucune compréhension. Je veux être fiancée à Harmin. Quand en parleras-tu à Sisenet ?

– Ce n'est pas le moment, répondit sèchement Kâemouaset. Nous verrons cela la semaine prochaine lorsque ces réjouissances seront terminées et que Tbouboui aura commencé à s'acclimater à son nouvel environnement. Je ne veux pas la brusquer.

– Non, bien sûr », jeta Sheritra d'un ton glacial. Elle tourna les talons et rejoignit à grands pas Harmin qui l'attendait à l'ombre de la maison.

Elle est passée d'un extrême à l'autre, se dit Kâemouaset. Tbouboui et son amour pour Harmin ont opéré sur elle une transformation miraculeuse. Cela lui donne une assurance qui, pour le moment, se traduit par de l'arrogance et de la grossièreté. J'ai beau le comprendre, je regrette l'ancienne Sheritra.

« Souhaitez-vous dormir un peu avant de vous changer pour le dîner, Votre Altesse ? » demanda poliment Kasa. Kâemouaset le suivit dans la maison en soupirant intérieurement. Il avait convié tous ses parents à la fête qui serait donnée en l'honneur de Tbouboui dans la soirée. A l'exception de son père et de Merenptah qui avaient décliné l'invitation tout en lui adressant leurs vœux de bonheur, le reste de la famille serait là, ainsi que certains dignitaires de Memphis et une pléthore de musiciens, de danseuses et d'artistes. Une atmosphère surexcitée régnait déjà dans la demeure. En respirant le parfum entêtant des milliers de fleurs apportées par charrettes entières dans la matinée, Kâemouaset pensa à Tbouboui, exotique et mystérieuse, qui devait explorer son nouveau domaine et songeait peut-être à lui et à leur nuit de noces. Il savait qu'il ne trouverait pas le sommeil.

« Non, Kasa, dit-il à son domestique. Je vais me réfugier dans mon bureau et y lire un peu. Fais-moi prévenir lorsque les premiers invités arriveront. » Mais même à l'abri du bruit et de l'agitation derrière la porte de son bureau, il ne parvint pas à maîtriser sa fébrilité. L'odeur lourde des fleurs l'avait suivi ; elle imprégnait ses vêtements, ses cheveux et, brusquement, elle lui rappela les deux cérémonies funèbres auxquelles il venait d'assister. Son estomac se souleva. Il s'assit derrière son bureau, ferma les yeux et attendit.

La fête qui eut lieu ce soir-là fut la plus somptueuse que Memphis eût connue depuis fort longtemps. Des invités richement vêtus envahirent la grande salle de réception et les jardins où les tables croulaient sous des mets raffinés. Des danseuses nues, acrobates noires de Nubie et beautés égyptiennes, ondulèrent et bondirent au milieu des convives au son de la lyre, de la harpe et des tambours. Noubnofret avait choisi les cadeaux d'usage avec soin : colliers de perles en malachite et en jaspe, et non d'argile peinte, petits coffrets en cèdre du Liban et éventails à manche d'électrum faits de minuscules plumes d'autruche rouges. On avait sorti du lit de paille où elles reposaient depuis une dizaine d'années des jarres de vin du Delta poussiéreuses, et les reliefs du festin suffiraient à nourrir les domestiques pendant toute la semaine suivante.

Assise à la place d'honneur sur une petite estrade, Tbouboui répondait par un sourire gracieux aux invités qui venaient lui présenter leurs vœux de bonheur. Bien que tous les éléments d'une soirée réussie fussent réunis, une étrange mélancolie accablait Kâemouaset. Sheritra riait, tournée vers Harmin qu'elle n'avait pas quitté depuis le début du banquet. Hori dînait à côté d'Antef et, pour la première fois depuis de nombreuses semaines, Kâemouaset vit un sourire frileux détendre son visage. Noubnofret et Sisenet discutaient eux aussi avec animation, et lui-même n'avait qu'à tourner la tête, qu'à déplacer légèrement sa main pour contempler et toucher la femme qu'il adorait plus que tout au monde.

Pourtant, la salle de réception lui semblait lugubre sous cette apparence de gaieté. Il me manque quelque chose, songea-t-il tristement alors qu'Ib remplissait sa coupe pour la énième fois et que, saluée par des cris et des sifflets, une danseuse nubienne se cambrait jusqu'à poser la tête entre les jambes du maire de

Memphis. Ou peut-être aussi que j'ai tant désiré cette femme, tant souffert pour la posséder que ma victoire me laisse temporairement vide, privé de but.

Comme il regardait dans la direction de Sisenet sans le voir, celui-ci lui fit un signe amical auquel il répondit. Tbouboui se pressa contre lui et lui donna à manger une figue mûre. Mais il ne pouvait échapper à la désolation que soufflait sur la foule une immense bouche invisible.

Beaucoup plus tard, alors que les invités continuaient à crier et à tituber dans la maison et les jardins, que les musiciens épuisés jouaient encore, Kâemouaset et Tbouboui s'éclipsèrent et gagnèrent le harem d'un pas chancelant. Il était silencieux et désert, car les concubines festoyaient encore. Le Gardien de la Porte, qui les salua avec respect et les escorta jusqu'aux appartements de Tbouboui, fut le seul à les voir entrer.

Une fois la porte fermée et la lampe allumée, Kâemouaset attira Tbouboui contre lui. Bien qu'ils eussent souvent fait l'amour, il n'avait toujours pas percé son mystère. Il la désirait avec la même intensité désespérée que des mois auparavant et commençait à comprendre que la posséder ne ferait jamais qu'intensifier la faim qu'il avait d'elle. Pourtant, comme un papillon qui se brûle à la flamme d'une bougie jusqu'à en mourir, Kâemouaset revenait sans cesse à la source de son tourment. Cette nuit-là ne fut pas différente. La consommation violente de son mariage ne dissipa pas la tristesse et le vague désenchantement qui s'étaient emparés de lui dans la salle de réception et qui le suivirent jusque dans ses rêves.

Le mois de Pachons arriva sans que la chaleur diminue. Ce fut une succession ininterrompue de journées accablantes et de nuits étouffantes que les femmes de la maison de Kâemouaset passaient sur les terrasses à dormir, jouer ou bavarder. On commença à moissonner et Kâemouaset guetta avec anxiété les premiers rapports des hommes qui mesuraient le niveau du Nil. Le fleuve recommençait généralement à monter vers la fin du mois. D'ici là, il fallait que les récoltes soient à l'abri de ses eaux. Le blé serait alors battu et vanné, et les vignerons piétineraient le raisin. Si-Montou annonça une vendange exceptionnelle dans les vignobles de Pharaon, et les intendants de Kâemouaset s'extasièrent sur la fertilité de ses terres. Dans sa maison, une paix précaire régnait.

La construction des appartements de Tbouboui était presque achevée. Elle avait pris l'habitude de se rendre sur le site tous les matins. Étendue à l'ombre d'un parasol, elle regardait les fellahs qui, trempés de sueur, posaient les dernières briques et fortifiaient le toit par une chaleur presque insupportable. Kâemouaset la rejoignait souvent. Au lieu de s'occuper du courrier du jour, il allait la retrouver et discutait de l'aménagement intérieur et de l'ameublement de ses appartements, de Sheritra et d'Harmin, ou du désir que pouvait avoir Sisenet d'occuper le poste de premier scribe dans la Maison de vie de Memphis, la bibliothèque des papyrus rares.

La famille déjeunait ensemble et, bien que Tbouboui bavardât gaiement de tout et de rien en faisant de son mieux pour mêler Noubnofret et Hori à la conversation, la première ne répondait qu'aux questions qui lui étaient directement adressées et le second demandait l'autorisation de se retirer dès la dernière bouchée avalée. Kâemouaset leur en voulait à tous, Sheritra comprise, car elle ne cessait de mettre le sujet de ses fiançailles sur le tapis. Il avait attendu un autre comportement des siens mais, malgré sa colère, il lui était difficile de les réprimander, car, bien qu'à la limite de la grossièreté, leur attitude n'était pas ouvertement agressive.

Il quittait la salle à manger avec soulagement pour aller passer les heures les plus chaudes de la journée dans son lit. Mais il lui était bien souvent impossible de dormir. Il se tournait et se retournait sous les éventails qu'agitaient ses serviteurs en se demandant si l'atmosphère tendue qui régnait dans sa maison se dissiperait jamais.

La fin de l'après-midi et le soir étaient plus agréables. Harmin venait rendre visite à sa mère et, après avoir passé un moment en sa compagnie, disparaissait avec Sheritra, Bakmout et un garde dans quelque coin désert des jardins. Kâemouaset et Tbouboui se retiraient alors dans la maison des concubines et faisaient l'amour dans sa chambre silencieuse où les rayons du soleil, filtrés par les stores, baignaient le corps moite de Tbouboui d'une lumière dorée. Kâemouaset oubliait alors quelque temps sa famille récalcitrante. Puis, debout côte à côte sur la dalle de la salle d'eau, ils se faisaient laver par les domestiques, et Kâemouaset trouvait un plaisir sensuel à s'occuper lui-même de la lourde chevelure de Tbouboui.

Le soir, ils recevaient généralement des invités officiels que Tbouboui charmait par son intelligence et son esprit. Kâemouaset surveillait Noubnofret avec inquiétude, sachant qu'elle pouvait interdire à la seconde épouse d'assister à ces banquets si elle le souhaitait. Mais elle ne chercha jamais l'affrontement, et les convives repartaient en enviant à Kâemouaset les deux femmes, si différentes et si accomplies, qui partagaient son existence.

Sa vie prit donc un cours plus désordonné, mais somme toute agréable. Il commençait à penser que tout s'arrangerait lorsqu'un jour, posant le chasse-mouches avec lequel elle tâchait vainement d'écarter les nuées d'insectes, Tbouboui tourna vers lui un visage grave. Ils étaient étendus côte à côte sur une natte garnie de coussins, à l'ombre des arbres qui bordaient le jardin nord. Les travaux terminés, des jardiniers retournaient la terre le long des murs blancs du nouveau bâtiment pour y planter des fleurs. Les pièces étaient encore vides, mais une foule d'artisans et d'artistes devaient arriver le lendemain pour prendre les ordres de Tbouboui. Connaissant son goût pour la simplicité, Kâemouaset lui avait donné carte blanche pour le choix des meubles. Elle l'avait prévenu en riant que la simplicité était parfois fort coûteuse, mais il avait haussé les épaules et balayé ses scrupules d'un geste. Posant la grappe de raisin noir dont il lui glissait des grains entre les lèvres, il se prépara à une nouvelle discussion sur l'aménagement de sa suite. « Je reconnais cette expression, ma sœur ! dit-il en souriant. Laisse-moi deviner. Tu veux du bois d'acacia pour ton lit à la place du cèdre ? »

Elle effleura sa cuisse nue d'une caresse. « Non, Kâemouaset, cela n'a rien à voir avec mes appartements. Je répugnais à t'en parler et il m'est pénible de reconnaître que je suis incapable de résoudre ce problème seule, mais je suis déroutée, un peu blessée aussi... » Sa voix mourut, et elle baissa la tête.

« Parle, fit-il, aussitôt inquiet. Je ferais n'importe quoi pour toi, Tbouboui, tu le sais ! Tu n'es pas heureuse ?

– Bien sûr que si ! Je suis la femme la plus fortunée et la plus aimée d'Égypte. Il s'agit de mes serviteurs, prince.

– Tes serviteurs ? répéta-t-il, déconcerté. Seraient-ils paresseux ou grossiers ? J'ai du mal à croire que des domestiques formés par Noubnofret puissent être l'un ou l'autre !

– Ils sont parfaitement stylés, répondit Tbouboui avec hésitation, cherchant manifestement les mots justes. Mais je les trouve bruyants et bavards. Ma maquilleuse jacasse en me fardant, ma domestique personnelle fait des commentaires sur les robes et les bijoux que je choisis, et mon intendant me demande ce que je souhaite manger et boire. »

La perplexité de Kâemouaset s'accrut. « Es-tu en train me dire qu'ils se montrent impolis, ma chérie ?

– Non, pas du tout ! fit-elle avec impatience. Mais je suis habituée à des domestiques qui ne parlent pas, qui se contentent d'obéir aux ordres. Mon personnel me manque, Kâemouaset.

– Eh bien, demande à Noubnofret l'autorisation de renvoyer ses serviteurs et de faire venir ceux de ton choix. Voilà des vétilles dont il ne vaut vraiment pas la peine de discuter. »

Tbouboui se mordit la lèvre. « Je lui en ai déjà parlé, dit-elle à voix basse. La princesse a refusé ma requête sans explication. Elle m'a simplement déclaré que les serviteurs de la maison étaient les plus efficaces d'Égypte et que je m'y prenais peut-être mal avec eux. Je suis vraiment désolée de t'importuner avec un problème que Noubnofret et moi devrions régler ensemble. Je ne veux pas l'offenser en faisant appel à ton autorité ou en prenant l'initiative, mais il me semble avoir le droit d'être entourée par le personnel de mon choix.

– Mais bien entendu », répondit Kâemouaset, stupéfait de la réaction de Noubnofret. En dépit de ses sentiments envers Tbouboui, ce genre de mesquineries n'était pas dans sa nature. « Je lui en parlerai aujourd'hui même.

– Oh non ! Mon amour, je t'en prie ! s'exclama-t-elle d'un ton implorant. Il est impossible de faire régner la paix dans cette maison de cette façon. Noubnofret ne doit pas avoir l'impression que son autorité peut être remise en question chaque fois que je le souhaite. Je la respecte trop pour cela. Dis-moi seulement comment aborder une nouvelle fois le sujet avec elle.

– Tu es bonne et pleine de tact, mais il vaut mieux que je règle moi-même cette affaire. Je connais Noubnofret. Je peux m'enquérir de ses motifs sans qu'elle devine que tu t'es plainte de son refus. Je te fais des excuses en son nom, Tbouboui.

– Il n'y a vraiment pas de quoi, prince. Je te remercie. »

Ils changèrent de sujet, mais la conversation prit un tour languissant sous la chaleur torride de l'après-midi. Tbouboui finit par s'endormir et Kâemouaset la contempla longuement. Elle avait les lèvres entrouvertes et ses longs cils noirs frémissaient sur ses joues. Son immobilité était si totale, si parfaite qu'il craignit un court instant qu'elle ne fût morte. Mais un minuscule filet de sueur sinua entre ses seins à demi dénudés et il se pencha pour le lécher. Quel bonheur que de pouvoir enfin accomplir ce geste librement, pensa-t-il. Je ferais n'importe quoi pour toi, mon cœur, et que tu hésites à me demander un service ne me donne que plus envie de te satisfaire. Lentement, en prenant soin de ne pas la réveiller, il s'étendit à ses côtés. Les yeux fermés, il respira son parfum, la myrrhe et cette autre senteur, indescriptible et pourtant vaguement familière, puis il glissa dans le sommeil en se disant qu'il était l'homme le plus heureux d'Égypte.

Le soir même, il se rendit dans les appartements de Noubnofret et se fit annoncer par Wernouro. Sa femme le reçut avec amabilité et, après lui avoir offert un tabouret, retourna près de son lit où ses servantes la déshabillèrent. L'une d'elles attendait un peu à l'écart, un manteau plissé bleu sur le bras. Sans la moindre fausse pudeur, Noubnofret quitta le fourreau brodé de perles vertes qu'elle avait porté pour le dîner et claqua les doigts. Elle a un corps tout en rondeurs et en courbes, se dit Kâemouaset en regardant la servante lui passer le manteau et nouer un large ruban autour de sa taille. Elle est encore belle, mais plus à mes yeux. Comme j'aimerais qu'il en soit autrement ! Je la plains, ma fière et malheureuse Noubnofret, mais je ne peux rien y faire.

« Tu venais me voir pour quelque chose de précis, Kâemouaset ?

– Pas vraiment, mentit-il. Nous nous sommes peu parlé ces derniers temps et j'avais envie de te voir. »

Elle lui jeta un regard pénétrant. « S'agit-il de l'engouement de Sheritra pour Harmin ?

– Non, répondit Kâemouaset en soupirant. Mais il nous faudra bientôt prendre une décision, je suppose. Les intendants de tes fermes t'ont-ils écrit, Noubnofret ? Les récoltes sont-elles commencées dans tes propriétés du Delta ? »

Elle alla s'asseoir à sa coiffeuse et prit un miroir. « Mes lèvres sont sèches, dit-elle à sa maquilleuse. Ne me mets plus de henné et enduis-les d'un peu d'huile de ricin. J'ai reçu hier des nouvelles de mes quelques vignes, continua-t-elle à l'adresse de son mari. Je crois que je vais faire sécher et stocker la récolte de cette année. Nous avons manqué de raisins secs l'an dernier alors que nous avons tout le vin qu'il nous faut. »

Il approuva sa décision et, pendant quelque temps, ils parlèrent de choses et d'autres. Noubnofret se détendit et retrouva même un peu de son ancienne gaieté lorsqu'il se plaignit des oiseaux qui cherchaient à voler la nourriture des poissons dans leur bassin. Mais elle rentra aussitôt en elle-même lorsqu'il se risqua enfin à dire : « Je crois que Tbouboui regrette ses serviteurs, ma chérie.

Elle ne me l'a pas dit directement, mais il ne doit pas être facile pour elle d'avoir à s'adapter à la fois à une maison et à un personnel inconnus. Pourquoi ne lui proposes-tu pas d'appeler ceux auxquels elle est habituée ? »

Noubnofret se raidit, puis, d'un geste furieux, renvoya sa maquilleuse. « L'homme que tu es devenu me fait horreur, prince, déclara-t-elle d'un ton glacial. Tu es si humble, si avide de plaire, si plein de mensonges mesquins ! Il fut un temps où tu m'aurais dit : " Tbouboui veut savoir pourquoi tu as rejeté sa requête et moi aussi. " Tu t'attires mon mépris un peu plus chaque jour, mon mari.

– Je ne savais pas qu'elle était venue te voir, nia-t-il avec véhémence.

– Vraiment ? fit-elle avec un rire de dérision. Eh bien, tu le sais maintenant. Mes serviteurs ne sont pas assez bons pour elle et elle veut son ancien personnel. J'ai refusé.

– Mais pourquoi ? demanda-t-il. C'était un souhait raisonnable, Noubnofret. Accepter ne t'aurait rien côuté. Ta jalousie est-elle donc aussi féroce ?

– Non, coupa-t-elle d'un ton sec. Tu ne me croiras peut-être pas, Kâemouaset, mais je ne suis pas jalouse de Tbouboui. Je la méprise parce qu'elle est vulgaire et totalement dépourvue des principes moraux qui ont fait de l'Égypte une grande nation, préservé ses dirigeants et sa noblesse des excès et des faiblesses désastreuses des royaumes étrangers. Cette femme n'est qu'un imposteur. Les enfants le sentent, je crois, mais toi, tu es aveugle. Je ne te le reproche pas, dit-elle avec un sourire sans chaleur. Ce que je ne te pardonne pas, c'est de la laisser prendre de l'ascendant sur toi. »

Kâemouaset bouillait de rage et il dut faire un effort sur lui-même pour ne pas la frapper. « Les serviteurs, lui rappela-t-il, les dents serrés.

– Je ne les aime pas, murmura-t-elle. Ils me mettent mal à l'aise et je ne peux supporter l'idée de les avoir en permanence dans la maison. Le capitaine de sa barque, la femme de chambre de Tbouboui, ceux qui accompagnaient Sisenet et elle lors de leurs visites ici... Il y a quelque chose de menaçant dans leurs gestes à tous, dans leur silence, dans cette façon qu'ils ont de ne pas te regarder. On dirait qu'ils ne sont pas là, Kâemouaset ! s'exclama-t-elle d'une voix soudain suraiguë. Lorsqu'ils se trouvent dans la même pièce que toi, tu n'as pas seulement l'impression qu'ils sont invisibles ; c'est comme s'ils n'étaient pas là du tout ! » Ses mains se crispèrent sur son manteau qu'elle se mit à tirailler inconsciemment. Kâemouaset s'aperçut avec stupeur qu'elle était au bord des larmes. « Nos serviteurs sont toujours avec nous, continua-t-elle. Lorsque tu fais ou penses quelque chose, que tu as besoin d'eux, tu sais qu'Ib est près de la porte, que Kasa est assis dans un coin... Tu en as *conscience*, Kâemouaset ! Tandis que les serviteurs de Tbouboui, non seulement on oublie leur présence, mais c'est comme s'ils n'étaient véritablement pas là. J'éprouve la même impression avec Sisenet. Je ne les veux pas ici, Kâemouaset ! J'ai le droit de refuser la requête de Tbouboui, et je le fais pour ma propre tranquillité d'esprit. Je ne les veux pas ici ! »

Indifférent à tout ce qui n'était pas Tbouboui, Kâemouaset ne s'était pas rendu compte à quel point son second mariage avait affecté Noubnofret. Elle semblait très près de perdre toute maîtrise d'elle-même, ce qu'elle considérait comme la pire des faiblesses. « Oh ! Noubnofret ! murmura-t-il en la serrant contre lui. Ma pauvre sœur ! Les serviteurs de Tbouboui sont étranges, c'est vrai, et elle les a formés à satisfaire des exigences un peu particulières, mais ce ne sont tout de même que des domestiques.

– Promets-moi que tu ne passeras pas outre à ma décision ! s'écria-t-elle en s'accrochant à son pagne. Promets-le-moi, Kâemouaset ! »

Il s'accroupit devant sa chaise et, prenant son visage mouillé de larmes entre ses mains, l'embrassa avec douceur, plein d'inquiétude. « Je te le promets, dit-il. Propose à Tbouboui de désigner les serviteurs de son choix dans ton personnel. Tu changeras peut-être d'avis lorsque tu te sentiras mieux, mais je jure de ne rien t'imposer dans ce domaine.

– Merci, prince, répondit Noubnofret qui retrouvait déjà son sang-froid. C'est peut-être absurde de ma part, mais c'est ma maison et je ne peux accepter qu'on m'y traite en paria. »

Kâemouaset s'étonna un peu de l'entendre parler ainsi. Ils changèrent bientôt de sujet de conversation et bavardèrent aimablement pendant quelque temps mais, mal à l'aise à l'idée qu'il allait bientôt devoir affronter Tbouboui, Kâemouaset ne s'attarda pas. Il se retira dans ses appartements et demanda qu'on lui apporte du vin. Allongé sur son lit, il but jusqu'à ce que l'alcool fasse son effet et sombra dans le sommeil.

Le lendemain, retrouvant un court moment son ancienne fermeté de caractère, il déclara à Tbouboui qu'il approuvait la décision de Noubnofret. Elle n'eut presque aucune réaction. Les lèvres pincées, elle le dévisagea longuement, puis se mit à parler du domaine de Sisenet où la moisson avait commencé. Kâemouaset l'écouta avec soulagement. Dans une maison, et plus encore dans un grand harem, les femmes avaient leurs propres méthodes pour régler les problèmes de présence. Il y avait des pleurs et des bouderies, des manœuvres subtiles, des ruses et des mises à l'épreuve jusqu'à ce que les plus fortes imposent leur pouvoir. Au sein des harems royaux où des centaines de concubines de tous les pays se disputaient les faveurs de Pharaon, il arrivait qu'il y eût des échanges de coups et même des meurtres. Si Kâemouaset ne l'ignorait pas, il n'avait jamais connu ce genre d'affrontements dans sa maison.

Ce qui se passe maintenant entre mes deux épouses est un pâle reflet des conflits qui peuvent agiter un harem, se dit-il en étudiant le visage apparemment paisible de Tbouboui. Cette idée le rassura et il se sentit même un peu flatté. Tbouboui et Noubnofret étaient chacune à leur façon des femmes de caractère. Elles arriveraient peu à peu à un compromis, peut-être même à un certain respect mutuel, et il était très vraisemblable qu'il n'aurait plus à intervenir. Le sentiment d'insécurité de Tbouboui se dissiperait lorsqu'elle occuperait la place qui lui revenait dans la maison, et Noubnofret comprendrait qu'elle avait un peu trop tendance à houspiller les habitants de la maison et à vouloir mener son monde à la baguette. Kâemouaset était convaincu que ce petit orage se calmerait.

Mais un autre, bien plus gros, se préparait. Pendant une semaine, tout alla bien. Tbouboui renvoya les serviteurs que Noubnofret lui avait attribués et en choisit d'autres dans le personnel de la maison, plus par fierté, supposa Kâemouaset, que pour son confort personnel. Elle se rendit deux fois dans son ancienne demeure dont elle rapporta des babioles oubliées lors de son déménagement, et passa plusieurs heures à discuter de la décoration de ses appartements avec les artisans et les artistes. La nouvelle qu'elle annonça à Kâemouaset dans les derniers jours de Pachons le prit donc totalement au dépourvu.

Il s'était rendu chez elle tard, tout heureux d'un message qui lui annonçait que ses récoltes étaient rentrées et abondantes. Il voulait partager cette nouvelle avec elle, lui faire l'amour, et s'attendait à la trouver couchée mais pas encore endormie. Il avait pris l'habitude de la rejoindre à la même heure presque tous les soirs. Quatre lampes de nuit jetaient alors une lumière douce dans sa chambre, l'odeur de son parfum se mêlait à celle des fleurs et il la trouvait étendue sur son lit, à peine couverte d'un drap, le visage maquillé et la peau enduite de baumes. Mais, ce soir-là, elle était assise sur un tabouret, le menton sur les genoux, et fixait d'un regard vide la pénombre que ne dissipait qu'une unique lampe d'albâtre.

« Tbouboui ! s'exclama-t-il, déçu et inquiet à la fois. Que t'arrive-t-il ? »

Elle lui adressa un faible sourire, et il s'alarma de son teint jaunâtre et des cernes qui marquaient ses yeux. Pour la première fois, il remarqua de minuscules rides au coin de ses lèvres et de ses paupières. Elle n'était pas maquillée.

« Pardonne-moi, Kâemouaset, dit-elle d'un ton las. Il fait une chaleur abominable et même l'eau potable a un goût saumâtre à cette époque de l'année. Je n'ai pas pu dormir cet après-midi et je ne suis pas dans mon assiette.

– Eh bien, nous allons bavarder tranquillement et faire une partie de chiens et chacals, dit-il en l'embrassant tendrement. Ça te va ? » Après avoir envoyé une servante chercher le jeu, il la conduisit jusqu'au lit, arrangea hâtivement les oreillers, puis s'assit en tailleur en face d'elle. Tbouboui garda le silence jusqu'au retour de la servante qui déposa le damier entre eux et se retira. Kâemouaset avait l'impression qu'elle voulait lui dire quelque chose mais n'osait pas. Elle prenait une inspiration, lui jetait un regard, puis se détournait aussitôt. Il sortit les pièces d'ivoire de leur coffret. « Il nous faut davantage de lumière », dit-il. Mais elle refusa d'un geste brusque de la tête et il se contenta d'approcher la lampe de nuit. Sa flamme dansante jetait des ombres mouvantes sur le visage de Tbouboui. Kâemouaset se dit qu'elle paraissait plus âgée et très fatiguée. Elle lui avait fait éprouver presque toute la gamme des émotions dont il était capable mais, ce soir-là, elle lui inspirait un sentiment nouveau, inattendu : une immense compassion. Elle n'avait pas disposé ses chiens sur le jeu et roulait distraitement une des pièces entre ses doigts, la tête baissée.

« J'ai reçu de bonnes nouvelles ce soir, dit-il. Les récoltes sont terminées sur mes terres et je suis un peu plus riche que l'an dernier. Mais je... »

Elle l'interrompit, un sourire amer aux lèvres. « Moi aussi j'ai des nouvelles à t'annoncer. Tu as planté une semence d'un autre genre, mon époux. J'espère que tu montreras autant de joie lorsqu'elle arrivera à maturité. »

Un court instant, il la regarda sans comprendre, puis un immense bonheur l'envahit. « Tbouboui ! s'exclama-t-il en la prenant par les épaules. Tu es enceinte ! Déjà !

– Nous avons beaucoup fait l'amour ces deux derniers mois, Kâemouaset, répondit-elle en se dégageant. Cela ne devrait pas t'étonner.

– Mais c'est une merveilleuse nouvelle ! insista-t-il. J'en suis sincèrement ravi. Pourquoi ne t'en réjouis-tu pas ? Aurais-tu peur ? Tu sais pourtant que je suis le meilleur médecin d'Égypte. »

Un sourire cynique erra sur ses lèvres. « Non, je n'ai pas peur. Du moins... pas...

– Je crois que tu ferais mieux de parler », dit Kâemouaset avec gravité.

Au lieu de répondre, elle descendit du lit et se mit à arpenter la pièce. La flamme de la lampe dansa follement à son passage et les ombres tournoyèrent sur les murs.

« Je ne suis pas aimée dans cette maison, commença-t-elle d'un ton hésitant. Non, pas aimée du tout. Noubnofret n'a que mépris pour moi. Hori refuse de me parler et, lorsqu'il croit que je ne le vois pas, il me jette des regards furieux qui me glacent. Sheritra a volontiers accepté mes conseils et mon amitié mais, depuis que je suis ici, elle m'évite. » Elle se tourna vers Kâemouaset qui, dans la pénombre de la pièce, ne voyait qu'une silhouette fantomatique aux yeux immenses. « Je suis seule ici, dit-elle d'une voix tremblante. Ta bienveillance seule me protège de l'hostilité de ta famille.

– Je crois que tu exagères, Tbouboui ! s'exclama-t-il, choqué. Souviens-toi que nous avons mené une vie régulière et uniforme. Ton arrivée a bouleversé leurs habitudes. Laisse-leur le temps.

– Ce n'est pas une question de temps. J'ai fait tout ce que j'ai pu, Kâemouaset. Derrière leur apparente politesse, ils me vouent en réalité une profonde animosité qu'ils se gardent bien de montrer en ta présence. Ils ressemblent à des vautours qui attendent que je me retrouve sans protection pour fondre sur moi. »

Kâemouaset s'apprêtait à protester avec véhémence lorsqu'il se souvint des propos virulents de Noubnofret. « Je n'imagine pas quelqu'un de ma famille te faisant du mal, dit-il enfin. Tu parles de gens généreux, cultivés, pas de brigands du désert valant à peine mieux que des bêtes sauvages.

– Tu ne vois pas ce que je vois ! s'écria-t-elle avec angoisse. Les regards haineux, les petits affronts, les attitudes méprisantes ! S'il n'y avait que moi, je m'en moquerais, ajouta-t-elle en pressant ses mains blanches contre son ventre. Je t'aime et n'ai d'autre désir que de te rendre heureux, Kâemouaset. Mais je vais avoir un enfant. J'ai peur pour lui ! » Sa voix devenait hystérique et, dans son agitation, elle labourait de ses ongles son ventre nu. L'étoffe qu'elle avait nouée autour de ses hanches avait glissé et elle était debout devant lui, si belle dans son désespoir que Kâemouaset sentit son désir s'éveiller. Il tenta de la calmer.

« Les femmes enceintes se montrent parfois irrationnelles, Tbouboui, tu le sais certainement. Pense à ce que tu es en train de dire. Tu es dans ma maison, pas dans le harem de quelque roi étranger sans scrupules. Tu es ma femme. Je me réjouis de la venue de cet enfant et ma famille s'en réjouira aussi.

– Non, insista-t-elle. Tu es un prince du sang, Kâemouaset, et ta descendance appartient à l'Égypte. Tous tes enfants, y compris celui que je porte, peuvent prétendre au trône d'Horus. Hori a beaucoup plus à perdre que le fils d'un marchand dont la deuxième femme est enceinte. Lui et tous les autres chercheraient à faire déshériter mon enfant si quelque chose t'arrivait. Il représente une menace pour leur avenir. Oh ! Tu ne comprends donc pas ? »

Il commençait à comprendre et cela ne lui plaisait pas. Est-ce vrai ? se demanda-t-il. Il essaya d'imaginer ce qui se passerait s'il mourait et cela le glaça. Tbouboui serait effectivement sans défense. Mais aurait-elle à se défendre de quoi que ce soit ? Brusquement, l'antipathie de Noubnofret, la maussaderie d'Hori et la nouvelle irascibilité de Sheritra lui apparurent sous un jour différent. Il n'avait pas d'argument à opposer à Tbouboui ; ce qu'elle affirmait paraissait vrai.

Elle était tout près de lui maintenant et les larmes ruisselaient sur son visage.

« M'aimes-tu, Kâemouaset ? demanda-t-elle d'une voix étranglée. M'aimes-tu vraiment ?

– Tbouboui ! Plus que tout au monde !

– Alors, aide-moi. Je t'en prie ! Je suis ta femme, tu dois me protéger. Et tes obligations envers ton fils à naître sont encore plus grandes. Raye Hori et Sheritra de ton testament en faveur de cet enfant. Fais-le avant qu'il ne lui arrive quelque chose de terrible. Ôte ce pouvoir aux tiens afin que je puisse vivre ici en paix et me réjouir de mettre au monde le fruit de notre amour. Autrement... » Elle se pencha vers lui, une lueur égarée dans le regard. « Autrement, je serai obligée de te quitter. »

Kâemouaset eut l'impression qu'elle l'avait frappé. Il avait le souffle coupé et une terrible douleur dans la poitrine. « Dieux ! gémit-il. Tu ne parles pas sérieusement... Il est inutile d'en arriver à de pareilles extrémités. Tu ne penses pas...

– Crois-moi, mon cher frère, dit-elle en sanglotant. Je me tourmente depuis que je sais que je suis enceinte. Noubnofret ne m'acceptera jamais. Elle m'a accusée d'avoir le cœur d'une prostituée. Hori...

– Quoi ? coupa Kâemouaset.

– Rien, mais fais ce que je te demande, je t'en conjure. Tu es un homme bon ; tu ne sens pas l'odeur du mal qui se répand partout autour de toi. Pharaon s'occupera d'Hori et Sheritra épousera certainement un noble fortuné. Ils n'en souffriront pas ! Mon fils, oui, si tu tardes trop !

– Ma Noubnofret t'a traitée de prostituée ? dit-il avec lenteur.

– Oui, je te le jure sur les dieux. Modifie ton testament, prince. Si les dieux le veulent, tu verras ton fils arriver à l'âge d'homme et cela n'aura alors aucune importance. Mais si ce n'est pas le cas... Je t'aime, Kâemouaset. Ne me brise pas le cœur en m'obligeant à te quitter. »

Son esprit lui refusait tout service. Il aurait voulu réfléchir, discuter rationnellement avec elle, mais il était pris de vertige et il avait peur, si peur ! Peur qu'elle eût raison et qu'elle mît sa menace à exécution. Je ne peux pas vivre sans elle, se dit-il. Je ne peux pas revenir à ma vie d'autrefois. Ce serait la désolation, la mort. Elle m'a changé. Je ne suis plus le Kâemouaset de Noubnofret, le père d'Hori, le bras droit de Ramsès. Je suis l'amant de Tbouboui et rien d'autre. Il l'attira brusquement à lui et la renversa avec rudesse sur le lit. « Très bien, grogna-t-il, déjà enfiévré de désir. Très bien. Je déshériterai les enfants que j'ai eus de Noubnofret en faveur du nôtre. Mais je ne le leur dirai pas. Ils te haïraient encore davantage.

– Il est inutile de leur en parler tant qu'ils ne présentent aucun danger. Je te remercie, Kâemouaset. »

Il ne répondit pas, ne l'entendit même pas. La marée de son

désir avait englouti toute pensée et ce ne fut que bien plus tard qu'il reprit conscience de ce qui l'entourait. La lampe de nuit s'était éteinte depuis longtemps et, au-delà de Saqqarah, des chacals hurlaient dans le désert. Un silence profond enveloppait la ville.

17

Vas-tu partir parce que tu as soif?
Prends mon sein,
Ce qu'il a déborde pour toi.

L'aube pointait à peine lorsque Kâemouaset quitta la maison des concubines pour regagner ses appartements. Il ne fut pas plutôt dans son lit que le sommeil le terrassa. Lorsqu'il rouvrit les yeux, trois heures plus tard, son harpiste jouait en sourdine et une bonne odeur de pain frais et de figues mûres flottait dans la chambre. Kasa remonta les stores pour laisser entrer le soleil matinal dont on se protégerait résolument deux heures plus tard.

Kâemouaset mangea sans grand appétit et, s'il repensait à ce que lui avait dit Tbouboui la veille, sa décision était déjà prise. « Kasa! appela-t-il. Dis à Ptah-Seankh de m'attendre dans mon bureau. As-tu choisi ma tenue de ce matin ? »

Il finit de déjeuner, renvoya le harpiste et, une fois lavé et habillé, pria devant le reliquaire de Thot. Ils me haïraient s'ils savaient ce que je m'apprête à faire, pensait-il en prononçant les antiques paroles d'imploration et d'adoration. Personne ne comprendrait mon attitude, mais Tbouboui est ma vie, ma jeunesse, mon ultime amulette contre la fuite des ans et les ténèbres. La richesse de père dépasse les rêves les plus fous des gens ordinaires. Qu'il recolle les morceaux si je meurs. Il me doit bien ça.

Kâemouaset ferma le reliquaire et se rendit dans son bureau. Ptah-Seankh qui lisait, assis sur un tabouret, se leva à l'approche de son maître et le salua.

« Bonjour, Ptah-Seankh. Un moment, je te prie. » Prenant une petite clé à sa ceinture, Kâemouaset alla chercher un rouleau dans un coffre de la bibliothèque. « Voici mon testament, déclara-t-il en le tendant au scribe. Je veux que tu le lises attentivement. Il contient trois clauses qui disposent de mes biens personnels et de ceux qui me reviennent parce que je suis prince. Veille à bien distinguer les uns des autres. Pour les derniers, je ne peux rien faire. Hori en héritera obligatoirement. Mais je veux que son nom ainsi que celui de Sheritra soient rayés de ma succession personnelle. Tu ne changeras rien aux dispositions qui concernent Noubnofret... »

Ptah-Seankh le dévisageait avec stupeur, la main crispée sur le rouleau. « Mais qu'a fait le prince Hori, Votre Altesse ? balbutia-t-il. Êtes-vous certain d'avoir suffisamment pesé votre décision ?

– Mais oui ! répondit Kâemouaset avec irritation. Tbouboui, ma seconde épouse, est enceinte, ce qui nécessite une modification de mon testament. Une copie de ce document se trouve dans la Maison de vie de Memphis. Tu prendras mon sceau pour qu'on te le remette et y reporteras ces corrections. L'enfant à naître de Tbouboui doit être mon unique héritier.

– Je vous supplie de réfléchir encore, Votre Altesse ! dit Ptah-Seankh en s'avançant. Rayer la princesse Sheritra de votre testament, c'est la priver de dot si vous mourez avant son mariage. Quant au prince Hori...

– Lorsque je voudrai ton opinion, je te la demanderai, coupa sèchement Kâemouaset. Dois-je te répéter tes instructions ?

– Oui, fit Ptah-Seankh d'un ton ferme. Je crois que cela vaudrait mieux, Votre Altesse. »

Il espère que les mots vont m'impressionner et m'amener à changer d'avis, se dit Kâemouaset. Ce que je fais me terrifie, mais j'irai jusqu'au bout. Il répéta ses ordres avec lenteur sous le regard incrédule de son scribe, puis le renvoya. Ptah-Seankh s'inclina et parut vouloir ajouter quelque chose, mais il se ravisa et quitta la pièce à reculons. Voilà, pensa Kâemouaset en écoutant les bruits assourdis qui lui parvenaient du jardin, en l'espace de quelques heures, j'ai trahi mes enfants et me suis avili. Mais je garde Tbouboui. J'ai transgressé la loi de Maât et je m'en préoccuperai plus tard. Pour l'instant, je vais aller lui annoncer que notre fils ne risque plus rien. Son regard s'éclairera, elle m'effleurera le visage d'une caresse et je saurai que j'ai pris la bonne décision, la seule décision possible.

Pourtant, il ne bougea pas. La voix des jardiniers s'éteignit, remplacée par des piaillements d'oiseaux, une chanson fredonnée par un serviteur, les accents stridents de Wernouro qui adressait des reproches à quelque esclave malchanceux. La bonne décision, se répétait Kâemouaset sans la moindre émotion. La seule. Il était incapable de bouger.

De l'autre côté de la porte, Ptah-Seankh essayait de mettre de l'ordre dans ses pensées. Il savait que le garde le regardait avec curiosité et qu'il aurait dû s'éloigner, mais il était paralysé. Le prince a perdu l'esprit, se disait-il, l'esprit en désarroi. Que dois-je faire ? Mon premier devoir est pourtant de lui obéir en tout. Oh, père qu'aurais-tu fait à ma place ? Je ne suis qu'un apprenti ici, un simple étudiant, en dépit de ma situation privilégiée. Je suis bien incapable de juger mon maître, et pourtant... Comment me résoudre à un tel acte ? Faut-il que j'aille tout raconter à la princesse ? Je ferais bien mieux d'obéir et de me mêler de ce qui me regarde. Je suis un nouveau venu dans cette maison et je dois tout à la réputation de mon père. La mienne reste à bâtir. Mais l'infamie que la seconde épouse l'avait contraint à commettre empoisonnait sa conscience. Les dieux lui offraient peut-être la possibilité de se racheter, de réparer sa faute. Le prince avait beau être libre d'inclure les clauses de son choix dans son testament, Ptah-Seankh avait l'absolue certitude que les modifications qu'il souhaitait y apporter étaient condamnables. Oh ! Thot, toi qui guides avec sagesse la main et l'esprit du vrai scribe, inspire-moi ! pria-t-il.

Lorsque le scribe se décida enfin à s'éloigner, il croisa Antef dans le couloir. Il y vit un signe et, saluant le serviteur du prince Hori, lui demanda où se trouvait son maître. Antef répondit d'un ton bref qu'il l'ignorait. Ptah-Seankh se mit à sa recherche. Une heure plus tard, alors qu'il commençait à désespérer, il rencontra Sheritra, une jatte de lait à la main.

« Bonjour, Ptah-Seankh, dit-elle. J'espère que tu t'habitues à notre maison et que père ne t'accable pas trop de travail.

– Je suis très heureux de servir dans cette auguste demeure, Votre Altesse, répondit le scribe en s'inclinant. Puis-je vous demander si vous avez vu votre frère ? Je l'ai cherché partout et il faut absolument que je lui parle.

– S'il n'est pas dans la maison, il doit être près du débarcadère. Est-ce d'une importance vitale, Ptah-Seankh ? »

Il acquiesça de la tête.

« Dans ce cas, je vais te l'envoyer. Mais il faut d'abord que je donne à manger aux serpents domestiques. Va l'attendre dans ses appartements. »

Ptah-Seankh obéit, la main toujours crispée sur le rouleau.

Il attendit longtemps et, en voyant l'heure de la sieste arriver, il pensa avec regret à son lit mais, aussi patient que résolu, il resta debout dans l'antichambre du prince sous l'œil attentif de l'intendant.

Hori entra enfin et s'avança vers Ptah-Seankh, un sourire aux lèvres. Son pagne froissé semblait taché de boue et il ne portait aucun bijou, pas même une amulette. Le scribe se dit pourtant que rien ne parvenait à déparer son extraordinaire beauté.

« Tu voulais me voir ? demanda Hori.

– Oui, Votre Altesse, mais je préférerais vous parler en particulier. » Hori renvoya son intendant d'un geste de la main, puis, lorsque la porte se fut refermée sur lui, offrit du vin à Ptah-Seankh qui refusa. « La fin d'un grand cru, commenta-t-il après s'être généreusement servi. Mon oncle n'est peut-être plus qu'un simple nobliau, mais les vignobles dont il s'occupe donnent le vin le plus royal d'Égypte. Que veux-tu, Ptah-Seankh ?

– Je compromets probablement ma carrière en commettant un acte que Votre Altesse pourrait fort bien considérer comme une trahison, dit le jeune homme. Mais je suis dérouté, bouleversé et ne sais que faire d'autre. »

Hori se redressa. Une lueur de curiosité passa dans ses yeux et ses paupières battirent plusieurs fois. Ptah-Seankh pensa fugitivement que n'importe quelle femme lui aurait envié ses longs cils noirs.

« Tu es tiraillé entre des devoirs contradictoires, dit Hori avec lenteur. Réfléchis bien avant de parler, Ptah-Seankh. Tu es le serviteur de mon père, pas le mien.

– J'en ai parfaitement conscience, Votre Altesse, mais votre père m'a chargé d'une tâche qu'il m'est impossible d'accomplir sans vous en informer. J'aime votre père, poursuivit-il avec franchise. Il est le bienfaiteur de ma famille depuis de nombreuses années. Je ne trahis pas sa confiance d'un cœur léger. »

Hori l'écoutait maintenant avec un vif intérêt. Il en avait oublié sa coupe de vin qu'il caressait néanmoins d'une main distraite. « Parle, ordonna-t-il.

– Voici le testament du prince Kâemouaset, dit le scribe en lui montrant le rouleau. Ce matin, il m'a demandé de le modifier. Il veut déshériter votre sœur et vous-même en faveur de l'enfant à naître de dame Tbouboui. »

La main d'Hori s'immobilisa. Ses yeux avaient l'éclat dur de l'agate. « Tbouboui est enceinte ? murmura-t-il. Tu en es sûr ?

– C'est ce que m'a dit Son Altesse et les modifications qu'il souhaite opérer dans son testament le confirment. Oh ! Pardonnez-moi, prince ! Pardonnez-moi ! Je ne pouvais pas me taire ! On vous a déshérité ! Je ne sais pas quoi faire ! »

Hori garda le silence. Il se renversa dans sa chaise et se mit à caresser sa coupe d'un mouvement sensuel et mécanique.

« Déshérité, répéta-t-il enfin d'un ton pensif. J'aurais dû m'y attendre. Mon père est si entiché d'elle qu'il est devenu aveugle et sourd à tout le reste. Il en a perdu l'esprit. » Il éclata d'un rire dur où Ptah-Seankh crut percevoir plus que la douleur d'avoir été trahi. « Quant à toi, scribe, je te renverrais sur-le-champ si tu étais à mon service. Tu es indigne de confiance et dépourvu de principes. »

Ptah-Seankh avait la gorge si serrée qu'il eut du mal à parler. « S'il ne s'était agi que du testament, j'aurais fait ce qu'on m'ordonnait sans trahir mon maître, dit-il enfin. Mais il y a autre chose. » Il déglutit et tomba à genoux. « J'ai commis une terrible faute, Votre Altesse. »

Hori se pencha vers lui, une expression soucieuse sur le visage, et le força à accepter une coupe de vin. Ptah-Seankh la vida d'une main tremblante, mais le breuvage pourpre lui donna du courage. « Je crois que tu devrais tout me dire », conseilla le prince. Le scribe s'exécuta de bonne grâce. Il avait l'impression de vider un abcès.

« La veille de mon départ pour Koptos, dame Tbouboui m'a fait appeler, commença-t-il. Elle m'a dicté une lettre pour votre père. Celle-ci indiquait tout ce que je devais découvrir sur ses origines au cours de mes recherches, ces mêmes recherches qu'effectuait mon père lorsqu'il est mort. Ce n'étaient que des mensonges, prince ! J'ai protesté, mais elle a menacé de me discréditer et de me faire renvoyer si je n'obéissais pas. » Ptah-Seankh rassembla enfin assez de courage pour soutenir le regard d'Hori. « Mon père travaillait pour le prince depuis de nombreuses années, poursuivit-il. Il aurait été cru ou au moins écouté. Je ne suis qu'un jeune scribe qui n'a pas encore fait ses preuves... J'ai accepté. »

Le prince s'approcha à le toucher et, avec un frisson de peur, Ptah-Seankh contempla son visage altéré par l'émotion au point d'en paraître presque inhumain. « Es-tu en train de me dire que Tbouboui t'a dicté le résultat de tes recherches ? dit Hori d'une voix étranglée. Qu'elle t'a indiqué ce qu'il fallait faire lire à mon père à ton retour de Koptos ? » Le scribe approuva de la tête d'un air malheureux. « Et tu t'es contenté d'attendre la date du retour sans même mettre les pieds dans les bibliothèques de cette ville ?

– Oui. J'en ai terriblement honte, Votre Altesse, mais j'avais très peur. J'espérais que ce serait sans importance. Votre père est très épris de cette dame... »

D'un geste plein de violence, Hori lui ordonna de se taire. Il était si près de Ptah-Seankh que celui-ci sentait son souffle sur son visage. Peu à peu, son expression perdit cependant de sa sauvagerie pour devenir douloureuse et perplexe à la fois. « Pourquoi ? murmura-t-il. Pourquoi ? Si elle n'est pas de vieille noblesse, alors qui est-elle ? Une paysanne, une vulgaire prostituée ou même une danseuse ne pourrait avoir son éducation et ses talents de société. Que cache-t-elle ? » Il vida son verre d'un trait et se leva. « Viens, Ptah-Seankh, dit-il en arrachant le rouleau des mains du scribe. Nous allons voir mon père.

– Non, je vous en prie, Votre Altesse ! protesta Ptah-Seankh avec véhémence. Je vous ai parlé pour me décharger d'un fardeau, pour avoir votre avis, mais le prince me renverra sur-le-champ s'il apprend ce que j'ai fait !

– Tu vas devoir en courir le risque, répliqua Hori d'un air sombre. Raconte-lui ton histoire et implore sa clémence. Je ne peux pas accepter que l'on spolie Sheritra de sa dot et moi de mon héritage. Et puis ne te sentiras-tu pas mieux lorsque tu lui auras avoué la vérité ? » Il se dirigea vers la porte et Ptah-Seankh le suivit, le cœur serré.

Hori aborda Kâemouaset alors que, accompagné de Tbouboui, il s'apprêtait à entrer dans la salle de réception pour le déjeuner. Il salua son fils avec amabilité, mais son sourire s'effaça lorsqu'il aperçut Ptah-Seankh et le rouleau. « Qu'y a-t-il ? demanda-t-il d'un ton sec.

– Il faut que je te parle immédiatement, répondit Hori. Et seul. Allons dans le jardin.

– Cela ne peut pas attendre ? objecta Kâemouaset. Tbouboui a faim.

– Eh bien, qu'elle aille manger. C'est urgent. »

Les deux époux échangèrent un regard inquiet. « Demande à Noubnofret de retarder le repas », dit Kâemouaset en l'embrassant.

Tbouboui s'éloigna et, suivi d'Hori et de Ptah-Seankh, Kâemouaset gagna un endroit isolé du jardin que d'épais buissons séparaient de l'allée. « Eh bien ! jeta-t-il d'un ton rude. De quoi s'agit-il ? »

En guise de réponse, Hori brandit le rouleau. « Tu le

reconnais ? demanda-t-il d'une voix que la colère faisait trembler. Explique-moi comment tu peux détruire ma vie et compromettre l'avenir de Sheritra sans même en perdre l'appétit !

– Tu as trahi ma confiance, dit Kâemouaset en se tournant vers le scribe. Tu es renvoyé. »

Ptah-Seankh pâlit. Il s'inclina sans mot dire et se détourna pour s'éloigner.

« Pas si vite ! s'exclama Hori en le retenant par le bras. Tu changeras peut-être d'avis lorsque tu auras entendu le reste, père. Ce n'est pas Ptah-Seankh qui est indigne de ta confiance, mais ta précieuse Tbouboui. Parle, scribe ! »

L'homme tomba à genoux et raconta son histoire d'une voix défaillante. L'air courroucé du prince céda progressivement la place à une expression incrédule et, lorsque Ptah-Seankh se tut, il se tourna vers son fils qu'il foudroya du regard en serrant les poings.

« Je n'ai jamais entendu fable plus infâme, fit-il d'une voix sourde. Tu vas pourtant la redire, scribe, mais en présence de Tbouboui cette fois. Garde ! » La sentinelle postée sur le sentier s'approcha. « Va chercher dame Tbouboui ! ordonna Kâemouaset. Elle est dans la salle de réception. Je savais que tu ne l'aimais pas, reprit-il à l'adresse de son fils. Mais je ne t'aurais pas cru capable de ce genre de machinations. Quant à toi... » Sans avertissement, il gifla Ptah-Seankh à la volée. « Les paroles que tu vas bientôt répéter seront les dernières que tu prononceras dans cette maison.

– Tu nous a déjà jugés, n'est-ce pas, père ? murmura Hori, abasourdi. Il t'est impossible de nous croire. Tu penses que j'ai obligé Ptah-Seankh à mentir, que nous complotons contre Tbouboui. Tu es entièrement en son pouvoir.

– Silence ! » hurla Kâemouaset. Hori obéit en se mordant la lèvre. Il jeta un regard compatissant au scribe, puis fixa le sol.

Un instant plus tard, les buissons s'écartèrent et Tbouboui apparut, le sourire aux lèvres. Sa robe rouge moulait étroitement ses hanches et sa chevelure noire chatoyait sous le soleil. « Tu voulais me voir, Kâemouaset ? » dit-elle en s'inclinant devant lui.

Sans lui répondre, il se tourna vers le scribe et lui ordonna de parler. Toujours agenouillé, Ptah-Seankh obéit en tremblant, le visage livide. Hori qui ne quittait pas Tbouboui des yeux admira malgré lui son impeccable sang-froid. Elle manifesta d'abord un intérêt poli qui céda la place à un air incompréhensif, puis peiné, et, lorsque Ptah-Seankh se tut enfin, des larmes perlaient à ses paupières.

« Oh ! Hori ! s'écria-t-elle, des sanglots dans la voix. Comment as-tu pu ? Je n'aurais rien dit. Je t'aurais conservé mon amitié. Pourquoi n'as-tu pas oublié ta jalousie pour te réjouir du bonheur de ton père et du mien ? Tu m'es aussi cher que mon propre fils. Pourquoi chercher à me nuire ? » Elle enfouit son visage entre ses mains, aussitôt enlacée par Kâemouaset.

Malgré sa consternation, Hori eut envie d'applaudir. Il n'avait jamais vu plus beau numéro d'acteur. Comme un enfant naïf, il avait fait son jeu et ne pouvait s'en prendre qu'à lui-même. « Tu n'aurais rien dit ? répéta Kâemouaset, le sourcil froncé. Qu'entends-tu par là, Tbouboui ?

– Oh ! Rien, mon amour ! s'écria-t-elle en pleurant de plus belle. Rien, je te le jure ! Ne punis pas Hori, je t'en prie. Il est simplement... » Elle s'interrompit, hésitante.

« Il est quoi ? insista Kâemouaset d'un ton pressant. Que s'est-il passé dans cette maison ? Je t'ordonne de me répondre, Tbouboui ! »

Elle posa une main sur sa bouche, puis se tourna vers Hori à qui elle jeta un regard si plein de commisération que, l'espace d'un instant, il douta de lui et de Ptah-Seankh. Mais il se rappela l'accent de sincérité du scribe et la décision de son père – de son propre père ! – de le déshériter. « Espèce de garce », murmura-t-il, et il lui sembla voir passer une lueur moqueuse dans son regard. Puis, en manifestant la plus grande réticence, elle obéit à Kâemouaset.

« Hori est jaloux de toi, mon amour, fit-elle d'une voix tremblante. Je sais depuis longtemps qu'il me voulait pour femme. Il me l'a avoué avant que tu ne m'aies proposé un contrat de mariage, mais j'étais déjà éprise de toi et je le lui ai dit avec beaucoup de ménagements. Depuis, cet engouement d'adolescent s'est mué en haine et il essaie de me perdre. Oh ! Ne lui en veux pas, Kâemouaset ! ajouta-t-elle d'un ton implorant. Nous savons tous deux que la passion pousse parfois à des actes déraisonnables. Ne le punis pas, je t'en supplie ! »

Kâemouaset l'écoutait avec stupeur, le visage de plus en plus sombre. Lorsqu'elle se tut, il s'arracha à ses bras et se précipita vers Hori. Un court instant, celui-ci crut que son père allait le frapper et il eut un mouvement de recul. Mais Kâemouaset se maîtrisa.

« Espèce de gamin vicieux ! hurla-t-il. Voilà donc pourquoi tu lui rendais secrètement visite. Tu convoitais la fiancée de ton père ! Tu comptais sur ta beauté pour la séduire ! Si elle n'avait pas imploré ma clémence, je te chasserais immédiatement de cette maison. Je t'interdis désormais de partager nos repas et je ne veux plus entendre le son de ta voix. Tu as compris ? »

Derrière le visage furieux de son père, Hori apercevait celui de Tbouboui. Elle lui souriait ouvertement. Il se rendit alors compte que le scribe était parti. « Oh oui ! Je comprends, dit-il avec lenteur. Je comprends très bien. Mais si tu crois que je vais te laisser me déshériter en faveur de l'enfant de ce démon, tu te trompes, père. Je te félicite de ta fécondité, ajouta-t-il en saluant Tbouboui. Puisse-t-elle vous apporter beaucoup de bonheur à tous deux ! » Et, jetant le rouleau par terre, il s'éloigna à grands pas.

Hori marcha la tête haute et le dos droit jusqu'à ce qu'il fût certain qu'ils ne pouvaient plus le voir, puis il pénétra dans un épais bosquet et se jeta sur le sol. Il resta là longtemps, incapable de pleurer, frappé de stupeur, revoyant l'expression furieuse de son père et, avec plus de vivacité encore, les moindres détails de la comédie parfaite jouée par Tbouboui. Il avait soif de vin ; il voulait boire et boire encore. Il finit par se lever pour se diriger avec précaution vers l'entrée principale de la maison. La porte était ouverte comme d'habitude. Les trois serviteurs postés là en permanence se prosternèrent à son passage.

A l'exception des domestiques qui débarrassaient les tables, la salle de réception était vide. L'odeur de la nourriture donna la nausée à Hori. Il chercha une jarre de vin intacte, en brisa le cachet de cire et, après en avoir bu une généreuse rasade, ressortit. C'était l'heure de la sieste ; un silence étouffant enveloppait la maison et les jardins. Hori se dirigea vers le débarcadère et se retrouva bientôt dans son refuge secret, près du fleuve. Je vais me soûler, se dit-il, me soûler à en perdre conscience. Je te hais, père, mais je déteste encore plus la putain sans scrupules que tu as épousée.

Il but avec application tout au long de l'après-midi, mais on aurait dit que le vin se répandait dans son corps et ressortait par les pores de sa peau sans l'affecter. Il demeurait parfaitement lucide et, bien avant de jeter la jarre vide dans les buissons et de regagner l'allée, il avait décidé de ce qu'il ferait.

La maison des concubines semblait déserte, mais Hori savait qu'elle ne le resterait pas longtemps. La sieste avait pris fin. Des femmes ne tarderaient pas à sortir pour aller se baigner ou courir les marchés de la ville. Hori supposait qu'après avoir passé ces heures auprès de Tbouboui, son père avait dû la quitter pour s'acquitter de ses tâches de l'après-midi. Il s'approcha de la porte et, saluant aimablement le Gardien, demanda à être admis. L'homme voulut connaître la raison de sa visite et, lorsque Hori lui dit que Tbouboui, la seconde épouse, l'avait invité à venir passer un moment en sa compagnie, il s'écarta en le saluant. « Veille à ce qu'on ne nous dérange pas, ordonna Hori. Dame Tbouboui a été si occupée ces derniers temps que nous n'avons guère eu le loisir d'apprendre à nous connaître. Je lui suis reconnaissant de m'accorder cette heure. » Lorsqu'elle dira à père que le Gardien m'a laissé entrer, il va certainement le renvoyer, se dit-il en se dirigeant vers l'appartement de Tbouboui. Eh bien, tant pis! Il n'y a pas d'autre solution. Après avoir fait signe à la servante postée devant la porte de se taire, il frappa et entra aussitôt.

Une lumière dorée baignait la pièce. Malgré les ouvertures du toit qui capturaient un peu d'air, Hori sentit l'odeur de transpiration de son père en s'approchant du lit défait. Tbouboui n'avait pas dû bouger depuis son départ. Un drap froissé négligemment jeté en travers des reins, les cheveux emmêlés et la peau moite, elle regarda Hori sans manifester le moindre étonnement.

« Eh bien, Hori, dit-elle avec un sourire paresseux en remontant sans hâte le drap sur ses seins, que veux-tu ?

– Je veux savoir pourquoi tu as épousé mon père, qu'à mon avis tu n'aimes pas du tout, alors que tu aurais pu m'avoir pour mari. J'ai l'impression que tu préférerais la chair fraîche à un vieillard qui lutte contre l'emprise du temps.

– Je ne qualifierais pas vraiment Kâemouaset de vieux, objecta-t-elle avec ce même sourire alangui. Et être son épouse présente certains avantages. Fortune, influence, titre...

– Il y a autre chose, fit Hori d'un ton songeur. J'aurais pu te donner tout cela en temps voulu, et tu le savais. Cela étant, pourquoi lui avoir donné de fausses informations par l'intermédiaire de Ptah-Seankh ? Est-ce qu'il n'y aurait rien à trouver à Koptos ?

– A moins qu'il n'y ait là-bas des choses qui dépassent ton imagination, dit-elle d'un ton suave. As-tu pensé à cela, mon bel Hori ? Des choses que ton esprit ne peut concevoir. Oh! Je ne pouvais pas courir le risque que Kâemouaset découvre la vérité. Pas encore. » Elle se redressa d'un mouvement plein de grâce et de séduction.

« Mais il la connaîtra, affirma Hori. Je compte partir pour Koptos demain. Je te confondrai avant que tu n'aies pu le détruire. »

Tbouboui eut un rire méprisant. « Que tu es beau quand tu es en colère ! fit-elle. Et penses-tu qu'il croira un mot de ce que tu lui diras après ce qui s'est passé aujourd'hui ? Tu peux fouiner à ta guise dans Koptos, prince. Tu perds ton temps. Kâemouaset n'écoute plus que moi. »

J'ai envie de la tuer, pensa Hori. J'ai envie de mettre mes mains autour de son joli petit cou et de serrer jusqu'à ce qu'elle arrête de rire, jusqu'à effacer de son visage ce sourire moqueur, supérieur...

Le sourire de Tbouboui s'élargit encore. « Mais tu ne peux pas me tuer, n'est-ce pas, mon doux Hori ? Oh oui ! Je vois à ton expression que tu en meurs d'envie. Aimerais-tu me faire l'amour à la place ? » Elle laissa tomber sur le sol le drap qui la couvrait et lui ouvrit les bras. « Aimerais-tu avoir ce dont ton père jouit tous les jours ? Je pense souvent à toi lorsqu'il gémit et ahane sur moi, tu sais.

– Tu es ignoble », souffla-t-il, tremblant d'horreur et de rage. Mais ses paroles avaient également fouetté son désir, ce désir qui lui était plus familier que la colère, ce vieil ami avec qui il vivait depuis tant de mois.

Elle se renversa en arrière, les yeux mi-clos, les reins cambrés. « Viens, jeune Hori, murmura-t-elle. Fais-moi l'amour. »

Il se jeta sur elle avec un cri rauque. Il voulait la précipiter sur le sol, la piétiner mais, au lieu de cela, il la couvrit de baisers brûlants. Elle se mit à gémir ou à rire, il n'aurait su le dire, et ses mains se nouèrent autour de son cou, glissèrent vers sa taille, descendirent encore plus bas... Frénétiquement, il chercha à se dégager, à la repousser, mais ses mains se refermèrent sur ses seins, agrippèrent ses cuisses et ils s'abattirent ensemble sur le lit. Il lui était aussi impossible de maîtriser son désir que de cesser de respirer, et pourtant il la haïssait et se méprisait.

Il la prit avec violence en martelant le matelas du poing et éjacula très vite, dans un grand frisson. « J'aime ça, murmura Tbouboui à son oreille alors qu'il s'effondrait sur elle. Oh oui ! » Il s'écarta en poussant un cri et roula à bas du lit. « Rien ne vaut un sang jeune et ardent, continua-t-elle. Reviens vite me réchauffer, prince. Je ne crois pas que tu seras capable de refuser. Qu'en penses-tu ? »

Il gagna la porte en vacillant. L'atmosphère de la pièce l'oppressait ; il suffoquait. Pris de panique, il chercha le loquet à tâtons et se précipita dans le couloir sous l'œil étonné de la servante. Quelques pas encore, et il était dehors. Haletant, plié en deux, il quitta l'ombre du portique pour la lumière éblouissante du soleil. Le Gardien courut derrière lui. « Vous vous sentez mal, prince ? » cria-t-il. Hori ne s'arrêta pas. Ses yeux s'habituaient à la lumière, moins aveuglante qu'il ne l'avait cru. Râ se couchait et teintait les jardins de rose.

Il se força à marcher et à franchir calmement l'espace qui le séparait des cuisines. La fumée des réchauds et l'odeur du plat de viande commandé par sa mère pour le repas du soir lui soulevèrent le cœur. Un intendant préparait les plateaux qui, chargés de mets et de fleurs, seraient emportés dans la salle de réception. Il ne reconnut pas tout de suite le prince et s'inclina gauchement, pris au dépourvu. Hori prit un bol qu'il remplit de pain, de grenades, de poireaux crus, de dattes et de pommes tandis que l'homme le regardait faire, bouche bée.

Hori regagna ensuite ses appartements. La vague de dégoût et de honte qui l'avait submergé refluait et il retrouvait un peu de lucidité. Assis devant sa porte, Antef jouait distraitement aux dés. Il se leva en voyant son ami et le dévisagea d'un air incertain. Hori lui fit signe d'entrer. « Ferme la porte », ordonna-t-il en posant le bol près de son lit. La seule pensée de la nourriture lui donnait la nausée, mais il se disait qu'il en aurait peut-être besoin plus tard. « Apporte-moi cette palette », ajouta-t-il en désignant l'objet, posé à côté de la table de travail. Un court instant, il pensa au jeune homme aimable et insouciant qu'il avait été, mais l'image n'avait aucune réalité. « Peux-tu prendre un message, Antef ?

– Bien sûr, répondit celui-ci en s'asseyant aussitôt en tailleur. Il y a un papyrus tout prêt dans la palette, et je crois que l'encre est suffisamment fraîche. A qui dois-je l'adresser ?

– A mon grand-père Ramsès. N'oublie aucun de ses titres ; il est très pointilleux là-dessus. Ensuite, tu écriras : " De la part de ton petit-fils loyal et obéissant, le prince Hori, salut ! Je t'implore de te préoccuper d'une affaire familiale qui cause beaucoup d'inquiétude à ta petite-fille, la princesse Sheritra, et à moi-même. J'ai appris que récemment, et en grand secret, notre père, le prince Kâemouaset, nous avait déshérités tous les deux en faveur de l'enfant à naître de sa seconde épouse, dame Tbouboui.

J'ai également de bonnes raisons de croire que ladite dame Tbouboui a menti à mon père concernant ses origines et ne devrait pas être mariée à un prince du sang. Ma détresse est grande, Tout-Puissant, et j'implore de nouveau ton assistance dans cette affaire. Je souhaite à Sa Majesté vie, santé et prospérité... " Eh bien, qu'attends-tu ! jeta-t-il à Antef qui le dévisageait d'un air incrédule. Finis donc, que j'appose mon sceau ! » Antef se ressaisit et son roseau gratta de nouveau le papyrus. Puis il le présenta à Hori qui pressa sa bague sur la cire chaude.

« Est-ce vrai ? dit Antef. Le prince vous a vraiment déshérités ?

– Oui, répondit Hori d'un ton bref.

– Dame Tbouboui... C'est d'elle que tu es amoureux, n'est-ce pas ? » fit Antef, consterné.

Hori ne lui demanda pas pardon de l'avoir délaissé et ignoré pendant des mois. Il se contenta de lui tendre la main et, au bout de quelques instants, Antef la prit. « Je l'aime, mais elle ne mérite l'affection d'aucun membre de cette famille, dit-il d'un air sombre. Je te raconterai tout lorsque nous serons en route pour Koptos, Antef.

– Koptos !

– Oui. Demande aux serviteurs de faire nos bagages. Il faut que je dorme. Je suis à bout de forces. Nous partirons demain matin. »

Antef le regardait, manifestement désorienté. « Ton père est au courant ?

– Non, et je n'ai pas l'intention de l'informer. De toute façon, il ne veut plus jamais me revoir. Fais ce que je te dis. Je te retrouverai au débarcadère une heure avant l'aube. Ah ! J'oubliais... Donne ce rouleau à un héraut – un serviteur de la maison, pas un des messagers personnels de Kâemouaset. Qu'il parte immédiatement pour Pi-Ramsès. Allez, va ! » Antef haussa les épaules, lui adressa un sourire hésitant et quitta la pièce.

Voilà, cela a commencé, se dit Hori qui, brusquement affamé, se mit à dévorer le contenu du bol. Lorsque je reviendrai de Koptos avec la preuve que Tbouboui a menti, elle regrettera d'avoir jamais vu le jour. Il sentait déjà sur ses lèvres le goût délicieux de la vengeance quand une autre saveur lui revint en mémoire, celle, un peu salée, de la peau de Tbouboui. Il ferma les yeux et poussa un gémissement.

Hori ne se rendit pas dans la salle de réception à l'heure du dîner. Il marcha de long en large en écoutant les bribes de musique qui parvenaient jusqu'à sa chambre et auxquelles se mêlait parfois le rire de Tbouboui. Puis il appela son serviteur et fit quelques parties de zénet qu'il gagna.

Plus tard, lorsque le silence eut enveloppé la maison, Hori quitta ses appartements et se dirigea vers ceux de Sheritra. Il aurait préféré qu'on ne le vît pas, mais il était impossible d'éviter les gardes postés au bout de chaque couloir.

Bakmout lui ouvrit la porte et Sheritra sortit aussitôt de sa chambre à coucher. Enveloppée dans une chemise blanche, les cheveux dénoués et le visage sans fards, elle paraissait douze ans. Elle regarda son frère avec de grands yeux effrayés.

« Hori ! s'exclama-t-elle. Je sais que père et toi avez eu une terrible dispute. Il a dit à mère qu'il t'avait interdit toutes les réunions familiales, y compris les fêtes. Qu'est-ce que tu as bien pu faire ?

– Cela ne va pas te plaire, je te préviens. Pouvons-nous aller dans ta chambre ? »

En guise de réponse, Sheritra fit signe à Bakmout de s'installer près de la porte et retourna s'étendre sur son lit. Hori s'assit à côté d'elle, comme si souvent naguère en des occasions plus heureuses.

Il lui raconta tout, commençant par les aveux de Ptah-Seankh pour finir par sa décision de se rendre à Koptos. Sheritra l'écouta, le visage de plus en plus sombre. Lorsqu'il lui parla de sa visite à Tbouboui, sans rien en omettre, elle sursauta et chercha sa main, mais le laissa finir sans l'interrompre.

« Si quelqu'un d'autre que toi me racontait cette histoire, je ne le croirais pas, dit-elle enfin. Avoue quand même que cela ne tient pas debout. Si elle a épousé père pour ses titres et sa fortune, pourquoi risquer de les perdre en se jetant dans tes bras ? De plus, père a toujours été fou d'elle. Il l'aurait épousée même si elle avait été la plus célèbre prostituée de Memphis. Alors pourquoi tant de secrets ? Pourquoi ne lui a-t-elle pas dit la vérité dès le début ?

– Quelle vérité ? fit Hori d'un ton las. J'ai l'impression qu'elle est de bonne noblesse comme elle le dit. Mais elle cache quelque chose, quelque chose de très grave, et je compte bien découvrir ce que c'est. Tu diras à père où je suis allé et pourquoi – je ne veux pas que mère et lui s'inquiètent –, mais attends une bonne semaine. »

Elle acquiesça. « Harmin se doute-t-il de la véritable personnalité de sa mère ? s'interrogea-t-elle à haute voix. Oh ! Je voudrais me fiancer maintenant, avant que tu ne nous rapportes à tous de mauvaises nouvelles!

– Écoute-moi, Sheritra, dit Hori d'un ton pressant. Ne te fiance pas avant mon retour. Cesse de harceler père pendant quelque temps, je t'en prie! Il y va de ton propre intérêt. Qui sait ce que je vais découvrir sur eux tous?

– Je veux Harmin! s'écria-t-elle avec colère. Il y a si longtemps que j'attends! Je le mérite. D'ailleurs il vaudrait mieux que je l'épouse pendant que père est encore en vie et ma dot intacte.» Puis, brusquement, elle fondit en larmes. «Oh! Hori! Il n'aurait jamais agi ainsi s'il nous aimait. Ça fait si mal!

– Je sais, Petit Soleil, murmura-t-il. Mais ne dis pas que père ne nous aime pas. Avant que Tbouboui ne l'ensorcelle, il nous aimait plus que tout au monde. Elle est en train de le détruire et nous devons le sauver. Allons, ne pleure plus. Tu dois te montrer courageuse, j'en ai besoin. J'ai écrit à grand-père et j'espère qu'il interviendra mais, de toute manière, il faut que tu sois ici à mon retour, car je me rendrai directement dans tes appartements. Prie pour moi en mon absence.»

Elle l'étreignit et lui baisa le cou et les lèvres.

«J'aimerais faire davantage que prier pour toi, Hori! Tout cela est si terrible!

– Guette la lettre de grand-père, lui rappela-t-il en se dégageant avec douceur. Et essaie de plaider ma cause auprès de père. Ne laisse pas Tbouboui le monter encore davantage contre moi.

– Que la plante de tes pieds soit ferme», murmura-t-elle en utilisant la formule traditionnelle d'adieu. Hori lui sourit avec une assurance qu'il était loin d'éprouver, puis Bakmout le raccompagna jusqu'à la porte. Il regagna ses appartements et se laissa tomber sur son lit avec un soupir d'aise.

Antef le réveilla une heure avant l'aube. «Je me suis dit que tu aurais certainement oublié de prévenir ton serviteur, expliqua-t-il en souriant.

– Ce ne serait pas la première fois, hein? fit Hori, heureux qu'Antef lui soit fidèle malgré ces mois où il l'avait négligé. Merci, mon ami.

– Ta barque est prête, dit Antef. Je suppose qu'il me faudra être à la fois ton cuisinier, ton intendant et ton valet pendant la durée du voyage.

– Et mon scribe aussi, ajouta Hori. Attends-moi au débarcadère, Antef. J'y serai dans un instant.»

Son serviteur personnel était réveillé et, tout en le suivant jusqu'à la salle d'eau, il fut frappé d'un brusque pressentiment. Ralentissant le pas, il parcourut d'un regard attendri et nostalgique le cadre familier qui l'entourait. La vie était belle, pensa-t-il avec tristesse, et il se remémora soudain Nefert-Khay, sa vitalité et son impertinence, son jeune corps ruisselant d'eau. Je regrette de ne pas lui avoir fait l'amour, se dit-il. J'aurais au moins emporté le souvenir d'un acte sain et régénérant pendant ce périlleux voyage. « Prince ? » fit poliment son serviteur et, s'arrachant à sa songerie, Hori monta sur la dalle de pierre. Il ne faut pas que je pense au passé, se dit-il avec détermination. Cela ne sert à rien. A rien du tout.

Une heure plus tard, lavé, portant une jupe propre, son pectoral favori et l'amulette la plus puissante qu'il ait pu trouver, il traversait le jardin nord pour se rendre au débarcadère. Des domestiques vaquaient à leurs occupations matinales et préparaient le premier repas de la journée, mais Hori savait qu'aucun membre de sa famille n'était levé. Le nouveau bâtiment jetait une ombre fraîche sur les plates-bandes encore nues. Plusieurs gardes le saluèrent au passage.

Il avait presque dépassé la nouvelle construction lorsqu'une silhouette quitta l'abri d'un mur et se dirigea vers lui. Il continua à marcher, certain qu'il s'agissait d'un domestique, puis reconnut soudain Tbouboui. Elle venait manifestement de quitter son lit et s'était enveloppée de la tête aux pieds dans un fin manteau blanc d'été à capuchon qui lui donnait un aspect fantomatique. Furieux, Hori voulut l'éviter, mais elle lui saisit le bras. Il se dégagea avec violence.

« Que me veux-tu ? demanda-t-il sèchement.

– Je crois que tu ne devrais pas aller à Koptos. »

Il eut un sourire cynique. « Étant donné que je compte en rapporter des preuves qui te perdront, je comprends que tu ne le souhaites pas.

– C'est pour toi que je m'inquiète, Hori, fit-elle avec douceur. Koptos n'est pas un endroit salubre. On y tombe malade. On y meurt.

– Que veux-tu dire ? demanda-t-il en cherchant son regard.

– Rappelle-toi le sort de Penbuy, le scribe de ton père, murmura-t-elle. Prends bien garde qu'il ne t'arrive pas la même chose.

– Que sais-tu là-dessus ? » Elle continua à le fixer de ses yeux noirs insondables et, brusquement, il frissonna. Il entendit la voix de Sheritra : « Quelqu'un dans la maison de Sisenet a jeté un sort mortel... » Alors, il sut, il sut avec la plus absolue certitude.

« C'est toi, dit-il d'une voix altérée, frémissant d'horreur.

– Moi, quoi, prince ?

– Tu as jeté un sort à Penbuy ! Tu savais que ni l'argent ni les menaces n'auraient d'effet sur lui, qu'il accomplirait la tâche que lui avait confiée père envers et contre tout. Alors tu as fait appel à la magie noire pour le tuer ! De quoi t'es-tu servie, Tbouboui ? Que lui as-tu volé ? »

Un sourire sardonique erra sur ses lèvres. « Sa palette, répondit-elle. Un objet personnel particulièrement indiqué, tu ne trouves pas ? Sisenet la lui a dérobée un jour où il avait accompagné ton père chez nous. »

Hori avait envie de fuir. Le sol même sur lequel il se tenait lui semblait soudain malfaisant. « Eh bien, tu ne réussiras pas avec moi, fit-il d'un ton aussi assuré qu'il en fut capable. Mon père est le plus grand magicien d'Égypte. Il n'y a pas d'incantations plus puissantes que les siennes, et j'ai travaillé assez souvent avec lui pour connaître de nombreuses formules de protection. Un homme averti en vaut deux, Tbouboui. Je n'ai pas peur de toi.

– C'est vrai, dit-elle d'un ton suave. Je n'avais pas pensé à cela. Eh bien, si tu rentres en parfaite santé de Koptos, je suppose qu'il me faudra persuader ton père de te tuer. » Elle s'approcha de lui, si près que leurs bouches se frôlèrent. « Tu crois que c'est impossible, mon fier Hori ? Réfléchis-y. Kâemouaset fera tout ce que je lui demanderai. Je te souhaite un bon voyage. » Elle s'inclina, serra son manteau autour d'elle et s'éloigna.

Abasourdi, Hori resta immobile sous le soleil. C'est impossible, se dit-il. Père ne commettrait pas un acte aussi abominable. Il se condamnerait aux yeux des dieux ! Mais il t'a déjà déshérité, murmura une autre voix. A ta place, j'aurais quelques doutes, mon cher Hori. Il pivota sur ses talons. Tbouboui avait disparu.

Il se dirigea d'un pas lourd vers le débarcadère où sa barque l'attendait, se balançant à peine sur l'eau huileuse du fleuve. Lorsqu'il fut monté à bord, le capitaine lança un ordre et la passerelle fut enlevée. « Comme tu es pâle, prince ! s'exclama Antef lorsqu'il se laissa tomber à ses côtés sur le pont. Aurais-tu déjà commencé à boire ? » Hori fit signe que non, l'estomac soulevé, puis il se mit à parler. Il parla pendant une heure, et Antef ne l'interrompit pas une seule fois. La stupeur le rendait muet.

18

Regarde les demeures des morts!
Leurs murs s'effondrent;
Leur emplacement n'est plus;
C'est comme si elles n'avaient jamais existé.

Le voyage fut un véritable cauchemar pour Hori qui passa ses journées assis sur le pont, anxieux de parvenir à destination et pensant avec terreur à ce qu'il avait laissé derrière lui. Il se sentait seul et terriblement impuissant, car il se rendait compte que le salut de sa famille reposait sur ses seules épaules. L'homme bon et calme qu'avait été son père avait disparu et il laissait l'administration du pays sombrer dans un chaos qui pourrait bien sceller leur perte à tous; sa mère s'était enfermée dans sa douleur et Sheritra avait réagi égoïstement à ses révélations en prenant immédiatement la défense d'Harmin; il était clair que son monde se limitait désormais aux contours de son corps. Pourtant, cette situation pouvait encore être modifiée, même s'il paraissait difficile de panser toutes les plaies, et c'était à lui, Hori, que cette tâche incombait. Lui seul voyait la vérité, lui seul était capable d'agir, et l'écrasante responsabilité dont il s'était chargé lui semblait au-dessus de ses forces.

La beauté des paysages brûlés de soleil qu'ils traversaient le laissait indifférent. Antef, lui, passait de longs moments accoudé au bastingage à regarder les nuages de poussière soulevés par un groupe de vanneurs, les piles de briques de boue gardées par des enfants nus, ou la soudaine tache verte indiquant la propriété d'un noble que des esclaves irriguaient en permanence en manœuvrant les chadoufs. Hori remarqua toutefois que le bleu du ciel s'approfondissait et que le Nil grossissait légèrement. Très loin de là, à la source du fleuve, l'inondation avait commencé. Bientôt, le courant deviendrait plus rapide, plus puissant, et le Nil submergerait les champs, isolerait les temples, répandrait limon, branches cassées et animaux morts sur la terre égyptienne.

Hori avait l'impression confuse que cette crue se produisait aussi en lui, comme la montée inexorable d'eaux noires et effrayantes qui menaçaient de l'engloutir. S'il avait affirmé à Tbouboui s'y connaître en magie, c'était par pure bravade, car il ne s'y était jamais beaucoup intéressé et ignorait totalement comment se protéger de sorts marmottés dans l'obscurité ou d'épingles de cuivre enfoncées dans une figurine de cire. Il avait laissé tous ses biens à Memphis, n'importe qui pouvait s'emparer d'une bague, d'une jupe ou même d'un pot de khôl qu'il avait tenu entre ses mains. Une partie de lui-même se trouvait dans les choses qu'il portait ou maniait régulièrement, et c'est d'elle qu'on se servirait pour le tuer.

Lorsque la peur lui serrait brutalement la gorge, il avait envie de hurler à son capitaine d'accélérer l'allure, mais les marins qui peinaient déjà contre le courant ne pouvaient rien faire de plus. S'arrêter dans les temples et les sanctuaires qu'ils dépassaient n'aurait pas été plus utile. Outre qu'ils auraient perdu un temps précieux, Hori avait le sentiment désespérant que les dieux s'étaient détournés de sa famille. Il ignorait pourquoi. Tout ce qu'il savait, c'est que les immortels étaient sourds aux prières qu'il murmurait dans la lumière blanche du Sud.

Le jour vint enfin où la barque accosta lourdement sur la rive droite du Nil et, debout sur la terre ferme, Hori contempla Koptos. Il n'y avait pas grand-chose à voir. La ville était toujours le point de départ et d'arrivée des caravanes du désert, et une grande animation régnait dans les marchés, les entrepôts et les bazars. Mais, au-delà de la piste conduisant à la mer Orientale, la ville proprement dite rêvait, minuscule et paisible, irriguée par d'étroits canaux, et tachetée de petites palmeraies. C'est là qu'est la maison de Tbouboui, pensa Hori. « Va demander sur le marché où habite le maire, dit-il à Antef. Puis tu iras le trouver et lui demanderas de m'envoyer une litière. »

Il remonta dans la barque et écouta le brouhaha qui montait de la berge. Mais, peu à peu, il prit conscience d'autre chose, d'une absence de bruit. On aurait dit que Koptos avait fait alliance avec le silence profond et brûlant du désert. La rumeur des activités humaines était aussitôt assourdie, étouffée, un chevrotement défiant le néant inexorable et bien vite enseveli.

Antef revint peu après, suivi de quatre porteurs. « La nouvelle de ton arrivée a bouleversé le maire! cria-t-il. Il met sa maison sens dessus dessous pour toi. » Amusé, Hori oublia un instant sa peur.

Il monta dans la litière et, escorté d'Antef et de ses deux gardes, arriva bientôt dans le petit jardin du maire. Celui-ci l'attendait sur le seuil. C'était un homme de haute taille qui avait l'air paisible des êtres pleinement heureux. Il présenta toutefois ses respects à Hori avec une certaine nervosité.

« Quelle surprise, prince ! Si tu m'avais prévenu de ton arrivée, j'aurais pu t'accueillir convenablement. Combien d'hommes compte ta suite ? Les possibilités de logement...

– Je n'ai pas de suite, coupa Hori. Seuls mon serviteur Antef et deux gardes m'accompagnent. Je viens effectuer des recherches pour mon père.

– Mais je croyais que le prince Kâemouaset avait changé d'avis, fit le maire. Son nouveau scribe disait qu'il ne désirait plus ces informations. C'est bien triste ce qui est arrivé au père de ce jeune homme !

– En effet, répondit Hori. Quant au prince, il a de nouveau changé d'avis. Mais ne t'inquiète pas, je ne t'importunerai pas longtemps. »

On lui montra ses appartements – une petite chambre donnant sur le jardin – et il posta un garde devant la porte. Il lui fallut ensuite prendre des rafraîchissements avec le maire et sa famille. Après les habituels échanges de politesses, Hori demanda à son hôte s'il connaissait toutes les familles nobles des environs.

« L'Osiris Penbuy m'a posé la même question, répondit le maire avec un signe de tête affirmatif. Koptos est une petite ville et, bien qu'ils soient de naissance modeste, nos nobles ne voyagent pas beaucoup et ne vont pas se marier très loin. Certains n'ont leur titre que depuis quatre générations, d'autres descendent en ligne directe d'ancêtres si lointains qu'on en perd la trace. » Il jeta un regard de biais à Hori. « Mais j'ai beau tous les connaître, prince, je n'ai jamais entendu parler des trois personnes qui t'intéressent, poursuivit-il. Non plus que d'un domaine géré par un intendant dont le maître serait parti pour Memphis. Je ne peux que te conseiller d'aller interroger le bibliothécaire de la Maison de vie.

– Tu es certain que toutes les propriétés sont occupées par leur propriétaire ?

– Oui. Le désert nous cerne de près ici, prince, et les habitations sont regroupées en bordure du fleuve. Il n'y a qu'un domaine inhabité, mais il l'est depuis fort longtemps. Il ne reste guère de la maison que des murs en ruine, les débris d'une fontaine de pierre et un jardin envahi par le sable. La famille s'est éteinte, je crois, et la propriété est retournée à Pharaon. Je suppose que celle-ci ne présente guère d'intérêt pour lui et qu'il hésite à attribuer un bien aussi médiocre à un fonctionnaire méritant. » Il sourit et Hori se sentit pris de sympathie pour lui. « Koptos n'est pas vraiment le paradis des Bienheureux!

– On peut cependant y trouver la paix de l'esprit, dit Hori avec lenteur. J'aimerais aller voir cette propriété abandonnée. Où se trouve-t-elle ?

– Au nord, après le dernier canal d'irrigation, répondit le maire. Mais je recommande humblement à Son Altesse d'attendre que la chaleur soit tombée. »

Hori se leva, imité aussitôt par toute la famille qui s'inclina devant lui. « Je suivrai ton conseil, dit-il avec gravité. Je souhaite me reposer à présent. »

Une fois dans sa chambre, Hori s'étendit sur le lit tandis qu'Antef se couchait sur une natte et s'endormait aussitôt. Hori écouta longtemps le silence; il lui semblait avoir une qualité qui lui était familière. Il entendit des pas dans le jardin, puis des voix et reconnut l'accent chantant de la fille du maire.

« ... Il est très beau et pas arrogant du tout, disait-elle à une amie inconnue. Je sais qu'on ne peut pas le toucher parce qu'il est le petit-fils de Pharaon, mais j'aimerais beaucoup le faire. »

Hori sourit et sombra dans le sommeil.

Quelques heures plus tard, alors que Râ ensanglantait déjà l'horizon, Antef et lui se tenaient sur un débarcadère délabré et faisaient face au désert oriental. Entre eux et la plaine brune qui allait se perdre dans un ciel pourpre, s'étendaient les restes de ce qui avait autrefois été la propriété d'un noble.

De la maison, construite à l'origine en briques de boue, il ne subsistait que de vagues traces. Les marches du débarcadère n'étaient plus que des blocs de pierre fendus et branlants, jaunis par le temps.

Suivant un sentier qu'ils devinaient plus qu'ils ne voyaient, Hori et Antef parvinrent à ce qui avait dû être le vestibule. Ils sentirent en effet un sol plus dur sous leurs pieds et, en balayant le sable qui le recouvrait, Antef découvrit du grès uni. « Un vestibule, un couloir et au moins deux chambres, dit Hori en les désignant du doigt. Le désert a fait disparaître les dépendances. Où peut bien être la fontaine dont parlait le maire ? »

Ils longèrent avec précaution les petits monticules et les rigoles marquant l'emplacement de ce qui avait autrefois été des murs solides d'un blanc étincelant. Ils trouvèrent ce qu'ils cherchaient un peu au nord de la maison : un bassin fêlé et plein de sable, une fontaine brisée en quatre dont la bouche, qui représentait jadis Hapi, le dieu du Nil à la mamelle pendante, gisait en pièces sur le sable. Cinq ou six sycomores rabougris tâchaient de tirer une maigre subsistance du sol et, plus loin, quelques palmiers exhibaient de pauvres plumets couleur rouille. « Quel endroit sinistre ! s'exclama Antef en frissonnant. Cette propriété n'a pas été débarrassée de ses fantômes, prince. Je ne me risquerais pas à y reconstruire une maison. »

Hori lui fit signe de se taire et se concentra, tous les sens en alerte. Bien qu'il sût que c'était impossible, il lui semblait être déjà venu dans cet endroit. La disposition des pièces, celle du jardin avec ses sycomores qui avaient dû être majestueux et cette palmeraie au-delà...

Non, se dit-il, gagné par la mélancolie de l'heure, ce n'est pas le lieu qui m'est familier, mais l'atmosphère de ces ruines, une atmosphère silencieuse, sans rêves et où l'on sent pourtant un défi, une demande...

Et brusquement il sut. La maison de Tbouboui à Memphis, ramassée, laissée à l'abandon, isolée... C'était le même silence épais, sans fond, la même invitation prudente. Oh ! Thot, aie pitié de moi ! pria-t-il. Est-ce vraiment ici ? Est-il possible que ce soit, que cela ait été, sa maison ? A ses pieds, le visage défiguré d'Hapi lui souriait, d'un sourire vide et idiot. L'ombre monstrueuse des sycomores rampa vers lui lorsque, dans un frémissement de l'air, Râ disparut à l'horizon pour son voyage dans le monde de l'au-delà. « Antef ! s'écria Hori d'une voix presque hystérique. Partons ! J'en ai vu assez. »

Ils regagnèrent les marches brisées. Hori sauta dans l'esquif du maire et, sans même attendre qu'Antef fût assis, il s'empara des rames et s'éloigna en toute hâte du débarcadère.

« Cela ne peut pas être la maison que nous cherchons, dit Antef. Nous devons continuer nos recherches.

– Ce sera ton travail, répondit Hori. Tu vas rendre visite à tous les nobles de Koptos et te renseigner sur leur passé. Moi, j'irai à la bibliothèque. » Mais, au fond de lui, il savait qu'ils avaient déjà trouvé, que cette propriété déserte avait appartenu à Tbouboui et à personne d'autre.

Ils passèrent une soirée agréable avec le maire. L'homme était fier de sa ville et s'empressa de leur raconter son histoire, depuis le temps où la redécouverte des vieilles routes commerciales du Pount par la grande reine Hatchepsout lui avait redonné vie jusqu'à l'époque actuelle.

« Quelle est la famille qui a le monopole des impôts perçus sur les caravanes ? demanda Hori. A moins que ce ne soit la ville dans son ensemble ? »

Le maire sourit, heureux d'intéresser son auditoire. « Du temps de la grande reine, ce privilège avait été accordé à un certain Nenefer-ka-Ptah en récompense de services dont nous ignorons tout. La reine, qui admirait les hommes entreprenants, l'a fait prince. Sous sa direction, le commerce caravanier a prospéré. On dit qu'il avait amassé une immense fortune et que c'était un grand magicien autant qu'un homme d'affaires avisé. Sa lignée s'est vite éteinte. Le monopole du commerce avec le Pount est revenu au trône d'Horus et il en est encore ainsi aujourd'hui. » Il s'interrompit pour boire une gorgée de vin tandis que sa femme et sa fille, qui connaissaient manifestement sa passion pour l'histoire, le regardaient en souriant. « Pharaon accorde toujours de généreuses réductions d'impôts à notre ville, reprit-il. Koptos est prospère et paisible, et nous vivons bien entendu dans l'espoir que ce monopole ne sera pas attribué à une seule famille.

– Pourquoi la lignée de Nenefer-ka-Ptah s'est-elle éteinte ? demanda Hori. Le Divin aurait-il retiré sa faveur aux descendants du prince ?

– Oh non ! Elle s'est éteinte au sens propre du mot. Nenefer-ka-Ptah et sa femme se sont noyés, je crois, de même que leur fils Merhou. Telle est la volonté des dieux », conclut-il en haussant les épaules.

Le mari de Tbouboui est mort noyé, se dit Hori qui chassa aussitôt cette pensée de son esprit. « Pareille infortune pourrait fort bien être un châtiment des dieux, remarqua-t-il. Cette famille avait peut-être transgressé les lois de Maât.

– Qui sait ? fit le maire. Mais cela s'est passé il y a bien des hentis, prince, et n'a guère de rapport avec la raison de ta présence ici. J'aimerais pouvoir t'être d'une plus grande utilité.

– Je te suis déjà fort reconnaissant de ton hospitalité, répondit Hori. Je commencerai mes recherches à la Maison de vie dès demain. J'espère ne pas t'importuner très longtemps. »

Après force échanges de civilités, Hori et Antef se retirèrent. De retour dans la petite chambre, ils discutèrent un moment, mais

Hori ne prêtait qu'une oreille distraite aux propos de son ami et la conversation mourut bientôt. Antef s'étendit sur sa natte et sa respiration se fit vite régulière.

Hori ouvrit la bourse de cuir qu'il portait à sa ceinture et en sortit le bijou qu'il avait trouvé dans le tunnel. Elle l'aimait, se dit-il avec tristesse. Elle a ri en le mettant à son oreille. Que fait-elle en ce moment ? Est-elle accroupie dans le noir, des épingles à la main, en train de prononcer des incantations maléfiques ? Quel objet m'a-t-elle volé ? Oh ! Tbouboui ! Tbouboui ! J'aurais veillé sur toi, je t'aurais protégée, qui que tu puisses être. Il ne voulait pas pleurer, mais des larmes coulèrent silencieusement sur ses joues. Il se sentait très jeune et très désarmé.

De bonne heure le lendemain matin, Antef partit interroger les familles nobles de Koptos, muni d'une lettre d'introduction portant le sceau d'Hori. De son côté, celui-ci se rendit à la Maison de vie, qui dépendait du temple d'Amon. Elle se composait de quatre salles agréables en enfilade, closes à chaque extrémité par une colonnade qui permettait de capter le moindre souffle d'air. Dans chaque salle, de minuscules compartiments en nids d'abeilles débordaient de rouleaux de toutes les tailles. Un prêtre bibliothécaire accueillit Hori.

« J'étais de service ici lorsque le scribe de ton père est mort sur les marches, prince, déclara-t-il. Il venait régulièrement depuis quatre jours et, le matin même, il m'avait dit qu'il s'apprêtait à dicter le résultat de ses recherches à son assistant.

– Comment était-il ? demanda Hori.

– Il avait l'air effrayé, répondit le bibliothécaire en fronçant les sourcils. Si curieux que cela puisse paraître, c'était l'impression qu'il donnait. Il était malade, bien entendu, mais on voyait aussi que quelque chose de grave le tourmentait. C'était un érudit.

– Oui, dit Hori, qui frissonna de peur lui aussi, comme par compassion pour le défunt Penbuy. J'aimerais que tu m'apportes les rouleaux qu'il a étudiés, mais avant je veux que tu me parles de l'homme qui avait le monopole du commerce caravanier sous le règne de la reine Hatchepsout.

– Ah ! prince ! s'exclama le prêtre, le visage illuminé. Quel bonheur de pouvoir discuter avec quelqu'un qui connaît l'existence de l'Osiris Hatchepsout ! Nous avons son sceau ici, apposé sur le document octroyant ce monopole à l'homme en question. L'Osiris Penbuy a souhaité le voir lui aussi.

– Vraiment ? fit Hori d'un air pensif. Et les descendants de cet homme ? Où vivent-ils ?

– Il n'y en a pas, prince. Les habitants de Koptos le croyaient maudit, j'ignore pour quelle raison. Je sais seulement que lui, sa femme et son fils se sont noyés ; les deux premiers à Memphis et le troisième ici à Koptos, quelques jours plus tard. Cela figure dans nos archives. Merhou, le fils, a été enterré ici.

– Et les parents ? » demanda Hori, l'estomac noué. Je ne veux pas savoir, se dit-il, plein d'appréhension. Le maire ne connaissait qu'une partie de l'histoire, mais ce prêtre n'en ignore aucun détail. Par Amon, je ne veux pas savoir !

« Ils habitent une sépulture du plateau de Saqqarah, répondit le bibliothécaire d'un ton enjoué. Leur propriété se trouve au nord de Koptos. Elle est en ruine. Personne dans cette ville ne s'en approche. On la dit hantée. »

Hori eut l'impression qu'un poids lui écrasait la poitrine. « J'y suis allé hier, fit-il d'une voix altérée. Comment s'appelaient-ils ?

– Le prince Nenefer-ka-Ptah, la princesse Ahoura et Son Altesse Merhou. » Voyant Hori pâlir, le bibliothécaire lui versa aussitôt de l'eau. « Qu'as-tu, prince ? demanda-t-il.

– Je connais leur sépulture, murmura Hori. La princesse Ahoura. C'est le seul nom qu'on y lit encore. Mon père y a fait des fouilles.

– Le grand prince Kâemouaset a restauré nombre d'anciens monuments, commenta le bibliothécaire. Mais comme c'est passionnant ! Et il l'a trouvée par hasard ? »

Par hasard ? se dit Hori en frissonnant. Qui sait ? Oh ! Dieux, qui sait ?

« Oui, répondit-il. Mais, pour t'éviter de me poser la question, mon ami, sache que nous n'y avons rien trouvé qui puisse enrichir tes connaissances. Où est enterré le fils ?

– Dans la nécropole de Koptos. La sépulture a été pillée il y a des années et il n'y reste aucun objet de valeur, mais Son Altesse y repose encore. C'était du moins le cas la dernière fois que j'ai inspecté les tombes de la noblesse pour le Taureau puissant. On avait enlevé le couvercle du cercueil qui était appuyé contre un mur, mais le corps du jeune homme avait été correctement embaumé et s'y trouvait toujours.

– Jeune homme ? fit Hori en prononçant le mot avec difficulté.

– Oui. Merhou n'avait que dix-huit ans lorsqu'il s'est noyé. Tu es sûr de ne pas être souffrant, prince ? » demanda-t-il d'un ton inquiet.

Hori entendit à peine la question. « J'aimerais visiter cette sépulture. Il faut absolument que je voie le corps.

– Ton rang te dispense de solliciter l'autorisation de rigueur, prince, fit le bibliothécaire en le regardant avec curiosité. La tombe est scellée et l'entrée enfouie sous les déblais, mais une journée de travail suffirait à la dégager.

– Penbuy avait-il demandé qu'on l'ouvre ?

– Oui, fit le bibliothécaire à contrecœur. Le matin de sa mort. Ne t'offense pas de ma question, prince, mais que cherches-tu exactement ? »

Je cherchais la vérité, pensa Hori, et ce que je trouve est plus horrible que tout ce que j'avais pu imaginer. « Je ne peux te le dire, répondit-il. Réfléchis encore. Tu es certain qu'ils n'ont eu aucun descendant ?

– Certain, fit l'homme avec assurance.

– Eh bien, apporte-moi ces documents. Pendant que je lis, préviens le village d'ouvriers. Il doit bien en exister un à Koptos. Je veux que cette sépulture soit ouverte avant la nuit. J'aimerais que tu m'accompagnes pour resceller la porte lorsque j'aurai fini. Vois-tu... » Il s'interrompit, brusquement sensible à la présence de la boucle d'oreille dans la bourse passée à sa ceinture. « Une dame prétend descendre de ce Nenefer et donc être de sang noble, reprit-il.

– Impossible ! dit le bibliothécaire en secouant vigoureusement la tête. Elle ment forcément, prince. Nous avons toutes les archives ici. La lignée de Nenefer-ka-Ptah s'est éteinte avec son fils Merhou. »

Sur un geste d'Hori, il s'éloigna pour revenir un instant plus tard, les bras chargés de rouleaux. « D'après ce que j'ai noté, ce sont ceux qu'a consultés Penbuy, déclara-t-il. Ils couvrent la période où ont vécu les personnes qui t'intéressent ainsi que les dix ans qui ont précédé et les cinquante qui ont suivi. Dois-je te faire servir des rafraîchissements, prince ? »

Hori acquiesça distraitement de la tête en déroulant le premier papyrus. Lorsque le bibliothécaire revint, accompagné d'un esclave apportant eau, vin et pâtisseries, il était déjà si absorbé dans sa lecture qu'il ne les entendit pas.

Ce qu'il apprit ne fit qu'augmenter ses appréhensions. Le grand-père du prince Nenefer-ka-Ptah était arrivé à Koptos en qualité d'inspecteur des monuments, sous le règne de l'Osiris Thoutmôsis Ier, père de la reine Hatchepsout. Son fils, mort prématurément, puis Nenefer-ka-Ptah lui-même avaient occupé le poste. Pour une raison ou une autre, ce dernier avait participé à l'audacieuse expédition organisée par la grande reine pour retrouver le Pount, pays dont on avait perdu la route depuis fort longtemps. En récompense de ses services, Nenefer s'était vu attribuer un titre héréditaire et le monopole des caravanes lorsqu'un commerce régulier s'était établi avec cette contrée riche en myrrhe et autres produits exotiques. Cinq ans plus tard, sa femme, son fils et lui avaient péri. La date de leur mort ainsi que celle où leurs biens étaient retournés au trône d'Horus étaient soigneusement notées. Le hiéroglyphe « fin » suivait la relation des noyades, ce qui signifiait que la lignée s'était éteinte avec eux.

Hori passa aux autres rouleaux qu'il parcourut plus rapidement. Pas d'enfants, pas d'héritiers, pas même de parents lointains pour faire valoir leurs droits à la succession. Ils avaient surgi de nulle part et disparu sans laisser de trace. Penbuy avait également consulté des textes traitant du folklore local. Avec un soupir, Hori but une gorgée de vin et s'apprêta à y jeter un coup d'œil. L'après-midi approchait et la chaleur s'intensifiait, mais, comme elle s'accompagnait d'un vent chaud qui agitait ses cheveux et sa jupe, il n'en était pas trop incommodé.

Dès le second rouleau, il sut pourquoi les habitants de Koptos croyaient le prince maudit et sa propriété hantée. « Le bruit courait que ce prince possédait le Rouleau de Thot, lut-il. On ignore la manière dont il l'acquit mais, comme c'était déjà un habile sorcier, son pouvoir le rendit invincible. Furieux de son arrogance, Thot décida toutefois qu'il serait maudit, mourrait par noyade et que son ka ne trouverait pas le repos. »

« Je vois que tu en es aux mythes et au folklore. » Hori sursauta, mais ce n'était que le bibliothécaire. « Les événements tragiques et mystérieux suscitent toujours ce genre d'histoires et, par les chaudes soirées d'été, les gens d'ici n'ont pas grand-chose d'autre à faire que se raconter fables et légendes. Ceux du commun du moins. »

En plein désarroi, Hori le regardait sans le voir. C'est impossible, se répétait-il sans fin. Impossible... Mais il revoyait son père couper sans scrupule le fil qui attachait un rouleau à la main d'un mort ; il revoyait son sang tomber sur les bandelettes et sur le papyrus lui-même tandis qu'il maniait l'aiguille en toute hâte, saisi d'une peur panique. Il ne *faut* pas que cela soit, pensa Hori. Car cela voudrait dire que nous vivons un cauchemar où nous sommes plus qu'impuissants, où les morts marchent parmi nous déguisés en vivants, et que nous sommes souillés et pervertis au point qu'aucun dieu ne peut plus nous sauver.

« Les ouvriers sont déjà sur le site, disait le bibliothécaire. J'ai ordonné à deux gardes du temple de superviser leur travail et leur ai promis de la nourriture et de la bière en abondance. J'espère que Son Altesse y veillera. »

Hori se leva et il lui sembla que cela lui prenait un temps infini. « Bien entendu, répondit-il, étonné que sa voix ne le trahisse pas davantage. J'ai lu tout ce qui m'intéressait. J'aimerais emporter ces rouleaux à Memphis.

– Je regrette, prince, fit le bibliothécaire en s'inclinant. C'est formellement interdit. Demande à ton scribe de les copier pendant ton séjour. »

Cela ne servirait à rien, pensa Hori. Si je montre à père un document écrit de la main d'Antef, il ne me croira pas. J'ai déjà du mal à y croire moi-même. Un regard au visage aimable mais résolu du bibliothécaire suffit toutefois à le convaincre qu'il était vain de discuter ou de chercher à le soudoyer. Il a raison, se dit-il. Mon père se montrerait tout aussi strict. « Très bien, fit-il. Mon scribe viendra demain. Je te remercie de ton aide. Je te retrouverai ici au coucher du soleil pour que tu me conduises à la sépulture. »

Après avoir bavardé encore quelques instants avec lui, il quitta la bibliothèque et monta dans la litière qui l'attendait. Combien de temps t'a-t-il fallu pour arriver à la conclusion qui menace à présent de me faire perdre la raison ? demanda-t-il silencieusement à Penbuy. Tu avais presque mené ta tâche à bien et je recueille le fruit de tes recherches. Quelle a été ta réaction, petit scribe ? Étais-tu partagé comme moi entre l'incrédulité et la terreur ?

Il essaya de sourire et ce fut alors que, sans avertissement, la douleur lui déchira le ventre. Il se roula en boule, haletant, inondé de sueur, les mains crispées sur l'estomac. « Non ! murmura-t-il. Je t'en supplie, Thot, aie pitié de moi ! Je ne peux pas supporter une souffrance pareille. Aide-moi ! » Puis les spasmes se calmèrent et il se laissa aller contre les coussins, les yeux clos. Pitié, Tbouboui ! implora-t-il silencieusement. Si tu dois me tuer, attends encore un peu. Sers-toi du couteau ou du poison, fais-moi étrangler dans mon lit, mais ne m'inflige pas cette agonie immonde !

Une nouvelle vague de douleur le submergea et il se contracta pour lui résister au point que ses muscles eux-mêmes devinrent une source de souffrance. Elle n'a aucun besoin de me tuer, pensa-t-il, la bouche tordue en un rictus effrayant. Quoi que je rapporte d'ici, il lui suffira de nier, d'inventer un mensonge pour que père la croie. Non, elle *veut* me tuer. Elle désire ma mort.

La douleur diminua mais sans disparaître tout à fait. L'épingle reste dans la figurine, pensa-t-il avec terreur. On l'enfonce d'une main sûre dans la cire et on la laisse là pour affaiblir la victime. Il se redressa avec précaution, grimaçant à chaque mouvement, les mains pressées sur le ventre. Les élancements ne s'arrêteront pas, se dit-il avec accablement. D'une main tremblante, il chercha son amulette, celle qu'il portait tantôt en contrepoids de son pectoral tantôt attachée à un bracelet, mais ce fut la boucle d'oreille de Tbouboui que ses doigts rencontrèrent et il n'eut pas la force de la lâcher.

Il se rendit directement dans la chambre que le maire avait mise à sa disposition, s'effondra sur le lit et sombra dans un sommeil agité. Lorsqu'il rouvrit les yeux, Antef l'observait d'un air inquiet. « Va chercher le médecin du maire, je t'en prie ! » dit Hori en lui saisissant la main. Le jeune homme poussa une exclamation horrifiée et s'élança aussitôt vers la porte. Hori attendit, s'assoupissant chaque fois que la douleur lui laissait un peu de répit. Lorsque le médecin entra, suivi du maire et d'Antef, il fit un effort pour se redresser.

« Je suis le prince Hori, fils du prince et médecin Kâemouaset, murmura-t-il. Il est inutile de m'examiner ; je souffre d'une maladie de l'estomac inguérissable. Mais je t'implore de me préparer une infusion de pavot. Il m'en faut pour plusieurs semaines.

– Si j'obéis sans t'examiner, prince, tu risques d'en boire trop à la fois et de mourir, objecta le médecin. Je ne souhaite pas prendre cette responsabilité. »

Le maire non plus, pensa Hori en remarquant son expression. « Dans ce cas, confie-la à mon serviteur. » Le simple fait de parler l'épuisait, et il lui fallut rassembler toutes ses forces pour poursuivre. « J'ai un travail à accomplir ici, et je n'y parviendrai pas si je souffre. Si tu le souhaites, je dicterai une lettre vous déchargeant de toute responsabilité, le maire et toi. »

Le visage des deux hommes exprima le soulagement, puis la honte. « Si tu m'en avais parlé, prince, mon médecin aurait été près de toi nuit et jour, s'écria le maire. J'ai négligé mes devoirs. Pardonne-moi.

– Vous n'y êtes pour rien ! Faites simplement ce que je vous demande ! Veilles-y, Antef ! » A bout de forces, Hori se tourna vers le mur. Il entendit son serviteur les raccompagner à la porte, puis il dut perdre conscience, car, lorsqu'il rouvrit les yeux, Antef lui soulevait la tête pour lui faire boire l'infusion de pavot. L'odeur en était forte et il l'avala à petites gorgées. « Aide-moi à m'asseoir, dit-il lorsqu'il eut fini.

– Que se passe-t-il, Hori ? » demanda Antef d'un ton grave. C'était la première fois qu'il l'appelait par son nom, et Hori éprouva une bouffée d'affection pour cet ami sûr et d'une loyauté indéfectible. « Elle essaie de me tuer, répondit-il. Elle y parviendra, mais pas avant que je sois rentré. Il faut que je tienne jusqu'à la maison, Antef !

– Tu y arriveras, promit son ami d'un air résolu. Dis-moi ce que je dois faire.

– Va immédiatement à la Maison de vie. Laisse-moi le pavot. Je te promets de ne pas tout boire. » La douleur commençait à s'apaiser, mais l'infusion agissait aussi sur son esprit et il devait lutter contre ses effets soporifiques. « Le bibliothécaire t'a préparé des manuscrits. Copie-les le plus vite possible et ne reviens ici que lorsque tu auras terminé. Il faut absolument que je me rende dans la sépulture ce soir. As-tu appris quoi que ce soit aujourd'hui ?

– Rien, sauf qu'aucun des nobles que j'ai vus n'a jamais entendu parler de Tbouboui, Sisenet ou Harmin.

– Je m'y attendais. Va, fais ce que je t'ai demandé, Antef. Envoie-moi un garde. J'avais l'intention de mener ces recherches avec plus de soin, mais le temps m'est compté. Nous devons rentrer le plus tôt possible. »

Il chargea un serviteur d'apprendre au maire qu'il n'assisterait pas au banquet donné en son honneur, en sachant qu'il allait probablement décevoir ses hôtes, puis, soutenu par un de ses soldats, il gagna sa litière et se fit conduire à la bibliothèque toute proche. Après avoir échangé quelques mots avec le bibliothécaire, puis ordonné à ses porteurs de suivre sa litière, il somnola pendant le reste du trajet. Le temps semblait plus fluide, moins mesurable, et il eut l'impression qu'on le transportait pendant des heures, que ses rêves se fondaient dans la chaleur et le mouvement d'un éternel présent.

Ils finirent toutefois par atteindre la nécropole de Koptos. On aurait dit un Saqqarah en miniature : un plateau aride et sablonneux semé de petites pyramides, de tumuli, de colonnes brisées et de chaussées à demi enfouies qui ne menaient plus nulle part. Sans faire de commentaires sur l'état d'Hori, ce dont celui-ci lui fut reconnaissant, le bibliothécaire le conduisit jusqu'à un amoncellement de terre humide. Trois marches descendaient vers une porte de pierre. Les ombres du soir s'y massaient déjà et, en dépit de son indifférence à ce qui l'entourait, Hori frissonna.

Appuyé contre un soldat, il regarda le bibliothécaire se pencher sur le cachet de cire et de boue qui maintenait la corde passée dans les crochets de métal. L'homme poussa une exclamation et se tourna vers Hori. « C'est bien celui que j'ai apposé lors de ma dernière inspection, dit-il. Mais il a été brisé. Regarde. »

Il n'en restait effectivement que la moitié et il suffit d'une légère traction sur la corde pour qu'elle tombe aux pieds du bibliothécaire. « Quelqu'un s'est introduit dans la sépulture, déclara-t-il. Le contremaître m'a dit que le sable était d'une grande légèreté, qu'il ne semblait pas tassé. Je n'y ai pas fait attention sur le moment mais à présent... » Il pesa sur la porte qui pivota vers l'intérieur avec une plainte sourde.

La terre qui couvre les marches m'arriverait à peine aux genoux, pensa vaguement Hori. Est-ce qu'un homme, est-ce qu'une *chose* aurait pu se creuser un passage vers le haut, puis le combler ? Ah ! Mon cher bibliothécaire ! Je crains bien que quelqu'un ne soit sorti de cette tombe, et non l'inverse. Il faillit éclater d'un rire hystérique. Les lois de Maât sont abrogées, se dit-il en suivant le bibliothécaire et l'esclave qui portait la torche. Nous habitons désormais un monde où tout peut se produire.

La sépulture n'était pas grande ; elle ne comportait qu'une chambre funéraire. Le cercueil se trouvait au centre, sur une estrade de pierre. La torche flamboya, puis brûla plus régulièrement et, l'esprit engourdi par la douleur et le pavot, Hori regarda autour de lui. De l'eau, se dit-il aussitôt en découvrant les décorations murales. De l'eau et encore de l'eau. Amon, où es-tu ? Où est passée ta clémence, Thot ? Oh ! Ma pauvre famille ! Qu'avons-nous fait pour mériter cela ? Les eaux paisibles du Nil ondoyaient sur les murs ; il y avait de l'eau sous les pieds du jeune homme, dans sa coupe, sous son lit ; elle coulait de sa bouche, ruisselait sur ses cheveux noirs, et des babouins, nombreux sur les peintures, y batifolaient.

Le bibliothécaire s'était élancé vers le cercueil. Tu perds ton temps, songea Hori avec lassitude. Le corps n'est pas ici. Il est à Memphis. Il sourit et fronce les sourcils, simule le sommeil et cherche le soleil pour réchauffer ses membres glacés. Il tient Sheritra dans ses bras... lui fait l'amour...

« C'est terrible ! s'exclama le bibliothécaire. Le corps a disparu ! Quel est le monstre qui a bien pu voler la momie d'un prince ? Et pourquoi ? Il y aura une enquête, je te le promets, prince. »

Hori s'avança vers l'estrade d'un pas chancelant. Il savait qu'il devait s'assurer lui-même de la disparition du mort, même s'il n'en avait aucune envie. A l'instant même où il se penchait sur le cercueil vide, une lance de feu lui transperça le crâne et il s'écroula en gémissant de douleur. Le soldat le rattrapa et il se recroquevilla dans ses bras. « Je ne veux pas mourir ! » hurla-t-il, et les murs lui renvoyèrent son cri de terreur multiplié.

Sans un instant d'hésitation, le soldat l'emporta jusqu'à la litière où il le déposa avec précaution. Le bibliothécaire les suivit. Les mains pressées sur les tempes, Hori geignait doucement, mais un peu de lucidité lui revint et il tourna vers l'homme un regard voilé de larmes.

« Mon scribe te paiera pour le travail des ouvriers, dit-il d'une voix défaillante. Je te remercie de ton tact et de ton aide. Adieu. Referme cet endroit maudit et n'ouvre pas d'enquête. Elle ne donnerait aucun résultat. » Le bibliothécaire s'inclina, manifestement dérouté. Hori donna un ordre à ses porteurs, puis se laissa retomber sur les coussins et s'abandonna à sa souffrance. Je rentrerai chez moi, se promit-il fiévreusement. Père verra les preuves dont je dispose. Mais je ne veux pas mourir ! Pas encore ! Ma tombe n'est pas finie et personne ne m'a encore aimé. Oh ! Thot ! Je n'ai pas encore été aimé !

Il ne garda aucun souvenir de son retour chez le maire. Lorsqu'il reprit connaissance, il était couché dans son lit et il faisait nuit. Une lampe brûlait à son chevet, mais sa petite flamme ne suffisait pas à dissiper l'obscurité. C'est toi qui as fait cela, père, pensa-t-il en ouvrant les yeux. Tu as prononcé accidentellement la formule magique et lâché ces abominations sur nous. Le Rouleau de Thot existe. Bien qu'il soit de nouveau cousu à la main d'un individu sans importance dans une tombe de Memphis, il a fait son travail. Il prit la coupe de pavot posée sur la table d'une main tremblante et la vida d'un trait. Un visage inconnu se pencha brusquement au-dessus de lui, un visage jeune et pâle. « Votre Altesse a besoin de quelque chose ? » Et Hori reconnut un des esclaves que le maire avait affecté à son service.

« Non, répondit-il, glissant déjà dans le sommeil. Réveille-moi au retour d'Antef. »

Emporté comme un fétu par le flux et le reflux de la douleur, il n'avait d'autre choix que de s'y abandonner et, dans son délire, Tbouboui ne cessait de lui apparaître, souriant d'un air entendu et cruel, si bien que paroxysmes de souffrance et de désir se confondaient.

Une lumière éclatante baignait la pièce lorsqu'il rouvrit les yeux. Antef était à ses côtés, une main posée sur son front. Il avait l'air épuisé. « Tu as fini ? murmura Hori.

– Oui, prince. Cela m'a pris deux jours, mais nous pouvons rentrer maintenant. »

Des larmes de soulagement roulèrent sur les joues d'Hori. Il fit signe à son ami de se baisser. « La tombe était vide, dit-il d'une voix rauque. Il ne me reste plus beaucoup de temps, Antef. Sheritra... Petit Soleil...

– La barque est prête, prince. J'ai ordonné qu'on te prépare un lit dans la cabine. Ne crains rien, tu arriveras vivant chez toi.

– Je t'aime, Antef. Tu es mon frère. » Sa voix n'était plus qu'un souffle, un murmure presque inaudible.

« Chut, fit son compagnon. Économise tes forces. J'ai averti le maire. Tout va bien. »

L'effet du pavot se dissipait. Hori savait qu'il lui en faudrait des quantités sans cesse plus importantes pour calmer la douleur. Je ne suis pas assez fort pour supporter cette épreuve, se dit-il alors que, assisté d'un garde, Antef l'aidait à se mettre debout. Je suis très lâche, en réalité. Puis ses pensées devinrent de plus en plus incohérentes, et il se laissa transporter jusqu'à la cabine de la barque. Antef lui donna une nouvelle infusion de pavot et, l'esprit hébété, il entendit la voix familière du capitaine ordonner le départ. « Je n'ai pas remercié le maire, murmura-t-il.

– Je l'ai fait pour toi, Hori, lui assura Antef. Essaie de dormir.

– Koptos est un endroit terrible, murmura le jeune homme. Cette chaleur, cette lumière implacable, cette solitude... Cette solitude insupportable. Vulnérable, insupportable... » Tbouboui prit le mot sur ses lèvres, le savoura d'un air pensif, puis l'avala et lui adressa un sourire plein de sympathie. « Insupportable, répéta-t-elle. Mon pauvre, mon bel Hori ! Un sang jeune et si chaud... si chaud. Viens me faire l'amour. Réchauffe-moi, Hori. Réchauffe-moi. » Lorsqu'il revint à lui, Koptos était loin. Antef s'approcha aussitôt de son lit et lui présenta une coupe.

« J'ai la tête en feu, dit Hori. Et j'ai l'impression que mes entrailles sont déjà réduites en cendres. Qu'est-ce que c'est ?

– De la soupe. Essaie de ne pas vomir, prince. Il faut que tu t'alimentes.

– Où sont les rouleaux ? » s'écria-t-il en s'efforçant de se lever.

Antef le repoussa avec douceur. « Ils sont en sécurité. Bois, prince. L'inondation a commencé et le cours du fleuve est plus rapide. Les rameurs peinent moins et nous irons plus vite qu'à l'aller. »

Hori but docilement. Son estomac se souleva, mais il réussit à garder le bouillon. « Je veux m'asseoir, dit-il à Antef. Aide-moi. »

La tête cessa peu à peu de lui tourner et il adressa un faible sourire à son compagnon. « Je ne peux combattre une magie vieille de plusieurs centaines d'années, fit-il avec un brin d'humour. Mais le sang royal doit bien être utile à quelque chose. Reste-t-il beaucoup de pavot ?

– Oui, prince, répondit Antef avec gravité. Plus qu'il n'en faut. »

19

Le Seigneur de la vérité abhorre les mensonges :
Méfie-toi donc des faux serments,
Car celui qui profère un mensonge sera rejeté.

Sheritra mit pied à terre, prit une profonde inspiration et s'avança sur le sentier qui sinuait entre les palmiers. L'après-midi s'achevait et la chaleur était suffocante, mais elle n'y faisait pas attention. Dans la matinée, son père avait enfin autorisé ses fiançailles avec Harmin. Elle l'avait harcelé sans trêve et son obstination avait payé. Curieusement, c'était lorsqu'elle lui avait révélé la destination d'Hori qu'il avait cédé. Au début, Kâemouaset ne s'était guère inquiété de la disparition de son fils. Lui ayant interdit toutes les réunions familiales, il n'avait d'ailleurs remarqué son absence qu'au bout de quatre jours. Il avait alors commencé à poser des questions et, malgré son appréhension, Sheritra n'avait rien dit, fidèle à la promesse qu'elle avait faite à son frère. Les serviteurs d'Hori n'avaient pu fournir aucun renseignement et Kâemouaset avait même interrogé Tbouboui, qui avait répondu ne rien savoir.

Finalement, le septième jour, comme elle en était convenue avec Hori, Sheritra était allée trouver son père et, le cœur battant, lui avait avoué qu'Hori était parti pour Koptos.

« Il est décidé à noircir son nom, avait rugi Kâemouaset. La sale machination qu'il avait ourdie avec Ptah-Seankh n'a pas marché, alors il en prépare une autre. Je comprends qu'un amour déçu puisse aigrir un être généreux par ailleurs, mais une pareille animosité... » Il se maîtrisa au prix d'un effort sur lui-même et reprit d'un ton plus calme : « Une pareille animosité ne ressemble pas au Hori que je croyais connaître.

– Ce n'est peut-être pas de l'animosité, osa répliquer Sheritra. Et s'il n'avait pas changé, père ? S'il essayait désespérément de te faire voir quelque chose sur quoi tu désires fermer les yeux ?

– Te dresserais-tu contre moi, toi aussi ? dit Kâemouaset avec tristesse.

– Non, père ! s'écria Sheritra avec véhémence. Et Hori non plus. Écoute-le lorsqu'il reviendra, je t'en prie ! Il ne te veut aucun mal. Il t'aime, et savoir que tu nous a rejetés tous les deux le fait terriblement souffrir.

– Ah ! Tu es au courant, fit-il en fronçant les sourcils. C'est une précaution au cas où je disparaîtrais prématurément, Sheritra, rien de plus. Marie-toi avant ma mort et tu auras ta dot, bien entendu. »

Mais Hori ne peut plus prétendre à son héritage, pensa Sheritra. Bien que ce ne fût pas le moment d'irriter son père davantage, elle ne put s'empêcher de saisir l'occasion qu'il lui offrait.

« Je ne demande pas mieux, répondit-elle vivement. Exauce mes prières en permettant mes fiançailles avec Harmin, père. En ma qualité de princesse, c'est à moi de lui proposer le mariage et, sans ton consentement, il nous faudra attendre indéfiniment. »

Cette fois, il ne l'avait pas éconduite. Après l'avoir regardée un instant d'un air songeur, il avait déclaré à son étonnement et à son immense joie : « Très bien. Tu peux aller offrir ta main à Harmin. J'ai perdu un fils et je commence déjà à considérer ce jeune homme comme son remplaçant. J'ai de l'affection pour lui et il a au moins le mérite de se montrer loyal envers ses parents. Je te sens bien incrédule, Sheritra, avait-il ajouté avec un mince sourire. Tu peux me faire confiance, je t'assure. Va voir Harmin. »

A présent, tandis qu'elle s'avançait vers la petite maison blanchie à la chaux, Sheritra se disait que ce n'était pas de l'incrédulité qu'il avait lue sur son visage, mais de la consternation. Elle avait été choquée de l'entendre parler ainsi de son fils. Personne ne peut réparer cette déchirure, se dit-elle. Mais je me sens coupable de me livrer à mon bonheur alors qu'Hori, et mère aussi à sa manière, sont si malheureux.

Elle n'eut pas à aller très loin pour trouver Harmin. Une cruche de bière vide à ses côtés, il était étendu sous un arbre dans le jardin. L'un de ses serviteurs noirs montait la garde un peu plus loin à l'ombre d'un palmier. Sheritra fit signe à Bakmout de l'attendre et s'élança vers lui, un sourire aux lèvres. Comme il est beau ! se dit-elle en admirant son corps musclé, la grâce indolente de son attitude et ses cheveux noirs répandus sur les coussins.

Il se souleva sur un coude à son approche et, s'agenouillant près de lui, elle l'embrassa sur la bouche. La chaleur empourprait son visage et il avait les lèvres sèches.

« Oh ! Harmin, tu me manques tellement ! s'écria-t-elle. Je sais que nous nous sommes vus hier lorsque tu es venu rendre visite à ta mère, mais tu es resté très peu de temps et tu avais l'air préoccupé. Je rêve toujours de passer quelques minutes seule avec toi.

– Eh bien, me voici, dit-il sans lui rendre son sourire. J'aurais préféré que tu attendes ce soir pour venir me voir, Sheritra. J'ai mal dormi la nuit dernière et je tâchais de me reposer un peu. »

C'est vrai qu'il a l'air fatigué, se dit Sheritra qui, aussitôt inquiète, oublia la déception que lui causaient ses paroles. Il avait les yeux larmoyants et les paupières gonflées. Elle lui effleura le visage d'une caresse hésitante.

« Je ne voulais pas te déranger, Harmin, mais j'ai de bonnes nouvelles pour nous deux. Père nous autorise enfin à nous fiancer. »

Il lui sourit alors, mais d'un sourire sans chaleur. « Si tu m'avais annoncé cela il y a une semaine, j'aurais été transporté de joie, dit-il d'un ton maussade. Mais, aujourd'hui, je ne suis pas sûr de vouloir épouser une femme qui ne me fait pas confiance et ne m'aime pas. » Fuyant son regard, il prit sa coupe qu'il vida d'un trait tandis que Sheritra le dévisageait, abasourdie.

« Que veux-tu dire, Harmin ? s'écria-t-elle enfin. C'est toi qui m'as appris la confiance et l'amour ! Je t'aime passionnément ! Que veux-tu dire ? »

Harmin jeta la coupe derrière lui. « Nies-tu que ton frère et toi avez comploté contre ma mère de la manière la plus vile qui soit ? fit-il d'un ton dur.

– Nous n'avons rien comploté, Harmin ! Je...

– Ta culpabilité se lit sur ton visage, princesse, coupa-t-il avec un reniflement de mépris. Ma mère m'a dit qu'Hori était allé à Koptos pour tenter de la perdre. C'était humiliant de l'apprendre de sa bouche et non de la tienne. Il ne t'est pas venu à l'idée de m'en parler, n'est-ce pas ? Non, bien sûr que non ! Je compte moins que lui à tes yeux ! »

Sheritra eut l'impression qu'il l'avait frappée. « Comment Tbouboui connaissait-elle la destination d'Hori ?

– Elle l'a rencontré près du débarcadère le matin de son départ. Il lui a révélé ses intentions, et elle l'a supplié en pleurant – en pleurant, tu m'entends ? – de cesser de la persécuter. Il n'a rien voulu entendre. Et toi ! jeta-t-il avec violence. Tu ne m'as rien dit alors que tu savais où il allait et pourquoi !

– Qu'est-ce qui te fait croire qu'Hori m'ait confié quoi que ce soit ? » riposta Sheritra. Mais elle ne pouvait nier ses accusations et son ton n'était guère convaincant. Il n'aurait servi à rien de lui expliquer qu'elle n'avait pas voulu le faire souffrir en lui disant ce qu'elle savait sur Tbouboui. Ce n'est d'ailleurs pas la seule raison de mon silence, pensa-t-elle tristement. Hori l'avait priée avec insistance de ne pas se fiancer à Harmin avant son retour. Il ignorait en effet si celui-ci était ou non de mèche avec sa mère pour tromper Kâemouaset, et par conséquent Sheritra.

« Il n'a pas de secrets pour toi, répliqua Harmin. Tu te confies davantage à lui qu'à moi. Je suis profondément blessé, Sheritra. Comment as-tu pu imaginer un seul instant que ma mère ou moi soyons capable de mentir de manière aussi éhontée à ta famille ? »

C'est pourtant le cas, se dit Sheritra avec désespoir. J'ai cru Hori sans la moindre réserve lorsqu'il m'a raconté l'histoire de Ptah-Seankh. Oh ! Harmin, je prie ardemment que tu sois blessé et furieux parce que tu ignores la vraie nature de ta mère et non parce que tu crains d'être démasqué. Cette pensée lui fit horreur, et elle frissonna. Comment puis-je douter de lui ? se demanda-t-elle dans un brusque élan de tendresse. Il est victime des machinations de Tbouboui lui aussi. Pauvre Harmin !

« Je ne me suis pas confiée à toi parce que je ne voulais pas te faire souffrir, mon cher frère, dit-elle en lui passant un bras autour du cou. Je pense comme Hori que ta mère a menti à Kâemouaset. Ce genre de vérité est difficile à entendre pour un fils. Crois-moi, je t'en prie ! Je ne voulais que t'épargner ! »

Harmin resta longtemps immobile, sans se laisser aller contre Sheritra ni s'en écarter. Il ne la regardait pas et elle ne pouvait voir son expression mais, peu à peu, bien qu'il ne bougeât pas, elle sentit qu'il s'éloignait d'elle, se fermait. « Tu ferais mieux de me laisser seul, princesse, dit-il d'un ton morne. Il m'est impossible de continuer à t'écouter calomnier ma mère. Je suis désolé.

– Harmin... commença-t-elle.

– Non ! » cria-t-il avec une telle violence qu'elle faillit en perdre l'équilibre. Elle se leva gauchement et s'éloigna. Son assurance toute neuve l'avait abandonnée et ses épaules se voûtèrent tandis qu'elle rejoignait Bakmout et regagnait presque en courant le débarcadère. Elle espérait qu'Harmin allait la rappeler, la rattraper, mais il n'en fit rien. Cela lui passera, se dit-elle. Il se souviendra que j'ai parlé de fiançailles, qu'il s'est laissé emporter par la colère et il viendra me retrouver. Tout va s'arranger. Je ne pleurerai pas.

Ce fut pourtant le regard embrumé de larmes qu'elle monta dans l'embarcation. Dans un éclair de lucidité, elle sut qu'elle aurait dû lui tenir tête, lui dire que la personnalité de sa mère ne changeait rien à l'amour qu'elle avait pour lui, insister sur leurs fiançailles. Mais il la dominait depuis le début, l'avait peut-être même manipulée, et elle se sentait désormais trop faible pour risquer d'encourir son déplaisir. Il faut qu'il m'aime. Il le faut ! se répéta-t-elle au bord de l'hystérie tandis que la barque gagnait le milieu du fleuve. Sans lui, je mourrai ! Puis, le silence se fit en elle et elle se mit à trembler.

La nouvelle du voyage clandestin d'Hori à Koptos avait rapidement fait le tour de la maison, mais Noubnofret ne l'apprit que lorsqu'elle envoya un serviteur le chercher. Kâemouaset lui avait dit avoir interdit les réunions familiales à son fils parce qu'il s'était montré d'une grossièreté impardonnable envers Tbouboui. Noubnofret s'était sagement abstenue de tout commentaire. Elle n'avait pas à intervenir dans une question de discipline de ce genre, surtout lorsqu'une seconde épouse était concernée, et une maison désorganisée était la dernière chose qu'elle souhaitait. Pourtant, son fils lui donnait de l'inquiétude, et elle se rendait compte avec remords que, absorbée dans son propre malheur, elle l'avait beaucoup négligé. Ayant donc résolu d'y remédier sans plus tarder, elle fut stupéfaite d'entendre le domestique lui répondre qu'il était parti pour Koptos et se mit aussitôt en quête de son mari.

Elle le rencontra dans le couloir conduisant à ses appartements. Il sortait du bain et elle eut le temps de remarquer les gouttelettes d'eau qui étincelaient encore au creux de son cou et sur son ventre. « Que puis-je pour toi, Noubnofret ? » demanda-t-il avec un sourire engageant.

Sa gorge se serra. Tu pourrais me prendre dans tes bras et m'embrasser comme autrefois, pensa-t-elle brusquement avec fièvre. « J'ai à te parler d'une affaire sérieuse, déclara-t-elle.

– Alors, accompagne-moi. Je vais me faire masser. Kasa ! » appela-t-il.

Noubnofret le suivit dans ses appartements où, après s'être étendu, il lui fit signe de s'asseoir près de lui. Kasa versa un peu d'huile sur son dos et commença à pétrir ses chairs encore fermes. Détournant le regard, Noubnofret s'éclaircit la voix et lui demanda de but en blanc :

« Ou est Hori ?

– Il est à Koptos, répondit Kâemouaset en fermant les yeux.

– Et que fait-il là-bas ? »

Kâemouaset poussa un soupir, les paupières toujours closes. « Il croit que Ptah-Seankh a falsifié le rapport que je lui avais demandé sur les ancêtres de Tbouboui et il est allé chercher ce qu'il considère comme la vérité.

– Avait-il ton autorisation ?

– Je ne savais même pas qu'il était parti, dit-il en jetant un regard méfiant à sa femme. Il s'est montré injurieux et désobéissant. J'ai déjà dû le punir une fois parce qu'il s'entêtait à accuser Tbouboui de je ne sais quelle duplicité et je sens qu'il me faudra recommencer à son retour. »

Ses paupières se fermaient et Noubnofret se rendit compte que ce n'était dû ni à la fatigue ni au désir de fuir son regard. Le massage l'excitait. Comme tu as changé, mon mari ! pensa-t-elle avec épouvante. Tu es devenu un être étrange et imprévisible qu'aucun de nous ne reconnaît. On croirait qu'un démon s'est emparé de ton ka et l'a remplacé par quelque chose d'autre. Si tu me faisais l'amour maintenant, je frémirais de peur à ton contact. « Je m'en vais, Kâemouaset », déclara-t-elle avec calme. Les muscles de son dos se contractèrent et il releva brusquement la tête. Son regard avait repris toute sa vivacité.

« Que veux-tu dire ?

– Je pars pour Pi-Ramsès, que tu m'y autorises ou non. Ma famille est désunie, la maison désorganisée, mon autorité sapée un peu plus chaque jour, et voilà maintenant que c'est un serviteur qui m'apprend l'absence d'Hori ! Notre fils n'agit jamais à la légère, et tu le sais. Tu devrais te préoccuper de ce qui l'a poussé à cette action désespérée, t'inquiéter de son état d'esprit. Or tu ne parles que punition. C'est ton fils unique, ton héritier, et tu le rejettes. »

Noubnofret aurait juré qu'il y avait de la haine dans le regard qu'il lui jeta. « Je t'interdis de partir, dit-il. Qu'en penserait Memphis ? Que je ne sais pas faire régner la loi dans ma maison ? Non, Noubnofret, c'est hors de question.

– Tbouboui est capable de diriger les domestiques, d'organiser les banquets et de recevoir tes invités, répondit-elle avec calme alors qu'elle avait envie de hurler et de lui cracher au visage. Je ne reviendrai que lorsque tu m'appeleras. Je te conseille d'être certain d'avoir besoin de moi avant de charger un héraut de ce message, prince ! Je ne te demande qu'une chose : n'installe pas Tbouboui dans mes appartements.

– Tu ne peux pas partir ! cria-t-il, hors de lui. Je te l'interdis formellement !

– Tu as des soldats, Kâemouaset, répliqua-t-elle d'un ton glacial. Ordonne-leur de me retenir si tu l'oses. »

Il serra les poings, le visage empourpré de colère, mais ne prononça pas une parole. Au bout de quelques instants, Noubnofret tourna les talons et se dirigea avec dignité vers la porte. Elle ne jeta pas un seul regard en arrière.

Kâemouaset hésita. Son premier mouvement fut d'appeler Amek pour lui ordonner d'enfermer sa femme dans ses appartements, mais une mesure aussi radicale serait ensuite difficile à lever. « Habille-moi ! » aboya-t-il à l'adresse de Kasa, qui s'empressa d'obéir.

Tbouboui dictait une lettre à un des scribes subalternes de la maison qui écrivait avec application, assis à ses pieds. Elle se tourna vers Kâemouaset avec un grand sourire lorsqu'il entra dans sa chambre. Celui-ci renvoya le scribe d'un ordre sec et, lorsque l'homme se fut éclipsé après un salut hâtif, il claqua la porte derrière lui et s'y appuya, le souffle court. Tbouboui s'élança aussitôt vers lui.

« Qu'est-ce qui ne va pas, Kâemouaset ? » demanda-t-elle. Et comme toujours, le son de sa voix et le contact de sa main l'apaisèrent.

« C'est Noubnofret, dit-il. Elle me quitte et part pour Pi-Ramsès. Ses servantes emballent déjà ses affaires. Il semblerait que vivre ici lui soit devenu insupportable. Je vais être la risée de toute l'Égypte, Tbouboui, ajouta-t-il en lui caressant distraitement les cheveux.

– Sûrement pas, mon amour. Ta réputation est bien trop fermement établie. Les gens diront que je t'ai ensorcelée et que je me suis faite une ennemie de Noubnofret. C'est moi qu'ils accableront de reproches et je m'en moque. Il se peut qu'ils aient raison d'ailleurs. Je ne me suis peut-être pas montrée assez aimable avec elle.

– Cesse de t'accuser, Tbouboui ! s'exclama Kâemouaset d'un ton dur. Tu as été trop bonne ! Blâme plutôt Noubnofret qui t'a traitée avec froideur et mépris. Blâme Hori qui est parti à Koptos dans l'espoir de te perdre. Pourquoi te montres-tu toujours aussi indulgente ?

– Hori veut me perdre ? répéta-t-elle en lui jetant un regard méfiant. Je savais où il était allé, car j'ai entendu les domestiques bavarder, mais tu crois vraiment que ses intentions sont mauvaises ? »

Kâemouaset s'avança dans la pièce d'un pas hésitant et se laissa tomber sur un tabouret. « Koptos, fit-il d'une voix sans timbre. Il s'est mis en tête qu'il y trouverait la vérité sur toi. » Tbouboui garda le silence, si longtemps qu'il crut qu'elle ne l'avait pas entendu. « Tbouboui ? » appela-t-il.

Elle se tourna lentement vers lui. Elle était devenue affreusement pâle et se tordait les mains, insensible aux bagues qui mordaient dans sa chair.

« Il rapportera de faux documents, dit-elle d'un ton morne. Il a résolu de me déshonorer.

– Je ne comprends plus aucun d'entre eux, avoua Kâemouaset avec colère. Noubnofret, qui est pourtant une femme de devoir, m'abandonne sans l'ombre d'un remords. Hori m'est devenu étranger et se comporte comme un dément. Jusqu'à Sheritra qui me tient tête avec arrogance ! Les dieux me punissent et je ne sais pas de quoi ! »

Un étrange petit sourire flotta sur les lèvres de Tbouboui. « Tu t'es toujours montré trop indulgent envers eux, Kâemouaset. Alors que d'autres hommes font passer leur famille après ce qu'ils doivent à l'Égypte, tu as fait d'eux le centre de ta vie. Tu les as gâtés en satisfaisant toujours le moindre de leurs désirs, et ils sont devenus indisciplinés. Hori... » Sa voix mourut, et il vit une expression angoissée passer sur son visage.

« Tu me caches quelque chose, Tbouboui. Je ne t'ai jamais entendue critiquer ma famille sans que j'aie quasiment dû t'arracher chaque mot de force. Que sais-tu sur Hori ? »

Elle s'avança lentement vers lui, ondulant des hanches en une invite inconsciente. « C'est vrai, je sais quelque chose d'abominable sur ton fils, murmura-t-elle. Je vais parler, mais seulement parce que je tremble pour ma sécurité et celle de l'enfant que je porte. Promets-moi de ne pas m'en vouloir, mon frère, je t'en supplie !

– Je n'aime que toi, Tbouboui, tu le sais. Même tes petits défauts me sont chers. Allons, parle. Dis-moi ce qui te tourmente.

– Tu n'ajouteras pas foi aux documents que ton fils rapportera de Koptos, n'est-ce pas ?

– Non, lui assura-t-il.

– Il me voue une haine si implacable ! commença-t-elle, si bas qu'il dut tendre l'oreille pour l'entendre. Il me tuerait s'il en avait la possibilité. » Elle leva vers lui un regard plein de désespoir. « Il m'a violée, Kâemouaset. Hori m'a violée le jour où il a appris que je devais t'épouser. Il était venu me voir – pour me parler, prétendait-il –, mais il a très vite commencé à me faire des avances. Quand je lui ai déclaré que j'étais amoureuse de toi et que nous allions nous marier, cela l'a rendu furieux. " Est-ce que tu ne préfères pas la chair fraîche à un vieil homme qui lutte contre l'emprise du temps ? "a-t-il dit. Et puis, il... il... » Elle se couvrit le visage de ses mains. « J'ai tellement honte ! s'écria-t-elle en fondant en larmes. Je n'ai rien pu faire, Kâemouaset, je te le jure ! J'ai essayé d'appeler mes domestiques, mais il m'a plaqué une main sur la bouche en menaçant de me tuer si je criais. Et je l'ai cru ! Il était fou furieux ! Je pense même...

– Quoi ? » demanda Kâemouaset d'une voix rauque. Il regardait autour de lui d'un air égaré, gagné par la fureur et un intolérable sentiment de trahison. Tbouboui se laissa tomber sur le sol et, les cheveux en pluie sur le visage, se couvrit la tête d'une terre imaginaire en signe de douleur.

« Je ne sais même pas si mon enfant est de toi ou de lui ! s'écria-t-elle. Je prie que ce soit le tien, Kâemouaset. Oh ! Je prie ! »

Kâemouaset se leva avec lenteur. « Ne crains rien, Tbouboui. Ton enfant et toi pouvez dormir en paix. Hori a foulé aux pieds les principes les plus sacrés. Il sera puni. »

Elle tourna vers lui un visage défiguré par les larmes. « Il faut le tuer, Kâemouaset, fit-elle d'une voix entrecoupée. Il n'aura de cesse qu'il n'ait exercé sur moi ce qu'il considère comme une juste vengeance. J'ai si peur, mon amour ! Tue-le ! »

Une partie de Kâemouaset, celle, minuscule, qui conservait un peu de raison, se révolta. Non, c'est impossible ! cria-t-elle. Souviens-toi de son sens de l'humour, de son sourire, de l'aide enthousiaste qu'il t'apportait, des soirées passées à discuter et à boire ensemble, de l'amour et de la fierté que tu lisais dans son regard... Mais l'autre partie de lui-même, celle qui appartenait à Tbouboui, prit aussitôt le dessus.

Il alla s'accroupir près d'elle et la serra contre lui. « Je suis navré que ma famille t'ait infligé autant de souffrances, dit-il en respirant l'odeur tiède de sa chevelure. Hori ne mérite pas de vivre. Je m'en occuperai.

– Si tu savais comme je regrette », murmura-t-elle, la bouche contre sa poitrine. Et il sentit sa main s'insinuer entre ses cuisses.

Sheritra rêvait. Harmin se penchait au-dessus d'elle. Un ruban rouge retenait ses cheveux et l'odeur de sa peau, chaude et musquée, la faisait défaillir. « Ouvre-moi ton lit, murmurait-il. C'est moi, Sheritra. Je suis ici. Ici. » Mais, alors qu'elle levait vers lui un regard brûlant de désir, elle voyait soudain son sourire se transformer, devenir carnassier ; ses dents s'allongeaient, s'aiguisaient et elle se rendait compte avec terreur qu'elle avait affaire à un chacal. Elle se réveilla en hurlant, puis s'aperçut que Bakmout la secouait avec douceur par le bras.

« Votre frère est arrivé, Altesse. Il est ici. »

Sheritra passa une main tremblante sur son visage. Elle était trempée de sueur. « Hori ? dit-elle. Il est de retour ? Fais-le entrer, Bakmout, et apporte-nous de quoi manger et boire. » La jeune fille acquiesça de la tête et disparut dans l'ombre.

Sheritra jeta un coup d'œil à la lampe de nuit. Bakmout venait manifestement de couper la mèche, car une flamme claire et rassurante repoussait les ténèbres massées autour du lit. Complètement réveillée, la jeune fille s'adossait aux coussins lorsqu'il y eut un mouvement près de la porte. Hori se matérialisa à ses côtés et s'assit lourdement près d'elle. Elle faillit pousser un cri. Il était si maigre qu'on lui voyait les côtes et sa tête tremblait. Ses cheveux, autrefois si luxuriants, étaient ternes et plats, et il avait les yeux aussi caves et voilés qu'un vieillard.

« Par les dieux, Hori ! s'exclama-t-elle. Que t'est-il arrivé ?

– Je n'aurais jamais cru te revoir, fit-il d'une voix rauque. Je suis victime d'un maléfice, Sheritra. Un maléfice mortel que Tbouboui m'a jeté, comme elle en a jeté un sur ce pauvre Penbuy. Tu te souviens ? »

Un court instant, elle ne comprit pas ce qu'il disait. Il paraissait délirer. Puis, brusquement, elle revit le tas d'ordures, la palette brisée qui scintillait au soleil et la figurine de cire.

« Penbuy ! s'écria-t-elle. Mais bien sûr ! Comment ai-je pu être aussi aveugle ! C'était sa palette. Il en avait plusieurs et j'ai dû les voir toutes à un moment ou un autre mais sans y prêter particulièrement attention. Penbuy...

– Elle l'a fait périr pour qu'il ne rapporte pas de mauvaises nouvelles de Koptos, murmura Hori. Lis ces rouleaux, Sheritra. Lis-les tout de suite », insista-t-il en les lui tendant. Sa main tremblait violemment ; elle était si brûlante que Sheritra eût envie de jeter les papyrus pour courir prévenir son père et ordonner aux domestiques de le mettre au lit, mais elle sentit ce qu'il y avait de désespéré dans sa demande et lui obéit.

Elle commençait juste à lire lorsque Bakmout revint avec du vin, du melon et des tranches de rôti d'oie froid. « Apporte des lampes », ordonna-t-elle. La servante plaça celles-ci dans les supports éparpillés dans la chambre sans que Sheritra s'en aperçût tant elle était absorbée dans sa lecture. Hori gardait le silence et portait de temps en temps un flacon à ses lèvres.

« Qu'est-ce que c'est ? demanda-t-elle sans détacher les yeux du papyrus.

– Du pavot, Petit Soleil. »

Sheritra hocha la tête et se replongea dans sa lecture. Lorsqu'elle reposa le dernier rouleau, Hori se tourna vers elle et ils se regardèrent un long moment sans rien dire.

« Impossible ! souffla-t-elle, prise d'une colère froide. Impossible !

– Examinons les preuves en tâchant de rester rationnels, Sheritra.

– Ce que tu suggères ne l'est pas, Hori ! »

Il se rejeta en arrière, le corps agité de tremblements incontrôlés. « Je sais, dit-il. Mais j'ai vu la tombe, Sheritra. Le corps avait disparu. Le bibliothécaire n'y comprenait rien. L'eau représentée sur les murs... » Il s'interrompit, visiblement au prix d'un effort. « Puis-je essayer de te convaincre ? »

Sheritra repensa à son rêve, étrange et effrayant. « Entendu, mais tu ne devrais pas parler, Hori. Tu es très malade. Elle t'a sans doute empoisonné et, si c'est le cas, il faut que père te prépare un antidote. »

Il eut un rire rauque, douloureux. « Il ne peut rien pour moi. Tbouboui a tué Penbuy en lui jetant un sort mortel et elle fait la même chose avec moi. Est-ce si difficile à comprendre ?

– Je suis désolée, Hori. Continue. » Elle ne voulait pas épuiser son frère en s'opposant à lui de front, mais elle chercha discrètement Bakmout du regard pour l'envoyer avertir Kâemouaset. « Mange au moins quelque chose d'abord », proposa-t-elle.

Il poussa un grognement d'impatience. « Antef m'a donné de la soupe jusqu'à ce que mon estomac refuse toute nourriture », répliqua-t-il. Et Sheritra frissonna en entendant la terreur qui vibrait dans sa voix. « Je n'ai pas le temps de manger, petite sotte. Réveille-toi. Je suis mourant ! Laisse-moi tenter de te convaincre ! » Elle eut un mouvement de recul, puis lui prit la main.

« Oui, murmura-t-elle.

– Essaie d'abord de croire que père est responsable de tout

cela, qu'il a mis en branle quelque chose de monstrueux en prononçant la formule magique inscrite sur le rouleau sans savoir ce qu'il disait. D'accord ?

– J'essaierai.

– Bien. Aide-moi à m'étendre, Sheritra. Donne-moi ce coussin. Merci. Il faut aussi que tu croies que Tbouboui s'est débarrassée de Penbuy en ayant recours à la magie et qu'elle est en train de me tuer. Elle a éliminé Penbuy parce que père aurait ajouté foi à ses propos. Il respectait son scribe et connaissait son intelligence. Même si son histoire lui avait paru totalement insensée, elle aurait semé le doute dans son esprit. Quant à moi... » Il ébaucha un haussement d'épaules. « Je suis déjà discrédité aux yeux de père. A mon avis, Tbouboui n'agit que pour le plaisir d'exercer son pouvoir. Elle ne me tue pas par nécessité, mais par caprice. Si elle a un autre motif, j'ignore lequel. »

Il se tut et, en voyant son front se couvrir de sueur, Sheritra sut qu'il rassemblait ses forces.

« A quoi te font penser les domestiques de Tbouboui, Sheritra ? reprit-il enfin. Réfléchis bien. »

La question la prit au dépourvu. Des êtres à la peau sombre, complètement silencieux et d'une obéissance sans faille... Elle secoua la tête, perplexe. « Ils sont bizarres, répondit-elle. Mais ils ne me font penser à rien de particulier.

– Il est vrai que j'ai visité davantage de tombes que toi avec père. Tu ne trouves pas qu'ils ressemblent à des shaouabtis, Sheritra ? »

Des shaouabtis, pensa-t-elle. Ces esclaves de bois enterrés avec les nobles pour être rappelés à la vie par une formule magique de leur maître. Tisseurs de lin, boulangers ou serviteurs muets dont les mains sombres et expertes attacheraient les colliers, maquilleraient les yeux de khôl, plongeraient le fin pinceau dans le pot de henné en gardant à jamais ce visage sans expression sculpté dans le bois... Sheritra frémit. « Des shaouabtis ? répéta-t-elle. Ridicule, Hori !

– Vraiment ? Mais peu importe. Regarde ceci, dit-il en sortant maladroitement la boucle d'oreille de la bourse pendue à sa ceinture. Prends-la. Soupèse-la. Rappelle-toi celle que tu as prise dans le coffret à bijoux de Tbouboui. Tu as eu des doutes, n'est-ce pas ? La copie d'un objet aussi ancien peut abuser lorsqu'elle est réalisée par un maître artisan, mais elle trahit toujours son âge véritable par quelque petit indice : l'or qui n'est pas aussi nettement strié de rouge ou aussi poli par l'usage, ou l'attache que n'ont pas altérée des années de contact avec la peau humaine. Ta première réaction a été de craindre qu'il ne s'agisse de l'original. Eh bien, tu avais raison. Tbouboui en avait une. Elle a perdu l'autre en rampant hors du tunnel.

– Tais-toi, Hori ! s'écria Sheritra en lui rendant la boucle. Tu me fais peur !

– Tant mieux ! Je vais t'effrayer encore un peu plus en rassemblant tous les éléments pour en faire un tout cohérent. Tu as de l'eau ? »

Elle lui en versa sans mot dire et, après avoir bu, il porta le flacon de pavot à ses lèvres et en prit une longue rasade.

« Tu vas te tuer avec ça », remarqua-t-elle sans réfléchir. Il s'essuya la bouche du revers de la main et lui jeta un regard.

« Mon corps commence déjà à s'y habituer, expliqua-t-il. Il m'en faut toujours davantage pour rendre la douleur tolérable, mais je ne pense plus en avoir besoin très longtemps. » Sheritra voulut protester mais il l'arrêta d'un geste. « Pas de mensonges, Petit Soleil. Laisse-moi continuer. J'ai beaucoup de choses à te dire, et le temps m'est compté. »

Sheritra l'observa, le cœur serré. Il a raison, pensa-t-elle brusquement. Il va mourir. Elle eut un moment de panique, mais ce fut d'un ton calme qu'elle dit : « Continue, mon chéri.

– Père les a ressuscités en volant le rouleau qui leur appartenait et en prononçant imprudemment la formule magique. Les sarcophages étaient dépourvus de leur couvercle, tu t'en souviens ? Je parie qu'ils ont ordonné qu'on ne les ferme pas dans l'espoir que quelqu'un pénétrerait un jour dans la tombe, verrait le rouleau cousu à la main de la momie et serait assez intrigué pour le lire à haute voix sans savoir, bien entendu, que Nenefer-ka-Ptah et la princesse Ahoura – ce sont leurs véritables noms – gisaient en fait derrière un faux mur. Ensuite, ils ont gagné Memphis et cherché un endroit où se cacher... Ça va, Sheritra ? »

Elle lui adressa un petit sourire contraint. Une partie d'elle-même était convaincue et terrifiée par les arguments d'Hori. Mais il y avait Harmin, l'homme qu'elle aimait, et elle n'osait croire son frère de peur de voir sa vie brisée. Il lui semblait que la chambre se refroidissait et elle tira le drap sur ses épaules en s'efforçant d'imposer silence à son imagination. Elle ne voulait pas voir ces corps desséchés chanceler dans les ténèbres de la tombe, retrouver peu à peu souplesse et force et se hisser péniblement dans le tunnel.

« C'est une belle histoire de fantômes et rien d'autre, fit-elle d'un ton ferme. Tu dis qu'ils sont sortis par le tunnel, mais tu oublies le rocher qui le fermait et le sable accumulé là pendant des siècles. Comment sont-ils parvenus à se libérer. Par magie ?

– Peut-être. Je suis certain qu'ils avaient fait construire ce tunnel pour pouvoir s'échapper. Il se peut qu'ils aient laissé des outils près de l'entrée. Comment pourrais-je le savoir ? fit-il avec un geste d'impatience. Quoi qu'il en soit, ils trouvent une propriété inhabitée qui ressemble beaucoup à celle où ils ont vécu des centaines d'années auparavant. Une maison isolée, silencieuse et simple qui apaise peut-être leur sentiment de désorientation, leur nostalgie. Pense à cette maison, Sheritra ; le silence particulier qui y règne, les échos dans la palmeraie, le sentiment qu'on a de laisser le monde derrière soi en suivant ce sentier sinueux. Et à l'intérieur... Un mobilier austère sorti d'une époque depuis longtemps disparue... » Sa voix était à peine audible, et il s'interrompit pour reprendre des forces. « Ils redonnent vie aux shaouabtis qui devaient se trouver avec eux dans la chambre secrète et commencent à réparer la maison. Puis ils se mettent à la recherche de l'homme qui leur a volé leur rouleau. La sépulture est ouverte, des ouvriers s'y affairent ; ils obtiennent le renseignement qu'ils désirent et se mettent à tramer leur vengeance.

– Mais pourquoi ? intervint Sheritra qui, captivée par l'histoire, en oubliait qu'Hori parlait de Sisenet et de Tbouboui. Ils auraient pu s'arranger pour le dérober à leur tour, puis vivre paisiblement chez eux. Pourquoi rechercher délibérément...

– La compagnie de notre famille ? finit Hori à sa place. Je n'en sais rien. Il y a une raison, je le sens, et il ne s'agit certainement pas de quelque chose d'agréable, mais je ne peux rien dire de plus. Ah ! Cette satanée douleur ! » En dépit des efforts qu'il faisait pour dissimuler sa terreur, sa voix était devenue suraiguë et Sheritra lui serra la main. Elle était brûlante. « J'ai appris que le prince et son épouse avaient péri noyés, de même que leur fils, poursuivit-il. Tu te souviens avec quelle violence exagérée Tbouboui a réagi ce jour où elle a cru qu'elle allait tomber dans l'eau ? Et Harmin ? S'est-il jamais baigné avec toi, même par les après-midi les plus torrides ?

– Non, répondit-elle d'une voix inaudible. Mais pourquoi mêler Harmin à cette histoire, Hori ? Il n'y avait que deux cercueils dans la tombe. Il ne s'agit sûrement pas de la même famille.

– Tu ne m'écoutes pas ! s'écria Hori avec désespoir. Tu as

pourtant lu les documents. Nous avons affaire à la magie la plus noire, Sheritra. Oublie le rationnel ! Merhou – ton Harmin – s'est noyé à Koptos et y a été enterré. J'ai vu sa tombe. Le sarcophage n'avait pas de couvercle non plus et quelque chose s'était creusé un chemin jusqu'à l'air libre. Père l'a ressuscité lui aussi et il a rejoint ses parents à Memphis.

– Non ! fit-elle en secouant la tête avec vigueur. Sisenet est l'oncle d'Harmin. Tbouboui l'a dit. »

Hori la dévisagea avec accablement. Le pavot lui noircissait les lèvres et lui dilatait les pupilles au point de faire disparaître l'iris. « Sisenet et Tbouboui sont mari et femme, déclara-t-il en appuyant sur chaque mot. Harmin est leur fils. Leur fils, Sheritra. C'est terrifiant, je le sais, mais essaie de regarder les choses en face. »

Elle s'écarta avec brusquerie. « Ne me fais pas ça, Hori ! supplia-t-elle. Harmin est innocent, j'en suis sûre ! Il était si blessé, si furieux lorsque j'ai tenté de lui parler de sa mère. Il...

– C'est un acteur brillant et sans scrupules comme l'immonde créature qui se donne pour sa mère ! s'écria Hori d'une voix sifflante. Ce sont des cadavres momifiés. Combien de fois t'es-tu étonnée que la peau d'Harmin soit froide ? Moins ces derniers temps peut-être, car je crois qu'ils s'adaptent chaque jour davantage à leur seconde vie. As-tu oublié combien Tbouboui adore la chaleur ? Mais, pour revenir à la sépulture, Petit Soleil... C'est Thot qui a créé le Rouleau, et la dévotion de la famille à ce dieu est évidente. Les babouins et la lune sont représentés partout sur les peintures murales.

– Je ne crois à rien de tout cela, coupa Sheritra d'un ton résolu. Je viens de penser que Tbouboui t'a jeté un sort pour la même raison qu'elle a persuadé père de nous déshériter. Elle est convaincue que tu constitues une menace pour l'enfant qu'elle attend. Lorsqu'il naîtra, il te suffira de le tuer pour être de nouveau l'héritier de père. »

Hori éclata de rire, puis se plia brusquement en deux. « Elle ne porte aucun enfant dans son sein, fit-il d'une voix entrecoupée. Tu oublies qu'elle est morte. Les morts ne donnent pas la vie, mais ils peuvent l'ôter. Tbouboui a peut-être raconté cette histoire pour pousser père à prendre une décision. J'ai l'impression qu'il s'est enfermé lentement mais sûrement dans un piège sans issue. A force de séduction et de mensonges, Tbouboui s'est acharnée à miner sa force d'âme, à souiller son honneur, à le briser. On dirait qu'elle cherche à le détruire spirituellement, Sheritra. Mais pourquoi ? Pas uniquement pour le punir d'avoir volé le Rouleau ? »

Sheritra trempa un morceau d'étoffe dans la jarre d'eau et en tamponna doucement le visage et les mains de son frère. Cette occupation l'apaisa. « Nous devons trouver la figurine dont Tbouboui s'est servie pour t'infliger ces souffrances et en retirer les épingles, dit-elle avec décision. Cela te permettra de vivre mais, pour que tu retrouves la santé, il nous faudra aller chercher l'incantation appropriée dans les coffres de père. » Elle savait qu'il était incapable de bouger et que ce serait elle qui devrait fouiller les appartements de Tbouboui. Elle arrangea hâtivement les coussins et le força à s'étendre. « Dors, dit-elle. Je vais voir ce qu'il m'est possible de faire. Peux-tu rester seul ici ? »

Hori avait déjà fermé les yeux. « Antef est devant la porte. Dis-lui de venir me rejoindre. Merci, Petit Soleil. » Elle posa un baiser sur son front moite. Son haleine sentait le pavot et quelque chose d'autre, une odeur aigre-douce qui l'alarma. Il dormait d'un sommeil fiévreux lorsqu'elle se glissa sans bruit hors de la pièce.

20

Ah ! Que ne puis-je tourner mon visage vers le vent du nord
Sur la berge du fleuve
Et crier pour apaiser la douleur de mon cœur !

Le Nil avait une odeur d'eau saumâtre qui chatouilla les narines de Sheritra lorsqu'elle traversa le jardin pour gagner la maison des concubines. Quatre jours plus tard, Tbouboui aurait été installée dans ses propres appartements où elle aurait bénéficié de la surveillance renforcée de la demeure principale, un petit avantage que sut apprécier Sheritra tandis qu'elle se glissait avec précaution dans les bosquets qui dissimulaient l'entrée.

Alors qu'elle réfléchissait au moyen de pénétrer dans le harem, des murmures et un bruissement d'étoffes la firent sursauter. Elle s'immobilisa, tremblante, puis se rendit compte qu'elle entendait les concubines qui, réfugiées sur le toit pour fuir la chaleur, passaient la nuit à jouer, dormir ou bavarder. Tbouboui est-elle parmi elles ? se demanda Sheritra avec anxiété. Si toutes les femmes ont décidé de dormir dehors, les gardes surveillent l'escalier situé de l'autre côté de la maison et je n'ai à me soucier que du Gardien de la Porte.

Elle se glissa entre les colonnes et franchit l'entrée, puis s'arrêta, l'oreille tendue. Elle n'entendit qu'un ronflement étouffé venant de la chambre du Gardien. Le cœur battant à tout rompre, elle reprit sa progression. Si Tbouboui était chez elle, une servante serait postée devant sa porte. Sheritra risqua un œil au coin du couloir menant à sa chambre. Il était désert et éclairé seulement par un mince rayon de lune qui tombait d'une fenêtre percée juste sous le plafond.

Sheritra renonça alors à toute prudence. Elle ignorait combien de temps Tbouboui resterait sur le toit, mais certainement pas après le lever du soleil. Hori était mourant et la nuit tirait à sa fin. Elle courut jusqu'à la porte de Tbouboui qu'elle entrouvrit.

Le silence le plus total régnait à l'intérieur. Risquant le tout pour le tout, Sheritra entra. Le même clair de lune éclairait l'antichambre d'une lumière fantomatique. Elle était vide.

La jeune fille commença aussitôt ses recherches. Elle souleva les coussins, les vêtements éparpillés, jeta un coup d'œil dans les vases et ouvrit même le reliquaire doré de Thot en murmurant une prière d'excuse. Comme elle s'y attendait un peu, elle ne trouva rien dans cette première pièce.

Elle se dirigea alors silencieusement vers l'autre chambre dont la porte était ouverte et fut aussitôt prise à la gorge par le parfum entêtant de Tbouboui où dominait la myrrhe, senteur des temples et de la volupté. En dépit de la petitesse de la pièce, la disposition étudiée des meubles donna à Sheritra une impression d'espace. Cette fois, elle fouilla chaque recoin. Avec une hâte de plus en plus fébrile, elle palpa le matelas, glissa la main le long du cadre de lit en cèdre parfumé, souleva le couvercle des coffres, des coffrets à bijoux et à produits de beauté... En vain. Si j'étais Tbouboui, où dissimulerais-je un objet aussi compromettant ? se demanda-t-elle. Et elle pensa soudain aux nouveaux appartements. Ils n'avaient pas encore été bénis et, à l'exception des domestiques chargés de les nettoyer, personne n'y avait pénétré depuis une semaine. Sheritra pivota sur ses talons et quitta le harem en courant.

Mais sa nouvelle quête se révéla tout aussi infructueuse et, accablée, elle se laissa tomber sur une des chaises d'ébène de Tbouboui. Elle savait que l'on ne pouvait jeter la figurine avant la mort de la victime, mais celle-ci pouvait être cachée n'importe où, dans le jardin, sous le carrelage ou même dans le fleuve près du débarcadère...

Le débarcadère ! Sheritra se leva d'un bond. Tbouboui avait certainement laissé la figurine dans son ancienne maison où personne d'autre que Sisenet ne risquait de la trouver ; elle en avait l'intime conviction. Quittant aussitôt le bâtiment désert, la jeune fille regagna ses appartements. Bakmout lui ouvrit en mettant un doigt sur les lèvres et, à son entrée, Antef quitta le tabouret où il était assis.

« Comment va-t-il ? » murmura-t-elle en s'approchant du lit. On l'aurait cru mort. Son visage était livide, ses yeux enfoncés dans leurs orbites, et sa respiration faible et rapide. Il dut sentir sa présence, car il bougea et ouvrit lentement les yeux. Jetant un regard soucieux à Antef, elle se pencha vers lui.

« Tu l'as trouvée ? murmura-t-il.

– Malheureusement non, répondit-elle. Je suis sûre que Tbouboui l'a cachée dans son ancienne maison. Je vais y aller tout de suite. » En réalité, cette mission la terrifiait. Elle craignait Sisenet, ne souhaitait pas rencontrer Harmin après leur pénible entretien et frémissait à l'idée de parcourir la maison dans l'obscurité. Il y régnait une atmosphère inquiétante lorsque ses occupants se taisaient.

« Cela prendrait trop de temps, fit Hori avec agitation. Elle peut être n'importe où. Mieux vaut essayer de trouver une formule magique dans les coffres de père. Aidez-moi à me lever.

– Non ! s'écria-t-elle. J'irai seule. Reste ici !

– J'ai beau ne pas connaître grand-chose à la magie, ma chérie, je sais au moins quoi chercher, répliqua-t-il. Toi non. Cesse de me dorloter, je t'en prie. »

Inquiète, Sheritra ne protesta pas davantage et aida Antef à porter son frère. Il faisait encore nuit lorsqu'ils quittèrent ses appartements. Lentement, sans chercher à se cacher, ils se dirigèrent vers le bureau de Kâemouaset. Reconnaissant Sheritra et Hori, les gardes qu'ils croisèrent les regardèrent avec curiosité mais ne les hélèrent pas. Ils ne furent arrêtés qu'à la porte du bureau. Kâemouaset faisait surveiller sa pharmacie avec une vigilance toute particulière.

« Mon frère est très malade, comme tu peux le constater, expliqua Sheritra avec patience. Le prince nous a autorisés à venir prendre certaines herbes médicinales.

– Puis-je voir cette autorisation, princesse ? » demanda le soldat, méfiant.

Sheritra eut une moue contrariée. « Nous sommes ses enfants, objecta-t-elle. Père juge ces formalités inutiles pour nous. Il a sans doute oublié que tu serais ici en train de monter la garde avec zèle. »

Après les avoir contemplés encore quelques instants d'un air soupçonneux, l'homme finit par s'écarter.

« Je ne pense pas que le prince visait sa famille en instituant cette surveillance, dit-il d'un ton bourru. Vous pouvez passer, Altesses. »

Ils reprirent leur lente progression. Sheritra avait du mal à soutenir son frère tant elle avait le bras ankylosé et douloureux. « Je crois qu'il serait temps que père renvoie ses gardes et engage des Shardanes, marmonna-t-elle. Ils sont devenus bien négligents.

– C'est tant mieux pour nous », souffla Antef.

Lorsque Sheritra voulut ouvrir la porte de la bibliothèque, elle s'aperçut avec consternation qu'elle était fermée à clé.

« Forcez-la », ordonna aussitôt Hori.

Antef ne se le fit pas dire deux fois. Laissant Sheritra supporter seule le poids de son frère, il pesa du pied sur la serrure qui céda avec un grincement de protestation. A l'intérieur, l'obscurité était totale.

« Allume la lampe qui se trouve sur le bureau, Antef ! s'écria Sheritra. Vite ! Je n'ai plus la force de le tenir. »

Après avoir obéi, Antef plaça une chaise près des coffres alignés contre le mur du fond, puis aida Sheritra à y asseoir Hori. Celui-ci s'y effondra, sans force, mais essaya pourtant de leur sourire.

« C'est celui-là, fit-il. Le petit. Les autres contiennent des herbes médicinales. Il doit être fermé lui aussi. Tu as un couteau, Antef ? »

Le jeune homme tira une mince lame de sa ceinture et, s'agenouillant devant le coffre, se mit au travail.

« Ce que tu fais ce soir va te valoir d'être renvoyé de cette maison, Antef, tu le sais, n'est-ce pas ? dit Sheritra. Tout sera découvert et père t'ordonnera de partir. »

Il lui jeta un rapide regard. « Je sais, répondit-il. Mais, de toute façon je ne me sens plus chez moi dans cette maison, princesse. Hori va mourir, et je n'aurais plus la moindre raison de rester ici. Le prince peut agir à sa convenance, je m'en moque. » La serrure céda brusquement et il souleva le couvercle.

« Passe-moi trois ou quatre rouleaux, Sheritra, dit Hori. Prenez-en le même nombre. Je veux une incantation pour annuler et renverser le sort qu'elle m'a jeté ou, à défaut, un charme protecteur qui empêchera que mon état s'aggrave davantage. » En entendant son ton net et détaché, Sheritra éprouva soudain une immense admiration pour lui. Elle savait qu'il ne se jugeait pas courageux et pourtant sa force d'âme face à une mort presque certaine le rangeait sans conteste parmi les héros d'Égypte. Un instant, elle le regarda dérouler un papyrus d'une main malhabile, écouta son souffle rauque, puis, s'arrachant à l'anxiété qui menaçait de la submerger, elle se concentra sur sa tâche.

Pendant quelque temps, le silence régna. Assise en tailleur sur le sol, Sheritra essaya de comprendre ce qu'elle lisait. Les rouleaux n'avaient pas tous un titre et il lui sembla que le langage de la magie était souvent délibérément ésotérique. Antef se débrouillait mieux qu'elle et reposait de temps à autre un papyrus dans le coffre en poussant un grognement déçu.

Sheritra avait terminé son sixième rouleau, une incantation destinée à soulager les malades souffrant de douleurs dorsales qui devait être utilisée avec un onguent dont elle ne se donna pas la peine de déchiffrer les ingrédients. Poussant un soupir, elle plongea de nouveau la main dans le coffre. Le premier papyrus qu'elle retira était souillé d'une large tache brune et elle le mania avec répugnance. Il paraissait très ancien. « Regarde, Hori, dit-elle en le lui tendant. Qu'est-ce que cela peut bien être ? »

Son frère le prit et n'y jeta d'abord qu'un regard distrait. Puis il poussa une exclamation de surprise et faillit le lâcher. Son visage, déjà pâle, devint plus livide encore, et il se dressa sur ses jambes, tremblant d'agitation. « Non ! » murmura-t-il.

Inquiète, Sheritra s'approcha de lui. « Qu'y a-t-il, Hori ? » demanda-t-elle. Sa consternation s'accrut lorsqu'il éclata soudain d'un rire suraigu, la main crispée sur le rouleau. Puis il fondit en larmes et se laissa retomber lourdement sur son siège.

« Non ! fit-il. Non ! Je sais maintenant que nous sommes tous condamnés.

– Arrête, je t'en supplie ! s'écria Sheritra. Tu me fais peur. »

En guise de réponse, il lui prit la main et la posa sur le rouleau. « Palpe-le, dit-il. Regarde-le. Tu les vois ?

– Je vois des trous minuscules, comme des piqûres d'épingle, répondit-elle, intriguée. Et là, n'est-ce pas un bout de fil ?

– Ces trous ont été faits par une aiguille, dit Hori d'une voix atone. Et c'est le sang de père qui tache le papyrus. Il s'est piqué en recousant ce... cette chose à la main de la momie. C'est le Rouleau de Thot.

– Ne dis pas de bêtises », fit Sheritra plus sèchement qu'elle n'en avait eu l'intention. Mais elle lâcha aussitôt le rouleau qu'Hori continua à caresser avec une fascination horrifiée.

« Il n'y a pas l'ombre d'un doute, dit-il. J'étais là, et je reconnais le sang de père, les piqûres de l'aiguille, le fil. Il a ordonné que l'on ferme les cercueils, puis la sépulture a été scellée, l'escalier comblé avec les déblais... et pourtant le rouleau est ici. Ici ! » Antef dévisageait son ami. L'expression d'Hori effrayait Sheritra, mais elle non plus ne pouvait détourner le regard. Elle n'avait encore jamais vu pareil mélange de terreur nue et de résignation.

« Aucun être humain, fût-il mort, n'aurait pu faire cela, continua Hori. Thot en personne a pris le rouleau dans la tombe pour l'apporter ici. Père a encouru sa malédiction et mon sort devient insignifiant à côté de la condamnation d'un dieu. » Il éclata de nouveau d'un rire douloureux, le rouleau serré contre sa poitrine. « Dire qu'il ne le sait même pas ! Pas encore ! Il ne sait pas !

– Hori, fit Sheritra d'un ton hésitant.

– Fermez le coffre, ordonna-t-il en se ressaisissant. Il faut que nous allions voir père immédiatement pour lui montrer le Rouleau et les documents qu'Antef a copiés à Koptos. Il doit nous écouter !

– Et toi, Hori ? »

Il lui caressa les cheveux d'un geste plein de tendresse. « Je suis fini, Sheritra. Mais je m'en moque à présent. Le dieu a parlé et le sort de père sera pire que le mien. La mort est propre comparée à ce qui l'attend. Va chercher les papyrus, Sheritra. Antef et moi t'attendrons ici, puis nous irons trouver père. »

Malgré sa faiblesse, il conservait toute son autorité et Sheritra obéit. Elle regagna ses appartements et ramassa les rouleaux éparpillés sur son lit. Bakmout s'était rendormie près de la porte, sur sa natte. L'obscurité se faisait moins épaisse et le silence profond qui annonce l'aube régnait à l'intérieur de la maison comme au-dehors. Sheritra repartit en courant vers le bureau où elle trouva Hori assoupi, la tête appuyée contre son ami.

« Il ne devrait pas être ici ! s'exclama-t-elle d'un ton farouche. Il devrait être dans son lit pour y mourir dignement ! C'est de la démence, Antef, et nous l'y encourageons ! »

Au son de sa voix, Hori se réveilla. « Crois-tu que père soit avec Tbouboui ? demanda-t-il.

– Non, elle dort sur le toit du harem. Père est sans doute dans sa chambre. » Elle appréhendait cette rencontre qui lui apparaissait comme une preuve supplémentaire de la folie de son frère, mais sa loyauté envers lui était telle qu'elle était résolue à prendre son parti jusqu'au bout. Elle espérait que Kâemouaset se montrerait compréhensif et indulgent.

Hori sembla perdre conscience plusieurs fois en chemin, mais ils finirent par arriver devant l'imposante porte plaquée d'électrum qui donnait accès aux appartements de Kâemouaset. Après un coup d'œil au trio, le garde frappa et, un instant plus tard, Kasa apparut, les yeux gonflés de sommeil. « Altesses ! s'exclama-t-il en les voyant. Qu'est-il arrivé ?

– Laisse-nous entrer, Kasa, dit Sheritra. Il faut que nous parlions à père. »

Le serviteur s'inclina et disparut aussitôt. Au bout d'un temps qui parut infini au petit groupe, il revint enfin. « Le prince est réveillé et va vous recevoir », annonça-t-il en s'effaçant.

Assis dans son lit, une expression irritée sur le visage, Kâemouaset clignait les yeux, ébloui par la lumière de la lampe apportée par Kasa. A l'entrée de ses enfants et d'Antef, il se leva, attrapa un pagne qu'il enroula autour de sa taille et, d'un geste brusque, leur indiqua une chaise. Sheritra et Antef y installèrent Hori.

« Te voici donc de retour, Hori, fit Kâemouaset avec froideur. Qu'est-ce qui t'arrive ?

– Il est très malade, intervint Sheritra avant que son frère ait pu répondre. Mais il a des choses à te dire, père. Écoute-le, je t'en supplie.

– Malade ? répéta Kâemouaset avec indifférence. Il devrait l'être, en effet. Malade de honte et de culpabilité. J'attendais autre chose de toi qu'un comportement immoral et de vils désirs de vengeance, mon fils. »

Hori, qui n'avait pas lâché le Rouleau de Thot, le brandit devant son père. « Tu le reconnais ? demanda-t-il. Sheritra et moi l'avons trouvé il y a une heure dans le coffre fermé à clé où tu ranges tes autres papyrus. Antef peut attester que je dis la vérité.

– Que faisiez-vous dans mon bureau ? s'écria Kâemouaset, furieux. Vous avez donc tous perdu la tête ! »

Prenant le rouleau, il le mania d'abord distraitement, presque sans y prêter attention, mais son regard tomba bientôt sur la tache de sang et, secoué d'un grand frisson, il le jeta loin de lui. Il tomba dans un coin obscur de la pièce où Antef alla calmement le ramasser. Sheritra, qui ne quittait pas son père des yeux, vit qu'il était d'une pâleur mortelle.

« Je vois que tu le reconnais, commenta Hori avec un sourire sans joie. Tu t'es piqué avec l'aiguille, tu t'en souviens, père ? Et ton sang a goutté sur la main de la momie. Redonne-le-lui, Antef. Je veux qu'il l'examine de plus près. Je veux qu'il n'ait plus le moindre doute. »

Mais Kâemouaset se déroba. « C'est bien le Rouleau de Thot, je ne le nie pas, fit-il d'une voix enrouée. Ce que je refuse de croire, c'est la fable que tu me racontes. Si vous avez vraiment forcé mon coffre, vous serez sévèrement punis. » Il se ressaisissait.

Le sang lui revenait au visage, accompagné d'une expression à la fois furieuse et fourbe. Sheritra n'aurait jamais cru son père capable d'une ruse purement animale ; c'était pourtant bien ce qui transparaissait dans son attitude. *Il ne va pas nous écouter*, pensa-t-elle en frissonnant de peur. *Il ne reste plus rien de son équité, de sa raison ; sa passion pour Tbouboui a tout englouti. Il ressemble à un animal acculé prêt à tout pour survivre.*

Kâemouaset se pencha vers son fils et, sans s'émouvoir de son visage défiguré par la douleur, il jeta d'une voix sifflante : « Tu es un petit chacal, Hori ! Tu veux que je te dise ce que je pense ? Je pense que tu as forcé mon coffre pour y mettre le Rouleau de Thot et non pour l'en retirer. Tu l'as volé dans la sépulture et tu as fracturé ce coffre pour accréditer ton histoire. Quelle est-elle d'ailleurs ? Quelle incroyable fable as-tu encore inventée, Hori ? »

Sheritra s'avança et lui tendit les papyrus que son frère avait rapportés de Koptos. « Lis-les, père, implora-t-elle. Hori est trop malade pour parler. Lis-les et tu comprendras tout. »

Kâemouaset se redressa et prit les rouleaux, n'accordant qu'un regard indifférent à sa fille. « Ah ! fit-il avec un sourire lorsqu'il eut déroulé le premier. Pourquoi ne suis-je pas plus surpris de reconnaître l'écriture de ce brave Antef ? Hori t'a donc suborné toi aussi, jeune homme ? » Antef garda le silence et Kâemouaset se tourna vers Sheritra. « Je suis profondément attristé de te voir mêlée à cette supercherie, dit-il. Je te croyais plus raisonnable, Petit Soleil. Est-ce que tu t'es faite la complice de ces faux ?

– Ce ne sont pas des faux ! protesta-t-elle vivement. Antef a copié des documents qui se trouvent dans la Maison de vie de Koptos. Il l'a fait sous la surveillance du bibliothécaire qui pourra certifier leur fidélité. Lis-les, père, je t'en prie.

– Un homme certifie n'importe quoi pourvu qu'on le paie assez cher, grogna Kâemouaset. Soit, je les lirai, mais uniquement parce que c'est toi qui me le demandes, Sheritra. »

Il s'assit sur le bord du lit et se mit à parcourir les papyrus avec un mépris ostensible. Hori vacillait dangereusement sur sa chaise en gémissant doucement, mais son père ne lui accorda pas un seul regard. Antef prit à sa ceinture le flacon de pavot qu'il porta aux lèvres de son ami, puis, s'agenouillant près de lui, il lui fit un oreiller de son épaule. Épuisée, endolorie, effrayée, Sheritra attendait debout tandis que, peu à peu, les meubles de la pièce prenaient une forme distincte et que pâlissait la flamme de la lampe. L'aube approchait.

Finalement, Kâemouaset jeta le dernier rouleau sur le lit et se tourna vers sa fille. « Tu crois à ces sottises, Sheritra ? » demanda-t-il. La question la prit au dépourvu. Elle hésita et il en profita aussitôt. « Non, n'est-ce pas ? Et moi non plus. Hori n'aurait pas dû dépenser autant d'énergie à monter cet infâme canular. Cela lui aurait peut-être évité de tomber malade.

– Je suis malade parce qu'elle m'a jeté un sort, intervint Hori en articulant chaque mot avec effort. Elle m'avait ouvertement menacé de le faire. C'est une morte-vivante, père, comme son mari Nenefer-ka-Ptah et son fils Merhou, et ils nous détruiront tous. C'est toi qui as tout déclenché en lisant la première incantation du Rouleau à haute voix. Les dieux seuls savent ce qui ce serait produit si tu avais également prononcé la seconde ! »

Kâemouaset se dirigea vers la porte d'un pas ferme mais Sheritra crut déceler un certain trouble sous son assurance apparente. « J'en ai suffisamment entendu, dit-il. Tbouboui m'avait prévenu que tu étais assez fou de jalousie pour tenter de les tuer, elle et son enfant. Je pensais que sa grossesse la rendait un peu hystérique, mais plus maintenant. Tu représentes une menace pour eux deux. Gardes ! hurla-t-il.

– Non ! s'écria Sheritra en se précipitant vers lui. Tu ne peux pas faire ça, père ! Tu ne vois donc pas qu'il est mourant ? Aie pitié de lui !

– Est-ce qu'il a eu pitié de Tbouboui ou de moi ? riposta Kâemouaset en désignant Hori aux deux gardes qui venaient d'entrer dans la chambre. Mon fils est en état d'arrestation, dit-il d'un ton bref. Emmenez-le dans ses appartements et veillez à ce qu'il n'en sorte pas. »

Sheritra cria encore et s'agrippa à son bras, mais il l'écarta fermement. Les soldats encadraient son frère à qui Antef glissa vivement le flacon de pavot.

« Tu sais ce que tu as à faire, dit Hori en se tournant vers elle. Je ne veux pas mourir tout de suite. » Puis les gardes l'entraînèrent en le portant à moitié.

« J'ai honte de toi, Sheritra ! tonna alors Kâemouaset. Tu restes libre jusqu'à ce que je décide de la punition que tu mérites. Quant à toi, Antef, fit-il avec plus de douceur, j'ai de l'estime pour toi et préfère croire que mon fils s'est servi de toi. Tu seras châtié toi aussi et je te renverrai probablement de cette maison, mais je me montrerai indulgent aujourd'hui. Va !

– Tu as été moins clément envers Ptah-Seankh, dit Sheritra d'une voix tremblante lorsque Antef eut quitté la pièce.

– Naturellement. Ptah-Seankh était *mon* serviteur. Antef sert Hori, et il a au moins le mérite d'avoir fait son devoir. Je l'admire pour cela.

– Et pourquoi ne peux-tu étendre cette admiration à Hori ? Tu ne crois tout de même pas sérieusement qu'il a pu dégager l'entrée de la sépulture, forcer la porte et soulever le couvercle du sarcophage ? Relis ces rouleaux, père, car il est impossible qu'Hori ait inventé une histoire aussi compliquée. Accorde-lui au moins le bénéfice du doute, je t'en prie !

– Il a très bien pu engager des ouvriers pour qu'ils se chargent de ce travail en son absence, répliqua Kâemouaset d'un ton maussade. Je ne me suis pas rendu sur le site depuis... depuis...

– Tu es plus troublé que tu ne veux le laisser paraître, n'est-ce pas, père ? Une partie de toi se demande avec terreur si Hori n'a pas raison ; tu serais même plus près de le croire que moi, en fait. Eh bien, rends-toi à Koptos. Parle au bibliothécaire. »

Kâemouaset secoua la tête avec force. « Non, murmura-t-il d'une voix éteinte. Elle est tout pour moi et je ferai l'impossible pour la garder. Tu te trompes, Petit Soleil, aucun être sain d'esprit ne verrait en ma Tbouboui autre chose qu'une femme belle, accomplie et désirable. Je pense en revanche que son sang pourrait ne pas être très pur, ou peut-être même pas noble du tout.

– Tu sais bien qu'Hori ne lui ferait aucun mal », dit Sheritra. Elle avait mal à la tête et tombait de fatigue, mais elle voulait pousser son père dans ses retranchements. Elle s'approcha de lui, et ils se mesurèrent un instant du regard dans la lumière grise et impitoyable qui filtrait à travers les stores. « Hori ne toucherait jamais à un seul de ses cheveux, poursuivit Sheritra. Il l'aime autant que toi. C'est lui qu'il hait à cause de cet amour, pas elle, et toi encore moins. Existe-t-il des incantations capables de conjurer un sort mortel, père ?

– Oui.

– Puis-je en voir une ? »

De nouveau, une expression de ruse animale passa sur le visage de Kâemouaset. « Certainement pas. Ce sont là des choses dangereuses qu'il faut laisser aux magiciens ayant qualité pour les utiliser.

– En prononceras-tu une pour Hori, dans ce cas ?

– Non. Le faire sans être sûr qu'il est véritablement victime d'un sort aggraverait encore son état.

– Dieux! murmura-t-elle en se reculant. Tu veux qu'il meure, n'est-ce pas ? Tu es devenu un monstre, père. Dois-je me tuer moi aussi pour t'épargner la peine de le faire lorsque Tbouboui décidera que la vie serait plus simple sans moi ? »

Kâemouaset ne répondit pas. Il resta immobile dans la lumière cruelle de l'aube qui révélait chacune des rides de son visage vieillissant. Sheritra eut un sanglot de désespoir et s'enfuit en courant.

Il faut que je retourne dans son bureau avant qu'on l'ait lavé et habillé... et avant qu'on ne change la sentinelle, se dit-elle fiévreusement. Dieux, que j'ai peur! Mais je ne dois pas compromettre Antef davantage. Il faut que j'agisse seule désormais. Si seulement Harmin était ici! Dans sa précipitation, elle faillit renverser deux servantes armées de balais et de chiffons qui s'effacèrent aussitôt pour la laisser passer en s'inclinant jusqu'au sol.

La maison commençait à s'animer. Musiciens et domestiques personnels iraient bientôt réveiller et servir les membres de la famille. Les intendants frapperaient poliment aux portes et déposeraient près des lits un plateau d'argent chargé de la collation matinale. Mais personne ne se rendra dans les appartements de Noubnofret, pensa Sheritra avec abattement. Ces pièces-là sont désertes. Je n'ai pas eu le temps de la regretter et, pourtant, l'âme de cette maison a commencé à dépérir avec son départ. Tbouboui essaiera vainement de la remplacer. S'arrachant à ses pensées, la jeune fille salua le soldat somnolent qui gardait sa porte. A son étonnement, elle trouva Bakmout réveillée. Assise sur une chaise, elle tenait un rouleau à la main.

« Bonjour, Bakmout, dit Sheritra. Je vois que tu n'as pas beaucoup dormi toi non plus. »

La servante lui tendit le papyrus. Il portait le sceau de Ramsès et était adressé à Hori. « Comment a-t-il abouti entre tes mains ? demanda Sheritra d'un ton sec.

– Je l'ai intercepté, répondit Bakmout avec franchise. Un héraut royal l'a apporté hier. Il cherchait le prince et, par chance, ses pas l'ont porté jusqu'à ta porte. S'il s'était enfoncé plus avant dans la maison ou avait erré du côté du harem, quelqu'un d'autre l'aurait sans doute débarrassé de son fardeau. Je l'ai caché et oublié de le donner à votre frère hier soir.

– Mon frère a été arrêté, dit Sheritra en contemplant le rouleau d'un air songeur. Dois-je le lire ou tâcher de le lui faire parvenir ? » Bakmout garda le silence. « Tu as eu raison, reprit sa maîtresse en lui rendant le papyrus. Garde-le encore un peu. Je n'ai pas le temps de m'en occuper maintenant ; il faut que je parte. Si quelqu'un me demande, réponds que je suis allée me coucher et ne veux pas être dérangée. » Bakmout acquiesça sans mot dire. Sheritra lui adressa un sourire et quitta la pièce.

Le garde qui les avait laissés passer était toujours en faction devant le bureau de Kâemouaset, les yeux rougis par la fatigue. Sheritra n'eut aucun mal à se faire ouvrir la porte et, au moment où elle la refermait derrière elle, elle entendit le pas et le salut sonore de son remplaçant dans le couloir. Très bien, se dit-elle. Avec un peu de chance, on ne lui parlera pas de ma présence.

L'atmosphère irréelle et oppressante de la nuit s'était dissipée. Râ brillait à présent au-dessus de l'horizon, et la lumière qui éclairait le sol et la fine pellicule de poussière que les domestiques balaieraient bientôt avec application n'évoquait pas les fantômes. Sheritra retrouva un peu de calme. Prenant une profonde inspiration, elle entra dans la bibliothèque. Rien n'avait changé depuis leur visite nocturne.

Sans hésiter, la jeune fille s'assit en tailleur et prit un premier rouleau dans le coffre. Au fond d'elle-même, elle savait que c'était sans espoir, car, même si elle tombait par hasard sur une formule magique appropriée, elle serait incapable de réunir les objets indispensables à sa réalisation. Pourtant, si Hori mourait sans qu'elle eût tout essayé pour le sauver, elle ne se le pardonnerait jamais.

Elle peinait depuis peu sur les hiéroglyphes mystérieux lorsqu'elle entendit des voix dans le couloir, celle du garde et la basse très reconnaissable de son père. Prise de panique, elle jeta le papyrus dans le coffre et regarda autour d'elle. Kâemouaset n'avait apparemment pas attendu d'être lavé et habillé pour venir constater les dégâts. Petite et nue, la bibliothèque n'offrait guère de cachettes, mais il y avait un mince espace derrière les coffres alignés contre le mur. Sheritra s'y faufila aussitôt et s'étendit sur le sol, le visage tourné vers la pièce. Par un interstice, elle apercevait le coffre fracturé et le bas de la porte. Elle retint son souffle et attendit, défaillant de peur.

Son père entra bientôt. Il poussa une exclamation contrariée en voyant le désordre de la pièce, puis s'accroupit et mania les papyrus, peut-être pour s'assurer qu'aucun ne manquait.

Sheritra voyait son visage à présent ; il avait une expression sévère et concentrée. Bien qu'elle ne cessât de détourner les yeux dans la crainte superstitieuse que leurs regards ne se croisent, elle eut cependant le temps de le voir jeter un rouleau dans le coffre. Elle reconnut le Rouleau de Thot ; la tache de sang avait une couleur rouille dans la lumière matinale. Kâemouaset rabattit le couvercle, puis s'agenouilla et parut examiner les autres coffres.

Son expression changea ; elle devint plus dure, plus intense et rappela brusquement à Sheritra celle qu'elle avait vue sur le visage d'Harmin lorsqu'il traquait une proie. Kâemouaset murmura alors quelques mots qu'elle ne saisit pas en serrant et desserrant convulsivement les poings. Puis il parut prendre une décision. Il ouvrit le coffre qui se trouvait devant Sheritra et elle l'entendit fouiller à l'intérieur en continuant à marmonner des paroles inintelligibles.

Le couvercle claqua, la faisant sursauter, et elle vit son père quitter la pièce, une fiole de pierre à la main. Sans réfléchir, elle abandonna aussitôt sa cachette pour le suivre. Après avoir attendu dans le cabinet qu'il eût salué le gardien et se fût éloigné dans le couloir, elle sortit à son tour, adressant au passage une inclinaison de tête à la sentinelle éberluée.

Sheritra n'aurait su dire ce qui la poussait à suivre son père. La vue de la fiole avait déclenché en elle une vague appréhension qu'elle était encore incapable de formuler.

Elle s'immobilisa à un angle du couloir et risqua un œil prudent, sachant que les appartements d'Hori étaient tout proches. Son père était là, debout devant la porte. Il y avait quelque chose de sournois dans son comportement et Sheritra vit qu'il transpirait abondamment. Il s'épongeait de temps à autre le visage sur un pan de sa jupe et marmottait toujours. Sheritra attendit.

Un instant plus tard, elle entendit des pas à l'autre bout du couloir et Antef apparut, portant un bol fumant sur un plateau. En apercevant Kâemouaset, il s'immobilisa, embarrassé.

« Qu'est-ce que c'est ? demanda le prince d'un ton sec en s'avançant vers lui.

– Un bouillon pour Son Altesse, répondit Antef. Je lui en prépare depuis qu'il est tombé malade. Il n'a rien mangé depuis hier matin, prince.

– Donne-le-moi. »

Sheritra, qui entendait tout, s'appuya contre le mur et ferma les yeux. Oh non ! pensa-t-elle, terrifiée. Il ne s'abaisserait pas à une telle vilenie ! « Je veux lui parler, Antef, disait Kâemouaset. Je lui apporterai donc moi-même sa nourriture. Tu peux disposer. »

Après un instant d'hésitation, Antef lui remit le plateau et s'éloigna à contrecœur.

Dès qu'il eut disparu, Kâemouaset s'assura qu'il était seul, puis déboucha la fiole qu'il vida dans le brouet. Il ne laisse rien au hasard, pensa Sheritra, horrifiée. Il veut être certain qu'il mourra et, si quelqu'un exige une enquête – grand-père par exemple –, il accusera Antef.

Kâemouaset remuait le bouillon d'un doigt tremblant et, en contemplant son air implacable et concentré, Sheritra sut que son père avait perdu la raison. Fais quelque chose! hurla une voix en elle. Arrête-le! Elle s'élança en courant dans le couloir et fonça droit sur son père. Elle le heurta de plein fouet, feignit de vouloir se raccrocher à son bras et envoya voler le plateau et le bol de soupe, qui brûla Kâemouaset dans sa chute.

« Sheritra! s'écria-t-il en lui jetant un regard meurtrier. A quoi joues-tu donc?

– Je suis navrée, père! Je voulais voir Hori. J'étais pressée parce que Bakmout m'attend dans la salle de bains. Je ne me rendais pas compte que...

– Ce n'est pas grave, marmonna Kâemouaset. Je voulais le voir moi aussi, mais j'irai plus tard. Fais-lui apporter un autre bol de soupe, je te prie. »

Sans attendre sa réponse, il s'éloigna d'un pas titubant d'ivrogne. Tremblante, Sheritra s'appuya un instant contre le mur. Son frère était sauf. Temporairement du moins, car elle était convaincue que son père recommencerait. A moins qu'Hori ne meure dans l'intervalle, pensa-t-elle en réprimant un rire hystérique. Pauvre Hori! Si Tbouboui n'arrive pas à te tuer, ce sera père qui s'en chargera. Des larmes lui picotèrent les yeux et, poussant un cri étranglé, elle s'élança dans la direction prise par son père et rejoignit le couloir principal qui traversait la maison dans sa longueur. Kâemouaset avait disparu, mais elle aperçut Antef qui s'apprêtait à sortir dans le jardin.

« Antef! » cria-t-elle en courant vers lui. Il s'immobilisa et elle le rejoignit, à bout de souffle. « Je ne voulais plus te demander ton aide, dit-elle d'une voix entrecoupée. Mais je ne peux agir autrement. Il faut que nous fassions quitter cette maison à Hori et que nous l'envoyions dans le Delta, si c'est possible. Je suis désolée, ajouta-t-elle en voyant son expression. Tu es le seul vers qui je puisse me tourner. Tu m'aideras?

– Cela me paraît une entreprise difficile, répondit-il. Son

Altesse est étroitement gardée et, franchement, princesse, cela risque de me coûter la vie.

– Je ne vois pas non plus comment nous pouvons nous y prendre, reconnut Sheritra. Mais nous devons essayer. Sois dans mes appartements dans une heure. Nous tâcherons de trouver un plan. » Antef s'inclina et ils se séparèrent.

Ce ne fut qu'une fois la porte de sa suite franchie que Sheritra se rendit compte à quel point elle était tendue. Dans l'atmosphère paisible de sa chambre, environnée de ses objets et de l'odeur familière de son parfum, elle perdit brusquement son sang-froid et se mit à trembler si violemment que sa servante dut l'aider à s'asseoir. « Du vin, demanda-t-elle en claquant des dents. Bakmout la servit et lui glissa la coupe entre les mains sans faire de commentaire. Sheritra la vida d'un trait, puis en but une seconde, plus lentement. Les tremblements s'apaisèrent peu à peu. Je tuerai le garde d'Hori s'il le faut, pensa-t-elle avec froideur. Et Tbouboui aussi. Je les tuerai tous pour sauver Hori. « Lave-moi, ordonna-t-elle à Bakmout. Et hâte-toi ; j'ai beaucoup à faire aujourd'hui. »

21

Celui qui est en paix ne peut entendre ta plainte,
Et celui qui est dans la tombe ne peut comprendre tes [pleurs.

Après que les gardes l'eurent déposé sur son lit, Hori, abruti par le pavot, rêva de Tbouboui. Vêtue d'une robe d'un blanc pur, elle était assise dans l'ombre diaprée d'un sycomore. Un de ses seins ronds était dénudé, et une petite figurine de cire à la tête et à l'abdomen percés d'épingles refermait rythmiquement sa bouche grossière sur le mamelon plissé. « Cela ne devrait plus être long, mon cher Hori, disait Tbouboui avec douceur. Elle est presque repue. » Il se réveilla, secoué par un cri silencieux et, terrorisé par la douleur qui lui taraudait la tête et le ventre, il s'agita un instant avec frénésie. Puis, se ressaisissant peu à peu, il essaya de l'accepter, de la dominer.

Autour de lui, la vie suivait son cours habituel. Il entendait des gens passer et repasser dans le couloir ; son garde piétinait et soupirait devant la porte de l'antichambre ; des bribes de musique lui parvenaient du jardin et il sentait une forte odeur de soupe. Tournant la tête avec difficulté, il vit que quelqu'un lui avait apporté à manger pendant son sommeil. Un bol de soupe froide, des tranches de melon enrobées de miel et un couteau étaient posés sur la table de chevet.

Hori fixa celui-ci d'un regard hébété. Les événements de la nuit lui revinrent peu à peu à l'esprit et, bien qu'ils lui parussent irréels, il savait qu'il n'avait pas rêvé. Père a balayé toutes mes preuves d'un revers de main, pensa-t-il. Sheritra prend loyalement mon parti mais refuse de regarder la vérité en face ; elle est trop éprise d'Harmin pour envisager la possibilité qu'il soit... que Tbouboui soit... Quelle solution me reste-t-il ? Aucune formule magique ne me sauvera et nous ne parvenons pas à trouver la figurine. Je crois que Sheritra a raison ; elle est certainement dans leur maison de la rive droite. Si seulement je pouvais y aller! A côté de lui, la pointe couverte de miel, l'innocent couteau à fruit étincelait.

Hori s'assoupit en le regardant. Il ne sut d'ailleurs pas s'il avait ou non fermé les yeux, car, lorsqu'il se réveilla, il le contemplait toujours. La douleur s'était encore intensifiée et on aurait dit qu'un fauve lui dévorait les entrailles. Pourtant, personne n'était venu. Il n'y a personne pour me soigner, se dit-il, s'apitoyant un instant sur lui-même. Pas de serviteur pour me baigner et me réconforter; pas de médecin pour me faire prendre les plantes bénies de l'oubli. On m'a délibérément abandonné.

Des larmes de faiblesse et de solitude roulèrent sur ses joues et, pelotonné sur lui-même, il pleura sans aucune contrainte. Mais, un instant plus tard, il se redressait et cherchait le flacon de pavot qu'il avait posé sur la table avant de tomber comme une pierre dans le sommeil. Il le secoua avant d'en boire une gorgée. Il était presque vide. Curieusement, Hori sentit un peu de force et de lucidité lui revenir, des signes qui le terrifièrent. Son père était médecin et il savait que les malades condamnés connaissaient souvent une période de rémission juste avant de mourir, comme une chandelle qui jette une dernière flamme haute et claire avant de s'éteindre. Il faut que j'en profite, se dit-il. Cela ne durera pas longtemps.

La douleur qui le suppliciait s'atténua, et son regard revint au petit couteau posé près du melon. La maison de la rive droite, pensa-t-il vaguement. Je refuse de mourir sans combattre. Combien de gardes surveillent ma porte? Un seul sans doute, et qui ne doit pas être très vigilant; on ne se méfie pas d'un mourant. Sa main se referma sur le manche du couteau. Cette nuit, se dit-il, et il s'endormit sans lâcher son arme.

Lorsque Hori se réveilla, il faisait sombre. Un serviteur silencieux avait posé une lampe sur la table sans prendre la peine d'emporter le plateau du matin. Ses doigts, crispés sur le couteau, s'étaient ankylosés et il les assouplit. Il se sentait mieux. Il savait fort bien que c'était le calme précédant l'ultime tempête, mais il repoussa cette pensée. Avec infiniment de précautions, il se redressa, chercha le sol du pied et se mit debout. La pièce tournoya vertigineusement devant ses yeux avant de se stabiliser. Il se rendit alors compte qu'il était nu. Lentement, plié en deux pour éviter la douleur qui le poignarderait s'il se redressait, il alla prendre sur une chaise le pagne crasseux que les gardes avaient dû lui ôter. Puis, le couteau à la main, il marcha silencieusement jusqu'à la porte de cèdre et y appuya l'oreille. N'entendant que le piétinement du garde, il l'entrebâilla imperceptiblement.

L'homme était sur sa droite, appuyé négligemment contre le mur. La torche, fixée assez loin dans le couloir, l'éclairait à peine. Hori prit une profonde inspiration. Il savait qu'il avait perdu presque toutes ses forces; sa première tentative devait être la bonne. Il étreignit le couteau et, se jetant sur le garde, il l'empoigna par le bras et lui enfonça la lame dans le cou. L'homme eut une sorte de hoquet, porta la main à sa blessure et s'effondra, les yeux grands ouverts, une expression stupéfaite sur le visage. Hori n'eut pas la force de le traîner dans l'antichambre. Ce n'était d'ailleurs pas utile; dans quelques minutes, il aurait quitté la maison. Tuer le garde qui gisait à ses pieds dans une mare de sang lui avait demandé une énergie considérable et il dut s'appuyer contre le mur tandis que le couloir désert tournait lentement autour de lui. De nouveau aiguë, la douleur semblait former une boule dans son abdomen et jeter des langues de feu dans ses jambes. Luttant pour retrouver son souffle, il posa un pied sur l'épaule du soldat et retira le couteau qu'il essuya de son mieux sur le pagne de l'homme. Puis il se dirigea vers le jardin.

Toutes les issues étaient gardées, Hori le savait; il ne fut donc pas étonné de voir un autre garde posté au bout du grand couloir qui ouvrait sur la nuit. Il ne voulait pas commettre un autre meurtre. Ces hommes ne faisaient que leur devoir, ils étaient innocents. Gagné par le désespoir, le jeune homme comprit pourtant qu'il lui faudrait au moins mettre la sentinelle hors de combat.

Il s'avança silencieusement, le couteau levé. L'homme changea de position et son épée tinta contre sa ceinture cloutée. Visant les tendons du genou, Hori frappa; il les sentit céder sous sa lame et le soldat s'effondra en hurlant. Il y avait non loin de lui une jarre pleine d'eau potable qu'on laissait dans le couloir pour que les courants d'air la rafraîchissent. Hori la renversa en grognant sous l'effort et, lorsque l'eau se fut déversée dans le jardin en se teintant du sang du gardien, il la souleva et l'abattit sur son crâne. Les cris cessèrent d'un coup. Tremblant de tous ses membres, Hori sortit de la maison.

Une lune pleine brillait dans un ciel resplendissant d'étoiles, mais Hori n'en avait cure. Titubant, trébuchant parfois, mais résolu à atteindre son but, il se dirigea vers le débarcadère.

L'odeur riche et humide du Nil, perceptible sous celles, plus légères, des arbustes en fleurs et de l'herbe, lui apprit pourtant que le fleuve montait. Il progressait à couvert, tous les sens en alerte, mais la chance lui sourit ; il ne rencontra pas d'autres soldats. Sans doute les avait-on postés aux limites de la propriété.

La torche qui éclairait le débarcadère dansait dans la brise. Il s'avança dans sa lumière, trop épuisé pour faire un détour. Il restait encore un obstacle, le garde qui surveillait les embarcations. Hori descendit les marches avec précaution ; la douleur qui lui martelait le crâne compromettait son équilibre. Le soldat était bien là, assis sur la dernière marche, mais il dormait profondément. Encore un serviteur qui aurait besoin d'être réprimandé, se dit Hori en réprimant un rire nerveux. Où peut bien être l'esquif ? Il l'aperçut attaché à un piquet sur sa droite.

Prenant garde de ne pas réveiller le soldat, il attrapa une perche posée dans la vase et monta dans l'embarcation. Il n'y avait pas de rames à l'intérieur, mais c'était sans importance, car il aurait été bien incapable de s'en servir. Il allait devoir s'abandonner au courant, chaque jour plus puissant maintenant que la crue avait commencé. Il étreignit la perche et s'écarta de la berge. Lorsque l'esquif serait au milieu du fleuve, il n'aurait plus qu'à s'asseoir et se laisser porter. Mais la tête lui tournait et il craignit brusquement de s'évanouir. Son couteau le gênait et, n'ayant pas de ceinture où le glisser, il le posa au fond du bateau, puis, saisissant la perche à deux mains, il l'enfonça de nouveau dans l'eau. L'esquif protesta mais, un instant plus tard, Hori sentit que le courant l'entraînait. Poussant un soupir tremblant, il se détendit.

Lorsqu'il revint à lui, il flottait dans un rayon de lune. La ville de Memphis, plongée dans les ténèbres, s'étendait sur sa gauche tandis qu'à droite des acacias s'accrochaient à la rive. Ce qu'il redoutait était donc arrivé ; il avait perdu connaissance et il fut brusquement terrifié à l'idée qu'il allait mourir là, que l'esquif l'emporterait jusqu'au Delta avant qu'on ne découvre son corps. Il sera alors trop tard pour qu'on puisse m'embaumer ! pensa-t-il, pris de panique. Mon cadavre sera trop décomposé. O Amon, roi des dieux, aie pitié de moi et conduis-moi jusqu'au débarcadère !

L'esquif poursuivit sa route avec lenteur. Hori vit bientôt les bosquets s'épaissir, puis céder la place à la palmeraie qui entourait l'ancienne demeure de Tbouboui. Reprenant la perche, il tâcha maladroitement de diriger l'embarcation vers le débarcadère. Il craignit un instant que ses pitoyables efforts ne soient insuffisants à l'arracher au courant. Peu à peu, toutefois, il la sentit pivoter et elle heurta bientôt les marches. Hori chercha le couteau à tâtons, le saisit et descendit péniblement de l'esquif. Celui-ci partit immédiatement à la dérive, mais il n'en avait cure.

Tout semblait prendre un temps infini. Il rampa jusqu'au sentier, puis resta un moment immobile, la joue contre le sable. J'ai envie de dormir, pensa-t-il. Je veux reposer à jamais aux creux de la terre. Et il sombra effectivement dans l'inconscience, car, lorsqu'il rouvrit les yeux, la lune pâlissait.

Avec un gémissement, il se mit debout et avança en titubant sur le sentier. Il faisait très sombre sous les palmiers dont les fûts noirs, enveloppés dans leur propre mystère, se pressaient autour de lui. Hori tâchait de ne pas se laisser impressionner par l'atmosphère irréelle de l'endroit mais, lorsqu'il franchit le dernier tournant et découvrit la maison, il lui sembla brusquement être revenu à Koptos, dans cette propriété en ruine dont l'aspect désolé et le silence lui avaient paru si familiers. Avec un effort de volonté, il se concentra sur le moment présent, mais le silence demeurait. Ici, à Memphis, il avait quelque chose de malfaisant et Hori traversa la clairière pelée avec la conviction d'être observé par des yeux invisibles. Je n'ai plus rien à perdre, se dit-il. Je ne peux connaître de souffrances pires que celles que j'endure déjà. Je vais aller droit à l'entrée principale sans me préoccuper des serviteurs qui pourraient se tenir dans l'ombre, car je suis sûr qu'ils m'ignoreront. Des shaouabtis qui retournent dans leur monde crépusculaire lorsque leurs services ne sont pas requis, aveugles, sourds, d'une immobilité de statue... Hori frissonna, et quitta l'air libre pour les ténèbres étouffantes du vestibule.

Dans un coin de la pièce, se tenait un domestique, raide, les bras le long du corps et les yeux clos. Hori lui jeta un regard timide en passant, mais il ne bougea pas. La porte du couloir béait, trou noir ouvrant sur le néant. Après s'être arrêté un instant, le temps d'essuyer ses mains moites sur son pagne, le jeune homme la franchit.

L'obscurité était totale. Hori savait que l'ancienne chambre de Tbouboui se trouvait sur la droite, près de l'ouverture donnant sur le jardin. Il s'y dirigea lentement en s'appuyant contre le mur. A l'autre bout de la maison, Sisenet et Harmin devaient dormir; si on peut dire que des morts dorment, pensa Hori en retenant de nouveau un rire nerveux. Il ne faut pas que je les dérange. Son épaule heurta une arête; il tâtonna devant lui. La porte était là. Elle s'ouvrit sans bruit et il entra dans la pièce.

Il y faisait aussi noir que dans le couloir et Hori se rendit compte avec accablement qu'il lui faudrait chercher la figurine à l'aveuglette. Il n'avait pas apporté de lampe; il aurait été bien incapable de la tenir, d'ailleurs, car la douleur s'était intensifiée dès que sa main avait touché la porte et lui déchirait le ventre comme les cornes d'un taureau. Il essaya de ne pas se laisser submerger, de conserver un peu de lucidité, mais c'était difficile.

Le couteau entre les dents pour pouvoir tâter le sol, il commença ses recherches. Lorsqu'il atteignit le lit, il palpa le matelas, le treillis, puis le contourna pour explorer l'autre partie de la pièce. Il se rendit vite compte qu'elle était vide. Les coffres de Tbouboui avaient disparu, de même que sa table de nuit et le reliquaire de Thot. Elle avait tout emporté chez son père.

Sanglotant de fatigue et de frustration, Hori se traîna vers la porte. Tu vas mourir, lui répétait la douleur. Tu ne trouveras jamais cette statuette. Tbouboui est bien trop intelligente pour toi. Qui aurait pensé il y a six mois, lorsque tu contemplais avec ton père le panache d'air grisâtre qui s'échappait d'une tombe de Saqqarah, que tu finirais ta vie dans cette pièce poussiéreuse et déserte ? Chut ! se dit-il tandis que des larmes brûlantes roulaient sur ses joues. Résigne-toi et va jusqu'au bout de tes forces. Son genou heurta un coin de porte et il se retrouva dans le couloir.

A l'autre extrémité, un mince rai de lumière jaune filtrait sous une porte. Hori s'immobilisa, atterré. Un instant auparavant, l'obscurité régnait, il en était certain. Quelqu'un venait donc d'allumer une lampe. Qui ? se demanda-t-il, la main crispée sur le couteau. Il avança d'un pas chancelant et dépassa le vestibule où il aperçut le serviteur immobile, appuyé contre le mur. La lumière venait de la chambre de Sisenet et la porte était entrebâillée. Un calme étrange s'empara d'Hori. Il la poussa et entra.

La première chose qui le frappa fut l'odeur. Il avait visité suffisamment de tombes pour la reconnaître aussitôt – une odeur de terre, de moisi, de pierre privée de soleil et de putréfaction. C'était cette dernière qui dominait dans la pièce, si forte qu'elle prit Hori à la gorge. Il n'avait encore jamais vu cette chambre. Petite, des murs de boue grise entièrement nus, un sol de terre battue, elle ne comptait pour tout ameublement qu'un lit, un appui-tête de pierre, une table, une lampe et un coffre.

Mais il n'eut pas le temps d'avoir peur, car Sisenet, avec un sourire froid, s'inclinait devant lui. Il ne portait qu'une courte jupe de lin et son corps sec et musclé était aussi poussiéreux que le sol ou la table. Poussiéreux.

« Voici donc le jeune Hori, déclara-t-il, souriant toujours. J'ai bien pensé que c'était toi quand j'ai entendu des bruits dans le couloir. Tu n'as pas l'air en très bonne forme, prince. On pourrait même dire que la mort t'a marqué de son sceau. Qu'est-ce qui a bien pu t'arriver ? »

Hori s'avança, très conscient tout à coup du couteau qu'il tenait toujours à la main. Sisenet se déplaça légèrement et l'enveloppe desséchée d'un scorpion brilla brusquement à la lumière. Hori garda le silence. Il ne s'était jamais beaucoup intéressé au prétendu frère de Tbouboui qu'il avait considéré comme un homme calme et réservé, aimant la solitude et l'étude. Mais à présent, en le regardant, il se demanda à quelle étude au juste il s'était consacré. Le sourire de Sisenet s'élargissait. C'était un spectacle déplaisant, et Hori sut alors que ce qu'il avait pris pour de la retenue et de l'effacement étaient en fait de l'arrogance et une sorte de mépris amusé. Sisenet observait et disséquait avec froideur tous ceux qu'il rencontrait. Hori sentit tous ses muscles se contracter.

« C'était toi ! s'écria-t-il. Tu as jeté un sort à Penbuy. Tu as comploté la séduction de mon père avec Tbouboui. Tu es en train de me tuer ! »

En guise de réponse, l'homme s'écarta de la table. Là, pareil à quelque dieu primitif ventru et malveillant, se trouvait la figurine que cherchait Hori. La lueur dansante de la flamme faisait étinceler les épingles de cuivre. L'une traversait la tête grossière d'une tempe à l'autre, la seconde était plantée dans l'abdomen. A côté, Hori reconnut ses boucles d'oreilles d'or et de jaspe. Des boucles d'oreilles, se dit-il. Comme c'est bien choisi !

« Est-ce ce que tu cherches, prince ? demanda poliment Sisenet. Oui ? Je le pensais. Mais il est trop tard ; tu mourras dans deux jours. »

Pris de vertige, Hori se planta plus solidement sur ses jambes et lutta contre son malaise. L'horrible puanteur s'intensifiait, au point qu'il avait l'impression qu'elle s'infiltrait dans chacun de ses pores et que sa peau elle-même se rétractait. « Pourquoi ? demanda-t-il d'une voix rauque. Pourquoi ? Tu es son mari, n'est-ce pas ? Tu es le prince-sorcier Nenefer-ka-Ptah et elle, la princesse Ahoura. Père vous a ressuscités et vous êtes des morts-vivants. Mais pourquoi vous acharner contre nous ?

– Pauvre Hori, fit Nenefer-ka-Ptah avec une feinte sollicitude. Tu ferais mieux de t'asseoir. Tiens, prends ma chaise. Veux-tu que j'appelle un serviteur et te fasse apporter du vin ? » Une lueur railleuse brillait dans son regard. « Je peux les réveiller d'un mot, poursuivit Nenefer-ka-Ptah. Cela leur est égal. Ils sont d'une obéissance parfaite.

– Pas de vin », murmura Hori, malgré le goût de terre qu'il avait dans la bouche. Ses boucles d'oreilles lui adressaient des clins d'œil effrontés et la statuette grotesque lui souriait d'un air entendu.

« Mon épouse défrayait la chronique dans le Sud », dit Nenefer-ka-Ptah sur le ton de la conversation. Il marchait de long en large sans faire le moindre bruit. « Elle était noble, belle, dotée de ce charme magnétique auquel les hommes ne résistent pas, et ses prouesses sexuelles étaient légendaires. Elle s'est accrochée à moi lorsque nous nous noyions ; elle m'étreignait comme une amante et se tordait contre moi dans les convulsions de la peur. Elle s'est pressée contre toi aussi, n'est-ce pas, prince ? » Hori acquiesça de la tête, hypnotisé et horrifié. « Moi, je n'avais pas peur, reprit Nenefer. Je pensais au Rouleau de Thot, *mon* rouleau, ce papyrus qu'il m'avait fallu tant d'efforts et de temps pour acquérir. Les prêtres sem avaient leurs instructions. Ils devaient nous coucher dans des cercueils sans couvercle dissimulés derrière un faux mur. J'avais ordonné que deux de mes serviteurs soient assassinés et enterrés dans ma sépulture si nous venions à mourir, et que le Rouleau soit cousu à la momie de l'un d'eux. Mais Merhou... » Il s'interrompit et passa une main sur son crâne rasé. « Mon fils. La fleur de la jeunesse égyptienne de l'époque ; un jeune homme séduisant, accompli, gâté et obstiné. Il connaissait l'existence du Rouleau, tout comme ma femme. Il a accepté que je prenne le même genre de dispositions pour son enterrement. Bien lui en a pris, car il s'est noyé lui aussi, peu de temps après qu'Ahoura et moi eûmes été embaumés et couchés dans la sépulture que ton père a si allégrement profanée. Tous les trois, morts par noyade... Il s'agissait certainement d'une plaisanterie cosmique, car nous adorions le Nil. Nous y nagions, y pêchions, nous y promenions le soir lorsque le ciel rougeoyait ; il nous arrivait souvent de faire l'amour sur ses berges, les pieds léchés par ses eaux tièdes, de festoyer sur son sein mystérieux ; nous souffrions chaque année de le voir décroître et s'épuiser, et nous avons voulu qu'il décore notre sépulture de Saqqarah comme celle de Merhou à Koptos, la ville qu'il aimait. Or, pendant tout ce temps, le dieu attendait, décidé à nous détruire par ce qui nous avait donné les plus vifs plaisirs. La vie est faite de ces petites ironies. Je savais que posséder le Rouleau comportait des dangers, continua-t-il en s'approchant d'Hori. Mais j'étais un grand magicien, le plus grand d'Égypte, et j'ai décidé de courir le risque. Le Rouleau m'appartenait ; je l'avais gagné. Le prix que ma famille et moi avons payé, c'est de mourir prématurément après cinq ans de puissance et de prospérité.

– Tu n'as pas répondu à ma question », murmura Hori d'une voix défaillante. S'il en avait eu la force, il se serait précipité hors de la maison en hurlant d'horreur. J'ai couché avec un cadavre, pensait-il. J'ai étreint une morte, comme ces malades qui rôdent autour de la Maison des morts. Et que dire de père dont la vie se résume désormais au bonheur de posséder Tbouboui ? Même Sheritra est souillée. Nous avons tous commis un péché innommable que personne en Égypte ne pourrait comprendre. Ces trois êtres ont-ils toujours été aussi malfaisants, aussi dépourvus de scrupules ? se demanda-t-il. Ou l'alchimie mystérieuse de leur résurrection forcée les a-t-elle privés d'une partie de leur humanité, de quelque élément essentiel pour mener une vie sans reproche et connaître la paix dans le paradis d'Osiris après un bon jugement ? Leur deuxième vie leur vaut-elle d'être rejetés par les dieux ? Et nous, le sommes-nous aussi ? Nenefer-ka-Ptah s'était remis à arpenter la pièce.

« Ta question ? dit-il. Ah oui ! Pourquoi vous ? Nous étions reconnaissants à ton père de nous avoir ressuscités et, s'il n'avait tenu qu'à nous, nous aurions simplement récupéré le Rouleau et mené une existence tranquille à Memphis sans plus nous occuper de vous. Mais Thot... » Il hésita, semblant chercher ses mots. « Thot était devenu mon maître. Le Rouleau était sa création et, en m'en emparant, je tombais sous sa domination. Il n'est pas bon de vivre sous le regard d'un dieu. La simple adoration ne suffit plus. Oh non ! Il exige bien davantage. Son bec est aiguisé, jeune Hori, et son œil impitoyable. On n'est plus qu'un esclave. “ Kâemouaset a péché, a-t-il déclaré. Il ne sert plus d'autre dieu que lui-même. Il doit être détruit. Ton ka m'appartient en échange du Rouleau, et celui de Kâemouaset parce que, dans son arrogance, il n'a cessé de profaner des lieux sacrés. Occupe-t'en. ” On ne désobéit pas à un dieu, et je dois avouer que j'ai pris plaisir à mettre en pièces votre orgueilleuse petite famille. Mon épouse et mon fils aussi. Cela m'a donné l'occasion de pratiquer de nouveau la magie et Ahoura a pu jouer le jeu pour lequel elle est le plus douée. »

Il regarda Hori dans les yeux et, malgré la douleur, celui-ci sentit flamber son désir. « Vous êtes des abominations ! cria-t-il. Rends-moi ma vie !

– Mais tu es souillé toi aussi, remarqua Nenefer-ka-Ptah en souriant. Tu as couché avec elle. Tu es perdu sans espoir de salut. »

Hori resserra la main sur le manche du couteau, solide et rassurant. « Je n'ai pas mérité cela ! Je refuse de mourir ! Je refuse ! » Parfaitement impassible, Nenefer-ka-Ptah ne fit pas un mouvement quand, mû par un désespoir qui lui donnait une force surhumaine, Hori se précipita sur lui. Avec un hurlement, il lui enfonça le couteau dans le cou jusqu'à la garde. L'homme ne battit pas un cil. Hori se plia en deux, le visage ruisselant de larmes, tremblant de tout son corps. Lorsqu'il leva les yeux, il vit avec horreur que pas une goutte de sang ne tombait de la blessure. Il y eut un petit bruit de succion lorsque, d'un geste impatient, Nenefer-ka-Ptah retira le couteau qu'il jeta sur la table. « Je suis déjà mort, dit-il d'un ton uni. Je croyais que tu l'avais compris, Hori. Je ne peux pas périr une seconde fois. »

Brisé, Hori se laissa tomber sur le sol en pleurant d'impuissance et de douleur. Il s'apprêtait à se redresser quand un bruit lui fit tourner la tête vers la porte. Sheritra se tenait sur le seuil, les yeux écarquillés d'effroi. Antef était derrière elle. « J'ai vu ! s'écria-t-elle. Ô dieux, j'ai vu ! Tu avais raison, Hori ! » Tandis que son frère cherchait à se mettre debout, Nenefer-ka-Ptah s'inclina.

« C'est cette charmante petite princesse Sheritra, dit-il. Sois la bienvenue, ma chère. Aimerais-tu participer à notre modeste repas ? Je n'ai guère à t'offrir que des scorpions desséchés et des souris mortes ; mais tu préférerais peut-être goûter au ka de ton frère ? Il est frais et tout à fait savoureux.

– Hori ! » cria Sheritra. Il s'était relevé et, malgré l'horreur presque insoutenable qui le glaçait, il parvenait encore à réfléchir de manière cohérente.

« Sortez ! ordonna-t-il. Antef... » Mais il était trop tard. Avec un cri de terreur, Sheritra faisait volte-face et s'enfuyait. Hori s'efforça de la suivre et Antef se précipita pour le soutenir. Au moment où ils franchissaient le seuil, une porte s'ouvrit dans le couloir et ils virent Sheritra heurter Merhou de plein fouet. Elle se jeta dans ses bras.

« Dis-moi que ce n'est pas vrai ! cria-t-elle d'une voix hystérique en s'agrippant à lui. Dis-moi que tu m'aimes, que tu m'adores, que nous nous marierons dès que le contrat sera établi. » Elle leva vers lui un visage décomposé par la peur. « Dis-moi que tu ne savais rien sur ta mère, sur Sisenet, sur tout ça! Oh! Dis-le moi, Harmin! »

Nenefer-ka-Ptah était sorti de sa chambre et observait la scène, nonchalamment appuyé contre le mur. Hori surprit le regard échangé entre les deux hommes, un regard complice et triomphant. Puis Merhou repoussa brutalement Sheritra.

« Toi ? dit-il en la toisant des pieds à la tête avec un étonnement feint. Que je t'épouse, toi ? » Sa voix et toute son attitude exprimaient un indicible mépris. « J'exécutais la tâche dont on m'avait chargé, voilà tout, et elle n'était même pas très intéressante. Les vierges m'ennuient, surtout quand ce sont de vrais sacs d'os. Te faire l'amour m'ennuyait et feindre de t'aimer encore plus. Je ne veux plus te revoir. Le jeu a perdu tout piquant.

– Sheritra... » s'écria Hori ; mais elle l'écarta pour se précipiter au-dehors. Soutenu par Antef, il la suivit péniblement et, derrière eux, Nenefer-ka-Ptah éclata de rire. C'était un rire grossier, inhumain, qui les accompagna le long du couloir et dans le jardin, un rire dément qui réveilla les ombres et les poursuivit comme les démons ricanants des Enfers jusqu'à ce que, peu à peu, les palmiers en assourdissent le son.

Ils trouvèrent Sheritra pelotonnée au bas des marches du débarcadère, trop bouleversée pour pouvoir pleurer. L'esquif avait disparu, mais Hori remarqua qu'un radeau était attaché solidement à un des piquets. « Comment saviez-vous que j'étais ici ? demanda-t-il.

– La princesse en avait la conviction, répondit Antef. L'alarme a été donnée il y a deux heures lorsqu'on a trouvé le cadavre de ton garde. Nous avions passé la plus grande partie de la journée à chercher un moyen de te libérer. Elle a dit que tu ne pouvais être allé que chez Sisenet. Nous nous sommes esquivés en plein tumulte et je doute qu'on se soit aperçu de notre absence. »

Sheritra ne semblait pas les avoir entendus. Le visage pressé contre les genoux, elle était secouée de tremblements convulsifs.

« Tu ne peux pas rester ici, fit Hori d'un ton pressant. Il faut que tu rentres, Sheritra! » Elle finit par lever la tête. Pas une larme ne brillait à ses paupières et, sous la douleur qui défigurait son visage, Hori crut voir aussi une sorte d'implacabilité froide qui ne lui plut pas. « Nous allons te ramener à la maison, déclara-t-il. Puis nous nous laisserons porter vers le Delta. Il faut que je trouve un prêtre de Thot ou de Seth capable de me délivrer de ce sort. »

Faisant un effort visible pour se ressaisir, Sheritra se leva. « Pardonne-moi de ne pas t'avoir cru, Hori, murmura-t-elle d'une voix étranglée. Je t'ai vu frapper Sisenet. J'ai vu le couteau dans sa gorge. Et pourtant, je n'arrive toujours pas à admettre...

– Je sais, se hâta de dire Hori. Monte dans le radeau. Tu vas devoir ramer, Antef. »

Dès qu'ils furent sur l'embarcation, celui-ci poussa au large et lutta pour remonter le courant. Un bras passé autour de sa sœur, la tête dodelinant contre sa poitrine, Hori ferma les yeux. Deux jours, pensa-t-il. Il me reste deux jours si ce démon n'a pas menti. Sheritra bougea et il l'entendit gémir.

Un peu plus tard, le radeau heurta la rive. « Nous sommes arrivés, prince, dit Antef. Tu souhaites descendre ? »

Hori s'écarta de sa sœur. Il sentit vaguement ses mains sur son visage, puis ses lèvres frôlant les siennes comme deux pétales noirs. « Je t'aime, Hori, murmura-t-elle d'une voix altérée par l'émotion. Je ne t'oublierai jamais. Va en paix. »

Elle sait donc que je ne survivrai pas, songea-t-il confusément. Il frotta sa joue contre la sienne sans pouvoir prononcer un mot. Son dernier atome d'énergie l'avait quitté et il ne souhaitait plus qu'une chose : se recroqueviller sur lui-même et sombrer dans l'inconscience. Il entendit Sheritra se lever et traverser le radeau, puis il n'y eut plus que les clapotis secrets du fleuve et la respiration régulière d'Antef. « Emmène-moi vers le nord, Antef », murmura-t-il avant de glisser dans le gouffre béni de l'oubli.

Sheritra monta les marches avec lenteur. Elle ne se retourna pas lorsque, grognant sous l'effort, Antef écarta l'embarcation de la berge. Elle était indifférente, parfaitement maîtresse d'elle-même, et elle se dirigea vers la maison, enveloppée dans un calme fragile et anormal.

L'aube approchait, elle le sentait. Les torches fumaient et une sorte d'inquiétude troublait la nuit. Un serviteur la dépassa en courant, ne lui accordant qu'un rapide salut ; plus loin, un garde fouillait les buissons. Ils ne le trouveront pas, pensa-t-elle avec froideur. Il appartient déjà aux dieux. Plus personne ne peut l'atteindre.

Sheritra pénétra dans la maison par l'entrée principale et, sans prêter attention à l'activité frénétique qui y régnait, se dirigea vers ses appartements. Elle enjamba Bakmout qui dormait étendue en travers de la porte et gagna sa chambre. La lampe de nuit posée près de son lit jetait encore une lueur accueillante.

La jeune fille alla à sa coiffeuse et sortit un rasoir de cuivre d'un coffret. Elle en essaya la lame coupante sur son pouce d'un air songeur. Que disait donc père autrefois ? se demanda-t-elle. Si vous voulez vous ouvrir les veines, ne vous tailladez pas les poignets dans le sens de la largeur, vous ne les endommageriez pas suffisamment. Enfoncez le couteau dans le sens de la longueur de façon à ce que le sang coule à flots et l'on ne pourra plus vous sauver... Ce n'était qu'un jeu, se dit-elle. Il feignait de me comprendre, de m'aimer et, chaque fois que nous faisions l'amour, mon corps lui répugnait ; il se forçait, se moquait de moi... Oh ! Qu'il soit maudit ! Et moi, quelle idiote j'ai été ! J'aurais dû savoir qu'aucun homme ayant sa beauté ne pouvait être séduit par une fille laide comme moi.

Elle aurait voulu enfoncer la lame étincelante dans sa chair, serrer les dents de douleur et voir son sang jaillir, mais elle en était incapable. Parce que personne ne s'en soucierait, pensa-t-elle avec détachement. Pas plus mon père que ma mère. Quant à Hori, il affronte sa propre mort. Non, personne ne regretterait ma disparition et Tbouboui se contenterait de sourire. Tout est ma faute. Je n'ai jamais mérité d'être heureuse et je passerai le reste de mes jours à me rappeler ce fait. Ces quatre murs seront mes témoins.

« Bakmout ! » appela-t-elle en jetant le rasoir sur le lit. Sa servante apparut, les yeux encore lourds de sommeil. « Apporte-moi le rouleau envoyé par Pharaon », ordonna Sheritra.

Un instant plus tard, Bakmout lui tendait le papyrus. Elle en brisa le sceau et le déroula. « A mon cher petit-fils Hori, salut et félicitations affectueuses, lut-elle. Après avoir pris connaissance des nouvelles que tu m'as transmises et consulté mon ministre des Droits héréditaires, j'ai décidé d'enquêter sur tes allégations. Attends-toi à recevoir la visite d'un dignitaire accrédité d'ici deux semaines. Sache aussi que je suis fort mécontent des bouffonneries de ta famille et que je prendrai les mesures qui s'imposent pour faire régner la paix à Memphis ainsi que dans la propriété de ton père. Ton auguste grand-père, Ramsès, second du nom etc. » Sheritra lâcha le papyrus avec un petit rire étranglé. Tout cela n'avait plus d'importance désormais. Elle se tourna vers Bakmout qui attendait patiemment. « A partir de maintenant, je ne quitterai plus ma suite, déclara-t-elle. Et personne ne doit y entrer. C'est compris ? »

La jeune fille acquiesça de la tête et Sheritra la renvoya. Parfait, se dit-elle en s'allongeant sur son lit. Bakmout va croire que c'est un caprice, mais le temps passera et passera encore... Elle ferma les yeux. Crédule, pensa-t-elle. Sac d'os. Les vierges m'ennuient.

Étouffant un cri, elle se recroquevilla sur elle-même. Plus personne ne me fera souffrir, se jura-t-elle pour combattre les images torturantes que lui présentait son esprit. Plus personne. Puis, abrutie de douleur, elle sombra dans le sommeil.

22

Regardez-moi ! Je suis comme un chien de rue,
Comme un signe adressé aux dieux et aux hommes ;
Sa main s'est abattue sur moi,
Car j'avais fait le mal sous ses yeux.

Kâemouaset entendit avec stupeur les domestiques venir l'un après l'autre lui dire qu'ils ne trouvaient pas Hori. Il n'ignorait certes pas l'étendue de la propriété et qu'il fallait du temps pour en fouiller chaque recoin, mais son fils était au bord de l'évanouissement lorsque les gardes l'avaient escorté jusqu'à ses appartements. Il avait du mal à imaginer ce jeune homme épuisé et sans forces capable de tuer un soldat et d'en blesser si grièvement un autre qu'il ne survivrait probablement pas. Kâemouaset avait examiné l'homme et s'était étonné de la violence du coup. Hori y a mis l'énergie du désespoir, pensa-t-il. Mais que voulait-il faire ? Pas se précipiter dans la suite de Tbouboui, son couteau à la main, en tout cas, car personne ne l'avait aperçu à proximité du harem. En fait, personne ne l'avait vu du tout.

Kâemouaset s'était rendu chez sa fille en se disant qu'Hori s'y cachait peut-être, mais Bakmout lui avait assuré que Sheritra dormait et que le prince ne lui avait pas rendu visite. Quant à Antef, il avait paru sincèrement intrigué et inquiet de la disparition de son ami ; lorsque Kâemouaset avait voulu l'interroger une heure plus tard, il s'était évaporé à son tour.

On vint alors lui apprendre que sa barque n'était plus là. Il fit venir le garde du débarcadère qui, terrifié, avoua avoir abusé de la boisson avant de prendre son service et s'être endormi. Hori pouvait donc fort bien s'être glissé jusqu'à l'embarcation sans qu'il le remarque. Kâemouaset renvoya l'homme sur-le-champ. Je ne peux pas faire fouiller la ville entière, pensa-t-il avec lassitude. Peut-être est-il parti rejoindre Noubnofret dans le Delta. Cette idée lui apporta un certain soulagement. Il était réconfortant d'imaginer Hori loin de Memphis, du moins jusqu'à la naissance de l'enfant de Tbouboui. Ensuite, il lui faudrait agir. Si Sheritra n'avait pas été aussi maladroite, le problème serait déjà réglé, se dit-il. Mais ce n'est pas grave ; la cour de père est peuplée et les intrigues y abondent. Un empoisonnement y attirera moins l'attention qu'ici. En attendant, je peux profiter en paix de la compagnie de ma femme adorée. Les fauteurs de troubles sont partis. Sheritra épousera Harmin et il s'installera dans les appartements d'Hori. Sisenet se décidera peut-être à vivre chez nous lui aussi et je cesserai enfin d'être entouré de gens hostiles.

Plus tard dans la matinée, Ib vint lui dire que le radeau manquait lui aussi et qu'on avait vu sa fille revenir du débarcadère. Irrité, Kâemouaset l'envoya chercher. Peu de temps après, l'intendant lui apprenait que la princesse refusait de sortir de ses appartements. Jurant à haute voix, Kâemouaset quitta son bureau, suivi d'un garde et d'un héraut. Parvenu devant la suite de Sheritra, il frappa à coups redoublés jusqu'à ce que Bakmout ouvre la porte.

« Écarte-toi, ordonna Kâemouaset d'un ton sec. Je dois parler à ma fille. »

La servante s'inclina, mais sans bouger d'un pouce. « Je regrette, Votre Altesse, mais la princesse ne veut voir personne », répondit-elle avec fermeté. Sans discuter davantage, Kâemouaset la repoussa avec brusquerie et entra dans l'antichambre.

« Sheritra ! appela-t-il. Sors immédiatement. J'ai une question à te poser. »

Pendant un long moment, il n'y eut pas de réponse et il s'apprêtait à forcer la porte de sa chambre lorsque celle-ci s'entrouvrit. Mais Sheritra ne se montra pas ; la pièce était plongée dans la pénombre et seule sa voix lui parvint, désincarnée.

« Pose ta question et je te répondrai, père, dit-elle. Mais ce sera la dernière fois. Je ne souhaite plus voir personne, et surtout pas toi.

– Tu me manques de respect ! s'exclama-t-il furieux.

– Pose ta question, coupa Sheritra. Et ne lasse pas trop ma patience, car je pourrais décider de ne pas te répondre du tout. »

Kâemouaset s'apprêtait à répliquer avec virulence mais son ton morne et parfaitement indifférent le frappa. On aurait dit que plus rien ne pouvait la toucher. Les invectives moururent sur ses lèvres.

« Très bien, fit-il. Est-ce que tu t'es servie du radeau hier soir ?
– Oui. »

Il attendit qu'elle en dise davantage mais le silence s'éternisa, l'obligeant à poursuivre.

« L'as-tu ramené ?
– Oui. »

Et ce fut de nouveau le silence. Kâemouaset avait du mal à contenir son exaspération.

« Et où est-il maintenant ? » grogna-t-il.

Sheritra poussa un soupir. Il entendait le souffle de sa respiration et crut apercevoir un bout de sa robe dans le demi-jour de la chambre.

« Hori a pris l'esquif pour aller parler de ta femme avec Sisenet, dit-elle avec froideur. Antef et moi sommes partis à sa recherche sur le radeau. Nous l'avons ramené ici. J'ai débarqué, mais Hori est parti vers le nord avec son ami. Tu ne le reverras pas.

– Il n'avait donc pas renoncé ! s'écria Kâemouaset, hors de lui. Il a donc préféré tuer que de renoncer ! Eh bien, bon débarras ! Qu'il reste dans le Delta jusqu'à y pourrir !

– Il n'atteindra pas le Delta, déclara Sheritra. Il sera mort avant demain soir ; Sisenet le lui a dit. C'est lui qui a planté les épingles, père, mais tu avais décrété que ton fils devait mourir. Penses-y demain lorsque tu te regarderas dans ton miroir.

– Et toi ? » fit Kâemouaset, mal à l'aise. Il y avait dans le ton de sa fille quelque chose qui le glaçait. « Quelle comédie absurde joues-tu, Sheritra ? Harmin vient rendre visite à sa mère cet après-midi. Refuseras-tu de le voir lui aussi ?

– J'ai décidé de ne pas l'épouser, répondit-elle d'une voix soudain tremblante. En fait, j'ai décidé de rester célibataire, père. Va-t'en maintenant. »

La porte fut refermée et Kâemouaset eut beau insister, menacer, supplier, pas un bruit ne lui parvint de l'intérieur. Il eut l'impression de se trouver devant l'entrée scellée de quelque sépulture et, effrayé, il finit par partir.

Cet après-midi-là, Harmin vint effectivement voir Tbouboui et tous trois s'installèrent dans le jardin où des domestiques les rafraîchirent en les tamponnant de linges humides et leur servirent des fruits et de la bière. Harmin se montra plus attentionné que de coutume envers sa mère. Il lui caressait le visage, réarrangeait ses coussins, lui souriait avec chaleur lorsque leurs regards se rencontraient. Comme il est différent d'Hori, se dit Kâemouaset. Voilà un fils qui aime et respecte sincèrement sa mère, qui sait quelle est sa place et y reste par affection pour elle. Quel démon s'est emparé de Sheritra ? Pourquoi cette petite idiote ne veut-elle plus de lui ?

Comme faisant écho à ses réflexions, Harmin se leva en déclarant : « Avec ta permission, prince, j'aimerais aller passer un moment en compagnie de Sheritra.

– Je crains malheureusement qu'elle ne soit souffrante, mon cher Harmin, répondit Kâemouaset, embarrassé. Elle ne veut voir personne. Elle m'a prié de te transmettre ses excuses, et toute son affection, naturellement. »

La mère et le fils échangèrent un regard entendu. « J'en suis vraiment navré, déclara Harmin en s'assombrissant. Dis-lui bien que je compatis. Eh bien, il ne me reste plus qu'à rentrer me reposer. » Il embrassa Tbouboui, s'inclina devant Kâemouaset et s'éloigna de sa démarche pleine de grâce. Kâemouaset admira un instant ses jambes musclées et ses cheveux noirs qui dansaient sur ses épaules.

« Un beau jeune homme, dit-il en espérant secrètement que Sheritra oublierait vite son caprice. Tu as toutes les raisons d'être fière de lui. » Il écarta d'un geste le domestique qui lui tendait un plat et se rapprocha de Tbouboui. « Je ne t'ai pas encore parlé d'Hori, reprit-il à voix basse. Il est parti pour le Delta, afin d'aller pleurer dans le giron de sa mère, sans doute. J'ai honte de ma famille, Tbouboui, mais te voilà au moins en sécurité pour quelque temps. »

Un étrange sourire flotta sur les lèvres de Tbouboui. « Oh ! Je crois que je n'ai vraiment plus rien à craindre maintenant. Il est dommage que tu n'aies pas pu lui faire boire ce bouillon l'autre jour, mais tant pis. Je ne compte plus m'inquiéter à son sujet. »

Envahi par un sentiment d'abjecte culpabilité, Kâemouaset voulut l'enlacer, mais elle s'étendit sur la natte, fit un signe au porte-éventail et ferma les yeux. Il resta assis à ruminer de sombres pensées tandis que la chaleur s'intensifiait et que lui parvenait par instants, des dépendances, le chant rythmé et triomphant des serviteurs qui piétinaient le raisin dans la cuve.

Kâemouaset eut beau se persuader qu'Hori était allé pleurer sur le sein opulent de Noubnofret, il dormit mal ce jour-là. Il lui semblait que la nuit enveloppait la maison d'une étreinte menaçante, qu'un cataclysme se préparait et, se souvenant des paroles méprisantes de Sheritra, il ne put sortir son miroir de son étui doré.

Il alla se coucher tôt, but un peu de vin et bavarda avec Kasa. Il pensa un instant rejoindre Tbouboui et lui faire l'amour, mais il était trop anxieux, trop agité par de funestes pressentiments pour s'oublier dans cet acte.

La lumière de la lampe de nuit lui parut insuffisante. Il avait l'impression que des choses bougeaient dans l'ombre, et il entendait des soupirs et d'étranges sanglots dans le souffle d'air qui entrait dans sa chambre. Kasa apporta d'autres lampes et, si leur clarté le rassura, il fut cependant long à s'endormir. Son sommeil même fut agité, et il ne cessa de se réveiller en sursaut pour scruter l'obscurité, troublé par des rêves qu'il oubliait dès qu'il ouvrait les yeux.

Le malaise qu'il ressentait ne s'était pas dissipé le lendemain. Chaque parole lui semblait chargée d'un sens mystérieux qu'il ne parvenait pas à saisir ; chaque geste avait le poids pesant d'un rituel. Il régnait dans la maison une atmosphère qu'il n'aurait su décrire, mais qui le jetait dans un état d'extrême tension. Il redoutait l'arrivée de la nuit. Dans l'après-midi, il alla voir Tbouboui mais, même auprès d'elle, il ne put se débarrasser de la peur qui l'habitait. Elle était trop vague et confuse pour qu'il lui fût possible d'en parler.

Le soir vint et il fut incapable d'avaler la moindre nourriture. Tbouboui et lui dînaient dans la salle de réception, servis par des domestiques qui attendaient ensuite, alignés contre les murs. La musique du harpiste résonnait dans cette pièce immense, et elle rappela soudain à Kâemouaset ces soirées où Noubnofret, resplendissante et majestueuse, réprimandait une Sheritra indignée et rougissante tandis qu'Hori souriait. Son cœur se serra au souvenir de la famille unie qu'ils formaient alors, de ces moments plein de chaleur, de leur vie prévisible et ordonnée, et il en éprouva brusquement une nostalgie poignante. Harmin et Sisenet s'installeraient peut-être dans la maison ; assis à une table chargée de fleurs, appuyés sur des coussins, égayés par le vin, ils discuteraient avec animation avec les invités officiels de Kâemouaset, mais le souvenir des temps anciens, l'atmosphère de tristesse pèseraient toujours sur la pièce. Une famille a disparu, mais j'en construis une autre, se dit Kâemouaset en luttant contre un intense sentiment de solitude. Tbouboui va avoir un enfant, après tout, et Sheritra finira sûrement par se lasser et renoncer à ce mystérieux caprice de femme. Elle épousera Harmin et cette maison résonnera bientôt du joyeux vacarme que feront mes petits-enfants. Le sentiment d'une harmonie brisée, à jamais perdue, persistait pourtant.

« Cela fait trois fois que je répète la même chose, Kâemouaset, dit Tbouboui en se penchant pour l'embrasser. Où es-tu ? »

Il s'arracha avec effort à ses pensées. « Excuse-moi, mon amour. Que disais-tu ?

– Ton frère Si-Montou a envoyé un message pour savoir s'il pouvait venir la semaine prochaine. Cela te va-t-il ? » Kâemouaset lui agrippa brusquement le bras. « Viens dormir dans ma chambre ce soir, implora-t-il. J'ai besoin de ta présence à mes côtés. »

La gaieté de Tbouboui s'envola et elle lui jeta un regard inquiet. « Je viendrai, bien sûr. Qu'est-ce qui ne va pas, prince ? »

Mais il ne put le lui dire. « Les figues sont acides », répondit-il seulement.

Tbouboui vint le rejoindre bien plus tard, enveloppée de son parfum et drapée dans une étoffe ondoyante. Sans prononcer une parole, elle la laissa tomber à ses pieds, lui écarta les cuisses et se coula sur lui. Avec un grognement, il s'abandonna alors aux sensations exquises qu'elle seule savait lui procurer. Mais, longtemps après qu'elle se fut endormie au creux de son bras, il resta éveillé, en proie à de noirs pressentiments. Il n'osait pas regarder Tbouboui dans son sommeil. Il l'avait fait une fois et quelque chose dans ses petites dents carnassières, dans l'éclat de ses yeux sous les paupières mi-closes, l'avait effrayé.

Il se raccrocha aux bruits familiers de la nuit. A la porte de ses appartements, le garde soupirait ; Kasa ronflait dans l'antichambre ; des chacals hurlaient, très loin dans le désert, et un hibou ululait dans le jardin. La lampe crachota et, un court instant, les ombres tournoyèrent follement. Tout cela est bien réel, se dit Kâemouaset. Et infiniment précieux.

Il était encore éveillé lorsque des murmures se firent entendre dans l'antichambre. Il attendit, immobile, et vit bientôt Ib s'approcher de son lit. « Parle », dit Kâemouaset. Dérangée dans son sommeil, Tbouboui se dégagea et lui tourna le dos.

« Vous feriez bien de vous lever, Votre Altesse, chuchota Ib. Antef est revenu avec le radeau et votre fils. Venez, je vous en prie. »

Hori est mort, se dit Kâemouaset en glissant avec précaution à bas du lit. Voilà pourquoi une atmosphère de désolation pèse sur la maison. Hori est mort. Serrant un pagne autour de sa taille, il sortit dans le couloir. Antef l'attendait, très pâle et manifestement épuisé. Il leva vers Kâemouaset le regard clair et pur d'un homme dont la conscience est sans tâche.

« Parle, dit de nouveau Kâemouaset.

– Votre fils est mort, prince. Son corps se trouve sur le radeau. Il a péri dans de terribles douleurs mais sans se répandre en reproches contre les dieux ni contre vous. Je suis sûr qu'il sera favorablement jugé.

– Je ne comprends pas, fit Kâemouaset d'une voix mal assurée. Je sais qu'Hori était souffrant lorsque j'ai ordonné qu'il soit enfermé dans ses appartements, mais je croyais qu'il avait contracté une maladie à Koptos. Je pensais que ce n'était pas grave, qu'il guérirait...

– Il vous a expliqué ce qu'il avait, coupa Antef. Vous avez refusé de l'écouter. Les regrets sont inutiles. Il m'a chargé de vous dire que sa mort, quoique terrible, n'était rien comparée à votre sort, et qu'il vous aimait. »

Sans répondre, Kâemouaset s'élança dans le couloir. Hori ! pensait-il tout en courant à perdre haleine. Mon fils ! Mon sang ! C'était un jeu, une folie dangereuse ; je n'ai jamais voulu te faire de mal. Je ne t'aurais pas réellement empoisonné. Je t'aime ! Oh ! Hori, pourquoi ? Pourquoi ? Il entendait la respiration haletante d'Antef, Ib et Kasa derrière lui. Mais il eut beau courir aussi vite qu'il le put, il ne parvint pas à distancer la culpabilité et le remords qui le talonnaient, et, lorsqu'il parvint enfin au débarcadère, il éprouvait un immense dégoût pour lui-même.

Balancé imperceptiblement par les eaux du Nil, Hori gisait sous une couverture, les genoux au menton. On aurait dit un vulgaire tas de linge sale. Kâemouaset monta sur le radeau et, s'agenouillant près de son fils, rabattit la couverture. Il était prêtre sem, et sa première pensée fut que les embaumeurs auraient du mal à redresser le corps recroquevillé. Puis il vit la chevelure emmêlée d'Hori, son beau visage, célèbre dans toute l'Égypte, figé par la mort, et une de ses mains, paume tournée vers le ciel en un geste de supplication. Alors, toute pensée le fuit et, se courbant sur le corps, il se mit à chanter sa douleur, de grandes plaintes funèbres que répercutait la rive invisible du fleuve et qui lui revenaient en un écho moqueur. Avec des gestes tendres et maladroits, il effleura le corps de son fils qui déjà se putréfiait, caressa ses cheveux sans vie, sa bouche froide. Il avait conscience de la présence des trois hommes derrière lui, mais il ne s'en souciait pas. « Je ne te voulais pas de mal », gémit-il, et savoir qu'il mentait le fit souffrir encore un peu plus. « J'étais aveuglé par la colère, égaré. Pardonne-moi, Hori ! » Mais son fils ne bougea pas, ne sourit pas. Il était trop tard.

Kâemouaset se releva. « Ib, dit-il d'une voix étranglée. Emporte son corps dans la Maison des morts. Il faut qu'il soit embaumé immédiatement. Il commence déjà à se décomposer... »

Antef s'avança. Son visage n'exprimait aucune pitié ; on n'y lisait que de la résignation et un intense mépris pour Kâemouaset. « J'aimais votre fils, déclara-t-il avec calme. A présent qu'il est mort, je n'ai plus rien à faire dans cette maison maudite. Je n'assisterai pas à ses funérailles. Adieu, prince. » Il s'inclina et s'en fut. Reviens ! crut s'écrier Kâemouaset, mais les mots ne franchirent pas ses lèvres. Reviens ! Je veux savoir comment il est mort, ce qu'il a dit et ressenti. Quelle est la vérité, Hori ?

Il quitta le radeau et, dès qu'il fut sur les marches qui conservaient encore un peu de la chaleur du jour, Ib se mit au travail. Abandonnant le corps rigide de son fils, Kâemouaset s'éloigna lentement. Il fait encore nuit, pensa-t-il confusément. Rien n'a changé. Hori est mort et rien n'a changé. Silencieuse et déserte, la maison dormait encore. Hori est mort ! eut envie de hurler Kâemouaset, mais il regagna sa suite d'un pas chancelant et s'abattit sur son lit.

« Hori est mort », dit-il. Tbouboui bougea et poussa un léger grognement. Il pensait qu'elle s'était rendormie, lorsqu'elle repoussa les draps et se redressa.

« Quoi ? fit-elle.

– Hori est mort », répéta Kâemouaset en se balançant d'avant en arrière.

Elle le regarda avec indifférence, les yeux gonflés de sommeil. « Je sais », répondit-elle.

Il se figea. « Que veux-tu dire ? murmura-t-il, le cœur battant soudain à tout rompre.

– Rien d'autre que ce que j'ai dit, fit-elle en bâillant. Nenefer-ka-Ptah lui a jeté un sort lorsqu'il a osé partir pour Koptos. Cela n'avait d'ailleurs pas grande importance, car tu ne l'aurais pas cru, de toute façon. »

Les murs de la chambre se mirent à tourner devant les yeux de Kâemouaset. « Que dis-tu ? » balbutia-t-il.

Elle bâilla de nouveau et passa une langue rose sur ses lèvres. « Puisque Hori est mort et que tu as refusé de l'aider, ta dégradation est désormais totale, Kâemouaset. Ma tâche est donc terminée et je n'ai plus à jouer la comédie. J'ai soif, ajouta-t-elle. Reste-t-il du vin ? » Elle se servit une coupe qu'elle vida lentement tandis que Kâemouaset la dévisageait d'un air incrédule. « Hori avait raison », reprit-elle d'un ton impatient. Puis, rejetant ses cheveux en arrière, elle se laissa glisser à bas du lit. La lumière joua sur son corps nu, caressant ses longues cuisses et soulignant la courbe de ses seins ronds. « L'histoire qu'il a rapportée de Koptos est vraie. Mais qui s'en soucie ? Je suis ici. Je te donne ce dont tu as besoin. Je suis ta femme.

– Vraie ? » répéta-t-il sans comprendre. Un millier de voix et d'émotions contradictoires tourbillonnaient dans son esprit, lui donnant la nausée. Il s'accrocha aux draps pour lutter contre le vertige qui s'emparait de lui. « Quelle histoire, Tbouboui ? Si ton sang n'est pas parfaitement pur, cela m'est égal.

– Tu ne veux rien savoir, n'est-ce pas ? » fit-elle d'un ton moqueur en s'étirant. Et, comme toujours, Kâemouaset fut fasciné par le jeu des muscles sous sa peau. Brusquement, son désir s'embrasa, comme si la posséder une nouvelle fois pouvait effacer son chagrin, ses remords, sa confusion. Tbouboui effleura d'une caresse la pointe de ses seins, puis ses mains glissèrent vers son ventre plat.

« Je suis un cadavre, Kâemouaset, déclara-t-elle avec calme. Sisenet n'est pas mon frère, mais mon époux Nenefer-ka-Ptah. C'est toi qui nous as ressuscités, comme nous espérions que cela arriverait. Nous sommes les légitimes propriétaires du Rouleau de Thot, si des mortels peuvent jamais prétendre à la possession de quelque chose d'aussi magique, précieux et dangereux. Je suppose qu'il t'appartient à présent, ajouta-t-elle en lui adressant un sourire engageant. Grand bien te fasse ! Thot n'aime guère voir les humains se mêler des affaires divines. Nenefer-ka-Ptah, mon fils Merhou et moi avons payé chèrement pour nous être emparés du Rouleau, mais cela en valait la peine. Oh oui ! »

Elle s'approcha de lui à le frôler et son parfum l'enveloppa ; ce parfum qui l'avait intrigué dès le début, un mélange de myrrhe et d'autre chose, quelque chose qu'il ne parvenait pas à identifier. Mais, à présent qu'il commençait à comprendre avec horreur ce qu'il avait fait, il reconnut l'odeur qui servait de base à la senteur âcre et troublante de la myrrhe ; c'était l'odeur des charniers, une odeur de mort et de putréfaction qu'il avait sentie des dizaines de fois en soulevant le couvercle des cercueils où reposaient des momies tombant en poussière. C'était cette puanteur que dégageait le corps de Tbouboui à chacun de ses mouvements. Il eut envie de vomir.

Glacé, l'esprit momentanément paralysé, il la regarda arpenter la pièce de sa démarche sensuelle. Hori avait raison, se répétait-il stupidement. Hori avait raison. Que les dieux aient pitié de moi, il avait raison ! J'ai fait l'amour à un cadavre. « Oui, dit-il d'une voix étouffée.

– Bien ! » approuva-t-elle en souriant. Et il pensa à son accent, si curieux lui aussi. Il n'a rien d'étranger, se dit-il fiévreusement. Il est purement égyptien, et c'est ainsi qu'on devait parler cette langue il y a des centaines d'années. Oh ! Comment ai-je pu être aussi aveugle !

« Prince Kâemouaset, poursuivit Tbouboui, grand médecin, grand magicien qui, dans son arrogance, s'est cru au-dessus des lois divines. Tu ne peux plus te débarrasser de moi à présent. Trouves-tu ton châtiment bien choisi ? » Elle n'attendait pas vraiment de réponse et Kâemouaset se dit : oui, mon châtiment est bien choisi et parfaitement impitoyable. J'ai fait preuve d'une présomption sans égale en Égypte dans le domaine des connaissances. Mais pourquoi punir mon fils, ma fille et ma pauvre Noubnofret ? Le jugement des dieux est-il donc si implacable ?

« Tu es à moi cœur, tripes et sexe, roucoula Tbouboui, si près de lui qu'il sentit son haleine froide et putride sur ses lèvres. Tu es à ma merci, et c'est toi qui, étape par étape, m'a laissée prendre cet ascendant sur toi. Pauvre fou ! » Elle pivota sur ses talons et, fasciné, Kâemouaset regarda ses hanches onduler, ses cheveux danser sur ses épaules. « Nenefer-ka-Ptah et Merhou viendront s'installer ici. Noubnofret est partie ; Hori est mort, et Sheritra est murée dans sa haine d'elle-même. Quelle heureuse famille nous formerons ! Oh ! Pendant que j'y pense... Je ne suis pas enceinte. C'était une des petites épreuves décrétées par Thot pour te donner une chance de salut. Mais tu as échoué à celle-là comme à toutes les autres. Tu as déshérité tes enfants, ce qui nous a permis de précipiter ta déchéance spirituelle et morale. Mais peu importe. Nenefer et toi vous partagerez ma personne. Voilà qui sera intéressant, tu ne crois pas ? Viens ! » Elle lui ouvrit les bras en balançant voluptueusement les hanches. « Fais-moi l'amour, Kâemouaset. Je sais que tu en as envie. Aucun homme ne pouvait me résister au bon vieux temps! » Il entendit son rire et, malgré lui, malgré l'horreur qui le glaçait, il la désira avec la même ardeur désespérée que la première fois où il l'avait vue. Il se leva en tremblant. Accablé de douleur, anéanti, malade, il était néanmoins forcé d'obéir.

« Bien! fit Tbouboui. Très bien. J'ai besoin d'être réchauffée, Kâemouaset. Ma peau est si froide, aussi froide que l'eau du Nil dans mes poumons lorsque j'ai hurlé, agrippée à Nenefer, dans l'espoir que nous serions sauvés. Et nous l'avons été. » S'approchant de lui, elle promena les mains sur son visage, son ventre, descendant toujours plus bas jusqu'à son sexe dressé. « Tu nous a sauvés, Kâemouaset, murmura-t-elle, la bouche contre son cou. Prends-moi, prince. Je veux que tu me fasses l'amour. »

Kâemouaset sentit ses jambes se dérober sous lui. Il tomba à la renverse sur le lit, Tbouboui sur lui. Hori, pensa-t-il. Hori, Hori... Mais le nom était sans poids, sans importance, et il s'abandonna à cette abomination en poussant un cri.

Ensuite, il resta étendu à côté d'elle en proie à une profonde horreur, immobile et raide, terrifié à l'idée de la toucher lorsqu'elle bougeait et soupirait dans cet état mystérieux qui passait pour du sommeil. Voilà à quoi je vais être progressivement réduit, pensa-t-il avec désespoir. Les moments de désir irrépressible alterneront avec une terreur paralysante et la vie me quittera lentement pour se perdre dans le monde irréel des morts-vivants. Je ne suis déjà plus que l'ombre de moi-même. Mes sens n'obéissent qu'à elle; ma faculté de jugement s'est atrophiée et je ne suis plus capable d'amour. J'ai perdu mon fils, ma femme, ma fille, et je perdrai bientôt ce qu'il reste de moi-même. Thot a fait de moi la créature de Tbouboui et je le resterai jusqu'à ma mort, jusqu'à ce que la haine que j'éprouve envers moi-même me tue, car rien au monde ne peut me délivrer de ce fardeau.

Il se redressa brusquement. Rien au monde, peut-être, pensa-t-il avec une lueur d'espoir. Mais il y a la magie, le pouvoir invisible qui émane des dieux. Tu est un magicien, non? Eh bien, le moment est venu de déployer tous tes talents si tu ne veux pas vivre éternellement en prison.

Il faisait encore nuit lorsqu'il quitta sa suite et se dirigea vers son bureau, suivi d'Ib et de Kasa. Il ne pensait pas, sauf pour se demander s'il n'était pas au bord de la folie, car, chaque fois qu'il essayait de réfléchir, un gouffre béant s'ouvrait dans son esprit qui lui donnait le vertige. Il s'arrêta devant la grande jarre posée dans le couloir qui ouvrait sur le jardin pour y plonger la tête, et l'eau froide lui coupa la respiration. Une fois devant la porte de son bureau, il se tourna vers Ib.

« Je veux que tu dictes deux lettres pour moi, dit-il. L'une à Noubnofret, l'autre à Pharaon. Je te laisse le choix des mots, Ib, car je n'ai pas le temps de m'en occuper. Apprends-leur qu'Hori est mort et que le deuil a commencé. Tu demanderas à Noubnofret... » Il s'interrompit un instant. « Non, tu la supplieras en mon nom de revenir. » Ib acquiesça d'un signe de tête et s'enfuit.

« Je vais me livrer à la magie, déclara Kâemouaset en se tournant vers Kasa. J'ai besoin de ton aide, mais tu ne dois absolument pas parler. C'est compris ?

– Je ne suis pas initié, Votre Altesse, répondit son serviteur, apeuré. Je n'ai pas été purifié. Ma présence pourrait compromettre l'efficacité du charme. »

Kâemouaset était déjà en train d'ouvrir ses coffres. « Je ne suis pas purifié non plus, répliqua-t-il. Ne t'inquiète pas et tais-toi. »

Dans son esprit, une voix sournoise se mit à murmurer : Es-tu vraiment décidé ? Si tu les détruis, tu n'auras plus rien, prince. D'ailleurs, Nenefer-ka-Ptah est lui-même magicien. Que se passera-t-il s'il devine tes intentions et les contrecarre ? Crois-tu que la pratique de la magie ait beaucoup progressé depuis l'époque où il exerçait son pouvoir ? Les anciennes formules magiques ne seraient-elles pas plus pures au contraire ? Tu es souillé et affaibli par ta sensualité grossière. Penses-tu avoir l'énergie spirituelle nécessaire ? Ferme donc ces coffres. Retourne près d'elle et prends-la dans tes bras, car, s'il y a une chose qui ne changera jamais, c'est le désir pervers qu'elle t'inspire. Ne vaut-il pas mieux apaiser une souffrance que d'en connaître d'innombrables ? Poussant un gémissement sourd, Kâemouaset continua à sélectionner les objets dont il aurait besoin, et notamment le Rouleau de Thot et les papyrus qu'Hori lui avait demandé de lire. Puis il alla déposer le tout sur son bureau.

« Écoute-moi attentivement, dit-il à Kasa. Il me faut une petite quantité de natron. Tu peux en prendre dans la cuisine. Tu me rapporteras également une bassine remplie d'eau du Nil, deux pièces de lin n'ayant jamais servi, une jarre d'huile vierge et mes sandales blanches. J'ai déjà l'encens, un masque et l'onguent de myrrhe. Essaie de ne pas attirer l'attention, Kasa, et fais aussi vite que possible. Dois-je te répéter la liste ?

– Non, Votre Altesse.

– Bien. Apporte aussi un rasoir. Je dois avoir le corps rasé. »

Kasa quitta silencieusement la pièce et Kâemouaset se tourna vers le Rouleau de Thot. Il savait maintenant qu'Hori n'avait pas eu l'inconscience de rouvrir la tombe pour le prendre. Le papyrus était simplement revenu parce que c'était lui, Kâemouaset, qui en avait désormais la responsabilité, parce que c'était son destin et qu'il ne pouvait lui échapper. Peut-être Nenefer-ka-Ptah l'avait-il obtenu de la même façon ; peut-être passait-il de magicien corrompu en magicien corrompu avec toujours le même cortège de malédictions et de malheurs. Kâemouaset se força à le dérouler et à parcourir les formules mystérieuses. Puis il lut les documents rédigés par Antef. Il voulait se familiariser avec chacun des détails de l'histoire qui avait coûté la vie à son fils. Des souvenirs lui revenaient à l'esprit, et il les chassait avec l'énergie du désespoir, car avec les souvenirs venait l'émotion et, avec l'émotion, le tourbillon de la folie.

Il avait achevé sa lecture et rangeait les papyrus dans un coffre lorsque Kasa revint. Un jeune serviteur alla poser la bassine d'eau sur le bureau en vacillant sous son poids et se retira aussitôt. Après avoir placé les autres objets à côté de celle-ci, Kasa attendit les ordres de son maître, très calme en apparence. Mais Kâemouaset devinait son appréhension. La formation de Noubnofret a décidément du bon, pensa-t-il. Il ne perdra pas son sang-froid.

« Avant toute chose, il faut que tu me rases de la tête aux pieds, dit-il. Pas un seul poil ne doit rester, Kasa. C'est important. »

Il s'étendit sur le sol carrelé et, tandis que son serviteur maniait le rasoir d'une main sûre, il s'efforça de vider son esprit pour atteindre l'état de profonde concentration qui lui serait nécessaire. Silencieusement, il psalmodia les prières de purification, puis, lorsque Kasa eut accompli sa tâche, il ordonna : « A présent, lave-moi avec l'eau du Nil. Utilise une des pièces de lin. Quand je serai propre, frotte de nouveau mes mains, mon torse et mes pieds. J'ouvrirai alors la bouche et tu en nettoieras aussi l'intérieur. Je te le répète encore une fois : tu ne dois pas parler. »

Kasa obéit. La nuit enveloppait encore la demeure et rien ne laissait pressentir l'aube qui pourtant ne devait plus être loin. Kâemouaset avait l'impression qu'une éternité s'était écoulée depuis qu'il avait parlé à Antef et couru à perdre haleine jusqu'au débarcadère, depuis qu'il avait vu... Il sentit le contact du lin sur son pied et entonna machinalement la psalmodie appropriée : « Mes pieds sont lavés sur un rocher à côté du lac divin. » Il ouvrit la bouche et Kasa lui effleura la langue, le palais et les dents de son morceau de tissu. « Les mots qui sortiront de ma bouche seront désormais purs, dit Kâemouaset lorsqu'il eut fini. Et maintenant, Kasa, remplis la cassolette d'encens et donne-la-moi. »

Une fumée grise et odorante s'éleva bientôt dans la pièce et, en sentant cette odeur familière et rassurante, Kâemouaset se détendit. Je suis un prêtre, pensa-t-il. Quoi que j'aie pu faire, il m'est encore possible de me purifier et de me tenir parmi les dieux. « A présent, verse l'huile sur ma tête », ordonna-t-il. L'épais liquide coula lentement sur son crâne, atteignit la légère dépression du sternum et se répandit sur son corps. Les paroles rituelles lui venaient facilement maintenant et il parvenait à se concentrer sur le moment présent sans penser à ce qui allait se produire. « L'onguent », demanda-t-il. Kasa le lui présenta, et il s'en enduisit le front, la poitrine, l'estomac, les mains et les pieds. Vint ensuite le tour du natron dont il mit une pincée derrière ses oreilles et sur sa langue. « Enveloppe-moi dans la pièce de lin, Kasa », dit-il alors. Et, lorsqu'il fut drapé dans l'étoffe d'un blanc étincelant, Kâemouaset poussa un soupir. Il était entièrement purifié. Il ne craignait plus rien. « Ouvre le pot de peinture verte que j'ai posé sur le bureau, dit-il. Et trace au pinceau le symbole de Maât sur ma langue. » Kasa obéit d'une main tremblante. « Je suis maintenant dans la chambre des deux Maât, les deux vérités de l'ordre cosmique et humain, récita silencieusement Kâemouaset. Je suis en équilibre. »

Il était temps de commencer. Se tournant vers l'est, Kâemouaset se présenta aux dieux. « Je suis un Grand, psalmodia-t-il. Je suis une semence née d'un dieu. Je suis un grand magicien, fils d'un grand magicien. J'ai beaucoup de noms et de formes, et ma forme est en chaque dieu. » Il poursuivit, sur le même ton monotone et hypnotique, conscient d'avoir attiré l'attention des dieux. Ils l'observaient avec prudence, avec curiosité, et il suffirait que la langue lui fourche ou qu'il oublie un mot pour qu'il perde tout pouvoir sur eux et qu'ils se détournent.

Kâemouaset avait déjà décidé de ne pas s'adresser à Thot. Thot l'avait abandonné. Il ne lui avait pas laissé la moindre chance de racheter son péché. Non, ce serait Seth qu'il soumettrait à sa volonté. Seth, qui ne lui avait jamais rien été, qui lui rappelait ces temps reculés et cruels où les prêtres du dieu sacrifiaient rituellement les rois d'Égypte pour imprégner la terre de leur sang. Kâemouaset avait toujours détesté sa froideur, son indomptable indépendance. Il savait fort bien que ce qu'il s'apprêtait à faire le mettrait à jamais au pouvoir de ce dieu qu'il méprisait pour son destructeur amour du chaos, qu'il devrait lui offrir des sacrifices et le servir sans arrière-pensée. Mais, de tous les dieux, seul Seth s'acquitterait sans scrupules de la destruction physique et spirituelle que Kâemouaset préparait aux trois êtres qu'il reconnaissait désormais pour ses ennemis.

L'identification était terminée. Il se trouvait maintenant parmi les dieux et pouvait continuer. Prenant une profonde inspiration, il cria : « C'est à toi que je m'adresse, Seth le turbulent, Seth le semeur d'orages, Seth aux cheveux roux et à la gueule de loup! Entends ma voix et prête-moi attention, car je connais ton nom secret! » Un silence absolu se fit dans la pièce. Kâemouaset s'aperçut que la lampe jetait une flamme verticale et que les petits filets d'air qui frôlaient sa peau avaient disparu. Il se mit à transpirer à grosses gouttes. Le dieu écoutait. Il psalmodia les mots que tout magicien doit prononcer avant de se risquer à menacer un dieu : « Ce n'est pas moi qui parle ainsi ni moi qui répète ces paroles, mais la force magique qui est venue attaquer les trois êtres qui m'occupent. »

Le silence s'approfondit, devint pesant, inquiétant. Kâemouaset entendait la respiration haletante de Kasa derrière lui. « Si tu ne m'écoutes pas, reprit-il en s'efforçant de parler d'une voix assurée, je décapiterai un hippopotame dans l'avant-cour de ton temple, je te ferai asseoir dans une peau de crocodile, car je connais ton nom secret. » Il s'interrompit, puis cria à quatre reprises : « Ton nom est " Le-jour-où-une-femme-enfanta-un-fils! " » La sueur collait l'étoffe de lin à sa peau. Il n'avait jamais employé ces formules magiques que pour faire le bien et était presque aussi terrifié que Kasa. « Je suis Seth, je suis Seth, je suis Seth, je suis Seth! clama-t-il d'un ton triomphant. Je suis celui qui divisa ce qui était réuni. Je suis celui qui est plein de vigueur et dont le pouvoir est grand. Seth, Seth, Seth! »

L'encensoir accroché au plafond se mit brusquement à tournoyer. La flamme de la lampe vacilla, et une bouffée de vent entra par la fenêtre. Le moment était venu pour Kâemouaset de se libérer. « Façonne trois figurines avec la cire que tu trouveras sur le bureau, Kasa, ordonna-t-il. Il n'est pas important qu'elles soient ressemblantes. Fais-leur juste une tête, un tronc et des membres. Deux d'entre elles doivent avoir un sexe masculin. » Les yeux dilatés par l'effroi, Kasa se dirigea d'un pas tremblant vers le bureau. Prenant un feuillet de papyrus fraîchement fabriqué, Kâemouaset y écrivit à l'encre verte les noms de Nenefer-ka-Ptah, Ahoura et Merhou, ainsi que celui de l'aïeul du prince. Il était censé inscrire également ceux de son père et de sa mère, mais il ne les connaissait pas. Quand il eut fini, Kasa lui présenta les trois figurines, grossières mais de forme humaine reconnaissable.

Kâemouaset saisit alors son couteau. Fait spécialement pour lui lors de son ultime initiation et réservé à son seul usage, il était en ivoire et portait sur la lame l'image de Thot, son patron. Plus maintenant, pensa-t-il, le visage sombre. Thot était aussi le maître de Nenefer, mais Seth est plus puissant, plus sauvage ; il refermera ses crocs acérés sur eux et les recrachera comme autant de déchets.

De la pointe du couteau, il grava leurs noms dans la cire des figurines. « Lie chacune d'entre elles avec ce fil noir », ordonna-t-il. Lorsque Kasa eut obéi, il les posa sur le papyrus et se recula.

« Une incantation pour influer sur le destin de Nenerfer-ka-Ptah, Ahoura et Merhou dans ce monde et l'autre », psalmodia-t-il par quatre fois en veillant à donner à ses paroles le rythme et la hauteur qui convenaient. Puis il commença : « Je suis un Grand, le fils d'un Grand ; je suis une flamme, le fils d'une flamme qui a reçu sa tête après qu'elle a été coupée. Mais les têtes de mes ennemis que voici resteront à jamais coupées. Elles ne seront pas réunies au corps, car je suis Seth, seigneur de leur souffrance. » Il s'interrompit avant l'assaut suivant. Sa concentration était désormais totale ; il était sûr du pouvoir de ses mots, confiant dans ses gestes. « Leur corps se putréfiera ; il sera rongé par les vers, distendu et nauséabond. Ils se décomposeront et pourriront. Ils n'existeront pas, ne seront pas forts, leurs viscères seront détruites, leurs yeux pourriront, leurs oreilles n'entendront pas, leur langue ne parlera pas, leurs cheveux seront coupés. Leur corps n'est pas éternel. Ils mourront à jamais, car je suis Seth, le seigneur des dieux. »

Ils étaient désormais pris tous les trois dans la toile de la magie. Bien qu'encore vivants, ils ne pouvaient plus échapper au sort qui les attendait, même s'ils le voulaient. Mais détruire leur corps ne suffisait pas. Kâemouaset savait que tant que leur ka survivrait, lui-même serait en danger. Il devait les faire disparaître totalement et, pour cela, changer leur nom. Le nom était sacré ; tant qu'il subsistait, les dieux pouvaient vous trouver, vous reconnaître, vous admettre en leur présence éternelle et peut-être même vous accorder de revenir dans votre corps. A cette pensée, Kâemouaset réprima un frisson. Mais il n'était plus temps d'hésiter. Il devait s'interdire de penser, d'imaginer et, surtout, d'avoir peur.

Renversant la tête en arrière, il ferma les yeux. « Je suis Seth et ma vengeance est juste, fit-il d'une voix rauque. Du nom de Nenefer-ka-Ptah, j'ôte le nom du dieu Ptah, créateur du monde, afin qu'il ne puisse donner sa force à cet ennemi. Du nom d'Ahoura, j'enlève le nom du dieu Râ, le soleil glorieux, afin qu'il ne puisse donner sa force à cet ennemi. Du nom de Merhou, j'enlève le nom du dieu Hou, la Langue de Ptah, afin qu'il ne puisse donner sa force à cet ennemi. Ils auront désormais pour nom : Ptah-le-déteste, Râ-la-brûlera et Hou-le-maudira. Le positif est devenu négatif et le négatif deviendra anéantissement. Mourez d'une seconde mort ! Mourez ! » Il s'approchait des figurines et du papyrus lorsqu'on frappa à la porte.

« Je sais que tu es là, Kâemouaset. Que fais-tu ? »

C'était Tbouboui.

Kâemouaset se figea et Kasa poussa une exclamation étouffée. Terrifié à l'idée qu'il pût rompre le charme en cet instant critique, le prince le foudroya du regard.

« Tu essaies de nous jeter un sort, n'est-ce pas, mon chéri ? » La porte assourdissait sa voix et il entendit ses ongles érafler le bois. « Renonces-y. Laisse-moi une chance de te rendre encore plus heureux. Je peux te donner plus de plaisir qu'aucune autre femme, Kâemouaset. Est-ce une perspective si désagréable ? Je veux simplement vivre, comme tout le monde. Qu'y a-t-il de mal à cela ? » Elle criait presque à présent et Kâemouaset, bouleversé, la devina au bord de la panique. Il ne fit pas un geste. « J'ai su ce que tu préparais dès que je me suis aperçue que tu n'étais plus auprès de moi, poursuivit-elle. Je le sentais. Tu veux te débarrasser de nous. Tu es cruel, Kâemouaset ! Mais tu n'arriveras à rien ; Thot t'a abandonné. Tes mots n'auront aucun pouvoir. Thot... » Sa voix s'éteignit et, les yeux fixés sur la porte, les deux hommes l'entendirent peser sur la poignée. Puis, brusquement, ce fut le silence. Kâemouaset l'imaginait en train de réfléchir, échevelée, drapée négligemment dans un vêtement de nuit. « Pas Thot, reprit-elle dans un murmure. Non, bien sûr que non ! C'est Seth, n'est-ce pas ? Le protecteur de ton père. Seth, dont les cheveux roux resurgissent régulièrement dans votre famille. Oh ! Dieux ! » Et, brusquement, elle se mit à tambouriner frénétiquement contre la porte en criant : « Kâemouaset ! Je t'aime ! Je t'adore ! Renonce, je t'en supplie. Je suis terrifiée. Laisse-moi vivre ! »

La gorge sèche, Kâemouaset se tourna vers le bureau en s'efforçant vainement de chasser de son esprit la vision de Tbouboui, désespérée et soudain folle de peur. Car elle continuait à sangloter et s'acharner contre le bois massif à coups de pied et de poing. Il cracha sur le papyrus, puis sur chacune des figurines. « Anathème ! » dit-il. Dans le couloir, il y eut un moment de silence, bientôt suivi d'un cri de douleur. « Oh non ! Cela fait mal, Kâemouaset ! Arrête, je t'en supplie ! »

Prenant avec précaution les statuettes et le rouleau, il les posa sur le sol et les écrasa lentement du pied gauche. Cette fois, Tbouboui poussa une longue plainte étranglée, une sorte de gargouillement si atroce que Kasa se boucha les oreilles et se recroquevilla dans un coin de la pièce.

« Je ne resterai pas morte longtemps ! cria-t-elle. Je reviendrai, espèce de chacal ! Le pouvoir du Rouleau est le plus fort.

– Oh non ! murmura Kâemouaset. Anathème, Tbouboui. Anathème. » Il s'agenouilla et, empoignant son couteau en ivoire, il le plongea délicatement dans les trois figurines et lacéra le papyrus. Puis il plaça l'ensemble dans la cuvette, préalablement vidée de son eau, et y mit le feu. Le papyrus s'enflamma aussitôt et la cire commença de fondre.

« Anathème », répéta-t-il pour la dernière fois.

Tbouboui hurlait sans discontinuer à présent, un son suraigu, inhumain, et on l'entendait se tordre de douleur contre la porte qu'elle frappait convulsivement des poings et des talons. Les figurines de cire ne furent bientôt plus qu'une petite mare au fond du récipient et le papyrus, une poignée de cendres.

Kâemouaset fondit en larmes. J'ai eu de la chance, pensa-t-il. Mon incantation a réussi. Seth s'est plié à ma volonté. Mais il se redresse déjà et me fixe de son regard cruel et noir de loup. Je crains qu'il ne détourne plus jamais les yeux de ma personne.

Il s'aperçut peu à peu qu'un profond silence enveloppait la maison. L'aube s'annonçait timidement. S'essuyant le visage sur l'étoffe de lin qui l'enveloppait et dont il se débarrassa, il remit son pagne froissé. Quelqu'un avait forcément entendu ces hurlements terrifiants et le couloir serait bientôt envahi par les gardes qui trouveraient... quoi au juste ? Kâemouaset regarda autour de lui. Le bureau était sens dessus dessous, et il y flottait une odeur écœurante d'encens, de sueur et de myrrhe. A cet instant précis, la lampe cracha, fuma et s'éteignit, mais Kâemouaset pouvait quand même distinguer son serviteur qui, livide et muet, s'appuyait contre le mur.

« Ouvre la porte, ordonna-t-il.

– Que s'est-il passé, Votre Altesse, murmura Kasa. Qu'avez-vous fait ?

– Je me suis débarrassé d'un grand mal, répondit Kâemouaset avec lassitude. Et il va me falloir apprendre à vivre avec un autre, pire encore. Je parlerai à toute la maisonnée plus tard, Kasa. Pour l'instant, va ouvrir. »

Son serviteur se dirigea vers la porte d'un pas mal assuré, puis s'immobilisa, la main sur la poignée. « Votre Altesse, fit-il sans se retourner. Le nom secret de Seth...

– C'est bien celui que tu m'as entendu prononcer. Mais ne va surtout pas t'en servir, mon vieil ami. Ce sont des secrets que, pour leur propre sécurité, l'on tait même aux apprentis magiciens. Je te félicite de ton courage. »

Kasa ouvrit la porte.

Elle gisait recroquevillée sur elle-même, le visage tourné vers la pièce, une main contre la porte. Elle s'était déchiré la peau des doigts, des genoux et des pieds, mais les plaies ne révélaient qu'une chair violette et sèche, et il n'y avait pas la moindre goutte de sang par terre. L'odeur putride qui flottait dans le couloir était si forte que Kasa en eut des haut-le-cœur. Sans y prêter attention, Kâemouaset s'agenouilla et écarta les cheveux qui lui couvraient le visage. Elle avait un regard vitreux et sans expression ; les lèvres, un peu retroussées, découvraient ses petites dents blanches. Il lui sembla que le corps bouffissait déjà et il comprit qu'il devait agir vite. Des soldats se précipitaient vers lui et des cris retentissaient dans la maison. Il se releva. Les hommes s'immobilisèrent et le saluèrent, l'air éberlué. Kâemouaset n'avait pas envie de se lancer dans des explications, pas maintenant. Il y a bien pire que ma damnation, se dit-il en contemplant leurs visages. Je l'aime et la désire toujours. C'est un désir contre nature, irrésistible et terrible ; aucun pouvoir de ma connaissance ne m'en débarrassera.

« Emportez-la dans le jardin, ordonna-t-il sèchement. Tu es là, Amek ? »

Le capitaine de sa garde s'avança et s'inclina. « Altesse ?

– Rends-toi avec six hommes dans la maison de Sisenet sur la rive droite. Tu y trouveras son cadavre et celui de son fils. Rapporte-les ici. Ensuite tu dresseras un bûcher et viendras prendre mes instructions. » Un murmure s'éleva parmi les soldats, mais Amek salua sans mot dire, jeta un ordre et s'éloigna.

Après un dernier regard à Tbouboui, Kâemouaset se dirigea vers ses appartements d'un pas lourd, en s'appuyant sur l'épaule de Kasa. Lorsqu'ils passèrent devant l'entrée du nouveau bâtiment, il détourna les yeux.

Une fois dans sa chambre, il renvoya son serviteur et se laissa tomber sur le lit. La coupe dans laquelle elle avait bu si peu de temps auparavant se trouvait toujours sur la table de chevet ; le lit gardait encore l'empreinte de son corps et l'oreiller, l'odeur de sa chevelure. Kâemouaset le prit dans ses bras et se mit à pleurer en se balançant d'avant en arrière. Dehors, le jour pointait, les oiseaux commençaient à gazouiller et se chamailler dans les arbres.

Trois heures plus tard, Amek demanda à être reçu. Physiquement et moralement épuisé, Kâemouaset posa l'oreiller et passa dans l'antichambre. « C'est fait, dit Amek. Les corps étaient bien là. Sisenet était effondré sur son bureau. Il avait une figurine de cire dans une main et un scorpion desséché dans l'autre. Harmin est mort dans son lit. » Kâemouaset hocha la tête, mais son capitaine n'avait pas fini. « J'ai vu beaucoup de cadavres dans ma carrière de soldat, Votre Altesse, reprit-il d'un ton hésitant. Ces gens n'ont pas l'air morts de fraîche date ; ils sont bouffis et répandent une odeur nauséabonde. Pourtant, leurs membres sont rigides. Je ne comprends pas.

– Moi si, répondit Kâemouaset. Ils sont morts il y a très longtemps, Amek. Mets-les sur le bûcher. Et tâche de ne pas trop les toucher.

– Mais si vous les brûlez, les dieux ne pourront pas les retrouver, Votre Altesse, protesta Amek, choqué. Ils n'auront plus que leur nom pour assurer leur immortalité et c'est un indice bien mince pour les dieux.

– En effet, fit Kâemouaset, qui avait à la fois envie de rire et de pleurer. Mais il s'agit ici de magie, Amek. Aie confiance en moi et ne t'inquiète pas. »

Le capitaine s'inclina silencieusement et alla donner ses ordres. Kâemouaset se dirigea vers les appartements de Sheritra. Cette fois, il écarta Bakmout sans ménagement et pénétra dans la chambre de sa fille sans en demander l'autorisation. Elle était réveillée mais encore couchée. Les stores n'avaient pas été relevés et elle cligna un instant les yeux dans la pénombre avant de le reconnaître.

« Tu n'es pas le bienvenu ici », dit-elle d'un ton glacial en se redressant. Mais elle se tut aussitôt et Kâemouaset vit qu'elle l'examinait plus attentivement. Il était couvert d'huile des pieds à la tête, avait le cou souillé de natron et le torse enduit d'onguent, sans parler de la sueur qui le trempait.

« Tu as évoqué les dieux, n'est-ce pas ? Que se passe-t-il, père ?

– Hori est mort, répondit-il, la gorge serrée.

– Je sais. Cela t'étonne ? fit-elle, le visage fermé. Je ne te parlerai plus de mon frère. Je vais prendre le deuil. Moi, au moins, je l'aimais. Si cette garce feint un chagrin qu'elle n'éprouve pas, je la tue de mes propres mains.

– Mets ça, dit-il seulement en lui tendant un manteau. C'est un ordre, Sheritra, et si tu refuses je te traînerai dehors de force. Je te promets que c'est la dernière fois, avec les funérailles d'Hori, que je t'impose ma présence. »

Elle le regarda d'un air soupçonneux, puis lui arracha le manteau des mains et s'en enveloppa.

Kâemouaset la conduisit dans le jardin qu'éclairait à présent la douce lumière de l'aube. Il savait le spectacle qui allait s'offrir à ses yeux, mais ne voulait pas l'épargner. Pendant un instant, Sheritra ne parvint manifestement pas à assimiler ce qu'elle voyait. Kâemouaset parcourut du regard le tas de bois sec et, au-dessus, les trois cadavres rigides et déformés. Prenant une profonde inspiration, Sheritra s'avança. D'un pas de somnambule, elle fit deux fois le tour du bûcher, ne s'arrêtant que pour fixer le visage inerte et jaunâtre de Merhou. Puis elle vint se planter devant son père.

« C'est ton œuvre, dit-elle.

– Oui. Hori avait raison. Je t'ordonne de les regarder brûler. »

Son expression n'avait pas changé; elle était dure et indifférente. « Il est trop tard pour Hori. Si tu l'avais cru et si tu avais exercé tes talents de magicien pour le sauver, il serait encore en vie.

– Si je l'avais cru, si je n'avais pas violé cette sépulture, si je n'avais pas volé un objet auquel je n'avais aucun droit, si je ne m'étais pas lancé à la poursuite de la mystérieuse Tbouboui... » Il se tourna vers Amek. « Mets le feu », ordonna-t-il.

La chaleur insupportable du brasier lui fut un soulagement. Elle le distrayait un instant de la haine qu'il éprouvait envers lui-même et envers les dieux. Sheritra resta impassible lorsque les flammes atteignirent les cadavres qui se mirent à grésiller. Elle ne réagit que lorsque leurs tendons se raidirent sous l'effet de la chaleur et que, l'un après l'autre, les corps calcinés se tordirent, se redressèrent, plièrent les genoux dans une grotesque parodie de vie. Kâemouaset et elle demeurèrent immobiles jusqu'à ce que le feu s'éteigne et qu'il ne reste du bûcher que des braises et quelques ossements noircis. Sheritra s'approcha alors de son père.

« N'oublie jamais que tout est ta faute, dit-elle sans qu'il pût lire la moindre trace de pitié ou de reproche dans son regard. A partir de maintenant, tu respecteras ma solitude ou je quitterai cette maison. Le choix t'appartient, prince. » Elle s'éloigna sans attendre sa réponse et, en regardant son dos droit, les pans de son manteau blanc qui flottaient derrière elle, Kâemouaset lui trouva une allure pleine de majesté. Les domestiques avaient abandonné leurs tâches et se serraient les uns contre les autres, apeurés, à l'autre bout du jardin. Mais Kâemouaset ne pouvait les affronter, pas encore.

Il se dirigea vers la maison. Le soleil l'illuminait et, derrière lui, il entendait le Nil qui, plus puissant chaque jour, clapotait gaiement dans sa course vers le Delta. Kâemouaset avait pensé jeter le Rouleau dans le feu, mais il savait au fond de lui que c'était inutile. Il aurait simplement réapparu dans son coffre. Je suis le fier propriétaire du Rouleau de Thot, pensa-t-il avec amertume en s'avançant sous le portique. Mon rêve d'enfant s'est enfin réalisé. J'étais maudit depuis le jour de ma naissance et je ne le savais pas. Mon fils a péri, ma femme m'a quitté et ma fille est prisonnière d'elle-même. Que vais-je faire des longues années qui s'étendent devant moi ? Comment remplirai-je le vide impitoyable de la salle de réception, les couloirs déserts, mon lit sépulcral ? A quoi penserai-je seul la nuit lorsque, incapable de trouver le sommeil, j'écouterai le silence, le silence accusateur ? Il appela Kasa d'un geste et franchit le seuil.

Épilogue

Loué soit Thot...
Le vizir qui passe jugement,
Qui triomphe du crime,
Qui rappelle tout ce qui est oublié,
Le greffier du temps et de l'éternité...
Dont les mots demeurent à jamais.

Il tourna péniblement la tête, cherchant de l'eau. Au-delà de la petite flaque de lumière répandue par la lampe de nuit, la chambre était plongée dans les ténèbres, mais il entendait quelqu'un respirer, une respiration rauque, entrecoupée, effrayante. Il lui fallut un moment pour comprendre que c'était la sienne. Bien sûr, pensa-t-il avec calme. Je suis enfin en train de mourir. L'air des sépultures m'a rongé les poumons. J'en ai trop visité dans l'enthousiasme de mes jeunes années ; j'ai examiné trop de sarcophages poussiéreux. Mais voilà plus de vingt ans que je ne dérange plus les morts, depuis... depuis cette tombe de Saqqarah. Une douleur lui étreignit brusquement la poitrine et, pendant un moment, il suffoqua, la bouche ouverte, les mains crispées autour de la gorge. Puis la crise passa et sa respiration devint plus régulière. Où sont-ils ? se demanda-t-il avec irritation. Ils devraient être ici avec les prêtres, m'apporter de l'eau, des médicaments apaisants. Au lieu de cela, je suis seul dans une pièce obscure. Noubnofret s'en moque, naturellement, mais Kasa... c'est son travail. « Kasa ! appela-t-il faiblement. J'ai soif ! »

Personne ne lui répondit. Seules les ombres bougèrent lentement, comme le fond d'un fleuve entraperçu à la lumière froide de la lune. La lune, pensa Kâemouaset. La lune. Elle appartient à Thot, mais pas moi. Cela fait longtemps maintenant que j'appartiens à Seth, et où est-il à l'heure de ma mort ? Un court instant, il se concentra sur le bruit de sa respiration que répercutaient les murs invisibles puis, soudain, il perçut d'autres sons et scruta la nuit, les sourcils froncés. Il distingua des formes, des formes animales, vagues et poilues.

Tout à coup, la flamme de la lampe fit scintiller un œil, un œil rond et stupide, et Kâemouaset se rendit compte qu'il y avait des babouins dans la pièce. Il les voyait bien à présent. Complètement indifférents à sa présence, ils se grattaient les uns les autres et tripotaient leur sexe avec cet air sérieux et idiot qui les caractérisait. Kâemouaset était furieux. Que faisaient des babouins dans sa chambre ? Pourquoi Kasa ne les chassait-il pas ? Il s'aperçut alors qu'ils avaient une chaîne dorée attachée autour du cou et que ces laisses aboutissaient toutes au même endroit.

Brusquement, il eut peur. Sa respiration s'arrêta et il suffoqua. « Ils sont à moi, dit une voix. Ils aident le soleil à se lever. Ils annoncent l'aube. Mais tu ne la verras pas, Kâemouaset. Tu mourras cette nuit. » Kâemouaset retrouva soudain son souffle et, inspirant à pleins poumons l'air béni, il se redressa. « Qui es-tu ? demanda-t-il sèchement. Montre-toi. » Mais une partie de lui-même ne souhaitait pas découvrir le propriétaire de cette voix sifflante et un peu inhumaine. Le cœur battant, il regarda l'obscurité bouger, prendre forme... Une silhouette se détacha de l'ombre et Kâemouaset se rejeta en arrière en poussant un cri. L'homme avait le long bec recourbé et les petits yeux d'un ibis.

« Il est temps de te souvenir, Kâemouaset, dit le dieu en se penchant sur lui. Quoique, malgré tes efforts, tu n'aies pu oublier. Seth et moi avons souvent parlé de toi. Tu es son obéissant serviteur depuis assez longtemps. A moi de réclamer de nouveau ta fidélité.

– Je n'ai donc pas été pardonné, fit Kâemouaset d'un ton morne. Voilà plus de vingt ans que je me suis livré à Seth. Vingt ans, et Sheritra erre toujours dans la maison comme un fantôme silencieux. Noubnofret s'est enfermée dans un carcan d'obligations royales si rigide et si complexe que je ne peux l'atteindre. Elle a pardonné mais ne peut oublier. Chaque été, lors de la Belle Fête de la vallée, nous allons tous trois sur la tombe d'Hori faire des offrandes et réciter les prières des morts, mais même cette triste cérémonie ne nous unit pas. » Pris de vertige, il ferma les yeux. Lorsqu'il les rouvrit, Thot n'avait pas bougé ; il semblait attendre. « Quant à moi, reprit Kâemouaset dans un murmure, voilà des années que je suis le champion de Seth. J'ai rempli son trésor d'or ; je me suis prosterné devant lui tous les jours ; je lui ai offert les sacrifices mystérieux qui lui plaisent par-dessus tout. Sa présence a imprégné mes vêtements, ma nourriture, ma peau, comme l'odeur d'une bête morte en décomposition quelque part dans ma maison. Je ne me suis pas plaint, pourtant, et je l'ai adoré sans réserve. Je me demandais chaque jour si je m'étais acquitté de ma dette et, chaque jour, je savais au fond de moi qu'il n'en était rien. » Il chercha le regard paisible du dieu. « S'acquitte-t-on jamais d'une pareille dette ? »

Une expression déçue passa sur le visage de Thot. « Veux-tu savoir si tu es pardonné pour avoir invoqué Seth, pour le vol du Rouleau ou pour t'être vengé si impitoyablement du prince et de sa famille ? demanda-t-il.

– Pour tout ! s'écria Kâemouaset, qui sentit aussitôt une douleur fulgurante lui déchirer la poitrine. J'ai fait appel à Seth parce que tu m'avais trahi. J'ai dérobé le Rouleau un peu par curiosité et beaucoup par ignorance, une ignorance dont je ne suis certainement pas responsable ! Quant à ma vengeance... ma vengeance... A quoi m'a-t-elle servi puisque je n'ai jamais cessé de la désirer ? J'ai beau savoir qu'elle a disparu de ce monde et de l'autre comme si elle n'avait jamais existé, chaque nuit m'est un supplice parce que je brûle encore de caresser son corps, de sentir ses cheveux frôler mon visage, de l'entendre rire... C'est ta vengeance, dieu de sagesse ! Je te hais ! » Sa fureur l'emportait sur la crainte que lui inspirait Thot. « Je t'ai adoré et servi toute mon existence et tu m'en as récompensé en ruinant ma vie et celle des êtres qui me sont chers. J'ai fais ce que je devais faire, et je n'en ai pas honte !

– Tu parles de dettes à acquitter, répliqua Thot sans s'émouvoir. Celle que j'ai à ton égard parce que tu m'as servi ; celle que tu as contractée envers Seth pour t'avoir débarrassé de la malédiction que je t'infligeais. Je constate pourtant que tu es toujours aussi fier, prince Kâemouaset, toujours impénitent. Car tu as commis un péché bien plus grave, le seul qui compte, et, malgré toutes ces années de souffrances, tu es encore incapable de le reconnaître. C'est à lui qu'Hori a été sacrifié, c'est lui dont Ahoura, son mari et son fils ont été les victimes. » Il se pencha vers Kâemouaset qui frissonna de terreur malgré lui. « Si tu le nommes maintenant, magicien, tu peux encore être pardonné. »

Il s'écarta. Kâemouaset se concentra sur sa respiration. Inspire, garde l'air dans tes poumons, expire... Autour de lui, les babouins reniflaient et s'agitaient. Il chercha frénétiquement la réponse que Thot escomptait. Quel péché ? Je l'ai servi, pensa-t-il avec aigreur. J'ai souffert. Que peut-on encore attendre de moi ? « Il m'est impossible de le nommer, car je ne crois pas qu'il existe, dit-il enfin. J'ai satisfait aux exigences des dieux et me suis efforcé de bien agir. Que peut-on demander de plus ? »

Thot secoua son long bec d'ibis d'un air pensif. Derrière lui, les babouins se mirent brusquement à pousser des piaillements irrités, puis se turent. « Dettes et créances, services rendus et charmes contraignants, murmura le dieu. Rien de tout cela ne trouble le grand lac d'orgueil qui forme l'essence de ton être. Tes souffrances n'ont même pas ridé sa surface. Tu crois toujours qu'il suffit que tu t'acquittes de tes obligations spirituelles pour mériter une récompense, l'annulation d'une dette ou la disparition d'une souffrance que tu considères encore comme injuste. Ces années ne t'ont rien appris d'autre que le ressentiment, prince. »

Il y eut un long silence. Toujours en colère, Kâemouaset fixait l'obscurité. « Dis-moi, reprit enfin le dieu sur le ton de la conversation. Si je t'offrais une chance de réparer les dégâts que tu as causés, de changer tes souvenirs, d'effacer les événements du passé, la saisirais-tu ? Réfléchis bien. Tirerais-tu parti de la leçon ou l'effacerais-tu de ta mémoire ? »

Kâemouaset le dévisagea fixement. Le dieu attendait patiemment; ses petits yeux noirs et vifs semblaient pétiller de malice. La proposition n'était pas aussi candide qu'il y paraissait, Kâemouaset le savait. Car il y avait quelque chose d'implacable dans l'expression de Thot. Il se moque de moi, pensa-t-il avec désespoir. Il y a quelque chose que je devrais être capable de voir, quelque chose qui me sauverait, mais j'ignore quoi. « Tu me prépares d'autres tourments, répondit-il enfin. Tu me tends un nouveau piège. » Il se laissa retomber en arrière et ferma les yeux. Revenir dans le passé... à ce moment où, penché sur le Rouleau cousu à une momie sans nom, il levait son couteau. Effacer ses souvenirs pour s'en donner d'autres, pour faire en sorte qu'Hori soit maintenant un prince puissant, marié et heureux, occupant la place qui lui revenait au service de Ramsès, que Sheritra vive auprès d'un homme qui l'aime et apprécie ses qualités, que Noubnofret et lui vieillissent en se respectant... Sa respiration devint de nouveau difficile et douloureuse. « Je t'écouterai », dit-il en hochant la tête.

Il ouvrit les yeux, Thot brandissait le Rouleau, sa malédiction, cet objet malfaisant qui avait reposé pendant tant d'années dans son coffre.

« Tu vas retrouver tes forces pendant une heure, déclara le dieu. Prends le Rouleau, Kâemouaset, et retourne à ce moment où tu discutais avec ton ami Ounennefer dans la salle de réception de Pharaon à Pi-Ramsès. Tu t'en souviens, n'est-ce pas ? Prends et vois ce qui arrive. Je t'attendrai. Le temps n'existe pas dans la salle du Jugement. »

Les mains de Kâemouaset se refermèrent sur le Rouleau. Il ne l'avait pas touché depuis plus de vingt ans, mais son contact lui était familier. Un flot de souvenirs lui revint : Tbouboui, son désir aveugle, sa lente déchéance. « Je ne suis pas assez fort, murmura-t-il. Je... » Mais il entendit soudain des cris, des chants, des bribes de musique, le vacarme assourdissant de la salle de banquet de Pi-Ramsès ; ses narines furent assaillies par l'odeur du vin, des corps en sueur et des monceaux de fleurs. Ce ne furent d'abord que des impressions confuses, mais il se concentra, s'accrocha de toutes ses forces défaillantes à ce spectacle plein de vie. Peu à peu, sons et odeurs s'intensifièrent et, brusquement, il se retrouva à l'une des entrées de la salle. Le Rouleau était passé à sa ceinture. Une heure, avait dit le dieu.

Kâemouaset parcourut d'un regard anxieux les danseuses nues, les convives éméchés, les serviteurs qui se frayaient un chemin à travers la foule, tenant haut leur plateau chargé de mets fumants. Où suis-je ? se demanda-t-il. Où étais-je ? Qu'étais-je en train de faire ? Il aperçut soudain Ounennefer à l'autre bout de la pièce. L'air un peu suffisant, il discutait avec animation avec un homme séduisant de haute taille dont le visage maquillé respirait l'arrogance. C'est moi ? se dit Kâemouaset, stupéfait. Ai-je vraiment été aussi imposant, aussi beau ?

Il traversa la salle de réception. Personne ne semblait le remarquer bien qu'il sût n'avoir d'autre vêtement que son pagne. Il fut bientôt auprès de l'inconnu parfumé. Au moment où celui-ci tendit négligemment sa coupe vide à un esclave et où Kâemouaset lui effleura le bras, il comprit le piège que le dieu lui avait tendu. Il comprit et frémit d'horreur, mais son jeune double se retournait déjà et il était trop tard.

FAMILLE DE KÂEMOUASET

Kâemouaset : Prince. Quatrième fils (troisième fils survivant) du pharaon Ramsès II. Prêtre *sem* de Ptah, prêtre d'On, magicien et médecin. Trente-sept ans.
Noubnofret : Princesse. Épouse de Kâemouaset. Trente-cinq ans.
Hori : Prince. Fils de Kâemouaset. Prêtre de Ptah. Dix-neuf ans.
Sheritra : Princesse. Fille de Kâemouaset. Quinze ans. Son nom signifie « Petit Soleil ».

Ramsès II : Pharaon de Haute et Basse-Égypte. Père de Kâemouaset. Soixante-quatre ans.
Astnofert : Épouse royale de Ramsès et reine. Kâemouaset est son second fils. Cinquante-neuf ans.
Ramsès : Prince héritier et héritier présomptif. Premier fils d'Astnofert et frère aîné de Kâemouaset. Quarante-trois ans.
Si-Montou : Prince. Frère aîné de Kâemouaset. Quarante-deux ans. A perdu ses droits à la couronne parce qu'il a épousé Ben-Anath, la fille d'un capitaine de marine syrien. S'occupe des vignobles memphites de son père.
Merenptah : Un autre fils d'Astnofert. Frère cadet de Kâemouaset. Trente et un ans.
Bent-anta : Reine comme sa mère Astnofert. Sœur cadette de Kâemouaset. Trente-six ans.
Meryt-Amon : Fille de la grande épouse de Ramsès II, Néfertari. Reine de moindre importance. Vingt-cinq ans.

AMIS

Sisenet : Noble de Koptos vivant à Memphis. Quarante-cinq ans.
Tbouboui : Femme noble de Koptos. Trente-cinq ans.
Harmin : Son fils. Dix-huit ans.

SERVITEURS

Amek : Capitaine de la garde de Kâemouaset.
Ib : Intendant de Kâemouaset.
Kasa : Serviteur particulier de Kâemouaset.
Penbuy : Scribe de Kâemouaset.
Ptah-Seankh : Fils de Penbuy, qui lui succédera en qualité de scribe de Kâemouaset.
Sounero : Agent de Kâemouaset à Ninsou dans le Fayoum.
Ounennefer : Grand prêtre à Abydos et ami de Kâemouaset.
Antef : Serviteur et confident d'Hori.
Wernouro : Servant de Noubnofret.
Bakmout : Servante et compagne de Sheritra.
Ashahebsed : Échanson et vieil ami de Ramsès II.
Amonmose : Gardien de la Porte du Harem memphite de Ramsès II.

QUELQUES DIEUX ÉGYPTIENS

Amon, ou Amon-Râ : Adoré à Thèbes en Haute-Égypte. Connu comme le « roi des dieux ». A partir de la XVIIIe dynastie, tous les pharaons sont censés descendre de lui.
Apis : Taureau sacré adoré à la fois comme symbole du soleil et incarnation de Ptah.
Aton : Dieu solaire pré-dynastique de la ville d'On.
Bastet : Déesse chatte représentant l'aspect bénéfique et nourricier du soleil.
Horus : Dieu faucon. Fils d'Osiris. Tous les pharaons incluaient son nom dans leur titulature.
Hou : La Langue de Ptah qui créa toutes choses en les nommant. La force motrice derrière la création.
Isis : Épouse d'Osiris. Lorsque Seth dépeça Osiris, elle rassembla les morceaux de son corps et le reconstitua grâce à la magie.
Maât : Personnification de la justice, de la vérité et de l'ordre. Symbolisée par une déesse portant une plume.
Mout : Épouse d'Amon. Déesse vautour associée aux épouses royales.
Nout : Déesse du ciel.
Osiris : Dieu de la fertilité universellement adoré en Égypte, surtout par le peuple. Roi du pays des morts.
Ptah : Créateur du monde.
Râ : Dieu du soleil.
Seth : Dieu des tempêtes et du désordre. Assassin d'Osiris. A certaines périodes de l'histoire égyptienne, il devint la personnification du mal. Il jouit d'un grand renom pendant le règne de Ramsès II.
Shou : Dieu de l'air qui sépare la terre du ciel.
Thot : Dieu de la médecine, de la magie et des mathématiques. Patron des scribes et inventeur de l'écriture. Il mesure le temps.